高等职业院校文化素质教育改革创新教材

幼儿教师口语

YOUER JIAOSHI KOUYU

主 编 朱 佩
副主编 陈 岩 邢秀凤 郑 茜 毛燕玲 马黎霞
参 编 候旻如 洪 浪 苏 漪 李 玲 吴 蕾
　　　 姚燕陶 金艳杰 俞华珍 姜 婼

新形态教材

中国教育出版传媒集团
高等教育出版社·北京

内容提要

本书是高职院校学前教育专业教师口语课程专用教材。

本书以学前教育实际工作需要为导向设计教学项目，以"岗""证"为引导，将课程内容划分为具体任务，利用模块化、项目式的形式，聚焦学生核心能力的养成。全书分为5个模块、17个项目：模块一、二注重普通话、科学发声方法训练；模块三朗读技能训练；模块四语言专题训练，关注教师综合语言素养养成；模块五教师职业口语，探讨教师职业口语在不同情境中的运用。每个项目都包含项目目标、内容提要、理论与方法、技能训练、锦囊妙计、学以致用板块。附录还链接了新版普通话水平测试用朗读作品50篇（配套音频二维码）、话题50个。语言训练模块配套了微课、朗读欣赏和作品示例，方便学生自主学习和参照练习。

本书可作为高等职业院校学前教育专业教材，也可供幼儿教师继续教育使用。

图书在版编目（CIP）数据

幼儿教师口语 / 朱佩主编. —北京：高等教育出版社，2024.5

ISBN 978-7-04-062002-3

Ⅰ.①幼… Ⅱ.①朱… Ⅲ.①幼教人员—汉语—口语—教材 Ⅳ.①H193.2

中国国家版本馆CIP数据核字（2024）第056169号

策划编辑　余　红　　责任编辑　余　红　　封面设计　张文豪　　责任印制　高忠富

出版发行	高等教育出版社	网　　址	http://www.hep.edu.cn
社　　址	北京市西城区德外大街4号		http://www.hep.com.cn
邮政编码	100120	网上订购	http://www.hepmall.com.cn
印　　刷	上海叶大印务发展有限公司		http://www.hepmall.com
开　　本	787 mm×1092 mm　1/16		http://www.hepmall.cn
印　　张	23.75		
字　　数	488千字	版　　次	2024年5月第1版
购书热线	010-58581118	印　　次	2024年5月第1次印刷
咨询电话	400-810-0598	定　　价	49.80元

本书如有缺页、倒页、脱页等质量问题，请到所购图书销售部门联系调换

版权所有　侵权必究

物　料　号　62002-00

前言

幼儿教师口语主要是研究幼儿教师口语运用规律及方法,培养师范生在幼儿教育、教学过程中口语表达能力的课程,该课程对于提高幼儿师范专业学生和幼儿教师的语言综合素养,乃至提高全民族的语言素养都具有十分重要的意义。因此,我们在遵循语言学习规律、依据学情的基础上对本教材进行整体设计。设计思路主要体现在:

整体框架,在传统的基础上创新

首先是理念的创新。本教材以幼教工作核心能力为导向设计教学项目,以"岗""证"为引导,将课程内容转化为具体任务,以学生为中心,力争做到"教、学、做"的统一。其次是形式的更新。本教材采用模块化、项目式的形式,在基于学情的基础上聚焦核心能力的养成。再次是素材的多样。每个知识点都设置了"锦囊妙计",链接音频、微课、朗读欣赏和作品示例等,增加了可视性和实操性,提升学生的学习兴趣。最后是内容的创新。结合当下的岗位需求,更加全面地设计了"幼儿故事讲述训练"项目,新增了"童话剧表演训练"项目,调整了"幼儿教师职业口语"项目,使其更适应当下社会对幼儿教师综合语言素养的期待。

编写内容,在专业的基础上整合

幼儿教师口语是学前教育专业学生的一门综合语言能力训练课程,该课程与幼儿教育学、幼儿心理学、幼儿语言教育、幼儿文学、幼儿活动设计等课程密切相关,这是由幼儿教师通俗明了、浅显易懂、趣味直观、生动形象、科学准确、灵活善诱以及儿童化的语言特点所决定的。因此,在编写本教材过程中,各门课程内容的整合不仅是必要的,也是必需的。

语言表述,在阐述的基础上对话

技能类课程教材更应突出其对话式、情境化、参与感、趣味性特点。本教材在理论阐释上，坚持"必须""够用"的原则；在技能训练上，强调学以致用、举一反三。同时，语言的学习应该是互动的、对话式的，让学生能在亲切生动的语言引导中学习，透过语言现象，发现语言规律。因此，本教材的编写秉承了让学生知其然并知其所以然的理念，在兼顾丰富性、针对性、趣味性的同时，能让学生在与教材的亲切"对话"中，轻松、有效、系统且有重点地掌握幼儿教师口语必备技能，进而提升其职业语言素养，树立文化自信，热爱祖国语言文字，热爱教师职业。

本教材主要分为5个模块、17个项目。模块一、二着重训练学生普通话能力和科学发声方法；模块三是朗读技能训练，着重训练一般技巧和特殊技巧在不同类型的文章朗读中的运用；模块四是语言专题训练，主要针对幼儿教师综合语言素养中的艺术语言养成进行训练；模块五是幼儿教师职业口语，探讨在教育教学及其他工作中如何科学、规范、有效进行口语表达。每个项目都包含了内容提要、训练目标、理论方法、技能训练、锦囊妙计、学以致用等板块，做到理实结合、深入浅出、亲切生动。

本教材编写成员主要由多年从事教师口语教学的专职教师、国家级普通话水平测试员、省级普通话水平测试员组成，同时还邀请了多位一线优秀幼儿园园长、教师参编，使得教材既适合职前的基础训练，也适合职后的提高训练。

在本教材编写的过程中，我们借鉴和引用了相关研究成果和文献资料，谨表谢忱。同时，由于编者水平有限，教材难免还存在疏漏之处，期待广大读者和专家同行批评指正。

编　者

2024年3月

模块一　普通话与普通话水平测试 / 001

项目一　普通话基础知识认知 / 002

项目二　普通话语音训练 / 014

项目三　普通话水平测试训练 / 051

模块二　科学发声训练 / 065

项目四　发声原理 / 066

项目五　气息控制 / 071

项目六　共鸣调节 / 083

项目七　吐字归音 / 091

模块三　朗读训练 / 105

项目八　朗读认知 / 106

项目九　朗读技巧训练 / 114

项目十　不同文体朗读 / 143

模块四　幼儿教师语言专题训练 / 175

项目十一　幼儿故事讲述训练 / 176

项目十二　童话剧表演训练 / 210

项目十三　演讲训练 / 240

模块五　幼儿教师职业口语训练 / 261
  项目十四　幼儿教师日常职业口语训练 / 262
  项目十五　幼儿教师教育口语训练 / 278
  项目十六　幼儿教师教学口语训练 / 293
  项目十七　幼儿教师其他工作口语训练 / 305

附录
  附录一　普通话水平测试用朗读作品 / 320
  附录二　普通话水平测试用话题 / 370

主要参考文献 / 371

模块一

普通话与普通话水平测试

项目一　普通话基础知识认知

项目二　普通话语音训练

项目三　普通话水平测试训练

模块一 普通话与普通话水平测试

项目一 普通话基础知识认知

项目目标

1. 了解普通话的含义及基础知识。
2. 掌握声母、韵母、声调的发音特点以及音变的规律。
3. 了解普通话水平测试标准,并能结合测试标准进行科学训练。
4. 强化发音规范意识,激发对祖国语言文字的喜爱,感受语言表达的魅力。

任务一 认识普通话

内容提要

普通话是现代标准汉语。普通话于个人而言,是促进与他人沟通的重要媒介;于教师职业而言,是传道授业解惑的重要工具。作为一名师范生,应该把普通话视为教师的基本技能,把使用普通话变成自己的自觉行动,把说一口标准流利的普通话作为自己追求的目标。

理论与方法

一、普通话的定义

1-1 微课:普通话的定义

普通话是以北京语音为标准音,以北方话为基础方言,以典范的现代白话文著作为语法规范的现代汉民族共同语。

中华人民共和国成立后，在1955年10月召开的"全国文字改革会议"和"现代汉语规范问题学术会议"上，汉民族共同语的名称被正式定为"普通话"，并主张向全国推广。1956年2月6日，国务院发出关于推广普通话的指示，正式确定普通话的三项标准含义，即"以北京语音为标准音，以北方话为基础方言，以典范的现代白话文著作为语法规范。"

《中华人民共和国国家通用语言文字法》，于2000年10月31日第九届全国人民代表大会常务委员会第十八次会议通过，并于2001年1月1日起施行。其第二条"本法所称的国家通用语言文字是普通话和规范汉字"，确立了普通话和规范汉字的"国家通用语言文字"的法定地位。学习和掌握国家通用语言文字是每一个中国公民应尽的责任和义务。

普通话是教师的职业语言。1982年11月第五届全国人大第五次会议通过的《中华人民共和国宪法》规定"国家推广全国通用的普通话"，使推广普通话成为我国的一项基本国策。1986年1月，全国语言文字工作会议提出要使普通话成为教学用语、工作用语、宣传用语、交际用语的目标。"普通话是教师的职业语言，要把会讲普通话列为合格教师的必备条件，要把使用普通话进行教育、教学作为对教师工作的基本要求。"这意味着教师在履行职责的活动中都应该使用普通话。

二、普通话的标准

（一）语音标准

普通话以"北京语音为标准音"是历史发展的必然。自金元以来，北京逐渐成为我国政治、经济、文化中心。一方面北京话作为官府通用语言传播到全国各地，另一方面白话文作品更多地接受了北京话的影响。五四运动以后，"国语运动"又在口语方面增强了北京话的代表性，促使北京语音成为汉民族共同语的标准音。当然，"以北京语音为标准"是以北京语音的音系为标准，并不代表任意一个北京人的话或任何一句北京话都是普通话的语音标准。

（二）词汇标准

北方话词汇是共同语词汇的重要组成部分。北方话即北方方言。它覆盖地域广，占汉语地区的四分之三，使用人口最多，占说汉语人口的百分之七十以上。北方话的内部一致性很强，这不仅表现在词汇方面，也表现在语法和语音方面。宋代以来，许多著名的白话文学作品，从宋代话本、元曲到明清小说，几乎都是以北方话为基础写成的。北方话体现了汉语发展的趋势，它作为基础方言的地位是历史发展的结果，而北京话是北方方言的代表。

但北方话词汇不是共同语词汇的全部，不完全等同于普通话词汇。北方方言区包括东北方言、西北方言、西南方言、江淮方言等"次方言"。这些"次方言"里的绝大部分词汇是一致的,但也存在差别,这些差别不仅表现在一般词汇中,也表现在基本词汇中,这就是各"次方言"里存在的"土语",即只在很小范围内通行的词语,对于这部分词语,普通话不予吸纳。普通话也在吸收其他方言词、古语词、新造词、外来词以及网络用语等有机成分,不断充实,与时俱进,以表达人类最复杂、最精深的思想感情。

(三)语法标准

"典范的现代白话文著作"指的是现代著名作家的优秀、经典的白话文作品,而且是这些作品中的一般用例。

三、汉语方言及分布

(一)汉语方言

1-2 微课:
汉语方言及
分布

方言是一种语言的地方变体或支派,是语言分化的结果,一种语言往往有多种方言。方言与民族共同语之间表现出同中有异、异中有同的语言特色,为同源异流的关系。方言是地方文化的重要载体,是历史的最直接见证者,是同一方言人群内部交流的最好语言,是特殊的感情纽带。

普通话和方言并不是对立的概念,普通话是在某种方言基础上建立起来的,汉语各方言都具有自己相对独立的语音系统、基本词汇系统和语法系统。比较汉语各方言,语音差异是最表征的差异,词汇次之,而语法方面的差异相对较小。

从汉语的历史来看,共同语及其方言发展的最突出特征是:各方言平行发展且不断受到书面语的影响,书面语虽然统一,但书面语和口语的距离却较远,直到五四运动时期,书面语与口语才逐渐接近。新中国成立以后,普通话对方言的影响越来越大,各方言有渐行渐强的趋同趋势。

(二)汉语方言的分布

我国幅员辽阔,人口众多,历史和现实等多种因素,造成了方言复杂、分歧严重的现象。关于我国方言的划分,其中较有影响的分类有"十区说"和"七区说"。

1. 十区说

按《中国语言地图集》(商务印书馆2012年版)的划分,现代汉语分为十大方言区,即官话区(北方方言区)、晋语区、吴语区、徽语区、赣语区、湘语区、闽语区、粤语区、客家话区、平话和土话区。

(1)官话。官话是汉民族共同语的基础方言,官话内部的一致性比较强。共同特点是:一般没有入声,声调多为阴平、阳平、上声、去声四类。古入声派平、上、去三声,全浊入声归阳平。如古入声字"织、直、只、质",北京话分别读阴平、阳平、上声、去声。官话方言的内部差异主要表现在声调方面,根据古入声字的今调类,官话方言又可分为八个次方言,即北京官话、东北官话、冀鲁官话、胶辽官话、中原官话、兰银官话、江淮官话、西南官话。

(2)晋语。晋语是指山西省及其毗邻地区有入声的方言。山西省大部分地区,河北省张家口等地,河南省黄河以北地区,内蒙古自治区中部黄河以东地区,陕西省延川以北地区,都属晋方言区。晋语的主要特点是有喉塞音尾[ʔ]的入声,平声不分阴阳。

(3)吴语。江苏省东南部和上海市,浙江省以及毗邻的赣东北、闽北地区,安徽南部部分市县属吴语区,包括上海、苏州、杭州、天台、温州、金华、上饶、铜陵等128个市县。吴语的主要特点是古全浊声母今仍读浊音。

(4)徽语。主要分布于新安江流域的旧徽州府、浙江的旧严州府,以及江西的德兴、旧浮梁县等地,包括绩溪、休宁、景德镇、淳安、旌德等16个市县。徽方言的主要特点是古全浊声母今读塞音、塞擦音时,大多读送气清音。

(5)赣语。主要分布在长江中下游和抚河流域及鄱阳湖地区,以及湖南东南和西南部,湖北东南部、安徽南部、福建西北部。赣语的主要特点是古全浊声母今读塞音、塞擦音时,多读送气清音。

(6)湘语。主要分布在湖南的湘江、资江、沅水流域以及广西的全州、兴安、灌阳和资源。湘语的主要特点是古全浊声母字今读塞音、塞擦音时,读为不送气清音。

(7)闽语。主要分布在福建、台湾、海南大部分地区,广东东部雷州半岛;广西、浙江南部、安徽南部、江苏南部、江西东部也有闽方言。闽方言的主要特点是古全浊声母今读塞音、塞擦音时,多数读不送气清音,少数读送气清音。

(8)粤语。主要分布在广东、广西,以珠江三角洲为中心;香港、澳门以及东南亚、北美洲、澳大利亚、新西兰的华侨大多也说粤语。粤语的主要特点是古全浊声母今读塞音、塞擦音时,大多数今逢阳平阳上读送气清音,逢阳去阳入读不送气清音。

(9)客家话。分布于广东、广西、福建、台湾、江西、湖南、四川等七省区,集中在广东东部、中部、福建西部和江西南部地区。客家话古全浊声母字今读塞音、塞擦音时,读送气清音,古次浊平声、古全浊上声字与次浊上声字都有读为阴平的。

(10)平话和土话。湘粤桂地区的平话和土话以平话最为大宗,1987版的《中国语言地图集》将其暂列为汉语言方言区之一。平话是广西中部地区的汉语方言,主要分布在桂林、柳州、南宁之间交通要道附近,包括融水、百色、阳朔、贺县等地。平话的主要特点是古全浊声母今读塞音、塞擦音时,一般读作不送气清音。除此之外,从南到北还分布着很多土话。2012版的《中国语言地图集》已对"湘南土话"有单独的分区讨论,这是语言研究的成果。

2. 七区说

"七区说"指的是现代汉语分为官话方言(北方方言)、吴方言、湘方言、赣方言、客家方言、粤方言、闽方言。"十区说"中的"晋语"是从北方方言中独立出来的,"徽语"是从吴方言中独立出来的,"平话"是从粤方言中独立出来的。

1. 什么是普通话?什么是方言?
2. 如何理解普通话的定义?
3. 你的家乡话属于哪一类方言?其主要特点是什么?

汉语各方言与普通话的语音差异各不相同,但它们之间有比较整齐的对应关系。记住下列方法会给你的学习带来便利。

1. 舌根音向舌面音的变化

北京话中已读舌面音j、q、x的许多字,如"奇、基、气、寄、饥"等在中古汉语中属见系声母,当它们在前高元音i、ü前面时,北方方言、吴方言、湘方言、赣方言中通常都读j、q、x声母,而在闽、粤、客家方言中依然保留舌根音g、k、h的读法。

2. n、l的分混

在北京话中n、l两个声母分得很清楚,n为古泥母,l为古来母。在华北方言中两者分读的占优势,但在长江流域及南方的广大地区(沿海各省除外)大多混读,混读的地域占整个汉语区的一半。其中大部分地区只是在开口韵和合口韵前混读,如成都话、南昌话的"南"和"兰"、"农"和"龙"均读为l声母;小部分地区n、l属于一个音位,如兰州、厦门、汉口话中,n、l似乎可随意互换。吴语的大部分地区能区分n、l,但在江淮方言中却有许多地方不分,如南京和高邮等地。

3. zh、ch、sh和z、c、s的分混

普通话有一套舌尖前音声母和一套舌尖后音声母,也就是中古精组字读z、c、s,中古知、照组字大部分读zh、ch、sh,两者的区别很清楚。西南官话和江淮官话大多没有zh、ch、sh,如汉口、成都、扬州。至于上海、杭州、广州,知照组与精组合流,均念z、c、s。

1-3 学以致用音频材料

听听音频资料,说说他们和普通话的不同点(二维码扫扫听音频)。

任务二　了解普通话语音

内容提要

了解普通话语音，其实就是学习和探讨语音规范化。任何一种语言的表达都有规律可循，也都有法可依。普通话语音的学习也不例外，不管是《中华人民共和国国家通用语言文字法》还是《汉语拼音方案》《现代汉语标准》，都强调普通话语音学习的科学性、规范化、全民化。

一、语音规范概述

语音的规范，是指民族共同语语音明确的、一致的标准，主要是根据语音发展的规律来确立和推广标准音。

这里主要包含了两方面的内容：第一是确立普通话的语音标准；第二是大力推广以北京语音为标准音的普通话。

普通话以北京语音为标准音，北京语音是指北京话的语音系统，即北京话的声韵调系统，而不是说北京话中每一个字的发音都是标准音。由于北京话某些语音成分的取舍不稳定，方言区的人在学习普通话时会感到困惑。例如轻声和儿化词语的不稳定，导致对何时必读、何时"两可"备感不解。又如北京话里存在着一词两读的现象，也会给各方言区的人学习普通话造成困难。因此，语音的规范化成为必然，其目的就是让普通话更好地发挥交际功能，让各方言区的人交流更顺畅。

二、修订普通话必读轻声词汇和必读儿化词汇

北京话里轻声和儿化现象看上去很复杂，但归纳起来大致也不外乎以下几种情况。

（一）有辩义作用

轻声与否，儿化与否，由表达的意义决定。例如"东西"和"东西"，"大意"和"大意"，"买卖"和"买卖"。读不读轻声，意义不同。比如"地道（dì dào）"和"地道（dì dɑo）"。不读轻声是名词，表示"地面下的通道"；读轻声时是形容词，表示"真

正、纯粹"等意思。

又如,白面(小麦磨成的粉)和白面儿(毒品)、一块和一块儿、摊和摊儿、个和个儿,儿化与否,意义不同。

因此轻声和儿化与否有区分词义、词性或感情色彩的作用。

(二)习惯上非如此不可,但没有区别意义的作用

如只读轻声的词:上面、哥哥。又如只读儿化的词:这儿、哪儿、小孩儿、冰棍儿、打鸣儿。这些词都只有一种读法,没有区别意义的作用。

(三)两可的情况

例如"西瓜、玻璃、喜鹊",可以读轻声也可以不读轻声。又如"冒烟、嘴唇、帮忙、有事",可以儿化也可以不儿化,没有一定的读法。

根据上述情况,具有区别意义作用的,也就是第一种,应按规范来读的。第二类要分别对待,对于其中有较强规律性已被普遍采用的,可以吸收到普通话里来,以丰富语言的表达手段。第三类则基本上不采用,那些没有区别意义作用的,或是本来就是两可的,可作为北京话的方言土语成分看待,不必吸收到普通话里来,以免加重方言区人学习普通话的负担。

三、规范异读词审音表

北京话里存在着许多一词两读的现象。例如"跃进"可以读 yuè jìn,也可以读作 yào jìn;"机械"可以读 jī xiè,也可读作 jī jiè;"琴弦"可以读 qín xián,也可以读作 qín xuán,这种可以两读的词称为异读词。北京话里的异读词相当多,普通话应该以哪一个读音作为标准,是值得研究的问题。

(一)北京话里的异读词种类

北京话里的异读词,从语音的角度来分析,不外是声母不同、韵母不同和声调不同三种,如:

1. 声母不同

荒谬 miù niù   接触 chù zhù
森林 sēn shēn   秘密 mì bì
商埠 bù fù   步骤 zhòu zòu

2. 韵母不同

熟练 shú shóu   淡薄 bó báo
琴弦 xián xuán   揩油 kāi kā
飘浮 fú fóu   烙饼 lào luò

3. 声调不同

复习 fù fú　　　　　疾病 jí jī
细菌 jūn jùn　　　　混淆 hùn hǔn
伪装 wěi wèi　　　　质量 zhì zhǐ

还有一些读音差别更大的异读词，声韵调中有两项或三项不同的，如：

卡片 kǎ qiǎ　　　　傍晚 bàng pàng
巷道 xiàng hàng　　五更 gēng jīng
奇数 jī qí　　　　　供给 jǐ gěi

（二）北京话异读词产生原因

北京话里异读产生的原因很多，从来源看，主要有以下几个方面。

1. 文白异读

文白异读即读书音（文读）和口语音（白话）不同，例如"贼"口语音读 zéi，读书音念 zé（京剧及曲艺的上口字）。再如：

例 字：　柏　　　摘　　　剥　　　凿　　　液　　　血　　　肋　　　削
口语音：bǎi　　　zhāi　　bāo　　záo　　ye　　　xiě　　lèi　　xiāo
读书音：bó　　　zhé　　　bō　　　zuó　　yì　　　xuè　　lè　　　xuē

两种音的韵母差别很大，就主要元音来说，口语音元音舌位较低，读书音元音舌位较高，这是鉴别两种音的主要办法。其次，如果韵母元音有多有少，则元音较多的是口语音。

2. 方音影响

有的方言词读音为北京话所吸收，而同北京话原有的读音并存，因而造成异读。例如，"揩油" kā yóu 来自其他方言，同普通话读法 kāi yóu 并存。

3. 讹读影响

有些字被人读错了，影响扩大，正误并存，形成异读。如"商埠"原读 bù，但被人讹读为 fù。

4. 背离规律

有些字按语音发展规律应读某音，但又出现了一个不合规律的读法，两音并存。实际上是由于北京语音本身特殊的发展，如"帆"字是古浊声母平声字，按发展规律应读阳平，但又出现阴平的读法，造成异读。

因此，对于这些异读词，要确定哪一个合乎语音的规范，就必须有一个审音的标准，而来源这样复杂，审音的标准就不能定得太简单。

（三）异读词审定原则

1956年中国科学院成立了普通话审音委员会，专门审订异读词的读音。在确定审音的标准时，考虑了以下几项原则：

第一，一个字的读音在北京话里非常通行而不合北京语音的一般发展规律的，这个音还是可以采用,同时也要考虑到这个音在北方方言里应用是否广泛。例如,"危、期、帆"在北京话里有阴平、阳平两种读法,这三个字在古代都是浊声母字,按照一般发展规律来考虑,应该采用阳平。但是阴平的读法不但在北京话里比阳平的读法通行,就是北方方言里也用得比较广泛。因此,应该采用阴平的读法。

但是,如果只是在北京方言里比较通行,既不符合一般发展规律,又没有在北方方言里广泛通行,那就宁可牺牲北京话里较通行的读音。如"暂 zhàn、酵 xiào、诊 zhēn"都只是北京话特有的读音,这些不合规律的音就不应采用,而把"暂、酵、诊"音各订为 zàn、jiào、zhěn。

第二,开齐合撮的读法,原则上以符合语音发展规律为准。例如:淋采用 lín,不采用 lún 或 lǔn。花蕾用 huā lěi,不采用 huā luǐ。

第三,古代清入字在北京话里的声调,凡是没有异读的,就采用北京已经通行的读法;凡是有异读的,假若其中一个是阴平调,原则上就采用阴平,如"息、击"。否则逐字考虑。

总结而言,异读词的读音体现了这几点原则:

1. 符合普通话语音发展规律

如普通话中"波"原有 bō、pō 两读,波在古汉语中属帮母字,而不是滂母字,按古今语言发展规律在现代北京语音中应读 bō。

2. 坚持以北京语音为标准音,但不拘泥于北京的土音

如"骨"在北京话中原有 gū、gú、gǔ 三读,1985年的《普通话异读词审音表》基本上没有照顾北京的土音,对"骨"音审订为:除"骨碌""骨朵"读 gū 外,都读 gǔ,如骨头、骨肉。对原有 zhī、zhí、zhǐ 三种读音的"指"也审订为:手指、指甲、指头,"指"读 zhǐ。

3. 便于广大群众学习普通话

对于音异义别的读词,在审订时尽可能减少没有辨义作用的异读。前面所举的"指",在北京土音中原先分别读成指甲(zhī)、指头(zhí)、大拇指(zhǐ),这是没有辨义作用的异读,统读为 zhǐ;又如"呆"原读 ǎi、dāi,现规定统读为 dāi。

4. 从今、从俗、从众

如"暴露"的"暴"过去读 pù,但现代很多人都念 bào,这种读法越来越普遍。审音表审订"暴露"念 bào lù,并注明只有"一暴十寒"的暴念 pù,对"暴露"不订为 pù。这是从今而不泥古,是采取了约定俗成、承认现实的态度。

对于人名(包括姓氏)地名等专门用字,异读音的处理是这样的。如审音初稿原审订:"葛布、葛藤、瓜葛、诸葛"为 gé,单姓葛读 gě;1985年审音表则单订为"葛藤"等3个词中的葛读 gé,姓(包括单姓,复姓)一律读 gě,这也体现了从俗从众的原则。

四、关于多音多义字的读音

有些汉字,有几种读音,不同的读音代表不同的意义,这就是多音多义字。对多音多义字,要根据它们出现的具体语言环境来确定读音。

如：扒土 bā　　扒手 pá　　处分 chǔ　　处所 chù
　　畜牧 xù　　畜牲 chù
　　薄纸 báo　薄情 bó　薄荷 bò　宿舍 sù　一宿 xiǔ　星宿 xiù

异读词是专指一个汉字在一个词内不同的读音。如果同一个汉字在不同的词中读音不同，或者不同的读音代表不同的意义，这些都不算是异读词，不属于读音规范化范围之内。普通话常用字中有三四百个多音、多义字，这些多音多义字字形相同，读音、意义和用法却不同，必须仔细分辨，认真掌握。

造成多音多义的因素大体有以下几种：

1. 词性不同而异读的

如：

号：hào（名词）号码　　　　　　háo（动词）号叫

为：wèi（介词）为什么　　　　　wéi（动词）人为，大有作为

量：liàng（名词）质量　　　　　liáng（动词）丈量

泊：bó（动词、形容词）停泊、淡泊　　pō（名词）湖泊、血泊

2. 词义不同而异读的

如：

恶：ě 恶心　　è 恶意　　wù 可恶

差：chā 差距　　chà 差劲　　chāi 出差

的：dì 目的　　dí 的确　　de 我的（助词、轻声）

3. 文白不同异读的

如：

	口语音	读书音
窄	zhǎi	zé
液	yè	yì
血	xiě	xuè

4. 普通用法和人名、地名用法不同

如：

单：dān 单一，单纯，名单
　　chán 单于（古代匈奴的君主）
　　shàn 单（姓氏），单县（地名）

区：qū 区别　　ōu 区（姓）

牟：móu 牟取　　mù 牟（姓）

这些字在一般词里面的读音与作为姓氏、人名、地名的读音不同，必须注意它们之间的区别。

5. 防止读错字音

汉字中形声字的字音很容易被人读错。有的人无原则地根据形声字的声旁进

行类推而导致误读。如：酗(xù)，据声旁"凶"误读为xiōng；迸(bèng)，据声旁"并"误读为bìng；绽(zhàn)，据声旁"定"误读为dìng；莠(yǒu)，据声旁"秀"误读为xiù。

根据带同一声旁的字的读音进行类推而导致误读。如："提"带有声旁"是"读tí，于是将堤(dī)误读为tí；"欧"带有声旁"区"读ōu，于是将妪(yù)误读为ōu；"喘"读chuǎn，于是将湍(tuān)、揣(chuǎi)、踹(chuài)、惴(zhuì)都误读为chuǎn。

汉字不是表音文字，字形与读音的联系不紧密，声旁相同的形声字由于语音的变化而读音不同。因此，要想读准字音，只有勤查字典，分辨音、义和用法，才能把字音读正确。

1. 用汉语拼音注音并读出下列异读词的规范读音

澎湃　粗糙　乘客　拂晓　复习　给予　垃圾　召开　足迹
镜框　教室　荫凉　文摘　确凿　荨麻疹　排忧解难

2. 用汉语拼音注音并读出下列加着重号的多音字的规范读音

（1）牲畜　　畜牧　　　　　　（2）唱片　　唱片儿
（3）悲凉　　凉一凉　　　　　（4）模范　　模样
（5）应付　　应届　　　　　　（6）贫血　　血糊糊
（7）安宁　　宁可　　　　　　（8）恐吓　　吓了一跳
（9）累计　　累赘　　累人　　（10）着落　　落枕　　丢三落四

汉语各方言与普通话的语音差异各不相同，但它们之间有比较整齐的对应关系。记住下列方法会给你的学习带来便利。

1. 介音的分合

大多数方言都有"开齐合撮"四呼，但有些地方也不尽然，如云南昆明只有三呼，没有撮口呼；有的与齐齿呼合并，如广东梅县、云南昆明、浙江湖州；有的与合口呼合并，如厦门。还有一种情况是四呼包括的范围不一致，如北京念uo的合口呼字，在湘、赣、客家、闽、粤和西南官话、江淮官话以及西北官话的部分地区，都有念开口呼的现象。如"朵"字，武汉、扬州、长沙、南昌、厦门念[to]，梅县、广州念[tɔ]；又如在北京话中，"路""短"均为合口呼，而在武汉话中却念为开口呼[nəu]、[tan]。

2. 鼻韵尾的分混

中古音辅音韵尾有[m]、[n]、[ŋ]三个，现在南方有的方言中三个均保留下来，如梅县话、粤方言的大多数地点、厦门话等；湘方言和北方官话区多数保留两个：[n]和[ŋ]；吴方言只有一个：[n]或者是[ŋ]。

1. 给下面的儿歌注音

小　白　兔

小白兔，白又白，两只耳朵竖起来。
爱吃萝卜和青菜，蹦蹦跳跳真可爱。

2. 拼读以下拼音，写出相应词语

jiān qiáng　　hǎo xiàng　　yīng xióng　　shuāng shǒu

qióng rén　　jiàng luò　　qǐ chuáng　　cháng jiāng

fēng kuáng　　yáo huàng　　fēi xiáng　　sī xiǎng

xióng māo　　chuāng hu　　cūn zhuāng

模块一 普通话与普通话水平测试

普通话语音训练

项目教学目标

1. 掌握普通话声母、韵母、声调的发音部位和发音方法。
2. 能做到声母、韵母声调的正确发音。
3. 能对普通话声母、韵母、声调进行方音辨正。
4. 掌握普通话的音变规律。
5. 激发对普通话的学习兴趣,树立语言规范意识,养成说标准普通话的习惯。

任务一　声母训练

内容提要

任何语言的学习都需要在遵循语言规律的基础上,借助科学的发声方法、持之以恒的训练,达到发音标准,普通话的学习亦然。接下来,我们将进行声母的学习,梳理发音规律,掌握发音方法,学会方音辨正,让我们行动起来吧!

理论与方法

一　声母概述

声母是指普通话音节中韵母前面的部分,一般是音节开头的辅音。普通话中共有22个辅音,其中21个能充当声母,只有一个只能充当韵尾(ng)。这21个声母分别是:b、p、m、f、d、t、n、l、g、k、h、j、q、x、z、c、s、zh、ch、sh、r。

2-1　微课:
声母概述

普通话的21个声母有两套发音，一为本音，一为呼读音。本音即声母的本来音值，是按照声母的发音部位、发音方法发出来的音，也是实际用来拼音的音。因为声母发音时大多声带不颤动，所以本音单念时不响亮，不便于交流。呼读音是为了方便教学示范和称呼的音，它是由本音加上一个元音组成的。

二、声母分类及发音

（一）声母的分类

普通话21个声母之所以发音不同，是因为发音部位和发音方法不同而形成的。因为辅音的主要特点是发音时气流要受到阻碍，所以声母的发音过程就是气流受阻和除阻的过程。声母的分类就是由气流受阻的位置（发音部位）和阻碍气流的方式（发音方法）两大因素决定的。

1. 按发音部位分类

发音部位是指发音时气流在发音器官中受到阻碍的部位。口腔、咽腔和鼻腔是重要的发音器官。如图2-1所示，口腔主要由上下两部分组成，上面部分有上唇、上齿、上齿龈、硬腭、软腭和小舌；下面部分有下唇、下齿和舌头。舌头是最灵活的器官，又分舌尖、舌叶、舌面、舌根；起调节作用的是软腭（连同小舌），软腭下垂，阻塞到口腔的通道，气流从鼻腔呼出，反之软腭抬起抵住喉壁，气流只能从口腔出来。

按发音部位，声母可分为七类：

(1) 双唇音：b、p、m。
(2) 唇齿音：f。
(3) 舌尖前音：z、c、s。
(4) 舌尖中音：d、t、n、l。
(5) 舌尖后音：zh、ch、sh、r。
(6) 舌面音：j、q、x。
(7) 舌根音：g、k、h。

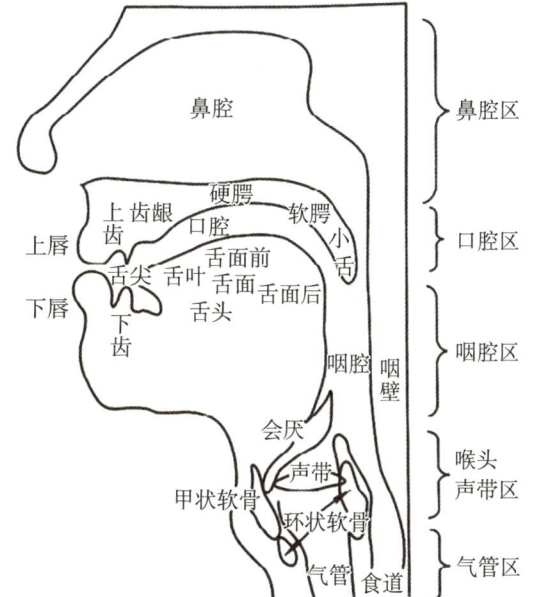

图2-1 发音器官纵切面示意图

2-2 微课：发音部位（声母）

2. 按发音方法分类

发音方法是指发音时喉头、口腔和鼻腔控制气流的方式和状况。可以从成阻和除阻的方式、气流强弱、声带是否颤动几方面来观察。

(1) 根据形成阻碍和破除阻碍的方式，可以将声母分成塞音、擦音、塞擦音、鼻音、边音五类。

2-3 微课：发音方法（声母）

①塞音——发音时,发音的部位先形成闭合,保持对气流的阻塞,最后让气流冲破阻碍,爆破成音。如b、p、d、t、g、k。

②擦音——发音时,发音的两个部位靠近,形成缝隙,然后让气流从缝中挤出,摩擦成音。如f、h、x、sh、r、s。

③塞擦音——发音特点为先塞后擦。发音时,相应的发音部位先是闭合,阻塞气流,然后打开一道窄缝,气流从缝中挤出,摩擦成声。如z、c、zh、ch、j、q。

④鼻音——发音时,口腔中阻碍气流的部位先完全闭塞,软腭下降,打开鼻腔通道,然后气流轻微振动声带,从鼻腔通过并发音。如m、n。

⑤边音——发音时,舌尖与上齿龈接触,舌头的两边留有空隙,气流轻微振动声带,从舌头两边通过并发音。如l。

(2)根据发音时气流的强弱,可以把声母中的塞音、塞擦音分为送气音和不送气音两类。

①送气音——发音时,口腔呼出的气流比较强。如p、t、k、q、c、ch。

②不送气音——发音时,口腔呼出的气流比较弱。如b、d、g、j、z、zh。

(3)根据发音时声带是否颤动,可以把声母分为清音和浊音两类。

①清音——发音时,声带不颤动。如b、p、f、d、t、g、k、h、j、q、x、zh、ch、sh、z、c、s。

②浊音——发音时,声带颤动。如m、n、l、r。

根据上述分类,可以把普通话21个辅音声母的发音特点综合成普通话声母发音表(表2-1)。

此外,在普通话中有一些音节没有辅音声母,称为零声母音节。

表2-1 普通话声母发音表

发音方法		发音部位										
		双唇音		唇齿音		舌尖前音		舌尖中音	舌尖后音		舌面前音	舌面后音
		上唇	下唇	上齿	下唇	舌尖	齿背	舌尖 上齿龈	舌尖	硬腭前	舌面 硬腭前	舌面 软腭
塞音	不送气	b[p]						d[t]				g[k]
	送气	p[pʰ]						t[tʰ]				k[kʰ]
塞擦音	不送气					z[ts]			zh[tʂ]		j[tɕ]	
	送气					c[tsʰ]			ch[tʂʰ]		q[tɕʰ]	
擦音				f[f]		s[s]			sh[ʂ]		x[ɕ]	h[x]
近音									r[ɻ]			
鼻音		m[m]						n[n]				
边音								l[l]				

（二）声母的发音

普通话21个声母的发音情况是：

1. b、p

b 双唇闭合，软腭上升，堵塞鼻腔通道，然后气流冲破双唇阻碍，声带不颤动，气流较弱。

p 除气流较强外，其他发音特点均与 b 相同。

词语练习：

| 八百 | 奔波 | 壁报 | 北边 | 标兵 | 辨别 |
| 枇杷 | 澎湃 | 评判 | 偏僻 | 爬坡 | 拼盘 |

2. m、f

m 双唇闭合，软腭下降，打开鼻腔通道，声带轻微颤动，气流从鼻腔通过。

f 上齿接近或接触下唇，软腭上升，堵塞鼻腔通道，然后气流从上齿与下唇的缝隙中摩擦而出，声带不颤动。

词语练习：

| 美妙 | 麻木 | 盲目 | 明媚 | 渺茫 | 名门 |
| 发奋 | 纷繁 | 仿佛 | 方法 | 丰富 | 反复 |

3. d、t

d 舌尖抵住上齿龈，软腭上升，堵塞鼻腔通道，然后气流冲破阻碍，声带不颤动，气流较弱。

t 除气流较强外，其他发音特点均与 d 相同。

词语练习：

| 担待 | 大胆 | 电灯 | 歹毒 | 到达 | 堤道 |
| 坍塌 | 推脱 | 淘汰 | 天堂 | 疼痛 | 妥帖 |

4. n、l

n 舌尖抵住上齿龈，软腭下降，打开鼻腔通道，声带轻微颤动，气流从鼻腔通过。

l 舌尖抵住上齿龈，软腭上升，堵塞鼻腔通道，声带轻微颤动，气流从舌头两边通过。

词语练习：

| 袅娜 | 泥泞 | 牛奶 | 南宁 | 能耐 | 农奴 |
| 冷落 | 领略 | 拉拢 | 轮流 | 嘹亮 | 劳累 |

5. g、k、h

g 舌根隆起，抵住软腭，软腭上升，堵塞鼻腔通道，然后气流冲破舌根阻碍，声带不颤动，气流较弱。

k 除了气流较强外，其他发音特点均与 g 相同。

h 舌根接近软腭，形成一道窄缝，软腭上升，堵塞鼻腔的通道，气流从窄缝中摩擦而出，声带不颤动。

词语练习：

公共	高贵	干戈	灌溉	尴尬	骨干
宽阔	坎坷	可靠	刻苦	慷慨	苦口
黄昏	欢呼	火花	淮河	呼喊	浩瀚

6. j、q、x

j 舌面前部首先接触硬腭前部，软腭上升，堵塞鼻腔通道，然后打开阻塞形成一道窄缝，气流从缝中摩擦而出，声带不颤动，气流较弱。

q 除气流较强外，其他发音特点均与 j 相同。

x 舌面前部接近硬腭前部，形成一道窄缝，软腭上升，堵塞鼻腔通道，然后气流从窄缝中摩擦而出，声带不颤动。

词语练习：

积极	救济	讲究	骄矜	佳节	洁净
七窍	求情	亲戚	全球	清秋	欠缺
肖像	小心	新秀	现象	宣泄	兴修

7. zh、ch、sh、r

zh 舌尖上翘，接触硬腭前部，软腭上升，堵塞鼻腔通道，紧接着构成阻碍的部位打开一道窄缝，气流从缝隙中摩擦而出，声带不颤动，气流较弱。

ch 除气流较强外，其他发音特点均与 zh 相同。

sh 舌尖上翘，接近硬腭前部，形成一道窄缝，软腭上升，堵塞鼻腔通道，气流从缝中摩擦而出，声带不颤动。

r 除声带轻微颤动外，其他发音特点均与 sh 相同。

词语练习：

知识	正直	执着	珍重	装置	住宅
驰骋	穿插	铲除	橱窗	唇齿	长城
杀手	属实	神圣	闪烁	伤势	双声
仍然	柔弱	荣辱	忍让	如若	荏苒

8. z、c、s

z 舌尖与上门齿背形成阻塞，软腭上升，阻塞鼻腔通道，紧接着稍松开舌尖阻塞形成一道窄缝，气流从缝隙中摩擦而出，声带不颤动，气流较弱。

c 除气流较强外，其他发音特点均与 z 相同。

s 舌尖接近上门齿背，形成一道缝隙，软腭上升，堵塞鼻腔通道，然后气流从缝隙中摩擦而出，声带不颤动。

词语练习：

自在	做作	栽赃	凿子	罪责	走卒
层次	催促	参差	草丛	猜测	苍翠
松散	琐碎	思索	诉讼	色素	洒扫

三、声母的方音辨正

声母发音最容易出现的问题是:声母错误和声母缺陷。

所谓声母错误,是指发音时发音部位或发音方法发生错误,如将"泥(ní)"读成"梨(lí)";所谓声母缺陷,是指声母的发音方法或发音部位不完全到位,如发翘舌声母的时候舌尖放在上齿龈而不是抵在硬腭前端,所以听起来的音是介于平翘之间。学好声母要重点关注下列几个问题。

(一) 分辨 zh、ch、sh 和 z、c、s

根据两组声母的发音特点,将 zh、ch、sh 组称为翘舌音,z、c、s 组称为平舌音。汉语方言中,多数地方只有平舌而无翘舌,如上海话、苏州话、成都话、武汉话、广州话,也有少数方言区只有翘舌音而无平舌音,如湖北钟祥旧口话、湖北京山杨峰话。有的方言区虽然两组声母都有,但各组包括的字跟普通话不尽一致。

2-4 微课:分辨 zh ch sh 和 z、c、s

分辨平翘舌声母的主要方法有:

1. 准确把握发音要领

两组声母的主要差异是发音部位不相同:s 组声母是舌尖接触或接近上齿背,sh 组声母是舌尖稍稍后缩上翘接触或接近硬腭前部。如:

se 色、瑟、塞、涩   she 奢、舌、折、蛇、舍、设、社、射

但也有一些特殊的情况需要注意,如在常用字中:以"叟"为声符的形声字,除"瘦"以外,其余均为平舌音字,如"溲、搜、嗖"等;以"宗"为声符的形声字,除"崇"以外,其余均为平舌音字,如"踪、综、棕、粽、淙"等;以"责"为声符的形声字,除"债"以外,其余均为平舌音字,如"渍、箦、啧"等;以"则"为声符的形声字,除了"铡"字外,其余均是平舌音字,如"测、厕、恻、侧、贼"等。

2. 利用形声字声旁类推

汉字中,声旁相同的形声字,发音大多相近或相同,这为记忆字音提供了重要线索。如:"中"字的声母是 zh,以它为声旁的一系列字的声母也是 zh,如"中、忠、钟、盅、衷、种、肿、仲"等;"兹"的声母是 z,以它为声旁的"滋、孳、磁、慈"等字的声母也是舌尖前音 z 或者 c。常见的一些声符有:

zh 丈、专、支、止、中、长、主、正、占、只、召、执、至、贞、朱、争、志、折、者、直、知、真、章
z   子、匝、宗、卒、责、兹、曾、尊、赞、澡
ch 叉、斥、出、产、成、辰、呈、昌、垂、春、朝、厨
c   才、寸、仓、从、此、采、曹、崔、窜
sh 山、少、市、申、生、召、式、师、叔、尚、受、舍、刷、扇、孰、率、善
s   四、司、孙、松、思、叟、素、桑、遂、散、斯

但是,声旁类推的方法也具有一定的局限性,有时会遇到一些特殊的情况,如

"叟"的声母是舌尖前音s,以它为声旁的"搜、艘、嗖"等字也是舌尖前音s,但"瘦"却是舌尖后音sh。

3. 利用声韵拼合规律类推

普通话语音体系中,声母、韵母的拼合是具有一定规则的,音节是否符合该规则也是进行辨正的依据。如:平舌音是不会与uang、uai、ua三个韵母相拼的,由此推知"抓、刷、拽、揣、帅、装、床、双"等字的声母都是翘舌音字;舌尖后音sh不跟韵母ong相拼,由此推知"松、耸、送"等字的声母都是舌尖前音s。

4. 声旁联想辨记

普通话zh组声母的来源之一古"知彻澄"三母和普通话d、t的来源古"端透定"三母在上古是一组声母,知端同母,彻透同母,澄定同母,所以现代汉语普通话中d、t声母字和翘舌声母字多有相互做对方声旁或同声旁的情况。据此,我们可推知某些字是翘舌而不是平舌。如根据"终"的声旁是"冬",可知它的声母是翘舌zh而不是平舌z。下面是更多的例子:

d 登	ch 橙、澄		
d 单	ch 蝉、婵、禅、阐		
t 童	zh 撞、憧	ch 憧、幢	
t 台	zh 治	ch 答	sh 始
t 迢、笤	zh 召、招、昭、照	ch 超	sh 韶、绍
d 调、碉、雕	zh 周	ch 绸、稠、惆	
d 悼、掉	zh 卓、掉、焯、罩	ch 踔、绰	
t 偷	sh 输		

(二) 分辨n和l

汉语方言中有n、l混读的现象,如西南官话的大部分地区(如成都话、汉口话)、江淮官话的部分地区(扬州话、南京话)、兰银官话的部分地区(银川话)都存在这一现象。湘、赣、闽等方言也存在n、l混读情况。

分辨两个声母的方法:

1. 把握发音要领

发n时,软腭下降,气流从鼻腔呼出;发l时,软腭上升,气流从口腔舌头两边呼出。

2. 记住相关的字

(1) 记少不记多。普通话中,边音声母l要远远多于鼻音声母n,可用形声字声旁类推的方式举一反三。常见的n声母代表字有"乃、内、宁、尼、奴、农、那、念、南、聂"等,通过它们能推出许多声旁相同亦读n声母的形声字,如以"内"字便可推出"讷、呐、纳、衲、钠"等鼻音声母的字;以"宁"可推出"柠、咛、狞、拧、泞"等字。

(2) 普通话中,鼻音声母n的字,其声旁有一部分与er、r、zh、ch及以i(y)开头的韵母自成音节有关。如:

er   你、倪、霓、睨、腻、耐、聂
r   溺、匿、诺、搦
zh、ch   扭、纽、妞、钮、忸、拈、粘、鲇、黏、碾、啮、嫩、淖
i(y)   挠、铙、蛲、拟、蔫、凝、拗、暖

（三）分辨f和h

我国南方湘、赣、客家、闽、粤等方言区大都不能区分f与h，同时在北方方言的江淮官话、西南官话中也存在类似的现象。多数是把部分h声母混入f声母，如长沙话、南昌话、重庆话把"回"说成"fei"，"湖"说成"fu"；也有地方将f混入h的，如厦门话、潮州话、湖北的洪湖话、湖北恩施话等，把"飞、风"说成是"灰、烘"。同时互混现象也存在。

这两个声母的发音方法相同，都是清擦音，不同的是发音部位：f的发音部位是上齿接近下唇，而h是舌根接近软腭。分辨的重点是在这两个音的常用字记忆方面。记字方法如下：

1. 利用形声字声旁类推

如：

f声母　伐—筏、阀、垡　　　番—翻、蕃、藩、幡
　　　凡—帆、矾、钒、梵　　反—返、饭、贩、畈
h声母　化—花、哗、骅、铧、桦、货
　　　胡—湖、葫、瑚、糊、蝴　皇—凰、湟、惶、徨、煌、蝗、隍

2. 利用声韵拼合规律分辨

如：

（1）除u外，其他合口呼韵母都不与f相拼，由此可以推断"化、灰、活、换、怀、混、黄"等字的声母都是h。

（2）f与o相拼的只有一个"佛"字，因此其他在方言中念fo的字在普通话中都应该改为huo音。

（3）f不与ai相拼，因此方言中念fai的字在普通话中都应改为huai音。

（4）f不与ong相拼，方言中念fong的字在普通话中应改为feng或hong音。

3. 声旁联想辨正

普通话f声母的来源古"非敷奉"三母，和普通话b、p声母的来源古"帮滂并"三母上古是同一组声母；普通话h声母的来源古"晓匣"二母，与普通话g、k声母的来源古"见溪群"三母发音部位相近或相同。所以，b、p声母的字与f声母的字有相互做对方声旁或同声旁的情况，g、k声母的字与h声母的字有相互做对方声旁或共声旁的情况。如：

b播—f番、蕃、藩、翻　　　　g该—h骇、骸、氦、孩
b逼—f幅、富、副　　　　　　g故—h葫、糊、湖、瑚、蝴、胡
b扮—f分、芬、氛、粉、汾、份、纷　g剑—h会、桧、荟、烩、绘
b板—f反、返、饭、贩　　　　g感—h撼、憾

p 排—f 非、匪、诽、痱　　　　　k 盔—h 灰、恢

p 蓬—f 逢、蜂、锋、峰　　　　　k 魁—h 槐、魂

p 旁—f 方、房、防、访、纺、放、妨　　k 空—h 红、虹、讧

4. 记少不记多

相比之下，f 声母音节字少，h 声母音节字多，可以着重记 f 声母代表字以类推相应 f 声母字。

（四）分辨尖音和团音

2-5　微课：分辨尖音和团音

尖音指汉语拼音 z、c、s 声母拼 i、ü 或 i、ü 起头的韵母，团音指汉语拼音 j、q、x 声母拼 i、ü 或 i、ü 起头的韵母。尖音和团音合称尖团音。部分方言中分别"尖团"，如把"尖、千、先"读作 ziān、ciān、siān，把"兼、牵、掀"读作 jiān、qiān、xiān。普通话不分"尖团"，如"尖=兼"读 jiān，"千=牵"读 qiān，"先=掀"读 xiān。

有尖团之分的方言区人在学习普通话过程中要把尖音改为团音，在记忆本方言尖音字的同时，还可利用声韵拼合规律进行辨正。如舌尖前音 z、c、s 不与撮口呼韵母和齐齿呼韵母相拼，zi、ci、si 后的韵母是舌尖前元音 -i[ɿ]。

（一）分辨 zh、ch、sh 和 z、c、s

1. 字的对比

z—zh　宗—中　凿—着　早—找　在—寨

c—ch　匆—冲　材—柴　忖—蠢　凑—臭

s—sh　梭—说　俗—赎　伞—闪　岁—睡

2. 词的对比

栽花—摘花　　死寂—史记　　乱草—乱吵　　三层—山城

3. 平翘舌音组词对比

z—zh　赞助　遵照　追踪　种族

c—ch　粗茶　草虫　揣测　冲刺

s—sh　肃杀　桑葚　深邃　哨所

4. 绕口令练习

这是蚕，那是蝉，蚕常在叶里藏，蝉藏在树里唱。

三山撑四水，四水绕三山，三山四水春常在，四水三山好春光。

四是四，十是十，十四是十四，四十是四十，十不能说成四，四也不能说成十，假使说错了，就可能误事。

小四约小石学写字,小石约小四看电视。小四不看电视只学写字,小石不学写字只看电视。

师部司令部指示:四团十连石连长带四十人在十日四时四十四分按时到达师部司令部,师长召开誓师大会。

(二) 分辨n和l

1. 字的对比
那—辣　孬—捞　糯—洛　虐—略　碾—脸　南—蓝　尿—料
讷—乐　奈—赖　馁—磊　娘—凉　妞—溜　逆—立　挪—罗

2. 词的对比
大怒—大路　泥巴—篱笆　水牛—水流　允诺—陨落　浓重—隆重

3. 鼻边音组词对比
年轮　耐劳　脑力　女郎　鸟类
冷暖　留念　烂泥　流年

4. 绕口令练习
念一念,练一练,n、l发音要分辨。l是边音软腭升,n是鼻音舌靠前。你来练,我来念,不怕累,齐努力,攻难关。

有座面铺面朝南,门口挂个蓝布棉门帘。摘了蓝布棉门帘,看了看,面铺面朝南;挂上蓝布棉门帘,看了看,面铺还是面朝南。

路东住着刘小柳,路南住着牛小妞,刘小柳拿着九个红皮球,牛小妞抱着六个大石榴,刘小柳把九个红皮球送给牛小妞,牛小妞把六个大石榴送给刘小柳,牛小妞脸儿乐得像红皮球,刘小柳笑得像开花的大石榴。

(三) 分辨f和h

1. 字的对比练习
发—花　烦—环　方—慌　粉—混　父—户　饭—换　夫—呼

2. 词的对比练习
理发—理化　纷乱—昏乱　舅父—救护　防虫—蝗虫　公费—工会
飞机—灰鸡　幅度—弧度　翻腾—欢腾　富丽—互利　俯视—虎视

3. f、h组词练习
伙房　荒废　粉红　发挥　混纺
凤凰　焚毁　烽火　腐化　粪灰

4. 绕口令练习
风吹灰飞,灰飞花上花堆灰。风吹花灰灰飞去,灰在风里飞又飞。

对门有堵白粉墙,白粉墙上画凤凰。先画一只粉黄粉黄的黄凤凰,再画一只绯红绯红的红凤凰。黄凤凰、粉凤凰,两只都像活凤凰。

丰丰和芳芳,上街买混纺。红混纺,粉混纺,黄混纺,灰混纺。红花混纺做裙子,粉花混纺做衣裳。穿上新衣多漂亮,丰丰和芳芳喜洋洋。感谢叔叔和阿姨,多纺红、粉、灰、黄好混纺。

(四)分辨尖音和团音

1. 字的对比

j [tɕ]	集—急	剂—寄	接—街	姐—解	借—界
	焦—交	酒—九	就—舅	尖—间	箭—间
q [tɕʰ]	七—期	妻—欺	锹—敲	瞧—桥	妾—怯
	千—铅	钱—钳	亲—钦	秦—芹	俏—撬
x [ɕ]	西—吸	细—戏	斜—鞋	小—晓	
	修—休	先—掀	线—县	仙—锨	

2. 绕口令

小芹手脚灵,轻手擒蜻蜓;小青人精明,天天学钢琴。擒蜻蜓,趁天晴,小芹晴天擒住大蜻蜓。学钢琴,趁年轻,小青精益求精练本领。你想学小芹,还是学小青?

记字音的方法有:

1. 记少不记多

从舌尖前音和舌尖后音的字数对比来看,舌尖前音约占30%,舌尖后音约占70%。因此我们可采用记少不记多的方式来记音——记舌尖前音字以推相应的舌尖后音字。另外,有些舌尖前音只包括非常少的常用字,记住这些舌尖前音常用字可帮助推断大量舌尖后音字。如:

zen	怎	zhen	针、珍、斟、真、缜、枕、诊、振
ca	擦、嚓	cha	叉、插、查、察、苴、茶、碴、蛇
ceng	层、曾	cheng	撑、称、城、诚、呈、程、承、乘
cou	凑	chou	抽、仇、愁、绸、踌、丑、臭
sen	森	shen	深、身、申、伸、呻、神、什

2. 利用普通话声韵拼合规律类推

在普通话中,n不与韵母ia相拼,故"(咱)俩"只能是边音;l不与en相拼,故"嫩"只能是鼻音;n不与ou相拼(只有不常用的"耨"字),因此"搂、楼、篓、漏、露、陋、髅、喽"等字只能是边音;n也不与韵母un相拼(只有不常用的"黁"字),所以"抡、囵、沦、轮、伦、纶、论"等字都是读边音;n与in相拼的常用字只有一个"您"字,故"林、临、淋、邻、磷、鳞、赁、吝、拎、琳、凛"等字只能是边音声母l。

学以致用

1. 综合列出普通话声母的发音部位和发音方法。
2. 任选50个常用字,为其标注普通话声母并认读。
3. 按家乡话的读音标出下表中例字的声母,然后把下表例字按发音方法排列,与普通话进行比较。

布—步　别　怕　盘
门—闻　飞—灰　冯—红　扶—胡
到—道　夺　太　同
南—蓝　怒—路　女—吕
莲—年—严
贵—跪　杰　开　葵
岸—暗　化—话　围—危—微　午—武
精—经　节—结　酒—九
秋—丘　齐—旗　修—休
全—拳　旋—玄　税—费
糟—招—焦　仓—昌—枪
曹—巢—潮—桥　散—扇—线
祖—主—举　醋—处—去
从—虫　苏—书—虚
增—争—蒸　僧—生—声
粗—初　锄—除　思—师—施
认—硬　扰—脑　袄
若—约　闰—运　而
延—言—然—缘—元　软—远

4. 绕口令练习

红砖堆,青砖堆,砖堆旁边蝴蝶追,蝴蝶绕着砖堆飞,飞来飞去蝴蝶钻砖堆。

四是四,十是十,十四是十四,四十是四十,谁能说准四十、十四、四十四,谁来试一试。

石、斯、施、史四老师,天天和我在一起。石老师教我大公无私,斯老师给我精神粮食,施老师叫我遇事三思,史老师送我知识钥匙。我感谢石、斯、施、史四老师。

门口有四辆四轮大马车,你爱拉哪两辆就拉哪两辆。小罗要拉前两辆,小梁偏要抢小罗的前两辆,小罗只好拉小梁的后两辆。

笼子里面有三凤,黄凤、红凤、粉红凤。忽然黄凤啄红凤,红凤反嘴啄黄凤,粉红凤帮啄黄凤。你说是红凤啄黄凤,还是黄凤啄粉红凤。

任务二 韵母训练

内容提要

普通话的韵母由元音和辅音组合而成,学习韵母首先要熟练把握单韵母元音的前央后、高中低和唇的圆展,其次要辨别复韵母、鼻韵母当中的韵头、韵腹和韵尾,区别前后鼻音的韵尾发音差异。只有这样,才能发出圆润饱满的韵母哦!

理论与方法

一、韵母概述

(一)韵母

普通话韵母共有39个,按结构可以分为单韵母、复韵母、鼻韵母;按发音口形可分为开口呼、齐齿呼、合口呼、撮口呼。

表2-2 普通话韵母总表

按结构分	按口形分			
	开口呼	齐齿呼	合口呼	撮口呼
单韵母 (10)	-i[ɿ] [ʅ]	i[i]	u[u]	ü[y]
	a[A]	ia[iA]	ua[uA]	
	o[o]		uo[uo]	
	e[ɤ]			
	ê[ɛ]	ie[iɛ]		üe[yɛ]
	er[ər]			
复韵母 (13)	ai[ai]			
	ei[ei]			
	ao[au]	iao[iau]		
	ou[ou]	iou[iou]		

续 表

按结构分	按口形分			
	开口呼	齐齿呼	合口呼	撮口呼
鼻韵母 （16）	an[an]	ian[iɛn]	uan[uan]	üan[yæn]
	en[ən]	in[in]	uen[uən]	ün[yn]
	ang[aŋ]	iang[iaŋ]	uang[uaŋ]	
	eng[əŋ]	ing[iŋ]	ueng[uəŋ]	
			ong[uŋ]	iong[yŋ]

韵母，指汉字音节中除声母与声调以外的部分。普通话有39个韵母，主要由元音充当，也有的是由元音加鼻辅音n或ng构成。普通话音节允许无声母（零声母音节），如ā'yí 阿姨，但不能没有韵母及声调。也就是说，汉语音节中不一定要有辅音，但必须有元音（口语中个别叹词除外，如唔、嗯）。韵母大多数可以自成音节。

（二）韵母的作用

1. 区别音节的意义

这是韵母的主要作用，汉语音节中声、韵、调三者无论哪一项不同，都会导致词义的差异。

2. 使音节饱满响亮

音节中声音最响亮的是韵母，韵母中最响亮的是韵腹。韵腹即音节中的主要元音，其开口度最大，发音时声带振动最为充分，共鸣丰满，形成了音节的拉开立起之势。

二、韵母的分类及其发音

普通话韵母可以从两个角度进行分类：一是根据韵母的结构特点，二是根据韵母开头元音的发音口形。

根据韵母内部结构成分的不同，可以把韵母分为单韵母、复韵母、鼻韵母三类。

（一）单韵母

由单元音音素组成的韵母叫单韵母。普通话的10个元音都可以充当单韵母。

单韵母的发音特点是舌位、唇形和开口度按要求保持一致的状态，没有动程。形成单韵母不同音色的三个条件是：舌位的高低、舌位的前后、唇形的圆展。舌位又叫"近腭点"，发音舌头向上隆起，对着上腭，接近上腭的最高点就是舌位。

2-6 微课：
单韵母

舌位的高低：舌位的高低与开口度有关。开口度大，舌位低；开口度小，舌位高。根据舌位的高低和开口度的大小可以把元音分为低元音（开元音韵母，如ɑ）、半低元音（半开元音韵母，如ê）、半高元音（半闭元音韵母，如o、e）、高元音（闭元音韵母，如i、u、ü）。

舌位的前后：发音时舌面隆起的最高点在舌面前部，叫舌前音，如i、ü；舌面隆起的最高点在舌面后部，叫舌后音，如u、o；舌面隆起的最高点在舌面中间，叫舌中音，如e。

唇形的圆展：发音时，嘴唇拢圆的，叫圆唇音，如u、ü；嘴唇处于自然状态的，叫展唇音或不圆唇音，如ɑ、e、i、ê。

根据发音时舌位的高低前后、唇形、开口度的状态，又可将10个单韵母分为3类：舌面单韵母、舌尖单韵母、卷舌单韵母。

舌面单韵母：舌头的高点在舌面上，舌面在发音时起主要作用。它们是：ɑ、o、e、ê、i、u、ü。从舌位的前后、舌位的高低（开口度的大小）、唇形的圆展几方面综合起来看，舌面元音韵母的发音情况可用图2-2表示。

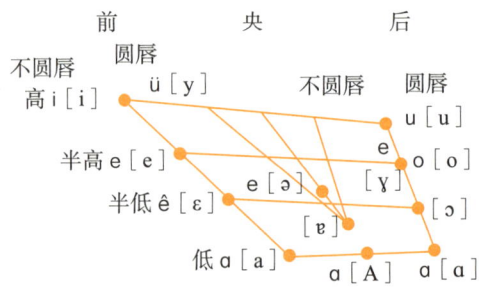

图2-2　舌面元音舌位唇形图

ɑ[A]—舌面、央、低、不圆唇元音。发音时，口大开，舌位低，舌头居中央，唇形不拢圆。

词语练习：

打靶　大厦　哪怕　爸爸

o[o]—舌面、后、半高、圆唇元音。发音时，口半闭，舌位半高，舌头后缩，唇拢圆。

词语练习：

哦　伯伯　婆婆　默默

e[ɣ]—舌面、后、半高、不圆唇元音。发音状态与o基本相同，但双唇不拢圆，自然展开。

词语练习：

隔阂　折射　合格　哥哥

ê[ɛ]—舌面、前、半低、不圆唇元音。发音时，口半开，舌位半低，舌头前伸抵下齿背，唇形自然展开。

i[i]—舌面、前、高、不圆唇元音。发音时，唇形呈扁平状，舌头前伸使舌尖抵下齿背。

词语练习：

积极　笔记　激励　气息

u[u]——舌面、后、高、圆唇元音。发音时，双唇拢圆，舌头后缩，舌根接近软腭。

词语练习：

不足　姑父　瀑布　疏忽

ü[y]——舌面、前、高、圆唇元音。发音时，双唇拢圆，舌尖抵下齿背。

词语练习：

语句　须臾　聚居　区域

舌尖单韵母：发音时由舌尖位置发挥主要作用的单韵母，它们是-i[ɿ]和-i[ʅ]。

-i[ɿ]——舌尖、前、高、不圆唇元音。发音时，舌尖前伸接近下齿背，气流通道虽然狭窄，但气流通过时不发生摩擦，双唇自然展开。该单元音韵母只出现在声母z、c、s后面，不能自成音节。如"资"的韵母-i（前）。

词语练习：

次子　自私　次次　字词

-i[ʅ]——舌尖、后、高、不圆唇元音。发音时，舌尖轻微上翘接近硬腭前部，气流通道虽狭窄，但气流通过时不发生摩擦，双唇自然展开。该单元音韵母只出现在声母zh、ch、sh、r后面，不能自成音节。如"知"的韵母-i（后）。

词语练习：

时事　知识　试吃　日志

卷舌单韵母：带有卷舌色彩的单韵母。

er[ər]——卷舌、央、中、不圆唇元音。r不代表音素，只是一个表示卷舌动作的符号。发音时，口形中开（比[ɛ]略小），舌位居中，舌头稍后缩，唇形不圆，在发e[ɤ]的同时，舌尖向硬腭卷起。该单韵母只能自成音节。如普通话的"儿、而、耳、尔"等字的发音。

词语练习：

耳朵　二胡　儿歌　而且

（二）复韵母

由两个或三个元音组成的韵母叫复韵母。普通话共有13个复韵母，即ai、ei、ao、ou、ia、ie、ua、uo、üe、iao、iou、uai、uei。

复韵母的发音特点是发音过程中舌位、唇形及开口度有变化，即由甲元音的发音状态快速向乙元音甚至再向丙元音的发音状态逐渐过渡，中间气流不中断，浑然一体。由两个元音构成的复元音称"二合元音"，由三个元音构成的复元音称"三合元音"。普通话中二合元音韵母有9个，三合元音韵母有4个。

复韵母中的元音在整个音节中的作用各有不同，据此可将其分为韵头、韵腹、韵尾3部分。韵腹是韵母中的最主要元音，即开口度最大、发音最清晰、最响亮的元音；

2-7　微课：复韵母

韵腹前面的元音是韵头（又叫介音，即介于声母与韵腹之间的音），发音轻且短，往往表示发音的起点，通常由高元音i、u、ü充当；韵腹后面是韵尾，往往表示舌位滑动的方向，音值含混不太固定，元音韵尾通常由i、o、u充当（鼻辅音韵尾由n、ng充当）。一个音节可以没有韵头、韵尾，但韵腹不可或缺。

复韵母（包括鼻韵母）中的韵腹由于受前后音素的影响，实际音值与单元音不完全相同，发音时不可拘泥单元音的舌位和口形。如uai、uei两个复韵母的韵腹a、e，其舌位受韵尾i的影响，发音位置一定程度前移。

根据韵腹所在的位置，可将复韵母分为前响复韵母、中响复韵母、后响复韵母。

1. 前响复韵母：ai、ei、ao、ou

前响复韵母由两个元音复合而成。发音时，前面的元音清晰响亮，音值较长，后面元音轻短模糊。

ai[ai]　是前元音的复合，动程较长。起点元音是前低不圆唇元音[a]，由它开始，舌位向[i]的方向往前往高滑动。

词语练习：

白菜　爱戴　买卖

ei[ei]　是前元音的复合，动程较短。起点元音是前半高不圆唇元音[e]，由它开始，舌位升高，向[i]的方向往前往高滑动。

词语练习：

累累　妹妹　配备　蓓蕾

ao[ɑu]　是后元音的复合。起点元音是后低不圆唇元音[ɑ]，由它开始，舌位向[u]的方向滑动升高。

词语练习：

号召　唠叨　滔滔　逃跑

ou[ou]　起点元音的实际舌位比[o]略微靠前，圆唇程度略低。从[o]开始，舌位向[u]的方向滑动。这个复韵母的动程很小。

词语练习：

丑陋　收购　偷偷　喉头

2. 中响复韵母：iao、iou、uai、uei

中响复韵母由3个元音复合而成。发音时，中间的元音清晰响亮，前后元音轻短。

iao[iɑu]　由前高元音[i]开始，舌位降至后低元音[ɑ]，然后再向[u]的方向滑升。唇形从中间的元音[ɑ]逐渐圆唇。

词语练习：

寥寥　苗条　调料　巧妙

iou[iou]　由前高元音[i]开始，舌位降至后半高元音[o]（略微靠前），然后再向[u]的方向滑升。iou中的[o]读得比较短，这是汉语拼音iou省写为iu的依据。

词语练习：

绣球　求救　舅舅　优秀

uɑi [uai]　由后高圆唇元音 [u] 开始，舌位向前滑降至前低不圆唇元音 [a]，然后再向前高不圆唇元音 [i] 的方向滑升。舌位动程先降后升，由后到前，曲折幅度大。唇形从前元音 [a] 逐渐展唇。

词语练习：

外快　乖乖　怀揣

uei [uei]　由后高圆唇元音 [u] 开始，舌位向前滑降至前半高不圆唇元音 [e]，然后再向前高不圆唇元音 [i] 的方向滑升。舌位动程先降后升，由后到前。唇形从前元音 [e] 逐渐展唇。uei 中的 [e] 读得比较短。

词语练习：

归队　回味　葳蕤　坠毁

3. 后响复韵母：iɑ、ie、uɑ、uo、üe

后响复韵母由两个元音组成。发音时，前面的元音轻短，只表示舌位从该处开始移动，后面的元音开口度大，清晰响亮。

iɑ [iA]　起点元音是前高元音 [i]，由它开始，舌位滑向央低元音 [A] 止。[i] 读得很短，[A] 的发音响而长。

词语练习：

家鸭　恰恰　加价　假牙

ie [iɛ]　起点元音是前高元音 [i]，由它开始，舌位滑向前半低元音 [ɛ] 止。

词语练习：

爷爷　贴切　谢谢　铁屑

uɑ [uA]　起点元音是后高圆唇元音 [u]，由它开始，舌位滑向央低元音 [A] 止。唇形由最圆展开到不圆。

词语练习：

娃娃　花袜　挂画　花滑

uo [uo]　起点元音是后高圆唇元音 [u]，由它开始，舌位滑向后半高圆唇元音 [o] 止。[o] 的实际舌位比国际音标中的 [o] 略低一点。发音过程中，保持圆唇，开头最圆，结尾圆唇度略低。

词语练习：

错落　陀螺　活络　硕果

üe [yɛ]　起点元音是前高圆唇元音 [y]，由它开始，舌位下滑到前半低元音 [ɛ] 止。[ɛ] 略带圆唇色彩。

词语练习：

约略　雀跃　月月

（三）鼻韵母

由元音和鼻辅音韵尾构成的韵母称为鼻韵母。普通话共16个鼻韵母，即8个前鼻韵母an、ian、uan、üan、en、in、uen（uen韵母同声母相拼时，省写中间的"e"字母，这时，调号标在元音u上）、ün，8个后鼻韵母ang、iang、uang、eng、ing、ueng、ong、iong。

鼻韵母的发音特点：

第一，由元音向鼻辅音自然过渡，鼻音色彩逐渐增加。最后，发音部位完全闭塞，形成鼻辅音。

第二，鼻音韵尾有成阻和除阻阶段，整个韵母发音完毕才除阻。

第三，前鼻韵尾n与声母n发音部位相同，即舌尖抵住上齿龈，不同的是声母n要除阻，而韵尾n发音完毕除阻。后鼻韵尾ng与声母g、k、h发音部位相同，即舌根抵住软腭，不同的是ng是浊鼻音，发音软腭下垂，气流振动声带从鼻腔通过，除阻阶段不发音。

an[an] 起点元音是前低元音[a]。先发[a]，紧接着软腭逐渐下降，打开鼻腔通道，舌面前部向硬腭前部移动闭合，气流从鼻腔流出。

词语练习：

潺潺　惨淡　谈判　烂漫

en[ən] 起点元音是央元音[ə]，舌位居中。先发[ə]，紧接着软腭逐渐下降，打开鼻腔通道，舌面前部向硬腭前部移动闭合，气流从鼻腔流出。

词语练习：

根本　认真　深沉　振奋

in[in] 起点元音是前高不圆唇元音[i]。先发[i]，之后有一个短暂的央元音[ə]过渡，然后软腭逐渐下降，打开鼻腔通道，舌面前部向硬腭前部移动闭合，气流从鼻腔流出。开口度始终很小，几乎没有变化。发音时央元音[ə]仅是过渡，不宜过分强调。

词语练习：

亲信　拼音　辛勤　濒临

ün[yn] 起点元音是前高圆唇元音[y]。先发[y]，之后有一个短暂的央元音[ə]过渡，然后软腭逐渐下降，打开鼻腔通道，舌面前部向硬腭前部移动闭合，气流从鼻腔流出。唇形从[y]开始逐步展开。发音时央元音[ə]仅是过渡，不宜过分强调。

词语练习：

军训　均匀　逡巡　芸芸

ang[aŋ] 起点元音是后低元音[ɑ]。先发[ɑ]，紧接着软腭逐渐下降，打开鼻腔通道，舌面后部向软腭移动闭合，气流从鼻腔流出。

词语练习：

帮忙　上当　盲肠　螳螂

eng[əŋ]　eng[əŋ]里的[ə]实际舌位略后而低,大致在国际音标的[ə]和[ʌ]之间。先发[ə],紧接着软腭逐渐下降,打开鼻腔通道,舌面后部向软腭移动闭合,气流从鼻腔流出。

词语练习:

更正　风声　萌生　鹏程

ing[iŋ]　起点元音是前高不圆唇元音[i]。先发[i],之后有一个短暂的央元音[ə]过渡,然后软腭逐渐下降,打开鼻腔通道,舌面后部向软腭移动闭合,气流从鼻腔流出。口形没有明显变化。发音时央元音[ə]仅是过渡,不宜过分强调。

词语练习:

情景　倾听　命令　宁静

ong[ʊŋ]　ong[ʊŋ]里的后近高圆唇元音[ʊ]介于[u]和[o]之间,圆唇程度不高。先发[ʊ]紧接着软腭逐渐下降,打开鼻腔通道,舌面后部向软腭移动闭合,气流从鼻腔流出。唇形始终拢圆。

词语练习:

公众　轰动　总统　从容

ian[iɛn]　由于韵腹前后音的舌位都很高,受协同发音的影响,韵腹的舌位也相应提高了一些,一般用[ɛ]表示。发音时,从前高元音[i]开始,舌位向前半低元音[ɛ]滑降,紧接着软腭逐渐下降,打开鼻腔通道,舌面前部向硬腭前部移动闭合,气流从鼻腔流出。

词语练习:

变迁　偏见　电线　连绵

uan[uan]　发音时,从后高圆唇元音[u]开始,唇形迅速由圆唇展开,舌位向前低元音[a]滑降,紧接着软腭逐渐下降,打开鼻腔通道,舌面前部向硬腭前部移动闭合,气流从鼻腔流出。

词语练习:

贯穿　专断　转弯　婉转

üan[yæn]　由于韵腹前后音的舌位都很高,受协同发音的影响,韵腹的舌位略高一些。发音时,从前高圆唇元音[y]开始,之后往往先向[u]有一个短暂的过渡(未达到[u]的位置),再向前近低元音[æ]的方向滑降,紧接着软腭逐渐下降,打开鼻腔通道,舌面前部向硬腭前部移动闭合,气流从鼻腔流出。唇形由圆唇在向折点元音的滑动过程中逐渐展唇。也有人读作[yɛn]。

词语练习:

渊源　圆圈　全权　轩辕

uen[uən]　发音时,从后高圆唇元音[u]开始,向央元音[ə]滑降,紧接着软腭逐渐下降,打开鼻腔通道,舌面前部向硬腭前部移动闭合,气流从鼻腔流出。唇形由圆唇在向折点元音的滑动过程中逐渐展唇。

词语练习：

温顺　论文　昆仑　谆谆

iang［iaŋ］　发音时，从前高元音［i］开始，舌位向后低元音［ɑ］滑降，紧接着软腭逐渐下降，打开鼻腔通道，舌面后部向软腭移动闭合，气流从鼻腔流出。

词语练习：

响亮　想象　香江　襄阳

uang［uaŋ］　发音时，从后高圆唇元音［u］开始，舌位向后低元音［ɑ］滑降，紧接着软腭逐渐下降，打开鼻腔通道，舌面后部向软腭移动闭合，气流从鼻腔流出。唇形由圆唇在向折点元音的滑动过程中逐渐展唇。

词语练习：

狂妄　状况　双双　双簧

ueng［uəŋ］　发音时，从后高圆唇元音［u］开始，舌位向央元音［ə］滑降，紧接着软腭逐渐下降，打开鼻腔通道，舌面后部向软腭移动闭合，气流从鼻腔流出。唇形由圆唇在向折点元音的滑动过程中逐渐展唇。在普通话里，韵母ueng只有一种零声母的音节形式weng。

词语练习：

水瓮　蓊郁　老翁　蕹菜

iong［yŋ］　起点元音是前高圆唇元音［y］。先发［y］，紧接着软腭逐渐下降，打开鼻腔通道，舌面后部向软腭移动闭合，气流从鼻腔流出。［yŋ］里的［y］和［ŋ］之间有一个过渡音［u］，也可以标写为［yuŋ］。

词语练习：

炯炯　穷凶　雄雄　汹涌

三、韵母的方音辨正

2-8 微课：
韵母的辨正

普通话与方言在韵母上的差异比较大。韵母辨正与声母辨正一样，要结合各地的实际情况，弄清方言中的韵母与普通话韵母的对应关系，从根本上把握普通话韵母体系。

（一）合口呼

普通话语音体系中的合口呼很丰富，相对而言，各地方言尤其是西南、江淮方言，特别是湖北话的合口呼韵母很少。

（1）西南官话、江淮官话中没有uo韵的字，如成都话、武汉话中的"多、锅、窝"的韵母都是"o"。

（2）普通话的uan韵，湖北大部分地区在舌尖音后面有an无uan或少uan，如"短、团、暖、恋、钻、纂、算"等字的韵母都被读为"an"。

（3）普通话的uen韵，当它放在舌尖前音声母、舌尖中音声母后面的时候，西南地区（除昆明外）基本上都是读en韵，如"顿读den""论读len""村读cen""孙读sen"；在武汉及周边的一些方言中读撮口呼，声母已变成舌面音j、q、x，如"准读jūn、春读qūn、顺读xūn"。

（4）多数北方话地区在n、l声母后有uei无ei韵。如太原、西安、兰州、昆明、南京、扬州、成都等地，都是将"内、擂"等字的韵母读成uei的，而济南、郑州虽将"内"读成nei，而将"擂"读成luei。西南方言中湖北大部分地区在舌尖音后有ei无uei或少uei，将"内、擂、对、退、罪、脆、岁"等字的韵母一律读成ei，少部分地区将上述例字的韵母一律读为uei。

（5）普通话舌尖前音z、c、s与u韵相拼的字，在陕西关中大部分地区（如西安、白水）和湖北大部分地区都读为开口呼，如武汉话"粗、租、苏、杜、土、努、鲁"的韵母都是ou。陕西关中部分地区如咸阳，舌尖前音声母后则是舌尖前高圆唇韵母[ɿ]，如"租、粗、苏"。普通话舌尖后音声母后的u韵，在湖北武汉、天门、来凤、宣恩等地的一律读成撮口呼ü韵，声母随即也变成了舌面音j、q、x，如"猪、除、书"，而湖北麻城、孝感一带以及陕西的关中咸阳、兴平等地，一律读为舌尖圆唇元音[ʮ]或[ʯ]。

（6）词语练习：

货币　批评　首都　轮渡　兔子　奴隶　出租　土炉　徒弟
地图　眉毛　积蓄　谜语　摆脱　代表　悲痛　飞机　打扫

（二）复韵母与单韵母

这里的复韵母主要是指古"蟹止效流"四摄演变而来的ai、ei、ao、ou四组韵母，它们在部分地区有单元音化倾向。如：在上海话中，"摆"念[pa]，"代"念[dɛ]，"悲"念[pe]，"飞"念[fi]，"包"念[pɔ]，"谋"念[mɤ]；昆明话"晒"念[ʂæ]，"扫"念[sɔ]，"黑"念[xə]。这类现象主要表现在吴方言中，在其他方言地区也有不同程度的反映。

另外也有些地方方言存在相反的情况，即单韵母转化为复韵母，主要表现为i、u、ü三个单韵母。这在闽、粤方言中表现得较为明显，北方方言的西南官话也有一定的体现。如广州话的"谜"念成[mei]、"素"[ʃou]、"絮"[ʃæy]，西南官话大部分地区将"闭"说成[pei]，"杜"说成[tou]等。

（三）鼻音韵尾的变化与分辨

普通话有两个鼻音韵尾，前鼻韵尾n和后鼻韵尾ng，但各方言区的情况比较复杂：有的是部分或全部后鼻韵读成前鼻韵尾，有的是少量前后鼻韵互混，有的是鼻音韵尾丢失元音鼻化，有的是丢失韵尾后完全变成了口音。

西北方言一般是没有前鼻韵尾n，鼻化元音丰富。如西安话的后鼻韵ng基本上保留（在a后有弱化的倾向），而前鼻韵n完全丢失且元音鼻化。太原话的高元音后一律是ng（[əŋ]、[iŋ]、[uəŋ]、[yəŋ]），低元音后或丢失鼻韵尾，或元音鼻化，或变成纯口音。兰州话则刚好相反，高元音后只有n尾（[ən]、[in]、[un]、[yn]），低元音后也没有ng韵,也就是说普通话的n尾字在兰州话中保留,普通话的ng尾在兰州话里丢失且元音鼻化。

西南方言、江淮方言有前鼻韵无后鼻韵。普通话中后鼻韵尾字,如"程、京"在这些方言中多读为前鼻韵的字"陈、金"。此外昆明、湖北西部的少部分地区、南京六合等地还不分"盘"和"旁"、"关"和"光"、"温"和"翁"等音。

分辨前后鼻韵,除了要区分n和ng的发音外,应该重点记忆普通话中哪些是前鼻音字,哪些是后鼻音。

我国大部分方言区in韵与ing韵、en韵与eng韵是整体对应关系,那么可利用前面多次提到过的形声字声旁类推方法帮助记忆。如:

in　斤靳近芹欣昕忻新薪　　今衿矜矝琴衾苓吟　　林淋琳霖啉
　　磷鳞麟嶙遴鄰　　　　　谨僅堇瑾槿

ing　令伶岭玲零铃龄岺领("邻、拎"字韵母为in,为后起的简化字例外)
　　庭蜓挺艇　　青清晴蜻情请　　经茎泾颈径胫痉轻氢陉

en　申呻伸绅神审婶　　分芬纷吩汾粉份忿盆
　　艮根跟垦痕很狠(另"银、龈、垠"3字韵母为in)
　　珍诊疹趁趻　　辰振赈震晨

eng　朋绷棚硼鹏崩嘣　　争挣峥狰睁铮等诤(另"净、静"两字韵母为ing)
　　正政证症惩征　　蜂峰锋缝烽蓬篷　　　　　腾滕藤

1. 字的对比

山—伤　班—帮　沾—张　奔—崩　盆—棚
门—盟　份—奉　跟—耕　镇—正
音—婴　斌—兵　频—凭　民—名　今—京
信—幸　裙—穷　勋—兄　寻—雄

2. 词语练习

强迫	沉默	罪恶	可以	革命	咳嗽	硕果	骆驼	国货
堕落	过河	合伙	唱歌	个数	苛刻	醉意	摧毁	队长
后退	随和	干脆	累赘	蓓蕾	内贼	对待	推算	断然
村庄	损坏	团员	湍急	王孙	冷暖	宣传	伦敦	尊贵
堆积	兑现	硫酸	输赢	主人	出处	路途	单独	恼怒

an	干旱	沾染	难堪	蹒跚	ang	昂扬	芳香	厂长	刚强
en	认真	深沉	愤恨	人参	eng	丰盛	更正	逞能	登程
ian	艰险	脸面	鲜艳	前年	iang	想象	强项	洋相	湘江

in	信心	亲近	金银	殷勤	ing	命令	精英	平静	禀性
uan	官宦	婉转	专款	软缎	uang	狂妄	惶惶	矿床	往往
uen	昆仑	混沌	谆谆	温润	ueng	（老）翁	蓊（郁）	（酒）瓮	
ün	渊源	圆圈	轩辕	全权	ün	军训	逡巡	均匀	熏晕
ong	冲动	红松	共同	从容	iong	汹涌	茕茕	芎䓖（川芎）	熊熊

3. 绕口令

老葛姓葛不姓果，老葛唱歌去买锅，唱歌口渴要水喝，买锅店里没有货。没有货，别恼火，不买这个买那个。心胸开豁莫难过。买鸡鹅，称水果，买齐货物再唱歌，越唱心中越快活。

山前有个崔粗腿，山后有个苏腿粗，二人山前来比腿。不知是崔粗腿比苏腿粗的腿粗，还是苏腿粗比崔粗腿的腿粗。

真冷，真正冷，人人都说冷，猛地一阵风，全身更加冷。

高高山上一根藤，青青藤条挂金铃，风吹藤动金铃响，风停藤静铃不鸣。

4. 辨音诗练习

en韵诗

少冷漠，要热忱，坚韧忠贞。趁青春年华，吐芬芳，挑重任，显身手，报国门。

eng韵诗

转眼众星捧月，长庚独明，更有乘风大鹏，万里征程，猛志天生成，却不是身在蓬莱，神入梦中。

in韵诗

近河滨，景色新，绿草茵茵水粼粼，禽鸟唱林阴。

ing韵诗

屏侵凌，震顽冥，敌胆破望影心惊，其锋谁撄？八方平定四境宁，赢得史册彪炳，千古令名。

记字音的方法有：

1. 分辨o、e、uo

o只跟声母b、p、m、f相拼，不跟其他声母组合；而uo、e（"什么"的"么me"除外）则刚刚相反，不跟声母b、p、m、f相拼，可以跟其他声母组合；e与uo在与g、k、h相拼的时候，容易发生错误，要特别引起注意。

2. 声韵拼合的取舍

普通话中d、t不与in相拼，只与ing相拼，所以常用字如"丁、顶、定、听、挺、停"等都是后鼻音；n、l不与en相拼（"恁、嫩、嫩"字除外），只与eng相拼，常用字"能、楞、冷、愣"都是后鼻音；bin没有上声字，"秉、丙、炳、柄"等常用字都是后鼻音；ping没有去声字，"品、聘"等常用字都是前鼻音。

3. 记少不记多

记住了gen音节只有"根、跟、亘"三个常用字，剩下的就应该是后鼻音；记住hen音节只有"痕、很、恨、狠"四个字，其余的都念后鼻音。

1. 列出普通话单韵母的发音情况。
2. 韵母发音例字对比：按家乡话的读音标出下列例字的韵母，然后与普通话读音进行比较。

资—支—知　盖—介　短—胆—党　含—衔　圆—芸
野—以—雨　铁—踢　落—鹿—绿　根—庚　动—胸
各—郭—国　确—缺　月—欲—药　减—检—紧—讲
怪—桂—贵　饱—保　酸—三—桑　连—林—邻—灵
心—新—星　竿—间　光—官—关　权—船—床
魂—横—红　良—廉　群—琼—穷　温—翁

3. 绕口令练习

哥哥弟弟坡前坐，坡上卧着一只鹅，坡下流着一条河。哥哥说，宽宽的河，弟弟说，肥肥的鹅。鹅要过河，河要渡鹅。不知是鹅过河还是河渡鹅。

南边儿来了个老伯，提着一面铜锣；北边儿来了个老婆儿，挎着一篮香蘑。卖铜锣的老伯要拿铜锣换卖香蘑的老婆儿的香蘑，卖香蘑的老婆儿不愿拿香蘑换卖铜锣老伯的铜锣。卖铜锣的老伯生气敲铜锣，卖香蘑的老婆儿含笑卖香蘑，老伯敲破了铜锣，老婆儿卖完了香蘑。

有个老头本姓顾，上街打醋带买布。打了醋，买了布，抬头碰见鹰捉兔，放下醋，丢下布，上前去追鹰和兔，回头不见布和醋。飞了鹰，跑了兔，丢了布，撒了醋，满肚子怨气没处诉。

大妹和小妹，一起去收麦。大妹帮小妹割大麦，小妹帮大妹挑小麦；两人收完麦，一起去打麦，大妹打小麦，小妹打大麦，颗颗粒粒充满爱。

小艾和小戴，一起去买菜。小艾买菠菜，小戴买苋菜，萝卜、茄子、小白菜，人人见了人人爱。

三月三，进深山，带毛毯，备马鞍，进了深山去种杉。

一线天，一线天，天上有云烟，云烟舞翩翩，似神又似仙。

山前有个颜远眼，山后有个袁眼圆，两人爬上山头来比眼，不知是颜远眼的眼比袁眼圆的眼看得远还是袁眼圆的眼比颜远眼的眼长得圆。

小陈和小文,两人最勤奋;一个打飞蚊,一个扫灰尘;一个用烟熏,一个用水喷;一个除草根,一个用火焚,飞蚊和灰尘,定无处藏身。

山上有个棚,棚上有个瓶,风吹瓶儿动,瓶儿碰棚儿蹦。

山上松,地里葱,松颂葱,葱颂松;松颂葱叶茎郁葱葱,葱颂松不畏寒和冬。

雄雄和锋锋,晴空放风筝,雄雄放蜻蜓,锋锋放雄鹰,迎面空中起东风,蜻蜓雄鹰乘风行。

任务三 声 调 训 练

内容提要

普通话有四个声调,它和声母、韵母是普通话音节不可缺少的组成部分。声调根据调值分别叫阴平、阳平、上声、去声。声调有区别意义的作用,不同方言声调差异大,因此声调是学习普通话关键点之一。

理论与方法

一、声调概述

声调是指一个音节发音时音高的高低升降变化。比如:"mā、má、mǎ、mà"四个音节的差异,就在于高低升降的变化不同。

声调的变化主要决定于音高,与音长也有关系。从声调形成的物理特征看,声调的音高变化,与声带的松紧及单位时间内声带振动的频率有关。声调的音高是相对的,每个人有自己的相对音高。

声调同声母、韵母一样有区别意义的作用,相同的声、韵母组合在一起,可以因为声调的不同而表示不同的意思。如"妈、麻、马、骂"的意义不同,就是声调的不同造成的。

汉语是有声调的语言,声调决定着普通话或汉语方言的语音面貌,所以说声调是普通话与方言、方言与方言区别的一把标尺。

二、调值、调型、调类

(一)调值

调值是声调的实际读法,是一个音节高低升降变化的具体形式。

2-9 微课：调值、调型、调类

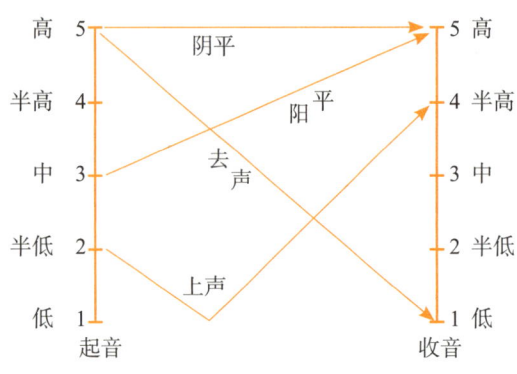

图2-3 普通话调值五度标记法

为了记录声调的调值，通常采用"五度标记法"，具体方法是：先画一条竖线，分成四格五点，从下到上分别用1、2、3、4、5表示低音、半低音、中音、半高音、高音，再在比较线的左边用横线、斜线、折线表示声调的音高变化的形式和范围，然后根据这些横线、斜线或曲折线两端或转折点达到的音高等级，标出各个声调的调值。如图2-3标记的就是普通话四个声调的调值。

（二）调型

普通话四个声调的调值分别是"55、35、214、51"，与调值相关的是调型。调型是调值升降形式的类型。从以上调值图可以看出，普通话的调型有高平调、中升调、降升调、全降调。而汉语的调型有平调、升调、降调、降升调、升降调。调型在普通话学习中有重要意义。一般普通话的语音面貌，从调型能够很好地反映出来：二级、三级水平的普通话，其基本特点就是4个声调的调型与普通话相同或相近，而一级水平的普通话，调型和调值都十分规范、标准。

（三）调类

调类就是声调的种类，是根据声调的实际读法归纳出来的类别。有几种实际读法就有几种调类。因而，一种语言（或方言）有多少个调值，也就有多少个调类。普通话有4个调值，因此，普通话有阴平、阳平、上声、去声4个调类。

三、普通话的声调

普通话有4种基本声调，调值分别为"55、35、214、51"，因而有4个调类，同时有4个调型。调值、调类、调型的相互对应关系如下：

阴平—高平调55　　　　阳平—中升调35
上声—降升调214　　　　去声—全降调51

标调符号就是声调的标记符号：

阴平—　　阳平 /　　　上声 ∨　　　去声 \

这四个符号表示普通话四个不同的调类，同时又表示普通话的四个调型，也表示普通话的四种调值，因而这四个调号兼有三重身份。

《汉语拼音方案》规定用"— / ∨ \"四个符号作为普通话声调的"调号"，普通话有四个声调。普通话四个声调的特点分别如下：

（一）阴平

普通话的阴平调由5度到5度，调值55。特点是声调高而平直，是高平调。例如：

gāo　　shān　　chū　　shēng　　pō
高　　　山　　　出　　　生　　　坡

（二）阳平

普通话的阳平调由3度到5度，调值35。特点是发音时直线上升，是中升调。例如：

píng　　nán　　tí　　fán　　róng
平　　　南　　　题　　繁　　　荣

（三）上声

普通话的上声调是降升调，调值是214，特点是先降后升。例如：

guǎn　　lǐ　　shuǐ　　guǒ　　guǎng
管　　　理　　　水　　　果　　　广

（四）去声

普通话的去声调是全降调，由5度到1度，调值为51。特点是从最高降至最低值，音长短。例如：

xià　　jiàng　　chuàng　　zào　　kùn
下　　　降　　　　创　　　　造　　　困

四、声调的方音辨正

声调的方音辨正就是要解决声调的错误和缺陷问题。声调的错误主要指调值的调值读得完全不对（包括变调），声调的缺陷是指调值读得不完全到位，或不自然，而系统性的声调缺陷，往往会显露出方言语调。普通话语音与方言的主要区别在于声调，一个人普通话声调的标准程度和规范程度，决定了其普通话语音的基本面貌。因此，方言区的人学习普通话尤其要重视声调的学习。

1. 按普通话四声的调值念下面的音节。

一　姨　乙　艺　yī　yí　yǐ　yì

辉	回	毁	惠	huī	huí	huǐ	huì
风	冯	讽	奉	fēng	féng	fěng	fèng
飞	肥	斐	费	fēi	féi	fěi	fèi
通	同	桶	痛	tōng	tóng	tǒng	tòng
迂	于	雨	遇	yū	yú	yǔ	yù

2. 按阴阳上去的顺序念词语。

深谋远虑　shēnmóu–yuǎnlǜ
坚持改进　jiānchí–gǎijìn
中华伟大　zhōnghuá–wěidà
千锤百炼　qiānchuí–bǎiliàn
光明磊落　guāngmíng–ěiluò
花红柳绿　huāhóng–liǔlǜ

3. 按去上阳阴的顺序念词语（上声按变调念半上）。

破釜沉舟　pòfǔ–chénzhōu
调虎离山　diàohǔ–líshān
弄巧成拙　nòngqiǎo–chéngzhuō
信以为真　xìnyǐ–wéizhēn
妙手回春　miàoshǒu–huíchūn
异口同声　yìkǒu–tóngshēng

锦囊妙计

普通话声调的音高是相对音高，主要凭语感发音，因而要读准普通话4个声调，就要反复听规范读音，跟着练读，要多练"声调练习"的例字、例词，要注意同声同韵字的声调。只有多加练习，才能做到发音准确到位，才能熟练读出普通话4个声调。

（一）读准调值

读准普通话四声的调值，是声调辨正的第一步。可从以下几个步骤进行：
（1）训练定位调值"55、44、33、22、11"，做到有效控制声带，把握音高，准确到位。
（2）练习同声、同韵字，从阴平到去声反复练习，直到能准确读出任何一个声调为止。如：妈、麻、马、骂。
（3）对照自己的方言，找出与普通话声调不同的字来练准普通话调值。

（二）方音辨正

对于与自己方言完全不同的声调比较容易改过来，但是如何准确把握普通话声调的调值是方言区的人难以解决的问题。比如,阴平调值是55,由于调值是一个相对音高,单念时不会有问题,但在词语或语流中调值不到位会显露方言痕迹。如"落山",由于"山"受"落"的影响,"山"的调值可能降为"33",听感上就不准确了。上声调值是214,如果调值把握不准,念成"324",单念就会出现缺陷,或者干脆念成阳平调。去声调值是"51",受方言的影响有些人容易念成"522"。

(三)声调的标记方法

(1)调号要标在韵母上。
(2)如果是复韵母,则标在开口度最大,发音最响亮的元音上。先找a、o、e后找i、u、ü。
(3)i、u并列标在后。
(4)如果调号标在i上,i上一点必须省去,标在ü上,则加在两点之上。
(5)轻声音节不标调。

声调辨正,读准下列词语。

小刘—小柳	大学—大雪	深情—申请	下潜—下浅
大同—大筒	不及—不挤	出逃—出讨	下毒—下肚
牛栏—浏览	不咳—不可	小儿—小耳	棕榈—伴侣

任务四 音变训练

 内容提要

音变是普通话的特点之一,也是体现普通话韵味的特征。普通话语音中常见的音变现象有变调、轻声、儿化、语气词"啊"的变读。本节重点掌握普通话的几种音变现象,并了解轻声和儿化的作用。

音变就是语音的变化。人们在说话时,不是孤立地发出一个个音节(字),而是

把音节组成一连串自然的"语流"。由于相邻音节的相互影响或表情达意的需要,有些音节的读音要发生一定的变化,这就是语流音变。普通话语音中常见的音变现象有:变调、轻声、儿化、语气词"啊"的变读。

一、变调

2-10
微课:变调

在语流中,有些音节的声调由于受相邻音节的影响而发生变化,这种变化叫作变调。变调常常是由后一个音节声调的影响引起的,变调是语言中的自然音变现象,并不影响语义的表达。

在普通话中,常见的变调有:上声的变调、"一"的变调、"不"的变调。

(一)上声的变调

上声的调值214,只有在读单音节字或处在词语末尾或句末时,上声字声调不变,其他情况均发生变调。

1. 上声在上声前的变调

上声+上声→阳平(35)+上声或句末。两个上声字相连,前一个则近似阳平。如:

管理　手指　母语　海岛　粉笔　偶尔　骨髓

2. 上声在非上声前的变调

上声+非上声(阴平、阳平、去声)→半上(211)+非上声。上声字在非上声字前,即上声在阴平、阳平、去声前,调值由214变为21或211。如:

响声　小心　广播　普通　语言　祖国
水平　旅行　伟大　解放　感谢

3. 多个上声相连

(1)上声+上声+上声→(半上+阳平+上声)。后两个音节语义紧凑,语义停顿在第一个音节后,可称之为单双格,如:

好领导　很勇敢　有理想　冷处理

(2)上声+上声+上声→(阳平+阳平+上声)。前两个上声音节语义紧凑,语义停顿在第二个音节后,可称之为双单格,如:

展览馆　洗洗手　蒙古语　草稿纸

(3)如果有三个以上的音节连在一起,则先根据词语结构适当分组,再按以上规律进行变调。

4. 上声+轻声

在由上声变读为轻声的音节前,有两种不同的变调:

(1)上声+轻声→阳平+轻声(本音上声)。如:

打手　想起　晌午

(2)上声+轻声→半上(21)+轻声(原调阴平阳平去声)。如:

哑巴　点心　喜欢　老实　打量　码头　伙计　铁匠

5. 几种例外

（1）上声在轻声"子"的前面,不读阳平(35),读半上(21)。如：

李子　底子　种子　款子

（2）表示亲属称谓的两个上声字相连,前一个读半上(21),后一个读轻声。如：

姐姐　嫂嫂　奶奶　姥姥

（二）"一""不"的变调

这两个字都是古入声字,单念时"一"念阴平(55),"不"念去声(51),但在语句中,依据后面音节声调的不同而有一些变化。

1. "一"的变调

（1）单念、句尾,以及几个数字连在一起,在序数中声调不变,读原调,如：

一　统一　划一　一一过目　一附中　二十一

（2）阴平、阳平、上声前念去声,如：

一般　一双　一年　一条　一把　一朵

（3）去声前面念阳平,如：

一样　一向　一夜　一律

（4）嵌在重叠的动词中间念轻声,如：

看一看　想一想　做一做

2. "不"的变调

（1）单念、句尾或阴平阳平上声前读原调,即去声,如：

不　我偏不　不香　不说　不能　不妨　不好　不管

（2）去声前面念阳平,如：

不对　不妙　不利

（3）夹在词语中间念轻声,如：

差不多　数不清　挪不动

二、轻声

（一）轻声的性质

汉语的每个音节都有声调,但在特定的场合中,由于音节弱化,有的音节失去原调,变成一种既轻又短的调子,这就叫轻声。

例如："头",在"头脑""头发"这些词里或单独用时,读阳平调；可是在"石头、木头、甜头、看头"这些词里的"头"就要读轻声。

轻声是一种声调的音变,而不是一个独立的声调。轻声不是四声之外的第五种

2-11
微课：轻声

声调,而是四声的一种特殊音变。

(二) 轻声的作用

轻声有区别词义和词性的作用。恰当地使用轻声能使我们所说的话,声调强弱有序、和谐动听。

1. 区别意义

八哥 { bā gē 家里排行第八的哥哥。
       bā ge 一种鸟类的名字。

老子 { lǎo zǐ 指历史人物老子。
       lǎo zi 父亲或骄傲的人自称。

2. 区别词性

大意 { dà yì 名词,指主要的意思。
       dà yi 形容词,指疏忽,不经意。

自然 { zì rán 名词,指自然界的、非人为的。
       zì ran 形容词,指不拘束,不呆板。

3. 区别词与词组

打手 { dǎ shǒu 词组,指拍手、拍掌。
       dǎ shou 词,受人雇用,替人打架的人。

买卖 { mǎi mài 词组,指买和卖。
       mǎi mai 词,指生意。

另外,语流中的轻声词和习惯上读轻声的字词,一般没有区别词义和词性的作用,但这些字词是否读轻声,将会影响语义或是普通话的语调。

(三) 轻声音节的出现范围

轻声词,工业时代产生的词语和科学术语一般没有轻声音节,口语中的常用词常有轻声现象。普通话中下列情况通常读轻声:

(1) 助词"的、地、得、着、了、过"和语气词"吧、吗、呢、啊"等。
(2) 构成名词后缀的虚语素"子、头"等,构成代词表示多数的"们"。
(3) 叠音词和动词重叠形式的后一个音节,如"星星、听听、看看、走走"等。
(4) 趋向动词"来、去"做补语,如"起来、过去、下去"等。
(5) 方位词,如"上、下、里、外"等。
(6) 量词"个"常常读轻声,如"几个、一个"。
(7) 有一批常用的双音节词,第二个音节习惯上要读轻声。如"伙计、喷嚏、蚂蚱"等。

三、儿化

（一）什么是儿化

在普通话中，单韵母er可以与其他韵母结合成一个音节，并使这个韵母转变为卷舌韵母。这种音变现象，叫作儿化，儿化后的韵母叫儿化韵。

通常一个音节用一个汉字表示，而带儿化韵母的音节，一般用两个汉字来表示，用汉语拼音字母拼写这些儿化音节，只需在原来的音节之后，加上"r"表示卷舌动作。如：

门儿 ménr　　　馅儿 xiànr　　　花儿 huār

2-12
微课：儿化

（二）儿化韵的实际读音

一般韵母在儿化后，会发生或大或小的音变，因受卷舌动作的影响，有的韵母的韵腹带上卷舌色彩，有的韵母变成较低较央的元音，变化的情况根据韵腹和韵尾而定。

（1）前一音节的韵腹或韵尾是a、o、e、ê、u的，原韵母不变，加上卷舌动作。如：

刀把儿 bàr　　山坡儿 pōr　　方格儿 gér　　台阶儿 jiēr　　皮球儿 qiúr

（2）前一音节的韵尾是i、n的，丢失韵尾，主要元音加卷舌动作。但要注意：对于ui、un这两个韵母，必须还原为uei、uen，再去掉韵尾i或n。如：

小孩儿 hár　　　一点儿 diǎr

墨水儿 shuěr　　打盹儿 duěr

（3）前一音节的韵母是i、ü，韵母不变，加上[ə]再卷舌。如：

小鸡儿 jīer　　　玩意儿 yìer　　　金鱼儿 yúer

（4）前一音节韵母是in、ün的，丢失韵尾n，加上[ə]再卷舌。如：

脚印儿 yìer　　　合群儿 qúer

（5）前一音节的韵母是-i[ɿ]、-i[ʅ]的，韵母变为[ə]再卷舌。如：

石子儿 zěr　　　没事儿 shèr

（6）前一音节韵尾是ng的，丢失韵尾，加上卷舌动作，同时主要元音鼻化。如：

帮忙儿 már　　　小熊儿 xiór　　　麻绳儿 shér

那么，从以上儿化的实际读音中可以看出，儿化韵母的音变往往不是简单地在韵母后加上一个卷舌的动作，而是伴随语音脱落、增音、更换和同化现象。普通话韵母除ê、er之外都可以儿化。

（三）儿化的作用

1. 区别词义

有的词儿化后具有不同的音义，如：

头(脑袋)—头儿(领头的)　　　　眼(眼睛)—眼儿(小孔)

2. 区别词性

如：盖(动词)—盖儿(名词)　　　　画(名词、动词)—画儿(名词)

3. 区分同音词

如：开火儿—开伙　　　　拉链儿—拉练

4. 表示细小、轻微的意思

如：一点儿　　雨点儿　　心眼儿

5. 表示亲切、喜爱的感情色彩

如：小辫儿　　脸蛋儿　　小不点儿

四、语气词"啊"的音变

2-13 微课："啊"的变调

"啊"作为叹词可以单用,独立地表示一定的语意。用在词句末尾的"啊"是语气词,常受前一个音节末尾音素的影响而发生变化,发生音变后,字形亦可根据实际读音改写。

（1）在a、o、e、ê、i、ü后,读ya,可写作"呀"。

如：好大呀！　　真积极呀！

（2）在u(包括ao、iao)后读作wa,可写作"哇"。

如：苦哇！　　好哇！

（3）在n后,读作na,可写作"哪"。

如：难哪！　　看哪！

（4）在ng后,读作nga,汉字写作"啊"。

如：节省啊！　　香啊！

（5）在-i(前)之后,读作[zA]；在-i(后)或er后,读ra,汉字写作"啊"。

如：写字啊！自私啊！　　　　没事啊！好吃啊！

掌握了"啊"的变读,说话、朗读时就能语气自然,能准确地表达语气,写作时也能恰当地使用语气词。

技能训练

1. 读准带下列"一、不"的双音节词语

一一 yīyī	一半 yībàn	一定 yīdìng	一般 yībān	一起 yīqǐ
一生 yīshēng	一路 yīlù	一天 yītiān	一体 yītǐ	一行 yīxíng
不好 bùhǎo	不顾 bùgù	不够 bùgòu	不屈 bùqū	不能 bùnéng
不及 bùjí	不想 bùxiǎng	不日 bùrì	不拘 bùjū	不适 bùshì

2. 读准下列带轻声词

刀子 dāozi	车子 chēzi	孙子 sūnzi	丫头 yātou	后头 hòutou
胳膊 gēbo	抽屉 chōuti	姑娘 gūniang	师傅 shīfu	苍蝇 cāngying
哆嗦 duōsuo	他们 tāmen	朋友 péngyou	时候 shíhou	铺盖 pūgai
记得 jìde	心思 xīnsi	知识 zhīshi	扎实 zhāshi	软和 ruǎnhuo
那边 nàbian	在乎 zàihu	老婆 lǎopo	模糊 móhu	月亮 yuèliang
洒脱 sǎtuo	似的 shìde	亲家 qìngjia	簸箕 bòji	进项 jìnxiang
便宜 piányi	别扭 bièniu	拨弄 bōnong	直溜 zhíliu	硬朗 yìnglang

3. 读准下列带儿化韵的词语

本色儿 běnshǎir	好好儿 hǎohāor	拈阄儿 niānjiūr	拔尖儿 bájiānr
冰棍儿 bīnggùnr	老头儿 lǎotóur	豆角儿 dòujiǎor	蛐蛐儿 qūqur
纳闷儿 nàmènr	墨水儿 mòshuǐr	围脖儿 wéibór	一块儿 yīkuàir
照片儿 zhàopiānr	玩儿命 wánrmìng	起名儿 qǐmíngr	中间儿 zhōngjiànr
小曲儿 xiǎoqǔr	片儿汤 piànrtāng	一会儿 yīhuìr	做活儿 zuòhuór

锦囊妙计

我们说话或朗读时，不是孤立地把一个一个音节说出来，而是把一连串的音节组成词和句子，形成"语流"。在语流音变的过程中，我们还需要牢记以下几点：

（1）在拼写音节时一般不标变调，只标原调，但在读音过程中，我们要按变调规律读出变化以后的声调。

（2）"啊"的音变，有时不用"呀""哇""哪"等汉字表示，一概写作"啊"。但在朗读时一定要按音变规律去读，语流才顺畅，语气才自然。

（3）前边所说的"儿化韵"书写形式中的"儿"，并不代表一个单独的音节，而是就记录口语而言的。朗读作品（诗歌、小说、散文等），除了人物对话中的和已经定型了的儿化词以及上述有区别词义、词性作用的儿化词，非儿化词中的"儿"仍然要单独读作一个音节。例如："花儿为什么这样红""星儿闪闪""孤儿""男儿志在四方""女儿""幼儿""混血儿"等。

学以致用

试着用所学的音变方法，读一读下面的文字。

（1）一个大，一个小，一件衣服一顶帽。

一边多，一边少，一打铅笔一把刀。

一个大,一个小,一只西瓜一颗枣。
一边多,一边少,一盒饼干一块糕。
一个大,一个小,一头肥猪一只猫。
一边多,一边少,一群大雁一只鸟。
一边唱,一边跳,大小多少记得牢。

(2)不久前,一艘巨大的木船把我们送到这个岛上,周围是不平静的大海,看不见这小岛以外的陆地,听不到城市的种种声音。带我们到这儿来,不会毫无目的吧?我找不到一个熟悉的人,只好不顾面子,向同来的一个欧洲人发问,也不知他懂不懂汉语。结果他不声不响,只是目不转睛地盯着不远的地方,身子动也不动。我得不到答复,不得已只好待在小屋里。不久,他们送来了吃的,也不知道是些什么东西。本不想吃,可肚子不答应,勉强吃了一点儿,不甜不咸,不酸不辣,说不出是什么滋味儿。这样过了几天,每天不是听海浪的呼啸,就是遥望大海,不仅没人能够交谈,也不敢随意走动。

项目三　普通话水平测试训练

1. 了解普通话水平测试的性质及等级要求、内容及评分标准。
2. 熟悉普通话水平测试流程及注意事项。
3. 激发普通话学习热情,明确普通话对胜任职业岗位的重要性。

任务一　认识普通话水平测试

内容提要

作为一名未来的人民教师,掌握标准的普通话是职业要求,也是职业技能之一。为了顺利通过普通话水平测试,需要了解普通话水平测试的性质、等级要求、内容、评分标准以及普通话水平测试的流程,为参加普通话水平测试做好准备。

理论与方法

一、认识"普通话水平测试"

普通话水平测试是在国家语言文字工作部门的领导下,根据统一的标准和要求在全国范围内开展的一项测试工作。普通话水平测试不是普通话系统知识的考试,不是文化水平的考核,也不是对口才的评估。普通话水平测试是对应试人员运用普通话所达到的标准程度的测试;它是以标准的普通话为参照标准,通过测试来检测、评定应试人员所达到的普通话水平等级,为教师、播音员、节目主持人、国家公务员等各行业人员逐步实行持证上岗服务,所以,它实质上是一种资格证书的考试。

普通话水平测试是我国现阶段普及普通话工作的一项重大举措。在一定范围内对某些岗位的人员进行普通话水平测试,并逐步实行普通话等级证书上岗制度,标志着我国普及普通话工作走上了制度化、规范化、科学化的新阶段。开展普通话水平测试工作,将大大加强推广普通话工作的力度,加快速度,使"大力推行、积极普及、逐步提高"的方针落到实处,极大地提高全社会的普通话水平和汉语规范化水平。

二、普通话水平测试的构成和评分

试卷包括5个组成部分,满分为100分。

(一)读单音节字词(100个音节,不含轻声、儿化音节),限时3.5分钟,共10分

1. 目的
测查应试人声母、韵母、声调读音的标准程度。

2. 评分
(1)语音错误,每个音节扣0.1分。
(2)语音缺陷,每个音节扣0.05分。
(3)超时1分钟以内,扣0.5分;超时1分钟以上(含1分钟),扣1分。

(二)读多音节词语(100个音节),限时2.5分钟,共20分

1. 目的
测查应试人声母、韵母、声调和变调、轻声、儿化读音的标准程度。

2. 评分
(1)语音错误,每个音节扣0.2分。
(2)语音缺陷,每个音节扣0.1分。
(3)超时1分钟以内,扣0.5分;超时1分钟以上(含1分钟),扣1分。

(三)选择判断题,限时3分钟,共10分

1. 词语判断(10组)
(1)目的:测查应试人掌握普通话词语的规范程度。
(2)要求:根据《普通话水平测试用普通话与方言词语对照表》,列举10组普通话与方言意义相对应但说法不同的词语,由应试人判断并读出普通话的词语。
(3)评分:判断错误,每组扣0.25分。

2. 量词、名词搭配(10组)
(1)目的:测查应试人掌握普通话量词和名词搭配的规范程度。

（2）要求：根据《普通话水平测试用普通话与方言常见语法差异对照表》，列举10个名词和若干量词，由应试人搭配并读出符合普通话规范的10组名量短语。

（3）评分：搭配错误，每组扣0.5分。

3. 语序或表达形式判断（5组）

（1）目的：测查应试人掌握普通话语法的规范程度。

（2）要求：根据《普通话水平测试用普通话与方言常见语法差异对照表》，列举5组普通话和方言意义相对应，但语序或表达习惯不同的短语或短句，由应试人判断并读出符合普通话语法规范的表达形式。

（3）评分：判断错误，每组扣0.5分。

选择判断合计超时1分钟以内，扣0.5分；超时1分钟以上（含1分钟），扣1分。答题时语音错误，每个错误音节扣0.1分；如判断错误已经扣分，不重复扣分。

（四）朗读短文（1篇，400个音节），限时4分钟，共30分

1. 目的

测查应试人使用普通话朗读书面作品的水平。在测查声母、韵母、声调读音标准程度的同时，重点测查连读音变、停连、语调以及流畅程度。

2. 要求

（1）短文从《普通话水平测试用朗读作品》中选取。

（2）评分以朗读作品的前400个音节（不含标点符号和括注的音节）为限。

3. 评分

（1）每错1个音节，扣0.1分；漏读或增读1个音节，扣0.1分。

（2）声母或韵母的系统性语音缺陷，视程度扣0.5分、1分。

（3）语调偏误，视程度扣0.5分、1分、2分。

（4）停连不当，视程度扣0.5分、1分、2分。

（5）朗读不流畅（包括回读），视程度扣0.5分、1分、2分。

（6）超时扣1分。

（五）命题说话，限时3分钟，共30分

1. 目的

测查应试人在无文字凭借的情况下说普通话的水平，重点测查语音标准程度、词汇语法规范程度和自然流畅程度。

2. 要求

说话话题从《普通话水平测试用话题》中选取，由应试人从给定的两个话题中选定1个话题，连续说一段话。

3. 评分

（1）语音标准程度，共20分。分六档：

一档：语音标准，或极少有失误。扣0分、0.5分、1分。

二档：语音错误在10次以下，有方音但不明显。扣1.5分、2分。

三档：语音错误在10次以下，但方音比较明显；或语音错误在10次—15次，有方音但不明显。扣3分、4分。

四档：语音错误在10次—15次，方音比较明显。扣5分、6分。

五档：语音错误超过15次，方音明显。扣7分、8分、9分。

六档：语音错误多，方音重。扣10分、11分、12分。

（2）词汇语法规范程度，共5分。分三档：

一档：词汇、语法规范。扣0分。

二档：词汇、语法偶有不规范的情况。扣0.5分、1分。

三档：词汇、语法屡有不规范的情况。扣2分、3分。

（3）自然流畅程度，共5分。分三档：

一档：语言自然流畅。扣0分。

二档：语言基本流畅，口语化较差，有背稿子的表现。扣0.5分、1分。

三档：语言不连贯，语调生硬。扣2分、3分。

说话不足3分钟，酌情扣分：缺时1分钟以内（含1分钟），扣1分、2分、3分；缺时1分钟以上，扣4分、5分、6分；说话不满30秒（含30秒），本测试项成绩计为0分。

三、等级标准、试卷结构和评分标准

（一）等级标准

《普通话水平测试等级标准》1997年由国家语言文字工作委员会颁布，是开展普通话水平测试的指导性文件。该标准规定普通话水平测试分为三级六等，一级甲等为最高级别，三级乙等为进入等级的最低级别，各等级分别从语音（包括声母、韵母、声调等），词汇和语法，语调，流畅程度等四个方面进行描述，并辅以失分率的量化规定，是层次特征分明的标准参照体系。《普通话水平测试等级标准》简表附列于下（见表3-1）：

表3-1　普通话水平测试等级标准简表

	语音	词汇、语法	语调	流畅程度	失分率
一级甲等	语音标准	词汇、语法正确无误	语调自然	表达流畅	3%以内
一级乙等	语音标准，偶然有字音、字调失误	词汇、语法正确无误	语调自然	表达流畅	8%以内
二级甲等	声韵调发音基本标准，少数难点音有时出现失误	词汇、语法极少有误	语调自然	表达流畅	13%以内

续 表

	语 音	词汇、语法	语 调	流畅程度	失分率
二级乙等	个别调值不准,声韵母发音有不到位现象。难点音失误较多	有使用方言词、方言语法的情况	方言语调不明显	——	20%以内
三级甲等	声韵调发音失误较多,难点音超出常见范围,声调调值多不准	词汇、语法有失误	方言语调较明显	——	30%以内
三级乙等	声韵调发音失误多,方音特征突出	词汇、语法失误较多	方言语调明显	——	40%以内

（二）试卷结构和评分标准

《普通话水平测试大纲》规定，普通话水平测试试卷包括5个（或4个）组成部分，包括读单音节字词、读多音节词语、选择判断（可根据具体情况免测此项）、朗读短文和命题说话，满分为100分。试卷结构和评分具体要求等详见《普通话水平测试大纲》，试卷结构和评分体系简表附列于下（见表3-2）：

表3-2 普通话水平测试试卷结构和评分体系简表（五项测试）

测试项			评分要素	评分规则
题型和时长	题量	分值		
读单音节字词限时3.5分钟	100个音节	10分	语音错误	扣0.1分/音节
			语音缺陷	扣0.05分/音节
			超时	扣0.5分（1分钟以内）；扣1分（1分钟以上，含1分钟）
读多音节词语限时2.5分钟	100个音节	20分	语音错误	扣0.2分/音节
			语音缺陷	扣0.1分/音节
			超时	扣0.5分（1分钟以内）；扣1分（1分钟以上，含1分钟）
选择、判断题限时3分钟（实际考试无本题型）	词语判断10组	10分	判断错误	扣0.25分/组
			语音错误	扣0.1分/音节（如判断错误已扣分，不重复扣分）
	量词、名词搭配10组		判断错误	扣0.5分/组
			语音错误	扣0.1分/音节（如判断错误已扣分，不重复扣分）

续 表

测试项			评分要素	评分规则
题型和时长	题量	分值		
选择、判断题限时3分钟(★实际考试无本题型)	语序或表达形式判断 5组	10分	判断错误	扣0.5分/组
			语音错误	扣0.1分/音节(如判断错误已扣分,不重复扣分)
			超时	扣0.5分(1分钟以内);扣1分(1分钟以上,含1分钟)
朗读短文限时4分钟	1篇(400个音节)	30分	音节错误、漏读或增读	扣0.1分/音节
			声母或韵母系统性语音缺陷	视程度扣0.5分、1分
			语调偏误	视程度扣0.5分、1分、2分
			停连不当	视程度扣0.5分、1分、2分
			朗读不流畅(包括回读)	视程度扣0.5分、1分、2分
			超时	扣1分
命题说话不少于3分钟	单向说话	40分	离题、内容雷同	视程度扣4分、5分、6分
			累计占时	累计占时1分钟以内(含1分钟),扣1分、2分、3分;累计占时1分钟以上,扣4分、5分、6分
			无效话语	有效话语不满30秒(含30秒),计为0分

四、应试人普通话水平等级的确定

国家语言文字工作部门发布的《普通话水平测试等级标准》是确定应试人普通话水平等级的依据。测试机构根据应试人的测试成绩确定其普通话水平等级,由省、自治区、直辖市以上语言文字工作部门颁发相应的普通话水平测试等级证书。

普通话水平划分为三个级别,每个级别内划分两个等级。其中:

97分及其以上,为一级甲等;

92分及其以上但不足97分,为一级乙等;

87分及其以上但不足92分,为二级甲等;

80分及其以上但不足87分,为二级乙等;

70分及其以上但不足80分,为三级甲等;

60分及其以上但不足70分,为三级乙等。

说明:各省、自治区、直辖市语言文字工作部门可以根据测试对象或本地区的实际情况,决定是否免测"选择判断"测试项。如免测此项,"命题说话"测试项的分值由30分调整为40分。评分档次不变,具体分值调整如下:

(1)语音标准程度的分值,由20分调整为25分。

一档:扣0分、1分、2分。

二档:扣3分、4分。

三档:扣5分、6分。

四档:扣7分、8分。

五档:扣9分、10分、11分。

六档:扣12分、13分、14分。

(2)词汇语法规范程度的分值,由5分调整为10分。

一档:扣0分。

二档:扣1分、2分。

三档:扣3分、4分。

自然流畅程度,仍为5分,各档分值不变。

技能训练

在教师的带领下完成下列训练,感受普通话水平测试过程,要求:

1. 教师示范,学生跟读。

2. 小组或同桌训练,互听互评。

3. 及时记录读得不准确或者有缺陷的字音,着重训练。

样 卷

(一)读单音节字词(100个音节,共10分,限时3.5分钟)

郝	缺	瓷	酸	捼	虞	坑	概	选	仕
耳	滕	苍	粉	遍	垮	谈	热	品	熊
掳	赛	虫	撵	房	拐	凑	铡	永	踞
黑	弱	修	鼎	裘	端	准	腭	龚	抿
群	搜	船	笔	渍	蛙	绫	诏	奎	绢
拈	甩	碟	郡	皇	嫩	翁	帛	家	轶

略	雅	票	乳	颇	外	嗓	臻	雪	逛
沏	魂	幂	脑	宽	甜	寡	鬃	窦	姬
坐	柔	秒	杯	冷	安	腿	尊	凡	柯
存	瞥	水	酿	爽	眸	药	产	绛	迟

（二）读多音节词语（100个音节，共20分，限时2.5分钟）

把握	风格	越野	森林	飞快	春节
子孙	扭转	音像	昆仑	老伴儿	花生
诺言	旅游	奔跑	恰当	摧残	整理
空中	石榴	地铁	下旬	圆场	欢呼
绝活儿	审美	赞扬	穷苦	露馅儿	关怀
矮小	包袱	温差	窘迫	发财	组装
拳头	日程	玩耍	沉思	儿女	荧光屏
创制	模特儿	曲调	仍然	奥运会	名列前茅

（三）选择判断（共10分，限时3分钟）

1. 词语判断：请判断并读出下列各组中的普通话词语

（1）暗中　暗头里　暗肚里

（2）大手节头　大拇指　手指公　大指拇

（3）肥皂　番碱　胰子油

（4）翅翻　翼胛　翅膀　翼股

（5）无想着　想唔倒　估唔　料不到

（6）两公婆　翁姥　夫妻　两马老子

（7）角落头　角下里　角头　角落

（8）滚水　开水　滚汤

（9）店头　商店　铺头　店欤

（10）土豆　洋山芋　薯仔　洋芋头

2. 量词、名词搭配：请搭配并读出下列符合普通话规范的数量名短语（例如：一条鱼）

字典　筷子　道路　桌子　账　眼睛　信息　城市　光盘　桥

本　双　所　张　座　条

3. 语序或表达形式判断：请判断并读出下列各组中的普通话语句

（1）A. 这座山有一千九百五十米高。

　　　B. 这座山有千九五米高。

　　　C. 这座山有一千九五米高。

（2）A. 把书把给他。

　　　　B. 把书给他。
　　　　C. 把书把他。
（3）A. 这凳子会坐得三个人。
　　　　B. 这凳子坐得三个人。
　　　　C. 这凳子能坐三个人。
　　　　D. 这凳子会坐三个人。
（4）A. 雪白白的
　　　　B. 雪雪白的
　　　　C. 雪白雪白的
（5）A. 在黑板上写字。
　　　　B. 搁黑板上写字。
　　　　C. 跟黑板上写字。

（四）朗读短文（400个音节，共30分，限时4分钟）

　　照北京的老规矩，春节差不多在腊月的初旬就开始了。"腊七腊八，冻死寒鸦"，这是一年里最冷的时候。在腊八这天，家家都熬腊八粥。粥是用各种米，各种豆，与各种干果熬成的。这不是粥，而是小型的农业展览会。

　　除此之外，这一天还要泡腊八蒜。把蒜瓣放进醋里，封起来，为过年吃饺子用。到年底，蒜泡得色如翡翠，醋也有了些辣味，色味双美，使人忍不住要多吃几个饺子。在北京，过年时，家家吃饺子。

　　孩子们准备过年，第一件大事就是买杂拌儿。这是用花生、胶枣、榛子、栗子等干果与蜜饯掺和成的。孩子们喜欢吃这些零七八碎儿。第二件大事是买爆竹，特别是男孩子们。恐怕第三件事才是买各种玩意儿——风筝、空竹、口琴等。

　　孩子们欢喜，大人们也忙乱。他们必须预备过年吃的、喝的、穿的、用的，好在新年时显出万象更新的气象。

　　腊月二十三过小年，差不多就是过春节的"彩排"。天一擦黑儿，鞭炮响起来，便有了过年的味道。这一天，是要吃糖的，街上早有好多卖麦芽糖与江米糖的，糖形或为长方块或为瓜形，又甜又黏，小孩子们最喜欢。

　　过了二十三，大家更忙。必须大扫除一次，还要把肉、鸡、鱼、青菜、年糕什么的都预备充足——店//铺多数正月初一到初五关门，到正月初六才开张。（老舍《北京的春节》）

（五）命题说话（请在下列话题中任选一个，共30分，限时3分钟）

　　1. 我喜欢的美食
　　2. 学习普通话（或其他语言）的体会

任务二　普通话水平测试常见发音问题

认真学习，勤快练习是学好普通话，顺利通过普通话水平测试，获得理想的普通话等级证书的前提。当然，最重要的还是需要先了解自身的语音水平，找到自身发音的强项和弱势，扬长补短，进而提升整体语音标准程度。

普通话水平测试是一种标准参照性测试。普通话标准音是群体语音而非个体语音，发音多样性客观存在，每个音位的标准音都只是一个边缘模糊的发音区而非发音点，发音部位也具有游移性。人们在学习普通话、训练普通话和进行普通话水平测试时会不自觉地树立一种相对的参照标准，这种相对参照标准一般会受地域方言影响，具有模糊性、不确定性，较容易受主观意志的支配而产生个体差别，甚至是时空差异。

方言区人学习掌握普通话标准音，总有一个由方言语音向普通话标准音的过渡阶段，语音水平处在一个过渡状态。由于各人语言素质、成长环境、主观努力程度等等因素的影响，个体普通话语音显现出的水平就有高低之别。

测试中表现出来的语音失误，总结出如下带有共性的和部分地域性个体性语音特征。

一、声母方面的问题

普通话的声母都是由辅音来充当的，所以对声母可容度的研究也就是对辅音发音质量的探讨。

辅音发音时肌肉紧张在局部，元音发音时肌肉紧张在发音器官的全部，"局部"紧张比"全部"紧张控制较为容易。从生理学上讲，辅音发音部位的肌肉很容易产生力量。而且只有字音开始的肌肉造成紧张，才能造成声腔内压力的增强，口腔和舌头的肌肉才能相应地紧张起来。声母是一字之头，对它的处理影响到整个音节的质量。所以对声母发音的严格要求是合理的。

二、韵母方面的问题

韵母占据音节四分之三的位置,在整个音节中处于极为重要的地位,普通话水平测试语音上的扣分也多集中于此。

从结构上分析,韵母是一种以元音为中心的向心凝聚性结构。由韵头、韵腹、韵尾构成一个统一的整体。具体地说,构成韵母的音素中主要元音是主体,是结构的核心,也是韵母的响点所在,读得清晰响亮;而韵头、韵尾附着在这个主体前后,从属于主要元音,读得轻短模糊。

韵头、韵腹、韵尾也没有完全处在同一平面上。它们之间的关系有疏有密:韵腹和韵尾结合得较为紧密,从听觉上已经复合成一个固定的音组;而韵头和韵腹的结合较松,我们往往能把它们分开。韵头与声母更为亲近。而韵腹是字音结构中不可缺少的成分,它总是由元音来充当。同样,对韵腹可容度的研究即是对元音发音质量的讨论。韵尾溶于主要元音之中,或多或少改变了主要元音的音色。当这种改变到达某种程度,会使主要元音呈现出韵尾音色的色彩,即主要元音处于向韵尾进发的过程中时,听者会视进程不同来判定韵腹是否可容。

常见的几种立韵母发音问题:

(1) 前后鼻音不分。

普通话前后鼻音韵母发音存在明显的主要元音舌位前后与韵尾的归音位置的不同,发音的起止位置不准确,导致含糊不清。

(2) 发不好卷舌韵母er。

有的是不会卷舌,发音只是舌头后缩发 /ɣ/ 音,没有卷舌的过程,有的是卷不到位,有的将 /r/ 发成 /ɑi/。

(3) iɑn-ie不分。

大多是将 iɑn 发成 ie,主要是 /ɑ/ 舌位偏高,时长不够,发成 /ɛ/,韵尾 /n/ 脱落。

(4) u-uo-ou-o混读。

多数人是将 uo 发成 u,发 uo 时动程不够,或是口腔开度不够,缺少拢唇展唇的过程。少数人将 u 读成 uo,也有将 uo 念为 ou 或 o。

三、声调方面的问题

普通话语调是以普通话4个声调的连续发音形式为核心,包括变调等在内的整体性语音特征,是普通话声调系统基本因素的有机组合。

在普通话测试中,一个人读单音节字词时,方言语调不易表露出来,但在朗读或说话时,方言语调则比较明显。原因是,在词语连读时音节或音素相互影响,从而导致声调发生一定程度的变化。因此,读单字时不明显的问题,在朗读或说话的时候则会暴露出来，从而表现为语调的"缺陷"。具体表现为：

（1）上声调值不完整。

（2）遗留入声韵尾，有的音发得特别急促，尤其是去声音节不少人发短促调，调值近似53或31，音程明显缩短。

（3）部分应试者阳平调音高带有升降，调值35成了354。

实践证明，声调连读在形成语调的过程中，调值会发生变化，读准单字声调决不等于掌握了普通话的语调。在普通话水平测试中，有的人读单音节字词和多音节词语时，声调还可以，但认读短文时，方言语调就会有所显露，说话时方言语调更加明显。

学习普通话语调，读准普通话的四个声调是基础。同时要培养普通话语感，注意字调连读的细微变化，揣摩普通话语调，多听、多读、多练。以下是声调发音常见问题：

四、语流音变问题

（一）问题类型

1. 轻声

不会念轻声或者技巧掌握不熟练，把轻声音节发得过响、过重、音长过长，原来声调的调形依稀可辨；轻声词的记忆不够准确，错误率比较高。

2. 儿化

儿化音卷舌不自然，或者不到位；也有把儿化标志"儿"单独读成一个音节，"儿"未正确"化"之。

3. 音变

语气词"啊"不按照音变规律念；"一"和"不"的读音"积习难改"，也常常忘记变读。

当然，普通话语音系统中，舌尖后音声母和前、后鼻尾音韵母所含的常用字最多，四个声调中所含常用字最多的是去声，音变的几项内容中出现频率最多的是轻声，它们是反映普通话水平的突出语音表征，而这些恰恰又是应试人的难点问题。

（二）常见失误

1. 声母缺陷

声母缺陷主要表现在舌尖后音不到位。一种是舌尖翘在上齿龈上，另一种是舌尖翘过头带有卷舌色彩。

2. 韵母缺陷

单韵母缺陷主要表现在e和er的发音上。单韵母e是后半高不圆唇元音，发e韵母时常出现舌位偏低偏前的缺陷。而发卷舌韵母er时，常会出现卷舌不到位或缺乏卷舌色彩，使发音质量降低。

复韵母缺陷集中在ai(uai)和ei(uei)的发音上。表现为韵母ai的韵腹的开口度不够大，韵母ei的韵尾i归韵不到位。前响复韵母ao、ou的发音也同样存在着归韵不到位的情况。

鼻韵母的缺陷分两种：一是前后鼻韵母归韵不到位。常常丢失前鼻韵尾，如把an读成ai，把ian读成ie，把üan读成üe等，其缺陷也就表现为前鼻韵尾归韵不到位。二是鼻韵母中韵腹a开口度不到位。如前鼻韵母an(uan)中的a元音开口度偏小；后鼻韵母ang、iang、uang中的a元音带有隆唇的色彩。

3. 声调缺陷

集中表现在阳平和上声的发音不到位。阳平的缺陷是35调值出现拐弯。上声的缺陷有两种情况：一是上声214调值没有降到底就往上升；二是往上升时将调值214读成213或212。

4. 儿化缺陷

主要表现为卷舌色彩不够或卷舌过位。

模块二

科学发声训练

项目四　发声原理

项目五　气息控制

项目六　共鸣调节

项目七　吐字归音

项目四 发声原理

1. 了解人体发声原理,理解声带、气息与共鸣之间的关系和作用。
2. 掌握运用气息和共鸣的发声方法学会科学发声,能灵活运用发声技巧,达到所需要的艺术音效。
3. 感受科学发声的重要性,提升科学发声的技巧,爱上语言表达。

内容提要

人体之所以能发声,是因为气息的进入带动共鸣腔体引发声带的振动,从而发出声音。声音大小的变化是声带和气息的运用所致,因而声音的高、中、低和前、中、后的变化是依靠共鸣腔体、气息和声带的综合运用达到所需要的音质效果。拥有一个好的声音,对幼儿教师个体来说是非常重要的。接下来,我们就来了解声带、气息、共鸣腔的运用原理和三者之间贯穿运用的发声技术。理解发声原理、学会科学发声,不仅可以保护幼儿教师的嗓子,还能提升声音的优美程度,提高幼儿教师的教学成效。

理论与方法

声音是人的发音器官活动的结果,发音器官由声带、气管与共鸣腔三部分组成。声源器官是喉头和声带。喉头由软骨组成,下通气管、上接咽腔。

一、声音的生产厂:声带、声门

声带位于喉头的中间,是呈水平状左右并列的、对称又富有弹性的白色韧带(薄

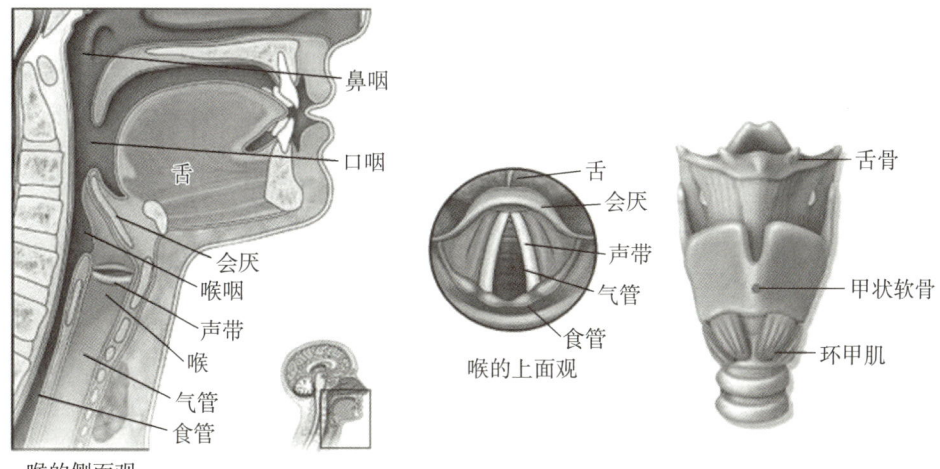

图4-1 发声器官示意图

膜),性质非常坚实。声带的前端、后端分别固定在软骨上。

声门位于声带中间的空隙,发声时靠喉头内的软骨和肌肉得到调节,肌肉收缩,使软骨活动起来,也同时带动声带活动,使声带放松或拉紧、使声门打开或关闭。吸气时声带分离,声门开启,吸入气息;发声时,声带靠拢闭合发出声音。声带发声,一部分是自身机能,一部分是从肺部呼出的气流通过声门周边的肌肉群协助,使声带振动发出声音。声音的大小、高低是由声带控制的松紧造成的。

声带在不发出声音的时候是放松并张开的,以便气息顺利通过。

二、声音的制造厂:口腔、鼻腔

声带发出的声音只有经过共鸣器的调节,才能获得响亮的复杂的音色。口腔是语音的主要共鸣器,也是各种音色的制造厂。口腔中的发音器官包括:上下唇、上下齿、齿龈、上腭、软腭、小舌、舌头等,舌头是口腔中最活跃的发音器官。鼻腔是一种共鸣器,与口腔相通。通过小舌和软腭与口腔隔开,关闭鼻腔通道,发口音;打开鼻腔通道,发鼻音。

三、声音的动力厂:肺、气管

(一)肺

呼吸靠的是肺。肺是产生语音的动力基地,由肺部呼出的气流通过气管产生气息形成发声的动力。

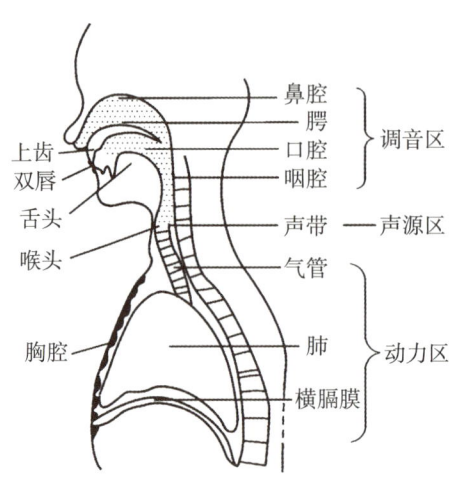
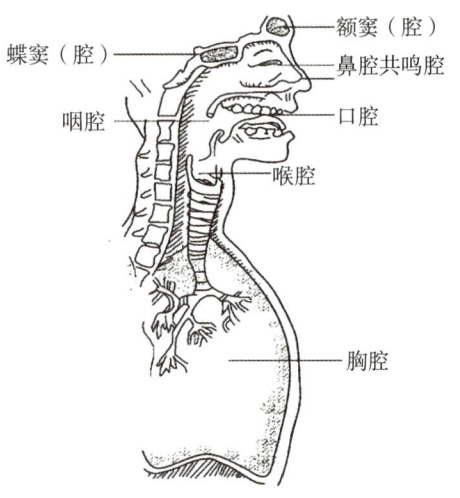

图4-2 呼吸器官示意图　　　　图4-3 共鸣腔体示意图

（二）气管

气管是输送气流的通道，由肺部呼出的气流通过气管、支气管到达喉头，作用于声带，经过发音器官的调节，发出不同的语音。

气息是指呼出吸入的气流，是发声的动力。气息的速度、流量、压力的情况与声音的高低、强弱、长短以及共鸣的效果都有直接关系；与语势的强弱和感情的表达也关系密切。

四　声音的艺术厂：共鸣腔体

共鸣体有：口腔、鼻腔、咽腔、喉腔、胸腔等。

我们平时说话，不必考虑如何操作控制气息和共鸣的问题。但在讲故事、朗读、演讲等艺术表达中，气息和共鸣是催发感情的重要因素。因此，要想让自己的声音保持音色圆润、优美动人、清晰响亮，就必须学会控制气息和共鸣，掌握呼吸、换气和共鸣腔灵活运用的技巧。

1. 训练材料：绕口令《打枣歌》

体验和思考：感受发声时各器官的运用，说一说，怎样做可以让音质更圆润、饱满有质感？练习要点：注意气息的运用，发音要稳。下面是一个绕口令，一口气说完。

出东门,过大桥,大桥前面一树枣,拿着竿子去打枣,青的多,红的少。一个枣,两个枣,三个枣,四个枣,五个枣,六个枣,七个枣,八个枣,九个枣,十个枣;十个枣,九个枣,八个枣,七个枣,六个枣,五个枣,四个枣,三个枣,两个枣,一个枣。

2. 训练材料:1—100数数(中间不换气)

体验和思考:先吸足一口气,屏息数秒,然后用均匀的、低沉的、带有气息的声音从1开始数数,就像说悄悄话一样。和压腹数数法一样,在开始阶段可数得少一些。思考如何运用气息,做到1—100数数儿不间断,不换气?

练习要点:数数时尽量保持气息通畅连贯。

3. 训练材料:小贯口

练习要点:"贯口",要求吐字清晰,语言流畅,情绪饱满而连贯,语气轻重而适当,快而不乱,慢而不断,一气呵成。其中最主要的技巧就是"气口"。气口是换气位置。只有运用好气口,背诵贯口,才能有节奏感。

贺 词 贯 口

祝大家:东成西就、南通北达、左右逢源、上下皆宜、财源广进、生活幸福、家庭美满、身体健康、万事如意!祝大家:身体好、心情好、家庭好、事业好、前程好、运气好、生活好、人生旅途样样都好!一愿人长健,花长好,月长圆。二愿亲无间,惜有缘,情更深。三愿福如海,人如松,水长流。祝大家:一飞冲天、二龙腾飞、三阳开泰、四季平安、五福临门、六六大顺、七星高照、八方来财、九转功成、十全十美!

如何感受自己正在用共鸣腔科学发声呢?教给大家几个小妙招:

1. 软口盖练习法

最常见的是"闭口打哈欠",就是打哈欠时候故意不张开嘴,而是强制用鼻吸气、呼气。请试一试"闭口打哈欠"。

2. 假装闻花香

想象自己正在闻花香。用整个肺吸气,推动横膈膜,使腹腔产生紧绷感,再缓缓吐气,吐气越匀越密,发声会越轻松越稳。如果感觉吸不进去气,可以弯腰45°再吸气,就能明显感觉到横膈膜(核心力量)在膨胀,感受呼吸对声音的帮助,带动声带振动发声。

气息训练是一个漫长的过程。从短促的吸气、呼气开始,逐渐过渡到较长时间的深吸气和缓慢吐气。慢吸慢呼是气息控制延长的练习,对发声的稳定性有很大的帮助。

3. 压腹数数法

平躺床上,在肚子上压一摞书,吸足一口气,开始从1往后数。这是对气息输出作强制训练,以达到增强腹肌和横膈膜的控气力度的目的。做这个练习时,开始阶段压的书少一些,逐渐增加,循序渐进。

4. 跑步背诗法

跑步出现轻微气喘的时候,可以背一首短小的古诗。开始训练时可以两人配合进行,并肩小跑,一句接一句地背下去。背诵时,要尽量控制不出现喘息声;一首诗背完后,要调节呼吸,然后再继续进行。(要注意:激烈运动时不可以进行这项训练)

5. 登山时的回音训练

站在山上,提气高呼"啊"保持5～10秒,我们会听到自己的原声,也会听到回声。(可以多练几次以达心情舒畅、气息顺畅之效)

1. 读一读下面的绕口令,感受气息的运用

(1) 老方扛着黄幌子,老黄扛着方幌子。老方要拿老黄的方幌子,老黄要拿老方的黄幌子,末了儿方幌子碰破了黄幌子,黄幌子碰破了方幌子。

(2) 南南有个篮篮,篮篮装着盘盘,盘盘放着碗碗,碗碗盛着饭饭。南南翻了篮篮,篮篮扣了盘盘,盘盘打了碗碗,碗碗撒了饭饭。

2. 朗读下面的句子,体会语流中的气息使用

(1) 爸不懂得怎么样表达爱,使我们一家人融洽相处的是我妈。他只是每天上班下班,而妈则把我做过的错事开列清单,然后由他来责骂我们。

(2) 这是虽在北方的风雪的压迫下却保持着倔强挺立的一种树!哪怕只有碗来粗细罢,它却努力向上发展,高到丈许,两丈,参天耸立,不折不挠,对抗着西北风。

(3) 人们从读书学做人,从那些往哲先贤以及当代才俊的著述中学得他们的人格。人们从《论语》中学得智慧的思考,从《史记》中学得严肃的历史精神,从《正气歌》中学得人格的刚烈,从马克思学得人世的激情,从鲁迅学得批判精神,从托尔斯泰学得道德的执着。

(4) 在每一场比赛前,还高唱国歌以宣誓对自己祖国的挚爱与忠诚。一种血缘情感开始在全身的血管里燃烧起来,而且立刻热血沸腾。

项目五 气息控制

1. 感受气息的强弱在发声过程中所起的不同作用,理解气息和发声的关系。
2. 掌握发声时气息控制的要领,能在发声时快速进入状态,做到活学活用,让声音的层次更丰富。
3. 萌发科学使用气息的意愿,感受科学发声的乐趣,激发幼儿教师对语言表达的热爱。

 内容提要

有一句话说:"气乃音之帅也",说明了气息对发声的重要性。声音是需要气息支持的,没有饱满的气息,行腔不可能圆润,声音必然缺乏表现力和感染力。正确处理声音与气息的关系,是科学发声的前提。饱满的气息不仅让发音更加标准,还能让声音充满美感。学会控制气息对我们后续学习朗读、朗诵、讲故事、演讲等不同语言形式的表达起到至关重要的作用。那就让我们科学地使用气息,让声音自如地表情达意吧。

一、声音的由来

声音是由气息振动声带发出的,只有声带闭合恰当,音色才会明亮结实。否则声音条件再好,如果声带闭合不好,也没有好的音色、好的嗓音,这是经过讲故事、朗读、表演、讲述等艺术实践证明了的。

(一)了解发声原理

1. 直观感知,发音体构造

气管上面是喉部,喉部由"会厌"和"声带"组成(图5-1)。"会厌"下面有一个器官称作声带,共一对,左右并列,形状为"V"字形,声带的前端连接一起,性质等于两条韧带。两条声带能相互靠拢发声,本身还能被拉紧,受到肺部的顺运气与逆运气作用,声带振动而发出声音。两条声带靠拢发出声音,是通过"贝尔诺利效应"原理使声门相吸靠拢发声的。

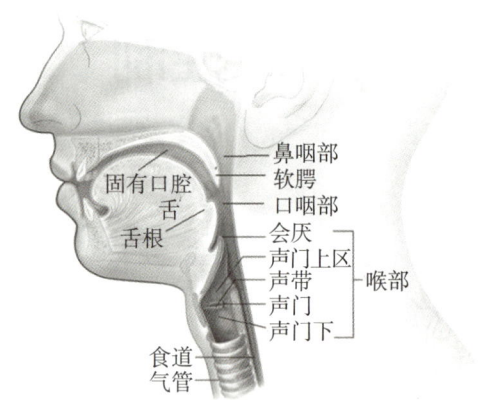

图5-1 发音体构造侧面图

2. "贝尔诺利效应"原理

在管道中有气息或液体时,管内各点上的静压总和是固定的,也就是吸气和呼气是固定的,这样气息就保持住了。当气体或者液体流速增加时管内动压增加,静压减少,而管壁外的大气压力未变,由外向内的收缩力迫使管壁收缩,均匀发出气流。要运用贝尔诺利原理发声,需要逆运气动力的配合才行。

3. "贝尔诺利效应"发声实践

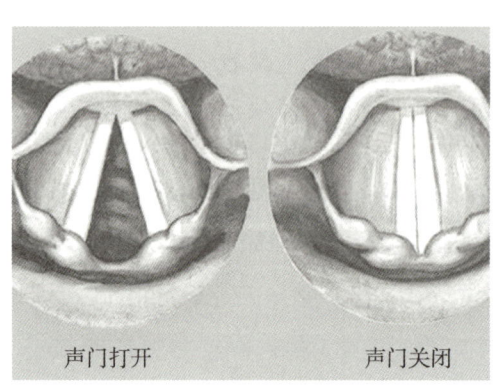

图5-2 发声实践示意图

(1)深吸一口气,屏住呼吸。小腹产生动力(顺运气)使气流加速,打开喉头,迫使声带靠拢,均匀出气流就能顺利发出声音。

(2)声门关闭,声带靠拢具有吸附感(图5-2)。通过胸腔的气息(顺运气)托起喉头上的两条声带,如果有向下气息(逆运气)减少静压,喉头就不能稳定,喉头不稳就不能发出有气息支撑的结实明亮的声音。

(二)正确认识气息

气息就是呼吸。呼吸(图5-3)是两个动作:一个是进气(吸气),另一个是出气(呼气)。

运气时气息位置连续不断地变化。吸气是逆运气,因为是从上到下运气的过程;呼气是顺运气,因为是从下向上运气的过程。吸气(逆运气)的支点在两肋与横膈膜;呼气(顺运气)的支点在小腹,上面支撑着声带。声带是发声不可缺少的器官,相当于

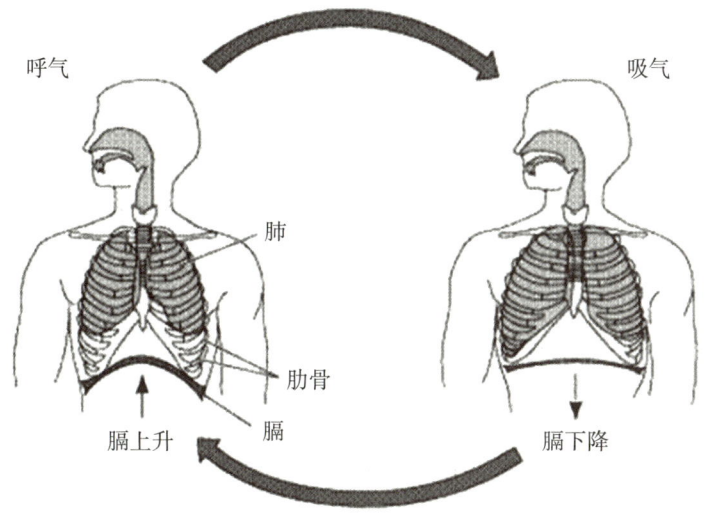

图5-3 呼吸示意图

振动发声的簧片。它是顺运气的顶,是逆运气的底,也是口腔咬字的底,底必须稳定,基础才能牢固。声带长在喉咙里,是固定的器官,只能在自身状态中进行微调与变化。

1. 进气(吸气)

吸气(图5-4)时横膈膜下降,使胸腔底部向下伸展,胸腔两肋张开,使胸腔全围扩大,因胸腔和肺部扩大,外界空气吸入肺内。通常,可以用"闻花香""抽鼻涕"来体会练习吸气的感觉,而"闻花香"比较自然柔和,更符合运气息发声的要求,因此需要经常练习。

2. 出气(呼气)

把"闻花香""抽鼻涕"这口气憋住,在胸腔保持这口气,再缓缓吐出,就是呼气(图5-5)。也可以运用"吹蜡烛""吹气球"的方法来体验出气的感觉。吸进气后要

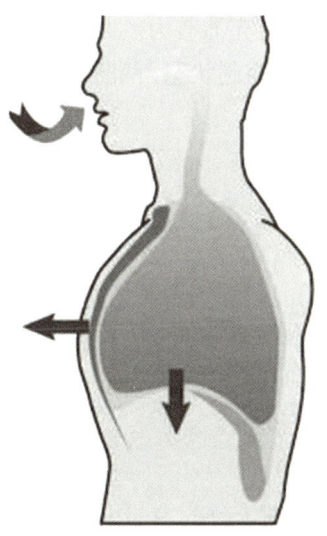

图5-4 进气(吸气)示意图

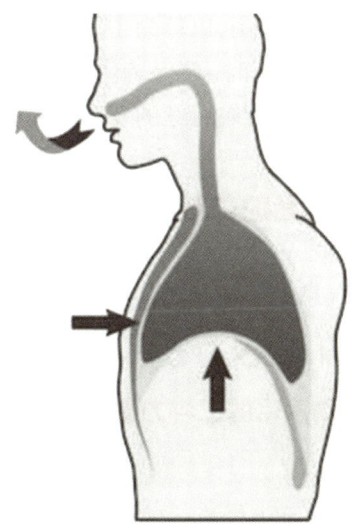

图5-5 出气(呼气)示意图

屏住气息不能漏气,依靠小腹内收使气息向上和膈肌形成对抗,气息顺口腔流出吹向目标物(气球或蜡烛)。经常练习可以形成自然控制气息的状态。

3. 胸腹联合呼吸

胸腹联合呼吸(图5-6)是指胸、腹所有器官都参与了呼吸运动,胸膈、膈肌及腹部肌肉控制呼吸运动的能力得以综合运用。正确运用胸腹联合呼吸法,要注意以下要领:

(1)吸气要领:吸气要深入肺底,同时两肋打开,胸壁站定。吸气时,两肩放松,胸稍内含,腰部挺直,两肋打开,横膈下降,小腹微收。开始进气时,要让气往下沉,吸足吸满,使胸腔

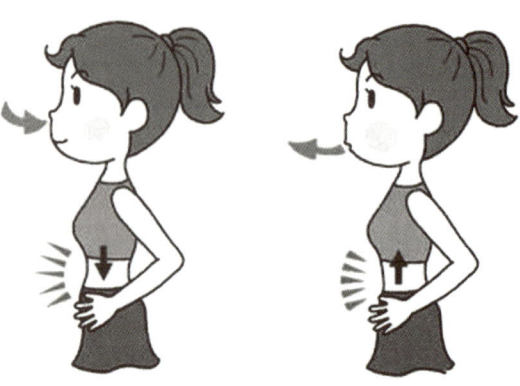

图5-6 胸腹式联合呼吸示意图

和小腹同时向外扩张鼓起,而小腹则向后收缩,使胸腔的容积逐渐增大,从而吸入大量气息。

(2)气息控制的关键是控制呼气。呼气开始阶段,吸气肌肉群不要立即放松,也就是说两肋不要马上放松,要继续保持张开状态。而后,随说话的进行,两肋再缓缓地放松下塌。如果呼气一开始,就立即使吸气肌肉群放松,两肋迅速下塌,横膈膜迅速回弹到原位,气息很快放出,就不能为用声提供很好的动力,也就不能适应感情表达的需要。

(3)呼吸要领:稳劲、持久、自如。呼气时保持住吸气最后一刻状态,稳住两肋,使呼出的气流能形成一股稳定有力的气柱,以满足发声的需要,提高发声率。

4. 换气(偷气)

换气,宜口鼻并用,以鼻为主,掌握时间差,使气流充沛有力。

换气要领:换气时,要保持住发声结束时的气息控制状态,两肋向外扩张,补气、偷气的过程要自然衔接后续的发声。

二、气息与声音的关系

声带和气息是相辅相成共同运作的,缺一不可。声带是靠气息振动来发声,气息是通过声门进行换气;人是靠气息生存,也是通过声门来换气的。

(一)气息催动声带的三种力量

1. 支持力

顺运气由下而上气流运行到达声门,屏住气息,声门关闭,这时声带被推到喉口,顺运气就是支持力。如果没有向上的支持力,喉的位置会下压,发出的声音会沉重、乏力。

2. 下坐力

向下挡气是逆运气。由上向下的气流运行到达声门，要减少静压，使声带吸附在一起。下坐力也是咬字器官的底，咬字是向前传，而声带的底必须稳定挡气。口腔打开咬字，每一个字底就像坐在大气球上，富有弹性。就是我们所说的字正腔圆。气息的支持力和下坐力相当，喉头就稳定平衡，就能发出优美自如的音。

3. 张力

声带发某一个音时，无论音量大小，都有它固定的张力。大声发音时，张力大部分是由呼气的牵张促成的，声带反作用补充这个张力。遇到轻声或助词的时候，牵张声带的作用减弱，声带张力就靠聚拢声带来完成，张力是声带的弹力与伸缩的能力。遇到高亢的词语或者讲、诵、读需要高音的时候，声带的张力就增加，声带变薄，振动频率变快，发出的声音相对变高；反之声带张力减弱，振动频率变慢，发出的声音变低变虚。

（二）气息和声带的动、静状态

气息是相对动态的，其牵张力是可变化的；声带是相对静止的，其位置是不可动的。声带像阀门一样，想把阀门打开，必须用力拧开阀门，气息就是拧开阀门时候所用的力。讲故事、朗诵（读）与说话时的区别就在于声带（阀门）开大开小和气息用大用小（拧阀门用力大小）的问题。

说话时阀门（声带）不需要张开过大，对应的支持力也不需要过大。讲故事、朗读、朗诵或者演讲之所以能声音洪亮，是因为阀门开得大，也就是气息下坐力需要增大，对应的支持力就需要增大。上下气息对抗使得讲故事、朗读、朗诵或演讲气息通畅有力。这就是说话与讲故事、朗读、朗诵、演讲的区别，也是气息与声带的动静关系。

如果自身条件很好，但是不注意气息运用与声带的关系，其声音也不会明亮；如果自身条件不好，但是能够正确处理气息与声带的关系，就能快速掌握科学发声规律，从而发出明亮的声音。

总之，只有正确认识气息和声音的关系，才能快速掌握发声规律，进而自如地讲故事、朗读、朗诵或者演讲，处理不同类型的文学作品。虽然发声理论是复杂抽象的，但是如果能从中总结出简单实用的规律，那么在讲故事、朗读、朗诵或者演讲练习时就会有更好的效果。

三 气息控制的总体要求

气息控制的总体要求是胸腹联合呼吸。这是对发声者运用气息的基本要求。气息的深浅、多少、快慢，应视实际需要灵活运用，即"深、通、匀、活"。

（一）深

"深"指气息下沉，不提、不浅。气息深可以防止说话声音发飘、发虚。练习方法：

（1）用胸腹联合呼吸法发单元音 a、o、e、i、u、ü，吸气七八成，控制着两肋与小腹形成的拮抗力拉住横隔，获得均匀而持久的气息，缓缓地发出单元音的延长音。

（2）叹气练习：像平时叹一大口气那样，但要带着声音叹息，在声音落到底部，即提起的那口气叹下去时，就在这个位置和音高位置发延长音 a。注意不要压喉；中途不要卡音；气不要上提，音高不提高。在叹气练习中做好"通""匀"和"活"是关键。

（二）通

"通"指气息在胸腔里运动没有任何障碍，喉不紧，胸不紧，声音不在喉部卡住，也不在胸部憋住。

检验方法：可用夸张四声来检验，用胸腹联合呼吸发音，依次发 bā——bá——bǎ——bà——的延长音，每个音程尽可能加长。四声不同的音高主要靠气息的运动来调节，一个是小腹的松紧变化，另一个是胸部支点的变化。胸部支点指声音的高低起伏反映在气息上会在前胸有不同的着力点、紧张点。这是音高不同所需要的气息压力不同的表现。做夸张四声的练习，目的是用声调的高低升降变化，体会气息上下走通的感觉。一方面，从胸部支点的上下移动，体会气息的运动；另一方面，用声音来检验气息是通的还是憋在胸部、僵持在某一点上，或是卡在了喉部。必须防止由喉部肌肉的卡和松来控制气息，而发出卡紧、发扁的所谓四声。

（三）匀

"匀"指发声时气息的均匀和持久。气息均匀强调的是控制呼气的力量，而非前强后弱，或忽大忽小，或虽然气足但气短。

小练习5-1

中国共产党第二十次全国代表大会于2022年10月16日至22日在北京举行。这是在全党全国各族人民迈上全面建设社会主义现代化国家新征程、向第二个百年奋斗目标进军的关键时刻召开的一次十分重要的大会，是一次高举旗帜、凝聚力量、团结奋进的大会。大会高举中国特色社会主义伟大旗帜，坚持马克思列宁主义、毛泽东思想、邓小平理论、"三个代表"重要思想、科学发展观，全面贯彻习近平新时代中国特色社会主义思想，分析了国际国内形势，提出了党的二十大主题，回顾总结了过去5年的工作和新时代10年的伟大变革，阐述了开辟马克思主义中国化时代化新境界、中国式现代化的中国特色和本质要求等重大问题，对全面建设社会主义现代化国家、全面推进中华民族伟大复兴进行了战略谋划，对统筹推进"五位一体"总体布局、协调推进"四个全面"战略布局作出了全面部署。大会批准了习近平同志代表十九届中央委员会所作的《高举中国特色社会主义伟大旗帜,为全面建设社会主义现代化国家而团结奋斗》的报告,批准了十九届中央纪律检查委员会的工作报告,审议通过了《中国共产党章程(修正案)》,选举产生了新一届中央委员会和中央纪律检查委员会。

练习要点:用记录时长读新闻,要发声有力,气息均匀。

(四) 活

"活"指根据感情的需要,气息位置深浅、气流量大小、气息运动速度快慢有所变化,而且变化灵活。气息达到活的程度必须有气息的深、通、匀做基础,而且要通过大量情感色彩丰富、状态多样的句段、古诗词、现代诗、散文等材料的练习才能做到。

 小练习5-2

数数练习

一,一个一。一二,二一,一,一个一。一二三,三二一,二一,一,一个一。一二三四,四三二一,三二一,二一,一,一个一。一二三四五,五四三二一,四三二一,三二一,二一,一,一个一。一二三四五六,六五四三二一,五四三二一,四三二一,三二一,二一,一,一个一。一二三四五六七,数了半天一棵树,一棵树上七个枝,七个枝上七样果,苹果、葡萄、石榴、柿子、李子、栗子、梨。

练习要点:每个句号里的内容用一口气说完,句子短,用气少,吸气就少一些,状态比较放松,控制意识也弱;句子长,尤其说最后一句"一二三四五六七……苹果、葡萄、石榴、柿子、李子、栗子、梨"时,必须进气深、进气多、进气快,用气均匀,才能一口气说完。

四、气息控制的训练方法

一提到气息,大家听到的高频词一定是"丹田""用气"之类的难以捉摸的概念。用气息发声到底是什么感觉呢?通过科学、有效的呼吸方式,可以清晰地感受到气息的存在以及科学用气带来的听觉享受。

（一）贝尔诺利原理式呼吸

用鼻子吸气，注意慢慢地，像在闻花香一样，同时感觉到自己的小腹隆起，这就是吸气的过程（夸张点说就是体会丹田之气）；然后用嘴部慢慢地吐出气息，如此反复训练。甚至可以在走路、上班、轻微运动时做这种练习——用鼻子吸入新鲜空气，用嘴吐出浊气。熟练后，就可以边用鼻子吸气，边进行说话训练，体验说话的同时气流在口腔呼出的感觉。声音的发出是要有振动和共鸣的，这就是贝尔诺利基本定律的运用。

（二）物理式口部操

这是锻炼自己口部肌肉灵活程度的一种训练方法。只有在灵活掌控口部肌肉的情况下，才能做到准确发音。口部操要勤练习，贵在坚持。

口部操练习方法：

（1）噘唇：努力向外牵引。噘嘴再回收，动作越大越好，一次10～20个。

（2）抿唇：努力往两边牵引。嘴角两侧在抿住的同时向耳根部拉伸，类似于用完唇膏后的动作，一次10～20个。

（3）扣唇：努力用上唇向下扣下唇。上下唇发出音。

（4）顶舌：用舌尖努力顶左右脸部。用舌尖模拟左侧或右侧有食物的鼓胀感觉，一次10个。

（5）绕舌：用舌尖在口中努力画最大的圆。舌尖从上牙膛开始，绕着口腔壁转，可顺时针、逆时针切换。

（6）弹舌：舌尖顶住硬腭形成阻塞，再用力使气流冲破阻塞发出的声音，连续发出类似"的"的音。

（7）甩下巴：身体前倾45度，上半身自然放松，想象下巴脱落的感觉。两肩和双臂自然放松指尖也放松。

（8）甩舌头：身体前倾45度，上半身自然放松，想象舌头掉落的感觉。两肩和双臂自然放松指尖也放松。

（9）抬头张嘴：下巴固定，努力向上张嘴，直至后颈部有可以夹紧手指的感觉。5秒一张嘴，5秒一闭嘴。

（三）打哈欠练习

以隔膜为底、小腹为动力支持声带，声带不能漏气。气息从喉咙到口腔打开，力作用在气息上使声带靠拢。

气泡音体验：喉部的发声部位越低（靠近颈窝）越好，气泡越大越好。不要紧张，最好平躺练习，去掉枕头，全身放松。

（四）吐字练气法

首先，深吸一口气，发出一个扎实的"嘿"音。要求喉部、下巴松弛，不用力；舌根在发h时，有前送弹动感，而胸前剑突下有明显的向上弹动感。在弹发"嘿"时，必须注意膈肌的弹动与发音要协调同步。开始的时候，气可能会超前，先出气后出声；也可能会落后，出声了气尚未弹出；还可能气弹出却未用在发声上，声音仍用嗓子喊出来……这对于初练者是必然现象，不要着急，可以慢慢找感觉。

练习时需注意三点：

（1）控制膈肌正确地上弹，上腹部既不是向外努（这样气不是外弹而是内吞），也不是向内排挤（这是送气而非"弹气"）。

（2）喉头部位一定要松弛，才可能弹发出"嘿"音，否则气与声会脱节形成从嗓子挤出的声。

（3）未经过训练的人，有意识地控制膈肌的能力较弱，在开始练膈肌弹发时，发出的"嘿"音并不强。正确弹发"嘿"音，应是音高稍低、圆润集中、松弛宽厚的声音。因此，在刚开始练习膈肌弹发时，首先要注意膈肌弹发与发音的正确配合，不必贪多、贪快、贪连续发音。只有一声一声练得有力了，才能连续发音。第二步，在膈肌单声弹发状态稳定的情况下，增加连续弹发"嘿"音的次数，连发2个、3个、4个、5个……直至可连续发7、8个"嘿"音。练习连续弹发时，要注意给气的力量应该均匀，发出的"嘿"音也需要保持一定的音量，音高、音色应始终一致。还应注意将膈肌的力量控制集中到弹发的瞬间，而在弹发间隔时，膈肌要迅速放松还原。学不会放松，膈肌就会越弹越紧张，最终会因无气可弹而力竭。只有弹发后迅速放松，才能使气不断地进入、弹出，也有利于膈肌再次积聚力量弹发。坚持连续弹发练习数日后，会获得"自动"进气的感觉，感觉自己可以无限制地连续发出稳定的"嘿"音时，就可以进行第三步练习：由慢到快、稳劲轻巧地连续弹发"嘿"音。第四步，在第三步的基础上，进行改变音高、音量、音色、音长的隔肌弹发练习。

技能训练

1. 一起来读绕口令

八 百 标 兵

八百标兵奔北坡,炮兵并排北边跑,炮兵怕把标兵碰,标兵怕碰炮兵炮。

八百标兵奔北坡,北坡八百炮兵炮,标兵怕碰炮兵炮,炮兵怕把标兵碰。

扁 担 与 板 凳

扁担长,板凳宽,板凳没有扁担长,扁担没有板凳宽,扁担要扁担绑在板凳上,板凳不让扁担绑在板凳上。

2. 一起来读古诗

登鹳雀楼
【唐】王之涣

白日依山尽,黄河入海流。
欲穷千里目,更上一层楼。

望庐山瀑布
【唐】李 白

日照香炉生紫烟,遥看瀑布挂前川。
飞流直下三千尺,疑是银河落九天。

3. 一起来玩小游戏

★ "数葫芦"游戏:"吸提"气。在推送气同时轻声念:"金葫芦,银葫芦,一口气数不了24个葫芦(吸足气)。一个葫芦二个葫芦三个葫芦……",至这口气气尽为止。反复4至6次。"数葫芦"控制气息,越练气息控制越熟练,千万不要跑气。刚开始练习时腹部可能会出现酸痛感,体验过以后,练习一段时间,就会大有进步。

★ "深吸慢呼长音"游戏:经过气息练习,声音开始逐步加入。这一练习仍是练气为主,发声为辅。在推送气息同时择一中低音区,男生发"啊"音("大嗓"发"啊"是外送与练气相顺),女生发"咿"音(小嗓"咿"是外送)。一口气托住,声音出口呈圆柱形波浪式推进,气息尽量延长,反复练习。

★ 一口气游戏:(1) 一口气托住,嘴里发出快速的"噼里啪啦,噼里啪啦"反复到这口气将尽时,再发出"嘭""啪"的断音。反复4至6次。

(2) 一口气绷足,先慢后快地发出"哈,哈,哈,哈,哈……"锻炼有爆发力的断音。"哈哈""啊哈""啊咳"这类语气词常用于讲故事中的角色表现。

(3) 一口气绷足,先慢后快地发出"嘿吼,嘿吼……"逐渐加快,直到气力不支为止,反复练习。

4. 气息控制法练习

★ 拉橡皮条法:找一条50厘米长的有弹性的橡皮条。自然站直,双脚分开一脚掌距离,左脚稍向前,重心在左脚,双手拉住橡皮条两端慢慢拉开,至橡皮条弹力将尽时放松,再重复慢慢拉开。拉橡皮条的同时,嘴里轻轻发出一个"U"(呜)音,在橡皮条弹力将尽时保持有气有声,随后放松橡皮条,同时吸气。重复以上练习,反复练习到有"感觉"时,抓住这种感觉来进行发声练习。

★ 双手叉腰法:自然站直,双脚分开一脚掌距离,左脚稍向前,重心在左脚,双手轻叉腰,用口鼻一起吸气,然后有控制地把气向前呼出。吸气时感觉到腹部向两边胀起,呼气时尽量保持腹部向两边膨胀的"感觉"(只是一种控制的想象)。重复练习,熟练后再发出"U"(呜)音代替呼气。练习要点:声音要保持连贯圆滑,有控制地呼出,并保持有足够的气息支持,尽量不让肚子瘪下来。

1. 寻找声源

平躺(姿态同呼吸练习),舌尖抵住下齿背,软腭向舌根靠拢,后牙槽打开,微微张口,让气流(顺运气)振动声带,发出后鼻/ng/音,找病中呻吟或孩子撒娇的感觉。气息从丹田发出,感觉声音也是从丹田发出,那么丹田就是气息与发声的发源地。

2. 气息训练

(1)腰、腹部呼吸肌肉训练。

第一步:仰面平躺,手臂自然地放置在身体两侧,把身体调正,使身体成一直线,同时调整背部,使背部肌肉尽可能多与地面接触,闭上眼睛,静下心来。

第二步:自然呼吸,专注地感觉吸气时腰部给予地面的压力;接着改变呼吸节律,即快吸、慢呼,慢呼时应感觉腰部肌肉逐渐收紧,与地面的压力逐渐减弱;直到气息呼完为止。反复练习几次。

(2)正坐腰腹部呼吸训练。

第一步:盘腿正坐,腰、背、颈挺直,手臂自然垂放在腿或膝盖上,闭眼、静心。

第二步:自然呼吸,上体保持立直,以胯为轴。呼气时,身体前倾,至气呼尽;吸气时,专注地感觉腹部肌肉与大腿肌肉接触部位产生一种对抗;随着气流吸入,身体回到正坐时的姿态。反复体会几次后,再改变呼吸节奏,快吸、慢呼,快吸时应当使身体一下子回到正坐状态。

(3)正站腰腹部呼吸训练。

自然站直,两臂垂放身体两侧,保持腰、背、颈的挺立和肩、胸、喉的放松。双目眼皮垂下,用余光看自己的鼻尖,心观丹田,自然呼吸。专注地感受吸入的气息沉入肺的底部,横膈膜下移,腰围向外扩张。停止吸气后,仍保持吸气状态1至3秒,再慢慢向外呼气。多试几次后改变节律,反复体会。

1. 朗读绕口令,感受气息和声音之间的关联

(1)哥挎瓜筐过宽沟,过沟筐漏瓜滚沟。隔沟挎筐瓜筐扣,瓜滚筐空哥怪沟。

(2)天上有个日头,地下有块石头,嘴里有个舌头,手上有五个手指头。不管是天上的热日头,地下的硬石头,嘴里的软舌头,手上的手指头,还是热日头,硬石头,软舌头,手指头,反正都是练舌头。

（3）六合县有个六十六岁的陆老头,盖了六十六间楼,买了六十六篓油,堆在六十六间楼,栽了六十六株垂杨柳,养了六十六头牛,扣在六十六株垂杨柳。遇了一阵狂风起,吹倒了六十六间楼,翻了六十六篓油,断了六十六株垂杨柳,打死了六十六头牛,急煞了六合县的六十六岁的陆老头。

2. 朗读《春晓》《送别》体会语流中的气息使用

<h3 style="text-align:center">春　晓</h3>

【唐】孟浩然

春眠不觉晓,处处闻啼鸟。
夜来风雨声,花落知多少。

<h3 style="text-align:center">送　别</h3>

李叔同

长亭外,古道边,芳草碧连天。晚风拂柳笛声残,夕阳山外山。
天之涯,地之角,知交半零落。一壶浊酒尽余欢,今宵别梦寒。
长亭外,古道边,芳草碧连天。问君此去几时来,来时莫徘徊。
天之涯,地之角,知交半零落。人生难得是欢聚,惟有别离多。

3. 朗读儿童诗,感受运用气息使声音变得洪亮、生动,注意语速,根据文本适当表现出作品的感情

<h3 style="text-align:center">我是三军总司令</h3>

鸟妈妈问我:"我的小鸟哪儿去了?"
我说:"小鸟做了我的飞机。"
龟妈妈问我:"我的小龟哪儿去了?"
我说:"小龟做了我的坦克。"
鱼妈妈问我:"我的小鱼哪儿去了?"
我说:"小鱼做了我的军舰。"
三位妈妈一齐问我:"你是谁?"
我说:"我是陆海空三军总司令。"

项目六 共鸣调节

1. 理解共鸣,学习用气息推动共鸣,用情感催动共鸣的发声方法。
2. 掌握控制共鸣的科学方法,能科学使用共鸣腔以达到艺术音效,从而美化声音。
3. 热爱语言艺术,养成幼儿教师的"金嗓子"。

 内容提要

在认识了发声原理、掌握了气息使用的科学方法之后,我们还需要借助身体各个部位的共鸣腔体,使得声音具有高低、强弱、圆展等不同变化,感情和声音色彩统一。让声音充满弹性、饱满又具有穿透力,这是每一位幼儿教师的必修课。

一、共鸣的概念

共鸣,从物理学角度讲就是一个物体振动发声,而引起另一个物体的振动使之产生共振的现象。本项目所讲的发声共鸣是指:气流冲击声带的喉原音很微弱,在经过共鸣后得到扩大和美化,形成不同的语音音色,表现出不同的声音色彩。

二、了解共鸣器官(腔体)

共鸣器官是指共鸣腔体,主要分为:头腔、鼻腔、咽腔、口腔、喉腔、胸腔等(图6-1)。

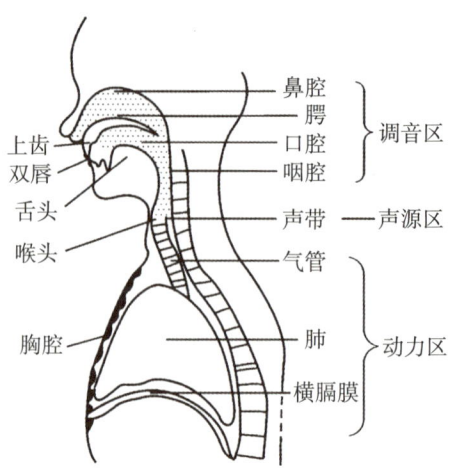

图6-1 共鸣器官（腔体）示意图

说话时最常用的共鸣腔是口腔。但想要发出圆润饱满的声音，仅靠口腔共鸣是不够的，需要借助多个共鸣腔，互相交替、共同协作来达到目的。

三、科学控制共鸣腔

发声共鸣的控制，是共鸣腔综合运用的过程（图6-2）。

科学控制共鸣腔是指在气息控制的同时结合口腔、咽腔、喉腔、鼻腔和胸腔等共鸣控制，协调一致，相互支持，达到发声的目的。其中，以口腔共鸣为主、以胸腔共鸣为基础的声道共鸣方式是发声优美、响亮的保障。

	名　称	腔体形状	可控性	作用
上部共鸣	头腔	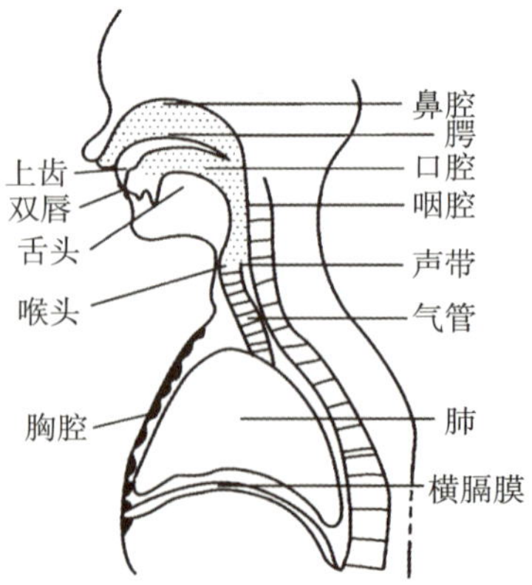		金属
	鼻腔 面罩			高
下部共鸣	咽腔 口腔 喉腔		可变　易控	中
			可变　易控	
	胸腔			低

图6-2 共鸣腔控制示意图

共鸣的控制体现在发声时的精神状态上。首先要保持积极的状态,使共鸣腔体(尤其是口腔腔壁)保持舒展、积极,加强声波的反射能力,增强共鸣。其次发声对共鸣的控制还体现在形成字音的过程,对共鸣腔的调节过程要保持顺畅、明确,使发音清晰圆润。

四、共鸣腔发声训练

共鸣控制训练具体包括:口腔的单元音练习、加强胸腹腔共鸣练习、改善咽腔和喉腔共鸣练习、增加适量鼻腔共鸣练习、适当运用头腔共鸣。

(一)口腔共鸣练习

单元音练习:用不同的音高发六个单元音 a、o、e、i、u、ü,体会不同音区共鸣的成分的变化。注意以下练习要点:

(1)唇齿贴近,提高声音明亮度。
(2)嘴角微微向上扬,消除消极音色。
(3)改善 o、e、u、ü 的音色。

(二)胸腹腔共鸣练习

练习"哈"音,就是发"哈哈哈哈哈"的声音,尽量大声。发声同时将手放在脖子下方,感受胸腔的振动,这是胸腔共振的练习(此处是通过发"哈"这个字音来体会胸腔振动,而不是气息练习)。注意以下练习要点:

(1)体会胸腹腔共鸣:用较低的声音发"哈"音,声音不要过于响亮,要做到浑厚,感觉声音是从胸腹腔发出的,可以用手去感觉胸腹腔的振动。
(2)练习双音节词:暗淡、散漫、武汉、反叛。
(3)练习诗句:春眠不觉晓,处处闻啼鸟,夜来风雨声,花落知多少。

(三)咽腔和喉腔共鸣的练习

练习"嘿"音,就是发"嘿"的音,可以连续发、时断时续发、变调子发,直到发声运用自如。注意亮度(声音的磁性、明亮)和响度(音量大小),体会嗓音的亮度和响度之间的配合,所谓配合就是自如掌握声音变化的松紧程度。

(四)头腔共鸣的练习

1. 方法一

(1)注意口型,上腭一定是开的,嘴里像含了颗鸡蛋。
(2)声音出来的时候,气往下走,气沉丹田。
(3)声音往上走,用气息把声音拖出来。
(4)声音往上,气息向下,形成一条线,声音从头腔中发出,稳且亮。

2. 方法二

（1）口自然闭上，牙齿微微松开，气往鼻子后面的前硬腭猛冲，同时用本嗓发出"哼"字。

（2）方法同上，只是气从鼻腔往额头方向冲，这一步比较难，要花较长时间，眉心处可能才会有振动。以下各步练习，方法如一。

（3）气冲的位置往口腔里移一下。

（4）气冲的位置在口腔中间硬口盖部位。

（5）气往口腔后斜上方冲。

（6）气往后咽壁部位冲。

3. 方法三

（1）感受练习：头腔共鸣处在头腔的哪个位置？想象面前有一大簇鲜花，特别清香，你慢慢地吸入花香，让香气顺着鼻子沁入脑里，是不是感觉吸入的空气意念上是往上行走的呢？这里就是我们要找的头腔位置。

（2）多练"m"音，如：什么、默默、密密麻麻，练习时就像哼唱歌曲。

（3）先发气泡音，然后将嘴巴闭上，内口腔打开，然后结合气泡音发"m"音，发出类似于摩托车引擎的声音。

注意：打开头腔共鸣是比较难的，要付出很多努力，要每天坚持不懈地练习。

（五）鼻腔共鸣的练习

练习鼻音韵母，如暗暗、昂扬、稳稳、嗡嗡、隐隐、嘤嘤这类词语，还可以通过相关语句进行前鼻音后鼻音的练习，体会鼻腔的共振。

（六）共鸣状态控制

共鸣控制也是对发声状态的调整，积极的状态才能产生积极的声音，控制状态实际也是控制共鸣腔壁。可以通过"快乐心理操"来体验共鸣的状态。

1. 体验共鸣状态

在心理放松的状态下使发声器官不紧绷并积极活动。简单地说就是发声时喉、咽、下巴放松，使气息通过共鸣腔来支持发声。

心理状态要积极则是与"松"相反的，发声时要注意气息在胸腹肌时的力量，把力气用在共鸣腔上，身体呈现积极的状态，从发声开始到最后，一直保持这种积极的状态。

2. 快乐心理体验操

（1）表情到位，嘴巴张开。

（2）选择一个自己喜欢的作品进行发声练习。在感觉喉、咽、口彻底放松的时候，可以轻咬自己的大拇指，进行发"哼""哈""嘿""咿""呀"练习。

需要注意的是，在快乐心理体验操进行时，容易出现呼吸也放松的状态，需要及时调整呼吸,使胸腹腔用力,用胸腹腔的共鸣带动喉腔、咽腔、口腔、鼻腔和头腔的共鸣来支持发声。单字发音练习会比较单一枯燥,但要保持积极发声的状态,嘴巴张开、提软腭、拉紧腹肌,让共鸣腔的各个部位联合活动,让声音具有弹性。此时的体验是快乐的,因为发声的快乐带动了心理愉悦的体验。

作为一名幼儿教师,要有一定的共鸣作为基础,以达到宽厚、圆润、明亮、集中的用声目的。在讲课、朗诵、演讲、讲故事等环节中,科学使用共鸣可以不费力、自然舒展。同时,良好的共鸣可以减轻气流对声带的冲击,可以丰富音色,可以根据作品需要改变音色,达到所需的艺术音效。比如:如果是轻缓的作品内容,采用中声区;如果是跌宕起伏的作品,那就需要使用各种共鸣腔且灵活应用;如果是诗歌、吟诵,那么就需要用情感催动共鸣,让声音的弹性更明显一些。

共鸣腔的打开与普通话语音的训练及口部操都有很大的关系,尤其是声韵母的练习,对打开共鸣腔非常有帮助。所以当你参与大量字词的声韵母对比练习后,共鸣腔也会加大,然后练习语句,直至作品训练。这样有序、系统地训练即为科学使用共鸣腔。

技能训练

催动情感使用共鸣腔,可以让声音具有清晰、圆润、响亮的质感同时更具弹性和温度,我们可以来对比练习:

1. 高与低: 指在本人音域范围内的音调相对的高与低

练习句子:今天,一个大写的中国,让人读得光明读得酣畅;

今天,一个腾飞的中国,更让人读得生动读得自豪;

这就是,在世界的东方喷薄而出的,希望的中国!

练习方法:① 先用较低调朗诵,然后一级一级升高再一级一级降下来。

② 一句高一句低,高低交替。

③ 将这三句话按由低到高再由高到低的规则朗诵。

2. 强与弱: 指在本人音域范围内的音调相对的强与弱

练习材料:阿欢

假如你在图书馆,那么小声喊:阿欢(弱);假如阿欢就在你跟前,喊"阿欢"(弱);假如你在屋里,阿欢在院子里,喊"阿欢"(可强可弱);假如阿欢在河对岸喊"阿欢"(强);假如阿欢是你的妹妹,你回到家发现她不见了,疯狂奔出门外喊"阿欢"(超强)。

3. 虚与实: 指在本人音域范围内的音调相对的虚与实

练习材料:第20届幼儿园运动会闭幕式于5月24日下午在幼儿园体育馆隆重举行,来自各班的小运动员、教练员和家长在团结、欢乐、和谐的气氛中,共同庆祝我园春季运动会取得圆满成功。

4. 快与慢
练习材料：墙上的时钟，正"滴答，滴答"地走着，大伙的心揪在了一起。

5. 松与紧
练习材料：各位小朋友家长，大家下午好！接下来我们来谈一个有趣的话题。

共鸣训练技巧有：

1. 气息和振动练习

（1）"打嘟"：用吐气的速度使抿住的上下唇发出振动，发出"嘟嘟嘟嘟嘟嘟"的声音，想象并模仿拖拉机的声音，断断续续练习和连续发音练习结合直到气息结束。

（2）发"嘶"音：发声又细又长又均匀，类似于平舌si的状态发声。

（3）像闻花香一样，深吸一口气，保持住，慢慢闻花的香，慢闻慢吸。

（4）哼鸣练习：声带颤动，位置升高，发哼鸣音，期间保持微笑。

2. 气息与共鸣练习

体验1：发"啊"音，在发哼鸣时气息和丹田形成一条直线（就是小腹部收回同时发"啊"）。

体验2：读之前像闻花香一样吸一口气，练习发 j、q、x，读完了仍然保持吸气状态。

结合共鸣调节的科学发声原理，利用情、气、声朗读下面的作品。

长 江 之 歌
胡宏伟作词

你从雪山走来，春潮是你的风采；
你向东海奔去，惊涛是你的气概。
你用甘甜的乳汁，哺育各族儿女；你用健美的臂膀，挽起高山大海。
我们赞美长江，你是无穷的源泉；我们依恋长江，你有母亲的情怀。
你从远古走来，巨浪荡涤着尘埃；你向未来奔去，涛声回荡在天外。
你用纯洁的清流，灌溉花的国土；你用磅礴的力量，推动新的时代。
我们赞美长江，你是无穷的源泉；我们依恋长江，你有母亲的情怀。

海燕(节选)

【俄】高尔基

在苍茫的大海上,狂风卷集着乌云。在乌云和大海之间,海燕像黑色的闪电,在高傲地飞翔。

一会儿翅膀碰着波浪,一会儿箭一般地直冲向乌云,它叫喊着——就在这乌儿勇敢的叫喊声里,乌云听出了欢乐。

在这叫喊声里——充满着对暴风雨的渴望!在这叫喊声里,乌云听出了愤怒的力量、热情的火焰和胜利的信心。

海鸥在暴风雨来临之前呻吟着——呻吟着,它们在大海上飞窜,想把自己对暴风雨的恐惧,掩藏到大海深处。

海鸭也在呻吟着——它们这些海鸭啊,享受不了生活的战斗的欢乐:轰隆隆的雷声就把它们吓坏了。

蠢笨的企鹅,胆怯地把肥胖的身体躲藏在悬崖底下……只有那高傲的海燕,勇敢地,自由自在地,在泛起白沫的大海上飞翔!

乌云越来越暗,越来越低,向海面直压下来,而波浪一边歌唱,一边冲向高空,去迎接那雷声。

雷声轰响。波浪在愤怒的飞沫中呼叫,跟狂风争鸣。看吧,狂风紧紧抱起一层层巨浪,恶狠狠地把它们甩到悬崖上,把这些大块的翡翠摔成尘雾和碎末。

海燕叫喊着,飞翔着,像黑色的闪电,箭一般地穿过乌云,翅膀掠起波浪的飞沫。

看吧,它飞舞着,像个精灵——高傲的、黑色的暴风雨的精灵——它在大笑,它又在号叫……它笑那些乌云,它因为欢乐而号叫!

这个敏感的精灵——它从雷声的震怒里,早就听出了困乏,它深信,乌云遮不住太阳——是的,遮不住的!

狂风吼叫……雷声轰响……

一堆堆乌云,像青色的火焰,在无底的大海上燃烧。大海抓住闪电的箭光,把它们熄灭在自己的深渊里。这些闪电的影子,活像一条条火蛇,在大海里蜿蜒游动,一晃就消失了。

——暴风雨!暴风雨就要来啦!

这是勇敢的海燕,在怒吼的大海上,在闪电中间,高傲地飞翔;这是胜利的预言家在叫喊:

——让暴风雨来得更猛烈些吧!

谦 虚 过 度

水牛爷爷是森林世界公认的谦虚人,很受大家的尊重。

小白兔夸它:"水牛爷爷的劲最大了!""唉,过奖了,犀牛、野牛劲儿都比我大!"

小山羊夸它:"水牛爷爷贡献最多了!"它就说:"唉,不能这样讲了,奶牛吃下的是草,挤出来的是奶,它的贡献比我多。"

狐狸艾克很羡慕水牛爷爷谦虚的美名。它想:"我也来学习一下谦虚吧,这谦虚太好学了。"它想:"水牛爷爷的谦虚不就是这两点吗?一是把自己的什么都说小点儿;一是把自己的什么都说少点。嗯,对!就是这样。"

一天,艾克遇到一只小老鼠。小老鼠看到艾克有一条火红蓬松的大尾巴,不禁发出了由衷的赞美:"哎呀,艾克大叔,您的尾巴真大呀!"艾克学着水牛爷爷的口气,歪歪嘴说:"咳,过奖了,你们老鼠的尾巴比我大多了。""啊,什么?"小老鼠大吃一惊:"你长那么长的四条腿,却拖根比我还小的尾巴?"艾克谦虚地说:"哎,不能这么讲了,我哪有四条腿,三条了,三条了。"

艾克的谦虚没有换来美名,倒换来一大堆谣言。大家说:"咳,森林世界出了一条妖怪狐狸,只有三条腿,还拖一根比老鼠还小的尾巴……"

项目七 吐字归音

1. 学习吐字归音的技巧，做到咬准字头力量到位，圆润字腹响亮到位，收住韵尾归音到位。
2. 掌握字音口型和发音器官操作的准确度，提高吐字归音的精准度。
3. 做一名拥有优良普通话语音面貌的幼儿教师，让声音更具艺术美感。

吐字清晰、归音到位是说话能够达到字正腔圆的前提。对于幼儿教师来说，读准每一个字，发准每一个音，是职业要求。能够做到吐字清晰、归音到位的幼儿教师，不仅能够提升教育魅力，还能提升教学成效，更能帮助幼儿在日常学习中养成规范的普通话发音习惯。因此，幼儿教师应在语言教学中起到很好的示范作用。

一、概述

吐字归音是指语言艺术中咬字发音的方法。吐字是对声母的发音部位是否准确的要求；归音是对韵腹、韵尾到位程度的要求。要掌握好发音部位，吐字有力，韵腹拉开立起，圆润饱满，尾音明确，不能模棱两可。

根据汉语语音特点，一个音节的发音过程分为"出字""立字""归音"三个阶段。

（1）出字：对字头的处理，要求做到字头发音部位精确，出字有力，叼住弹出，弹发有力。

（2）立字：对字腹的处理，吐字饱满，拉开立起，也就是韵腹开度要大，做到"开口音稍闭，闭口音稍开"。

（3）归音：对字尾的处理，弱收到位，干净利落，不拖泥带水。

通过对发声、吐字、归音每一阶段的精心控制，咬字发音可以达到清晰有力、圆润饱满的效果。

二、认识发音器官

如图7-1所示，咬字吐字器官包括唇、舌、牙齿和上腭等，这些器官活动时的位置和不同的着力部位形成辅音和元音。发声时，咬字、吐字器官各组成部分的动作要敏捷。要训练好声音表达，首先要了解发声器官的构造和作用。

（一）认识咬字器官

咬字器官包括：双唇、舌（舌尖、舌叶、舌面和舌根）、上下齿、上下齿龈、上腭（软腭、硬腭）和下腭。其中，唇、舌和腭在形成字音的过程中动作最积极，起的作用也最大。口腔可分为上下两个部分，下腭可以自由控制开合，改变口腔容积。口腔下部有能

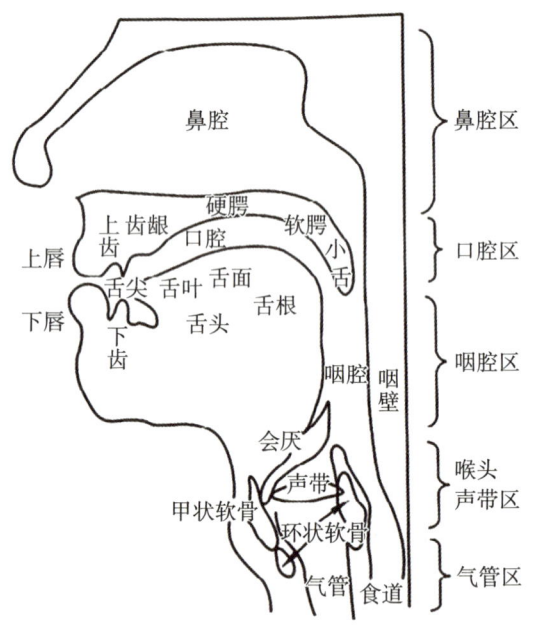

图7-1　发音器官（纵侧面）示意图

灵活运动的舌，舌与口腔上部可以形成各种阻碍，舌高点又使口腔分为前后两个腔体。舌的形状变化可以使口腔形状发生改变。口腔上部的软腭能升能降，以阻塞或打开鼻腔通道，改变口咽部的形态。口腔最前端是开闭自如的上下唇，是声音的出口。

咬字器官是整体协作的，各个部位相互关联又各有分工。各部分的活动，使得口腔能灵活自如地变换它的容积和形态。

（二）咬字器官相互配合的要领

1. 打开口腔

打开口腔同时要提起上腭，下腭此时要放松。上腭的提起和下腭的放松可以适当加大口腔容积，为字音的打开立起创造条件。这个状态是通过"提起颧肌，打开牙关，挺起软腭，放松下巴"来实现的。

2. 集中力量

咬字器官力量的集中是使声音集中的重要一环。而咬字器官力量的集中主要表现在唇和舌上。唇的力量要集中到唇的内缘中央三分之一处。舌的力量集中,发音过程中舌体要取收势。

3. 明确声音发出的路线和字音着力位置

声音应该沿软腭、硬腭的中纵线推到硬腭的前部,这条中纵线就是声音发出的路线。声挂前腭:由喉发出的声束经咽腔沿上腭中纵线前行,向硬腭前部流动冲击,从而使字音有挂在硬腭穹窿前部的感觉,并由上唇的部位透出口腔。

三、咬字器官的训练

（一）牙关-下颌关节的运动

了解牙关的作用:上下颌关节的运动直接影响到口腔开度和口腔容积,牙关打开,发音则清晰、圆润、饱满。练习过程中注意以下几点:

1. 影响口腔的泛音量:口腔开度大,元音鲜明而饱满。
2. 牙关是声束经过咽腔的必然通道,通道宽敞,声音畅通响亮。
3. 牙关开合的大小影响舌的活动范围。
4. 牙关打开时,能使口腔前部的器官运动更灵活有力。

（二）控制口腔开合的训练

1. 张口练习,如打哈欠;闭口练习,如啃苹果(体会后颈着力)。
2. 下巴放松,略向后退,上下槽牙间像嚼着有弹性的东西而保持一定距离地做打开、闭拢练习。
3. 提颧肌(微笑),松牙关(半打哈欠),挺软腭,松下巴。张口咀嚼和闭口咀嚼交替练习。
4. 练习同时连续发:"扎——搭——渣——加——",发音时,注意舌的活动、口腔开度要适当,保证每个声音响亮、清楚、有力量。
5. 发开口音:吗——;发闭口音:咪——;交替发音:咪咪咪吗吗吗,啊哎咿呀。

（三）腭的训练

腭的俗名叫口盖,是分隔口腔和鼻腔的部位。

了解腭的作用:它能控制咽咽的大小,是控制声束能否畅通进入口腔的门户。硬腭前部是发声的主要内感区,是声束的集中点。

1. 半打哈欠,开牙关,提软腭,再缓缓闭拢。
2. 软腭升降:轻松半开,提软腭以闭塞鼻腔通道,打开时有轻微爆破声。重复多次,体会腭咽闭合与打开的不同感觉,提高软腭升降灵活度。

3. 软腭升降发元音:提软腭,发 a、o、e、i、u、ü;垂下软腭:发 a、o、e、i、u、ü。体会软腭升降变化带来的元音音色变化。

4. 舌根音练习:科、哥。

5. 绕口令练习:

哥挎瓜筐过宽沟,赶快过沟看怪狗。
光看怪狗瓜筐扣,瓜滚筐空哥怪狗。

(四)舌的训练

舌是活动最积极、影响力最大的咬字器官。

字音的清晰程度与集中程度都与舌有关。舌的滑动影响字音的圆润度,舌的运动是否正确,决定字音的准确程度。

1. 顶刮舌面:舌尖抵下齿背,舌中纵线部位用力,用上门齿沿舌尖,反复进行。

2. 舌尖练习:先将力量集中在舌尖,抵住上齿龈,阻住气流,突然打开,爆发出 t 音,反复进行。

3. 舌根练习:舌根用力抵住软腭,阻住气流,然后突然打开,发出 g、k 音,反复进行。

4. 舌力度练习:闭唇,用舌尖顶左、右内颊,交替运行;闭唇,把舌尖伸到齿前唇后,向顺时针方向环绕360度,再逆时针方向环绕360度,交替进行。

5. 舌吸力练习:用舌前吸住上齿龈、硬腭,然后用力拉开。

6. 绕口令练习:门口吊刀,刀倒吊着……(反复说,锻炼舌的顶力)

(五)唇的训练

唇是声音的主要出口,咬字的重要器官。

发字音时,唇形要求到位自然,开口呼口裂不要过大,齐齿呼口裂不要过扁,合口呼唇不可向前突出,撮口呼撮两唇角即可。唇形过渡要自然滑行,唇紧贴齿外活动,幅度不大,但唇的收撮力强,使声音集中;唇形变化影响音色的优美程度(汉语韵母的开、起、合、撮与唇形有密切关系),因此唇的撮展要灵活、用力、适度、自然。

1. 撮咧:双唇紧闭,先用力噘嘴(撮),嘴角再用力向两边伸展(咧),反复交替进行。

2. 撇:先把双唇紧闭,噘起,然后用力向左边歪,恢复原状,再向右边歪,反复交替进行。

3. 绕:先把嘴唇紧闭,噘起,然后按顺时针方向转360度,再按逆时针方向转360度,反复交替进行。

4. 喷:紧闭双唇,力量集中于上唇中部,阻住气流,突然放开,气流发出"b""p"音。

5. 四呼发音练习(对镜子、听声音、看口型)

开口呼:a、o、ai、ao、ou、an、ang;e、ê、er、ei、en、eng、ong。

齐齿呼:yi、ya、ye、yao、you、yin、yang。

合口呼：wu、wa、wo、wai、wei、wan、wen、wang、weng。
撮口呼：yu、yuan、yue、yong。

四、吐字归音训练

吐字归音的九字真言：立字头、拉字腹、收字尾。

（一）立字头

立字是吐字归音过程中对字头的处理，又叫"出字"。出字一定要有力度，要能够"叼住弹出"。叼住也就是咬字阶段，那么如何做好呢？

第一，声母发音的过程中形成阻碍的肌肉要有一定的紧张度，在气息运用上一定要有力度。比如说b（强），不能发成b（弱）；

第二，咬字的力量要集中在相应部位的中纵线而不是满口用力，比如说"天安门"这个词，发声要像打出子弹一样让它沿着口腔中纵线发射出去，是"天—安—门"，而不是"天门""挑门"；

第三，在音节发音中，韵母起头的元音，唇形会"前移"到声母上，成为声母的"临时唇形"，比如piao这个音，p的唇形原本应该是爆破后放松趋于圆形的，但是因为受紧接的i音影响，唇形初期会变成pi这种较扁的形状，大家可以对比一下：p，pi，piao，这就是临时唇形。

第四，要有"叼"东西的巧劲，这就是一些曲艺人常讲的"嚼字如嚼虎"，即吐字发音时，就好比老虎叼着虎崽，既不能咬得太紧，把虎崽咬死，又不能太松，把虎崽摔下去，用力必须恰到好处。在发音的过程中，要注意的是声母的发音过程。就像"电diàn"的声母d的发音过程应是：先在准确位置，也就是舌尖与上齿背形成阻碍，蓄积足够气力，然后迅速除去舌尖与上齿背的阻力，打开口腔。

（二）拉字腹

字腹的发音要饱满有力。字腹指音节的韵腹，主要由"a、o、e、i、u、ü"充当。开口度最大，泛音共鸣最强，发音最响亮。字腹发音要颗粒饱满，拉开立起。字腹饱满是指主要元音发音清晰完整、共鸣充分，听感饱满。做到这点的关键就是适当扩大口腔的开度，把握口腔松紧度，让气息顺畅，才能发音响亮。此外，气息和发音融合要有一定的长度，这样字腹才能发得坚实稳定，声音洪亮稳定，声音才能送得更远。

以"嵌qiàn"字为例，声母出字过后就应打开口腔到发a的状态。气息跟上的同时，必须保证气息源源不断地供应，在气息的支撑下才能取得一个很好的共鸣。和字头字尾来做对比的话，字腹的发音过程是最长的，应有展开的感觉。不仅仅是开口音，当遇到发音口型比较窄的音即闭口音，如i、u、ü来充当字腹的时候，口腔也应该适当开大一点，即"闭口音稍开"。

(三) 收字尾

收字尾指归音，也叫归韵。归音的时候要干净利落，不拖不带。唇舌要到位，口腔由合到闭，肌肉由紧到松，声音也是由强到弱，渐弱渐止，清晰圆满。对于有韵尾的音节，发音时要收准韵尾，归音到位。比如说，bao中的ao就要归音到位，不能匆匆发一个ao就不管了。对于没有韵尾的音节不需要归音，但要保持口型。比如菠菜，有的北方方言会把菠o的口型归到e上，没有保持住，变成be菜，这是比较常见的一种归音不到位。还有一种是用元音鼻化代替鼻韵尾的归音不到位，也就是"囊鼻"，比如扁bian读成bie。

每个字是一个音节，而一个音节可以分成字头、字腹、字尾三部分，这三部分从语音结构来分，字头是声母，字腹是韵母，字尾是韵尾。可以把每一个汉字的吐字发声过程想象成一个枣核形状。"枣核形"是一种比喻，是指头、腹、尾俱全的音节吐字的状态而言，两头尖中间鼓：字头出字，要求叼住弹出；字腹立字，要求拉开立起；字尾归音，要求弱收到位；合起来形成两头小中间鼓的"枣核形"。

1. 出字训练

（1）声母和单元音拼合训练。

发达　腊八　大厦　大妈　砝码　喇叭
袈裟　打杂　客车　合格　隔阂　折射

（2）声母和不同唇形单元音拼合训练。

b：ba	bi	bu	p：pa	pi	pu	f：fa	fu
m：ma	mi	mu	n：na	ni	nu	l：la	li	lu
g：ga	gu		d：da	di	du	t：ta	ti	tu
ch：cha	chi	chu

（3）同声母双音节词语训练。

b：	把柄	办报	版本	奔波	阜鄙	北边
p：	澎湃	批判	匹配	偏胖	拼盘	枇杷
m：	麻木	貌美	迷漫	满目	眉毛	密码
f：	肺腑	反复	非凡	仿佛	复方	风范
d：	待定	动荡	大抵	得当	捣蛋	道德
t：	贪图	疼痛	忐忑	铁蹄	体统	头疼
n：	奶牛	能耐	扭捏	男女	那年	恼怒
l：	来历	拉拢	磊落	牢笼	力量	勒令

g： 改革　杠杆　骨干　哥哥　功过　高贵
k： 刻苦　坎坷　可靠　空旷　宽阔　慷慨
h： 好坏　豪华　憨厚　海涵　互惠　横祸
j： 阶级　家教　解决　焦急　计价　就近
q： 气球　齐全　牵强　情趣　亲切　欠缺
x： 宣泄　学习　凶险　相信　新秀　选修
zh： 战争　政治　周转　遮住　针织　招致
chi： 车窗　驰骋　抽查　沉船　长处　踌躇
shi： 顺势　税收　甩手　生疏　述说　上声
r： 容忍　软弱　仍然　惹人　柔韧　荣辱

（4）根据声母七个发音部位进行绕口令练习。

双唇阻：

巴老爷和芭蕉树

巴老爷有八十八棵芭蕉树，
来了八十八个把式要在巴老爷八十八棵芭蕉树下住。
巴老爷拔了八十八棵芭蕉树，
不让八十八个把式在八十八棵芭蕉树下住。
八十八个把式烧了八十八棵芭蕉树，
巴老爷在八十八棵树边哭。

齿唇阻：

画凤凰

粉红墙上画凤凰，凤凰画在粉红墙。
红凤凰、粉凤凰，红粉凤凰、花凤凰。

舌尖阻：

炖冻豆腐

你会炖我的炖冻豆腐，来炖我的炖冻豆腐；
你不会炖我的炖冻豆腐，就别炖我的炖冻豆腐。

舌根阻：

老爷堂上一面鼓

老爷堂上一面鼓，鼓上一只皮老虎。
皮老虎抓破了鼓，就拿块破布往上补。
只见过破布补破裤，哪见过破布补破鼓？

舌面阻：

七巷一个漆匠

七巷一个漆匠，西巷一个锡匠，
七巷漆匠偷了西巷锡匠的锡，西巷锡匠拿了七巷漆匠的漆，七巷漆匠气西巷锡匠偷了漆,西巷锡匠讥七巷漆匠拿了锡。
请问锡匠和漆匠,谁拿谁的锡?谁偷谁的漆?

舌尖前阻:

四是四,十是十

四是四,十是十;十四是十四,四十是四十;
要想说对四,舌头碰牙齿;要想说对十,舌头别伸直。
要想说对四和十,多多练习四和十;要想说对十,舌头别伸直。
认真学,常练习,十四、四十、四十四。

(5)零声母音节的吐字归音练习。零声母音节没有字头辅音,但在语流中为了保持音节的独立性、完整性,零声母第一个元音发音时,带有某些辅音发音特征的起始方式,使得字头"叼住"。

开口呼:一种以喉塞音开始,声带声门关闭,发音时突然放开:a、o、ai、ao、ou、an、ang。另一种以软腭通音开始:e、ê、er、ei、en、eng、ong。

合口呼:零声母音节以隔音w开头,实际发音时开头发半元音[w]: wu、wa、wo、wai、wei、wan、wen、wang、weng。

齐齿呼:零声母以y开头,实际发音时开头发半元音[y]: yi、ya、ye、yao、you、yin、yang。

撮口呼:零声母音节以y开头,实际发音时开头发半元音[y]: yu、yuan、yue、yong。

2. 立字训练

单元音韵母的发音,要做到"声挂前腭";复合韵母要注意发音在唇舌的渐变中完成各音素的过渡,主要元音仍然要做到"声挂前腭"。

(1)字词练习:

a: 吧 拿 撒 辣 哈 发达 大厦 蛤蟆
o: 破 佛 抹 婆 博 伯伯 泼墨 薄膜
e: 课 车 合 各 乐 隔热 割舍 特色
i: 低 皮 鼻 极 起 习题 细腻 洗涤
u: 书 股 腹 怒 树 出处 目录 瀑布
ü: 绿 需 女 曲 句 须臾 旅居 徐徐
ai: 彩排 灾害 拆开 拍卖 爱戴 晒台
ei: 北美 卑微 飞贼 妹妹 配备 蓓蕾
ao: 早操 报道 号召 懊恼 敖包 校稿
ou: 口头 抖擞 欧洲 佝偻 筹谋 丑陋
ia: 架下 恰恰 压价 加压
ie: 爷爷 冶铁 借鞋 姐姐
ua: 挂画 娃娃 夸瓜 耍滑

uo：	我国	过错	窝火	啰嗦	
üe：	月缺	约略	绝学	雀跃	
iao：	巧妙	窈窕	逍遥	较小	
iou：	久留	优秀	牛油	丢球	
uai：	乖乖	快快	摔坏	怀揣	
uei：	最贵	水位	汇兑	回归	
an-an：	斑斑	办完	扮演	斑斓	攀谈
en-en：	本人	门诊	本文	本分	分针
ian-ian：	变迁	变现	偏见	片面	便笺
in-in：	拼音	濒临	贫民	民进	民心
uan-uan：	团团	专款	短款	还完	乱转
uen-uen：	昆仑	伦敦	混沌	春笋	困顿
üan-üan：	远远	全权	轩辕	源泉	渊源
ün-ün：	芸芸	均匀	逡巡	循循	俊俊
eng：	猛增	萌生	奉承	丰登	风筝
ing：	病情	兵营	秉性	瓶颈	明星
uang：	狂妄	惶惶	往往	光光	旺旺
ang-ang：	帮忙	盲肠	放养	放荡	当场
iang：	洋洋	奖项	洋姜	江洋	娘娘
ong：	动用	通用	通融	冬泳	动工
iong：	汹涌	炯炯	穷胸	茕茕	熊熊

（2）打开口腔成语练习。

来日方长　狼狈不堪　牢不可破　老当益壮　雷厉风行
冷嘲热讽　包罗万象　江河日下　道貌岸然　慷慨激昂
鸟语花香　逍遥法外　羊肠小道　张冠李戴　刀山火海

（3）改善音色练习（前后音、开闭音）。

以开带闭音：安宁　暗语　案例　傲气　奥秘　巴黎　把戏　草地　打击
以前带后：　提高　难过　体格　帝国　义务　余额　半途　因果　备考
以后带前：　刚毅　高低　戈壁　宫女　攻击　入门　红利　蝴蝶　谷雨

3. 归音训练（体会艺术语言中的"枣核形"）

风驰电掣　　来龙去脉　　老生常谈　　浪子回头

想要更好地做到归音吐字，还需要注意以下三点：

（一）发音要准确

韵母在形成口形时作用最大，讲话过程中的每一个音节都离不开韵母。有人在讲话时有意无意地会出现图省事的情形，嘴巴没张到应有的程度，或者嘴、齿、舌、鼻、喉、声带等器官动作不够协调。于是就发生"吃字""隐字""丢音"或含混不清、音量过小、吐字不准等现象，如有人将"公安局"念成"官局"，将"天安门"念成"天门"等。总之，由于发音不到位，便会造成歧义，产生误解，不能准确地表情达意。

（二）正音要及时

吴方言地区的人，平舌音和翘舌音的区分和发音方面常常分辨不清；江浙地区大多数人会因舌位不到而发不准翘舌音（舌尖后音偏前）。主要问题是：z-zh不分；c-ch不分；s-sh不分；r音容易发成半卷的er音；n-ng不分，尤其是eng容易发成ong或者en；ang的开口度左右打开程度不到变成ao，等等。因此，正音练习要从学会自我正音开始。所谓正音练习，就是根据普通话的标准读音，校正自己的地方音和习惯音。正音练习包括很多内容，主要有平舌音和翘舌音练习，鼻音和边音练习，送气和不送气练习，前鼻音和后鼻音练习等。

（三）归音要到位

1. 发声时要有反向吸气的感觉，开口要快，不要迟缓，把通道缩窄以免漏气。尤其是录音时稍不慎就出现嚓嚓噪音，影响语言的清澈和干净，所以要节制气流。

2. 韵尾要归到位，不要初起就结束，要稳要收住，不然韵尾不清。当然，具体运用时就不能归音归得太死，否则影响韵腹的口腔开度，造成口齿不灵活，感情表达迟滞。在练基本功时必须达到"矫枉过正"的夸张感，到实际运用时再灵活掌握发音的自然程度。

1. 小练习：想象枣核儿形发音

优　翘　阳　弯　燕　翁　顺　揣　鲜　崴　善

2. 儿歌训练

小弟和小猫

我家有个小弟弟，聪明又淘气。
每天爬高又爬低，满头满脸都是泥。
妈妈叫他来洗澡，装没听见他就跑。
爸拿镜子把他照，他闭上眼睛咯咯地笑。

姐姐抱来个小花猫,拍拍爪子舔舔毛。

两眼一眯:"妙,妙,妙,谁跟我玩?谁把我抱?"

弟弟伸出小黑手,小猫连忙往后跳。

胡子一撅头一摇:"不妙,不妙,太脏太脏我不要!"

姐姐听见哈哈笑,爸爸妈妈皱眉毛。

小弟听了真害臊:"妈!妈!快快给我洗个澡。"

温馨提示

儿歌中iao和ao的归音,嘴唇要圆收,才能归音到位,不能匆匆发一个ao就结束了,这就很容易归音不到位。

3. 故事朗读训练

和月亮一起吃

猪妈妈烤了香甜的红薯,给了小猪一个。"再给我一个好吗?我要和月亮一起吃。"小猪请求道。

"噢!"猪妈妈很惊讶。不过,她还是又给了小猪一个红薯。

猪妈妈摘了一篮子红彤彤的苹果,给了小猪一个。"再给我一个好吗?我要和月亮一起吃。"小猪请求道。

"噢!"猪妈妈很惊讶。不过,她还是又给了小猪一个苹果。

猪妈妈买了一盒软乎乎的蜂蜜蛋糕,给了小猪一块。"再给我一块好吗?我要和月亮一起吃。"小猪请求道。

"噢!"猪妈妈很惊讶。不过,她还是又给了小猪一块蜂蜜蛋糕。

这一次,猪妈妈悄悄地跟在了小猪的后面。

小猪欢欢喜喜地穿过一片小树林,来到一个树洞跟前。他一边敲门一边喊:"月亮,月亮,我给你带好吃的来了。"

门开了,一只胖乎乎的小熊走出来。小熊的胸口有白白的绒毛,很像月亮的形状。两个好朋友见面,小熊和小猪亲热地拥抱在一起。

猪妈妈感动得眼泪哗哗的,她再也不担心什么了。

从那以后,不管吃什么东西,猪妈妈总会笑眯眯地拿出两份来,温柔地对小猪说:"和月亮一起吃吧!"

4. 吐字归音加气息、声线、共鸣训练

匆 匆

朱自清

燕子去了,有再来的时候;杨柳枯了,有再青的时候;桃花谢了,有再开的时候。但是,聪明的,你告诉我,我们的日子为什么一去不复返呢?——是有人偷了他们

罢：那是谁？又藏在何处呢？是他们自己逃走了罢：现在又到了哪里呢？

我不知道他们给了我多少日子；但我的手确乎是渐渐空虚了。在默默里算着，八千多日子已经从我手中溜去；像针尖上一滴水滴在大海里，我的日子滴在时间的流里，没有声音，也没有影子。我不禁头涔涔而泪潸潸了。

去的尽管去了，来的尽管来着；去来的中间，又怎样地匆匆呢？早上我起来的时候，小屋里射进两三方斜斜的太阳。太阳他有脚啊，轻轻悄悄地挪移了；我也茫茫然跟着旋转。于是——洗手的时候，日子从水盆里过去；吃饭的时候，日子从饭碗里过去；默默时，便从凝然的双眼前过去。我觉察他去的匆匆了，伸出手遮挽时，他又从遮挽着的手边过去，天黑时，我躺在床上，他便伶伶俐俐地从我身上跨过，从我脚边飞去了。等我睁开眼和太阳再见，这算又溜走了一日。我掩着面叹息。但是新来的日子的影儿又开始在叹息里闪过了。

在逃去如飞的日子里，在千门万户的世界里的我能做些什么呢？只有徘徊罢了，只有匆匆罢了；在八千多日的匆匆里，除徘徊外，又剩些什么呢？过去的日子如轻烟，被微风吹散了，如薄雾，被初阳蒸融了；我留着些什么痕迹呢？我何曾留着像游丝样的痕迹呢？我赤裸裸来到这世界，转眼间也将赤裸裸的回去罢？但不能平的，为什么偏要白白走这一遭啊？

你聪明的，告诉我，我们的日子为什么一去不复返呢？

北 平 的 秋
老 舍

中秋前后是北平最美丽的时候。天气正好不冷不热，昼夜的长短也划分得平均。没有冬季从蒙古吹来的黄风，也没有伏天里挟着冰雹的暴雨。天是那么高，那么蓝，那么亮，好像是含着笑告诉北平的人们：在这些天里，大自然是不会给你们什么威胁与损害的。西山北山的蓝色都加深了一些，每天傍晚还披上各色的霞帔。

在太平年月，街上的高摊与地摊，和果店里，都陈列出只有北平人才能一一叫出名字来的水果。各种各样的葡萄，各种各样的梨，各种各样的苹果，已经叫人够看够闻够吃的了，偏偏又加上那些又好看好闻好吃的北平特有的葫芦形的大枣，清香甜脆的小白梨，像花红那样大的白海棠，还有只供闻香儿的海棠木瓜，与通体有金星的香槟子，再配上为拜月用的，贴着金纸条的枕形西瓜，与黄的红的鸡冠花，可就使人顾不得只去享口福，而是已经辨不清哪一种香味更好闻，哪一种颜色更好看，微微的有些醉意了！

那些水果，无论是在店里或摊子上，又都摆列的那么好看，果皮上的白霜一点也没蹭掉，而都被摆成放着香气的立体的图案画，使人感到那些果贩都是些艺术家，他们会使美的东西更美一些。况且，他们还会唱呢！他们精心的把摊子摆好，而后用清脆的嗓音唱出有腔调的"果赞"："唉——一毛钱儿来耶，你就挑一堆我的小白梨儿，皮儿又嫩，水儿又甜，没有一个虫眼儿，我的小嫩白梨儿耶！"歌声在香气中颤动，给苹果葡萄的静丽配上音乐，使人们的脚步放慢，听着看着嗅着北平之秋的美丽。

同时，良乡的肥大的栗子，裹着细沙与糖蜜在路旁唰啦唰啦地炒着，连锅下的柴烟也是香的。"大酒缸"门外，雪白的葱白正拌炒着肥嫩的羊肉；一碗酒，四两肉，有两三毛钱就可以混个醉饱。高粱红的河蟹，用席篓装着，沿街叫卖，而会享受的人们会到正阳楼去用小小的木锤，轻轻敲裂那毛茸茸的蟹脚。

同时，在街上的"香艳的"果摊中间，还有多少个兔儿爷摊子，一层层的摆起粉面彩身，身后插着旗伞的兔儿爷——有大有小，都一样的漂亮工细，有的骑着老虎，有的坐着莲花，有的肩着剃头挑儿，有的背着鲜红的小木柜；这雕塑的小品给千千万万的儿童心中种下美的种子。

同时，以花为粮的丰台开始一挑一挑的往城里运送叶齐苞大的秋菊，而公园中的花匠，与爱美的艺菊家也准备给他们费了半年多的苦心与劳力所养成的奇葩异种开"菊展"。北平的菊种之多，式样之奇，足以甲天下。

同时，像春花一般骄傲与俊美的青年学生，从清华园，从出产莲花白酒的海甸，从东南西北城，到北海去划船；荷花久已残败，可是荷叶还给小船上的男女身上染上一些清香。

同时，那文化过熟的北平人，从一入八月就准备给亲友们送节礼了。街上的铺店用各式的酒瓶，各种馅子的月饼，把自己打扮得像鲜艳的新娘子；就是那不卖礼品的铺户也要凑个热闹，挂起秋节大减价的绸条，迎接北平之秋。

北平之秋就是人间的天堂，也许比天堂更繁荣一点呢！

模块三

朗读训练

项目八　朗读认知

项目九　朗读技巧训练

项目十　不同文体朗读

项目八 朗读认知

项目目标

1. 理解朗读的概念,明确朗读的作用。
2. 能按照朗读的要求进行朗读。
3. 激发朗读的乐趣,感受朗读中的语言之美,感受祖国语言文字的魅力。

内容提要

朗读是将诉诸视觉形象的文字符号转化成响亮、清晰而又充满感情的有声语言。它是文字语言的再创作,情感的再表达,能让我们更直观形象地感受文字美、语言美、表达美。那么,朗读的作用是什么?朗读时要遵循哪些基本要求呢?我们一起来了解一下吧!

理论与方法

8-1 微课:
朗读概述 1

朗读是文学作品鉴赏、传播的方式之一。朗读,能实现现实与文本相融、读者与作者共鸣,实现自我精神的高度愉悦。而今天,朗读是推广普通话的重要手段,是实现语言规范化的有效途径。在朗读过程中能够不断提升语言的规范性,加强词汇及表达的敏感性,还能够形成良好的语感,提升个人语言审美情趣和有声语言鉴赏能力。

通过朗读,我们能不断积累语言素材,使口语表达的词汇更加丰富;能不断借鉴规范化的语句,使口语表达更加简练;能学习各种各样的修辞手法,使口语表达更富有感染力。同时,丰富多样的语气语调的练习,能帮助口语表达更富于情感性。

一、什么是朗读

朗读是把书面语言转化为有声语言的一种再创造性活动。它要求朗读者在深入分析理解作品的基础上,通过富有感染力的声音,准确生动地再现作品的思想内容。

8-2 音频:
面朝大海,
春暖花开
(朗读欣赏)

二、朗读的作用

(一)朗读有助于提高普通话标准程度

朗读是普通话学习和训练的重要手段,是在有文字凭借情况下难度较大的一种训练方式。因为朗读训练不仅训练单个音节的声母、韵母和声调的标准程度,还要训练连读中的音变、停延以及语调等方面的规范度。因此,它既是字词训练的延续和深入,又能为无文字凭借情况下的口语表达奠定良好的基础。

(二)朗读有助于提高教师口语表达能力

朗读训练,可以锻炼一个人的思维能力,而思维与口语表达是紧密相连的。朗读者从准备朗读到熟悉作品,直到有声语言的最终完成,始终保持着积极的思维状态。在对作品的内容、结构、情感的理解和感受中,朗读者的理解力、分析力、判断力和逻辑思维能力都得到了很好的锻炼。在朗读过程中,作品中多姿多彩的情景描绘,丰富的人物内心刻画,严谨的谋篇布局等,无疑会对朗读者的记忆力、想象力和创造力的提高有所帮助。

朗读训练,还可以使朗读者储存大量的词汇,积累丰富的语言素材,使说话词语丰富多彩;文章中精湛的句式、妥帖的修辞方法,还可以使说话畅达精练;朗读中语气语调的把握,使说话生动活泼,富于表现力。

以上这些,都是教师口语表达所需要具备的能力。通过朗读训练,说话中的结结巴巴、语无伦次或呆板生硬、词不达意的现象,会大为减少。所以,加强朗读训练,是提高教师口语表达能力的有效途径。

(三)朗读有助于提高幼儿的语言鉴赏能力

朗读是语言教学中的重要手段。作为一名幼儿教师,在教学过程中应充分发挥朗读的作用。因为教师的范读不仅可以帮助学生理解作品的内容,还可以把学生带入作品的意境之中,体验作品的生活情景,感受其情感,在学生内心深处引起强烈的共鸣。同时,这些优秀作品中或华丽绚烂、或明快简洁的语言所呈现出的不同魅力,也有助于提高幼儿的艺术语言鉴赏能力,进而激发幼儿对语言文字的兴趣,丰富幼儿的语言表达方式,从小树立文化自信。

8-3 音频:
小猫和小弟
(朗读示范)

三、朗读的基本要求

8-4 微课：
朗读概述2

朗读需要正确、流利、有感情地表达作品。也就是说，要使用规范的普通话，自然流畅地进行朗读，通过富有感染力的声音，准确生动地再现作品的思想内容和情感。

（一）正确

正确主要是指朗读中达到普通话语音标准规范：包括声母、韵母和声调的标准以及语流音变、语调的规范，多音字、异读词的读音准确规范；朗读中不错读、不添读、不漏读、不改读，吐字清晰、圆润、有力，不能含混不清、滑音吃字等。

（二）流利

流利是指在作品朗读中语句通畅，能在准确理解朗读作品内容的基础上，把语意表达得自然流畅。不读"破词""破句"，不重复，也不逐字逐词读，停延自然、得当；不颠三倒四，不结结巴巴，前后语句连贯，中心语意突出。

（三）有感情

有感情是指在理解作品的基础上，以情带声，忠实于原作，不脱离文章的内容，把作品中的爱憎褒贬、喜怒哀乐通过有声语言传达给听众，让听众得到启发、受到感染、引起共鸣，从而起到感染人、教育人的作用。

朗读要能根据不同作品内容、不同作品风格，恰当地运用语言表达技巧，如轻重格式的运用和语调、语速的变化等。既要避免平淡无感情，又要做到感情流露自然，切忌装腔作势、华而不实。对于不同的体裁和内容，要恰到好处地表达真实自然的情感。只有这样的真情流露，才能引起听众的想象，激发听众的情感，获得听众的共鸣。

请结合朗读的基本要求，正确、流利、有感情地朗读以下作品。

春　晓

【唐】孟浩然

春眠不觉晓，处处闻啼鸟。
夜来风雨声，花落知多少。

这是诗人隐居鹿门山时所作的一首诗。山里的隐居生活使诗人能更多地亲近大自然的山山水水，对于山中的一草一木，作者都倾注了浓厚的情感。雨后春天早晨的明丽和清新在诗中被细腻地描绘了出来，淋漓尽致地抒发了诗人对大自然的喜爱之情。

白杨礼赞（节选）
茅 盾

它没有婆娑的姿态，没有屈曲盘旋的虬枝，也许你要说它不美丽——如果美是专指"婆娑"或"横斜逸出"之类而言，那么，白杨树算不得树中的好女子；但是它却是伟岸，正直，朴质，严肃，也不缺乏温和，更不用提它的坚强不屈与挺拔，它是树中的伟丈夫！当你在积雪初融的高原上走过，看见平坦的大地上傲然挺立这么一株或一排白杨树，难道你就只觉得树只是树，难道你就不想到它的朴质、严肃、坚强不屈，至少也象征了北方的农民；难道你竟一点儿也不联想到，在敌后的广大土地上，到处有坚强不屈，就像这白杨树一样傲然挺立的守卫他们家乡的哨兵！难道你又不更远一点想到这样枝枝叶叶靠紧团结，力求上进的白杨树，宛然象征了今天在华北平原纵横决荡，用血写出新中国历史的那种精神和意志。

8-5 音频：
白杨礼赞
（朗读示范）

这是一篇托物言志的抒情散文。全文基调为褒扬赞颂，朗读时应饱含情感，语调昂扬向上。

夏　天
望 安

夏天的雨是金色的。不信，你看：场院里，脱粒机扬洒着麦粒，千颗、万颗，连成金色的雨。

夏天的风是喷香的。不信，你闻：村子里，家家户户磨了面，在蒸甜糕，飘出一阵阵香味。

夏天的路爱唱歌。不信，你听：小路"吐吐吐"，大路"嘀嘀嘀"，拖拉机、大卡车，一辆接一辆，忙着去卖粮。

这篇幼儿写景散文运用反复结构，描绘出一幅幅动人的丰收图景。朗读时要注意用声音的变化来建立画面感，语调的高低要随着所描述事物位置、情状的不同作出相应的调整。

把握朗读的概念、朗读的特点等理论知识对理解和把握朗读的技巧至关重要，理解它容易，把握它不简单。希望你通过更多的朗读实践，通过感性的体验来不断提升对朗读的认知。

请结合朗读的概念、朗读的特点和基本要求等相关知识,朗读以下作品。

丑　石
贾平凹

我常常遗憾我家门前那块丑石:它黑黝黝地卧在那里,牛似的模样;谁也不知道是什么时候留在这里的,谁也不去理会它。只是麦收时节,门前摊了麦子,奶奶总是说:这块丑石,多占地面呀,抽空把它搬走吧。

它不像汉白玉那样的细腻,可以刻字雕花,也不像大青石那样的光滑,可以供来浣纱捶布。它静静地卧在那里,院边的槐阴没有庇覆它,花儿也不再在它身边生长。荒草便繁衍出来,枝蔓上下,慢慢地,它竟锈上了绿苔、黑斑。我们这些做孩子的,也讨厌起它来,曾合伙要搬走它,但力气又不足;虽时时咒骂它,嫌弃它,也无可奈何,只好任它留在那里了。

终有一日,村子里来了一个天文学家。他在我家门前路过,突然发现了这块石头,眼光立即就拉直了。他再没有离开,就住了下来;以后又来了好些人,都说这是一块陨石,从天上落下来已经有二三百年了,是一件了不起的东西。不久便来了车,小心翼翼地将它运走了。

这使我们都很惊奇,这又怪又丑的石头,原来是天上的啊!它补过天,在天上发过热、闪过光,我们的先祖或许仰望过它,它给了他们光明、向往、憧憬;而它落下来了,在污土里,荒草里,一躺就是几百年了!

我感到自己的无知,也感到了丑石的伟大,我甚至怨恨它这么多年竟会默默地忍受着这一切!而我又立即深深地感到它那种不屈于误解、寂寞的生存的伟大。

春雨的色彩
楼飞甫

春雨,像春姑娘纺出的线,轻轻地落到地上,沙沙沙,沙沙沙……

田野里,一群小鸟正在争论一个有趣的问题:春雨到底是什么颜色的?

小燕子说:"春雨是绿色的。你们瞧,春雨落到草地上,草就绿了。春雨淋在柳树上,柳枝也绿了。"

麻雀说:"不对,春雨是红色的。你们瞧,春雨洒在桃树上,桃花红了。春雨滴在杜鹃丛中,杜鹃花也红了。"

小黄莺说:"不对,不对,春雨是黄色的。你们看,春雨落在油菜地里,油菜花黄了。春雨落在蒲公英上,蒲公英花也黄了。"

春雨听了大家的争论,下得更欢了,沙沙沙,沙沙沙……

冬爷爷的胡子
胡木仁

冬爷爷的胡子,亮晶晶,硬邦邦。

挂在树枝上,挂在屋檐下。

风娃娃很喜欢冬爷爷的胡子,吹呀吹,荡呀荡,吹得冬爷爷的胡子响叮当。叮当响,响叮当,掉下一根粗又长,送给爷爷做拐杖。

海浪扑上来
张绍军

瞧!海上的浪,急匆匆往海滩上跑,往海滩上跳。哗——

一个大浪扑上来了,跳得真远。

沙啦——

又一个浪扑上来了、用力地撞,撞在岸边的山崖上,碎了。

呼呼——

嗯,这个浪小一点,只在滩头张一张,望一望,就悄悄退下了……

忽然,有个浪娃娃爬到我身边,用舌头把我的脚儿舔舔,还咕咕咕说着什么。哈,我听了,它说浪花们要比跳远,叫我当裁判哩。当裁判就当裁判。好,1号浪花起跳!呼啦,跳到这儿,我连忙在沙滩上划一道杠杠。哎呀,杠杠没划好呢,2号浪花就跳过来了——2号、2号,你急什么呀!不对不对2号浪花还没退回去,3号、4号、5号都一个劲儿向前跑,向前跑,往上跳,拦也拦不住!

唉,浪花,一群调皮的浪花呀!

荷叶上的珍珠
徐青山

早晨起来,我看见荷叶上有一颗珍珠。

这颗珍珠又大又圆又明亮,翠绿的荷叶像个碧玉盘,盛着这颗亮晶晶的珍珠,真好看。

微风一吹,它就滚动起来。它一会儿滚到东,一会儿滚到西,像在荷叶上玩耍呢。过了一会,太阳出来了,荷叶上的珍珠就不见了。

它哪儿去了呢?

我知道,它变成小蒸气,飞到空中去了。明天早晨,它又会回来的。

欢迎秋爷爷

"秋爷爷要来了!"这个好消息像长了翅膀一样,在果园里传来传去,水果娃娃们可乐坏了。

苹果娃娃们笑呀笑,笑红了圆圆的脸蛋。石榴娃娃们笑呀笑,咧开嘴巴,露出了像珍珠一样的牙齿。香蕉娃娃们笑呀笑,把腰都笑弯了,好像一个个弯弯的小月亮。山楂娃娃着急了:"你们就知道笑!秋爷爷年纪大了,眼神不好,撞坏了腰怎么办!"山楂娃娃们一齐点亮了小红灯,好像一树红色的星星……

柿子娃娃们见了,一声不响地挂起一树黄黄的大灯笼。

第一朵雪花

熊先生摘下了树上最后一批苹果,他知道,冬天快来了。熊先生提着满篮苹果,来到小松鼠的家。

小松鼠家里没人,熊先生留下了苹果和一张纸条,纸条上写着:

"收下吧,你要在屋里过上一个冬天,你得多准备一点吃的。　　黑熊"

回家的路上,熊先生才走了一半,就连连打着哈欠,伸着懒腰,他的眼皮也重了起来:"看来,我得冬眠了!"

熊先生走回家里一看,屋子打扫得干干净净,床上铺着厚厚的鸭绒褥子,桌子上有张纸条,上面写着:

"熊大哥安心冬眠吧,我帮你都准备好了,明年春天再见!　　小松鼠"

熊先生拿起电话机,拨通了小松鼠家的电话,他们俩几乎同时喊出一句:

"谢谢你啊,朋友!"

这时窗外飘下了冬天的第一朵雪花……

猜猜我有多爱你

【英】山姆·麦克布雷尼

小兔子要上床睡觉了,他紧紧地抓住兔妈妈的耳朵,要妈妈好好地听他说,

"猜猜我有多爱你?"小兔问。

"噢,我猜不出来。"兔妈妈笑眯眯地说。

"我爱你有这么多。"小兔子使劲地伸开手臂。兔妈妈也伸开手臂,哇,兔妈妈手臂长多了。兔妈妈说:"瞧,我爱你更多呢!"小兔子想了想踮起脚,把手高高地举起来。"我爱你,就像我举的那么高。"

"我爱你,就像我举的那么高。"兔妈妈不用踮起脚,就把手举得很高很高,好像快摸到天花板啦。

小兔子有了好主意,他爬到床上,倒立起来说:"我爱你,就像我的脚趾头那么高。"

兔妈妈抱起小兔子,把它高高地抛起来,说:"我爱你,到你的脚趾头那么高。"

小兔子笑起来说:"我爱你,像我跳得那么高。"小兔子使劲地跳,使劲地蹦。

兔妈妈笑着说:"我爱你,像我跳得那么高。"妈妈轻轻地一跳,就跳得很高很高,这回真的要到天花板了。

小兔子想,我要是能跳得像妈妈那样高就好啦。小兔子动脑筋想了一想叫起来:

"我爱你,出了门口,过了小路,一直到小河边上。"

兔妈妈哈哈笑起来,说:"我爱你,一直过了小河,越过大山,到了山的那一边。"

小兔子说累了,他躺到床上打了个哈欠,轻轻地说:"妈妈,我爱你,从这里一直到月亮。"

"噢,那么远。"兔妈妈和小兔一起躺下,搂着小兔子亲了亲说:"真的非常远,非常远。"

兔妈妈听见小兔子打起了呼噜,给他盖上被子,小声地说:"好孩子,我爱你,从这里到月亮,再……绕回来。"

三个笨学生
冰 波

熊老师有三个学生,他们是:小花蛇、变色龙和螃蟹。这一天,熊老师又给三个学生上课了:"今天,我给大家讲讲什么是前、什么是后。"熊老师说:"肚子朝哪里,哪里就是前;背朝哪里,哪里就是后。好了,这是一个很简单的问题,大家复习一下,现在下课。"

小花蛇这时候正一圈一圈绕在树枝上,他怎么也想不明白。

"我的肚子朝着哪里,背又朝着哪里呢?"

熊老师说:"真是个笨学生,现在我把你拉直。"

熊老师把小花蛇从树上扯下来,把他拉得直直的。

熊老师说:"现在你们听好,脑袋是前,尾巴是后。"

这时候,螃蟹横着爬到了熊老师面前,提出了一个问题:"老师,我只有头,没有尾巴,哪里是前,哪里是后呀?"

熊老师一看,是呀,螃蟹圆圆的身体,真的没有尾巴。

熊老师说:"真是笨学生,你眼睛看出去的地方是前,看不到的地方是后!"这时候,变色龙在想:"噢,眼睛看出去的地方是前,看不到的地方是后。让我来看一看……变色龙的眼睛会转到任何方向。他把眼睛往后一转,就看到了自己的尾巴。"

变色龙说:"啊,我明白了,我的尾巴在前,嘴巴在后。"

熊老师发火了:"你们真是笨学生啊!"

熊老师说:"现在,你们给我排好队!"

三个学生就排好了队,螃蟹排在第一,变色龙排在第二,小花蛇排在第三。

熊老师说:"你们看,螃蟹在变色龙的前面,变色龙在小花蛇的前面,变色龙在螃蟹的后面,小花蛇在变色龙的后面……"

这样一说,三个学生马上明白了:"啊,现在我们都懂了,什么是前,什么是后。"熊老师背着手走开了,一边嘀咕着:"唉,真是三个笨学生……"

三个学生看着熊老师的背影,也在嘀咕:"一开始就应该这样教我们,真是笨老师。"

模块三 朗读训练

项目九 朗读技巧训练

1. 了解朗读技巧的内涵,理解朗读技巧的具体类型。
2. 掌握朗读技巧表达方式,并进行灵活恰当地运用。
3. 感受朗读的艺术魅力,激发表达意愿,树立文化自信。

任务一 朗读的内部心理感受技巧

 内容提要

语言的表达应该是由内而外的,朗读也一样,需要朗读者在理解作品内容的基础上,积极地调动自己的思想情感,恰当再现朗读作品情感,以情动人,让倾听者同频共振,从而使朗读更具感染力。朗读时可以运用哪些内部心理感受技巧呢?跟着本任务的内容,我们一起来了解一下吧!

一、技巧一:形象感受的运用

朗读中的形象感受,是指由于作品中词语蕴含的概念对内心的刺激,引起朗读者对客观事物的感知、体会和思考。"感之于外,受之于心"。朗读者依据朗读材料的叙述和描写,感受事物的形、声、色、味、冷热、快慢、空间位置等,通过联想"看到、听到、嗅到、尝到、触到",作品中的人、物、情、景在朗读者的内心"活"起来。

朗读者的形象感受与朗读者在生活中的观察、体验、积累有关。因此，在朗读准备过程中，朗读者要善于抓住那些表达事物形象的"实词"，透过文字让作品中的情、景、物、人、事、理在朗读者内心"活"起来，形成"内心视象"。朗读者的自身经历、经验和知识积蓄，是形成"内心视象"的重要条件。朗读者要善于发挥记忆联想和想象的能力，以增强有声语言表达的强烈感染力。

例如：

1. 今天早晨推开门一看，嗬！好大的雪啊！山川、河流、树木、房屋，全都罩上了一层厚厚的雪，万里江山，变成了粉妆玉砌的世界。（视觉）

2. 冬天的山村，到了夜里就万籁俱寂，只听得雪花簌簌地不断往下落，树木的枯枝被雪压断了，偶尔咯吱一声响。（听觉）

3. 大街上的积雪有一尺多深，脚踩上去发出咯吱咯吱的响声。（触觉）

二、技巧二：逻辑感受的运用

朗读时，作品中的概念、判断、推理、论证，以及全篇的思想发展脉络、层次、语句之间的内在联系，在朗读者头脑中形成的感受，就是逻辑感受。优秀的文字作品在逻辑上必定是严密的，脉络也会是清晰的，而高水平的朗读，同样不能前后散乱、文脉不清。就如作品中的形象性是可以感受到的一样，作品中的逻辑性也可以感受到，并不像一些人认为的"逻辑"一定是冷静、理智的，与感受无关。

作品中的时间顺序、空间顺序、主次关系、因果关系、情节发展的连绵起伏等都是作品的逻辑所在，能够被朗读者鲜明地感受。

进行逻辑感受的两个关键方法：一是抓准语句、篇章的真正含义，对朗读材料思想感情表达的目的了然于心。学会将作品中的主次、并列、转折、递进、对比、总括等"文路"，在逻辑感受过程中转化为朗读者的思路，进而形成内心的"语流"，以增强有声语言表达的征服力。二是把握贯穿整个朗读材料的"文脉"，包括上下衔接、前后呼应的连贯性、流动性。

例如：

天上的真龙听说叶公这样喜欢龙，就决定去拜访他。霎时间乌云滚滚，雷电交加，真龙到了叶公家里，把头伸进南窗，尾巴绕到了北窗。叶公见了真龙，吓得脸色发白，浑身发抖，抱着脑袋逃跑了。（主次）

清晨，湖面上飘着薄薄的雾。天边的晨星和山上的电灯光，隐隐约约地倒映在湖水中。中午，太阳高照，整个日月潭的美景和周围的建筑，都清晰地展现在眼前。（并列）

这座桥不但坚固，而且美观。（递进）

桥面两侧有石栏，栏板上雕刻着精美的图案：有的刻着两条相互缠绕的龙，嘴里吐出美丽的水花；有的刻着两条飞龙，前爪相互抵着，各自回首遥望；还有的刻着双

龙戏珠。所有的龙似乎都在游动,真像活了一样。(总分)

星期一到了,离开学校三个月的苏珊第一次回到了她所熟悉的教室。但是,她站在教室门口却迟迟没有进去,她担心,她犹豫,因为她戴了一顶帽子。可是,使她感到意外的是,她的每一个同学都戴着帽子,和他们的五花八门的帽子比起来,她的那顶帽子显得那样普普通通,几乎没有什么两样了。(转折)

骆驼很高,羊很矮。骆驼说:"长得高多好啊。"羊说:"不对,长得矮才好呢。"骆驼说:"我可以做一件事,证明高比矮好。"羊说:"我也可以做一件事,证明矮比高好。"(对比)

三、技巧三:内在语的运用

内在语是为朗读目的服务的。没有内在语,有声语言就会失去光彩和生命。作品中的某些词语和句子,有时并不是其直接含义或表面意思。要学会在朗读中运用"内在语"的力量,赋予语言一定的思想、态度和感情色彩。朗读时,内在语要像一股巨大的潜流,在朗读者的语言底下不断滚动着,赋予有声语言以活力和生命。内在语的潜流越厚,朗读也就越有深度,越有"味儿"。

例如:

囚 歌
叶 挺

为人进出的门紧锁着,
为狗爬出的洞敞开着,
一个声音高叫着:
——爬出来吧,给你自由!
我渴望自由,
但我深深地知道——
人的身躯怎能从狗洞子里爬出!
我希望有一天,地下的烈火,
将我连这活棺材一齐烧掉,
我应该在烈火与热血中得到永生!

1. 试用形象感受技巧朗读以下句子

有一天,盘古忽然醒了。他见周围一片漆黑,就抡起大斧头,朝眼前的黑暗猛劈过去。只听一声巨响,混沌一片的东西渐渐分开了。轻而清的东西,缓缓上升,变成

了天；重而浊的东西，慢慢下降，变成了地。(选自《盘古开天地》)

2. 试用逻辑感受技巧朗读以下句子

满载一船星辉，在星辉斑斓里放歌。但我不能放歌，悄悄是别离的笙箫……(选自《再别康桥》)

没有一片绿叶，没有一缕炊烟，没有一粒泥土，没有一丝花香，只有水的世界，云的海洋。(选自《可爱的小鸟》)

3. 试着通过朗读以下句子感受句中的内在语

学校的答复是：我们不愿让那些穷苦的孩子感到他们是在接受救济，因为施舍的最高原则是保持受施者的尊严。(选自《课不能停》)

4. 试用形象感受技巧朗读以下文章

春（节选）
朱自清

雨是最寻常的，一下就是两三天。可别恼。看，像牛毛，像花针，像细丝，密密地斜织着，人家屋顶上全笼着一层薄烟。树叶却绿得发亮，小草也青得逼你的眼。傍晚时候，上灯了，一点点黄晕的光，烘托出一片安静而和平的夜。在乡下，小路上，石桥边，有撑着伞慢慢走着的人，地里还有工作的农民，披着蓑戴着笠。他们的房屋稀稀疏疏的，在雨里静默着。

提示：朱自清笔下的这幅"春雨图"可谓栩栩如生。作者采用比喻、排比等修辞手法，把春雨的细、密、绵刻画得非常传神。在朗读时，要抓住"牛毛""花针""细丝""斜织着""薄烟""绿得发亮""青得逼你的眼"等词和短语，突出春雨的形象。很多人没有经历过乡村生活，对作品中描写的雨中乡村宁静的生活缺乏感性认识，可以把影视作品中看到过的风景挪移过来，再借助自己的生活体验，通过再造想象来完成视觉形象的塑造。在很多情况下，朗读者需要发挥记忆联想和再造想象能力，去再现作品的情景，形成形象感受。朗读者将作品形象与以往的积累相结合，通过记忆联想和再造想象"合成"视觉形象。

5. 试用逻辑感受技巧朗读以下文章

读 书 三 境
佚 名

读书有三境界："吞""啃""品"。

"吞"乃生吞活剥，囫囵吞枣——是充满饥饿感的发奋的青春的标志。虽然广收博采难免盲目，进食过速导致腹胀——但这个过程毕竟是日后学富五车、满腹经纶的必不可少的前奏。古今中外有许多人都是进入中年后凭"反刍"青春岁月里的泛读而成名成家的。"吞"虽为知识积累的必经之途，但毕竟是读的低级阶段。

"啃"乃咀嚼消化，强行吸收——是志存高远的人生必经的头昏脑涨、寝食不安的砥砺智慧的夜路。咬烂磨碎骨头，获取钙质，这当然谈不上享受——但却是峥嵘人生必须付出的艰辛。"为伊消得人憔悴"是任何一位学有所成的人都不能躅免的里程。"啃"是在"吞"之基础上的知性提高——这是将死的知识化为活的血肉的过程。

"品"乃焚香沐浴,如饮醍醐——是成熟聪颖的心灵与星空的娓娓絮语。月下折枝,花前怜玉,豁然贯通的人生不胜惋惜地告别了青春光阴——庄严地踏上了奉献岁月。浮躁尽除,功利淡化,读书成了颐养灵性的乐事——"蓦然回首",天机消融于慧心。"品"是在"啃"之基础上悟性升华——这是进入人生创造之园的门票。

读书人多如牛毛,但大多数都停留在第一境界,仅少数不甘人生庸碌者可进入第二境界。进入第三境界,非志强智达者不能。但能进入第三境界者,必是成功地穿越了第一与第二境界的人。"吞"至其博,"啃"至其深,"品"至其灵性——若无博与深,则灵性无其根本。

举凡大家鸿儒,书读到"品"的份上后,往往将"吞""啃""品"三字当成进一步治学的相济并用的三种方法:"吞"文字,"啃"新意,"品"韵致。或者是:泛读的"吞"之,精读的"啃"之,需细细体悟的则"品"之。

对一般的读书人而言,不谈三境界,如能将"吞""啃""品"三字当作对待不同读物的不同阅读方法:用于消遣的书"吞",有用的书"啃",启心益智的书不妨"品"——那么,人生同样会受益无穷。

提示:这是一篇论读书方法的议论文。其中"吞"是读的初级阶段,目的在于积累;"啃"是知性的提高,目的在于将死的知识化为活的血肉;"品"是悟性的升华,其目的在于创造。所以,本文在开篇就提出读书的三个境界,并分别对三个境界进行论述,在此基础上,文章又言及读书要努力从"吞"走向"啃",从"啃"走向"悟",把泛读、精读和体悟紧密结合起来,对待不同读物,区别使用"吞""啃""品"的阅读方法,科学合理地运用读书方法,人生才会受益无穷。

6. 试着通过朗读以下文章感受其中内在语所表现的含义。

猪们的评议

一年有春夏秋冬之分,四季有阴晴雪之别,但是,猪们打发日子的方法却永恒不变:吃了,睡了吃,吃饱喝足,便在院子里溜达溜达,一日如此,天天如此。

这样的生活太没意思了。一头不愿这样混过一生的白猪独自跑到田里,用嘴帮助水牛耕地,它辛辛苦苦地拱呀,拱呀,直累得大汗淋漓。

傍晚,猪们倾巢出动,开始对白猪的劳动进行评议:

"嘿!这里还有一根草没拱掉呢!"

"看啦,田里的水都叫它搞浑了,浑水里怎么能长庄稼呢!"

"你们闻闻,它把汗水都流到田里了。那汗水里是有盐的,田里掺进盐肯定会变成盐碱地!"……

猪们七嘴八舌地议论白猪,意思只有一个:白猪帮助水牛耕地,没有一点功劳,纯粹是帮倒忙,根本不如睡觉,睡觉有益无害。

白猪被说得灰心丧气,从此随大流,吃了睡,睡了吃,猪们也就再没有对它说"不"字的了。

水牛叹息道:"干事的,总可以挑出毛病;不干事的,则保留充分的批评权。一个集体若形成这样的风气,这个集体也就完了。"

这个故事讽刺那些不干事光评论别人的闲人。

锦囊妙计

作品中通常是错杂地表现出视、听、嗅、触、运动等知觉的想象以及味觉、空间知觉、时间知觉等各种内心体验。这些知觉信息不是孤立、单一的,而是帮助我们扩大阅读体验范围、增加感受深度的。我们需要主动地寻找,积极地捕捉,并把形象感受完全地转化为情感运动,从而使朗读变得有形、有情、有神。

朗读时要学会把作品中的并列、转折、递进、对比、总括、因果等关系化为朗读者的思路,从而沿着作品自身的结构,捕捉作品有机的语言链条,把作品的一个个"词语""句子",变成珠联璧合、前呼后应的整体"语篇"。

学以致用

1. 试用形象感受和逻辑感受技巧朗读《可爱的小鸟》,梳理选文内部的逻辑关系,并在朗读表达时体现出来

可爱的小鸟(节选)

王文杰

没有一片绿叶,没有一缕炊烟,没有一粒泥土,没有一丝花香,只有水的世界,云的海洋。

一阵台风袭过,一只孤单的小鸟无家可归,落到被卷到洋里的木板上,乘流而下,姗姗而来,近了,近了!……

忽然,小鸟张开翅膀,在人们头顶盘旋了几圈儿,"噗啦"一声落到了船上。许是累了?还是发现了"新大陆"?水手撵它它不走,抓它,它乖乖地落在掌心。可爱的小鸟和善良的水手结成了朋友。瞧,它多美丽,娇巧的小嘴,啄理着绿色的羽毛,鸭子样的扁脚,呈现出春草的鹅黄。水手们把它带到舱里,给它"搭铺",让它在船上安家落户,每天,把分到的一塑料筒淡水匀给它喝,把从祖国带来的鲜美的鱼肉分给它吃,天长日久,小鸟和水手的感情日趋笃厚。清晨,当第一束阳光射进舷窗时,它便敞开美丽的歌喉,唱啊唱,嘤嘤有韵,宛如春水淙淙。人类给它以生命,它毫不悭吝地把自己的艺术青春奉献给了哺育它的人。可能都是这样?艺术家们的青春只会献给尊敬他们的人。

小鸟给远航生活蒙上了一层浪漫色调。返航时,人们爱不释手,恋恋不舍地想

9-1 音频:
可爱的小鸟
(朗读示范)

把它带到异乡。可小鸟憔悴了,给水,不喝!喂肉,不吃!油亮的羽毛失去了光泽。是啊,我们有自己的祖国,小鸟也有它的归宿,人和动物都是一样啊,哪儿也不如故乡好!

慈爱的水手们决定放开它,让它回到大海的摇篮去,回到蓝色的故乡去。离别前,这个大自然的朋友与水手们留影纪念。它站在许多人的头上,肩上,掌上,胳膊上,与喂养过它的人们,一起融进那蓝色的画面……

2. 试用内在语技巧朗读《我的自白书》,思考诗歌中的内在语是什么,并在朗读表达时体现出来

9-2 音频:
我的自白书
(朗读欣赏)

我 的 自 白 书

陈 然

任脚下响着沉重的铁镣,
任你把皮鞭举得高高,
我不需要什么自白,
哪怕胸口对着带血的刺刀!
人不能低下高贵的头,
只有怕死鬼才乞求"自由"。
毒刑拷打算得了什么?
死亡也无法叫我开口!
对着死亡我放声大笑,
魔鬼的宫殿在笑声中动摇;
这就是我——一个共产党员的自白,
高唱凯歌埋葬蒋家王朝!

3. 试用形象感受技巧朗读《卖火柴的小女孩》(节选),并在朗读中表达出具体的感受

卖火柴的小女孩(节选)

【丹麦】安徒生

天冷极了,下着雪,又快黑了。这是一年的最后一天——大年夜。在这又冷又黑的晚上,一个光着头赤着脚的小女孩在街上走着。她从家里出来的时候还穿着一双拖鞋,但是有什么用呢?那是一双很大的拖鞋——那么大,一向是她妈妈穿的。她穿过马路的时候,两辆马车飞快地冲过来,吓得她把鞋都跑掉了。一只怎么也找不着,另一只叫一个男孩捡起来拿着跑了。他说,将来他有了孩子可以拿它当摇篮。

小女孩只好赤着脚走,一双小脚冻得红一块青一块的。她的旧围裙里兜着许多火柴,手里还拿着一把。这一整天,谁也没买过她一根火柴,谁也没给过她一个钱。可怜的小女孩!她又冷又饿,哆哆嗦嗦地向前走。雪花落在她的金黄的长头发上,那头发打成卷儿披在肩上,看上去很美丽,不过她没注意这些。每个窗子里都透出灯光来,街上飘着一股烤鹅的香味,因为这是大年夜——她可忘不了这个。

她的一双小手几乎冻僵了。啊,哪怕一根小小的火柴,对她也是有好处的!她敢从成把的火柴里抽出一根,在墙上擦燃了,来暖和暖和自己的小手吗?她终于抽出了一根。哧!火柴燃起来了,冒出火焰来了!她把小手拢在火焰上。多么温暖多么明亮的火焰啊,简直像一支小小的蜡烛。这是一道奇异的火光!小女孩觉得自己好像坐在一个大火炉前面,火炉装着闪亮的铜脚和铜把手,火烧得旺旺的,暖烘烘的,多么舒服啊!哎,这是怎么回事呢?她刚把脚伸出去,想让脚也暖和一下,火柴灭了,火炉不见了。她坐在那儿,手里只有一根烧过了的火柴梗。

她又擦了一根。火柴燃起来了,发出亮光来了。亮光落在墙上,那儿忽然变得像薄纱那么透明,她可以一直看到屋里。桌上铺着雪白的台布,摆着精致的盘子和碗,肚子里填满了苹果和梅子的烤鹅正冒着香气。更妙的是这只鹅从盘子里跳下来,背上插着刀和叉,摇摇摆摆地在地板上走着,一直向这个穷苦的小女孩走来。这时候,火柴又灭了,她面前只有一堵又厚又冷的墙。

她又擦着了一根火柴。这一回,她坐在美丽的圣诞树下。这棵圣诞树,比她去年圣诞节透过富商家的玻璃门看到的还要大,还要美。翠绿的树枝上点着几千支明晃晃的蜡烛,许多幅美丽的彩色画片,跟挂在商店橱窗里的一个样,在向她眨眼睛。小女孩向画片伸出手去。这时候,火柴又灭了。只见圣诞树上的烛光越升越高,最后成了在天空中闪烁的星星。有一颗星星落下来了,在天空中划出了一道细长的红光。

"有一个什么人快要死了。"小女孩说。唯一疼她的奶奶活着的时候告诉过她:一颗星星落下来,就有一个灵魂要到上帝那儿去了。

她在墙上又擦着了一根火柴。这一回,火柴把周围全照亮了。奶奶出现在亮光里,是那么温和,那么慈爱。

"奶奶!"小女孩叫起来,"啊!请把我带走吧!我知道,火柴一灭,您就会不见的,像那暖和的火炉、喷香的烤鹅、美丽的圣诞树一个样,就会不见的!"

她赶紧擦着了一大把火柴,要把奶奶留住。一大把火柴发出强烈的光,照得跟白天一样明亮。奶奶从来没有像现在这样高大,这样美丽。奶奶把小女孩抱起来,搂在怀里。她们俩在光明和快乐中飞走了,越飞越高,飞到那没有寒冷,没有饥饿,也没有痛苦的地方去了。

4. 试用逻辑感受技巧朗读《麻雀》,梳理选文内部的逻辑关系,体会转折、对比、递进、概括。

麻雀(节选)

【俄】屠格涅夫 巴金 译

我打猎归来,沿着花园的林阴路走着。狗跑在我前边。

突然,狗放慢脚步,蹑足潜行,好像嗅到了前边有什么野物。

我顺着林阴路望去,看见了一只嘴边还带黄色、头上生着柔毛的小麻雀。风猛烈地吹打着林阴路上的白桦树,麻雀从巢里跌落下来,呆呆地伏在地上,孤立无援地张开两只羽毛还未丰满的小翅膀。

9-3 音频:
麻雀(朗读示范)

我的狗慢慢向它靠近。忽然,从附近一棵树上飞下一只黑胸脯的老麻雀,像一颗石子似的落到狗的跟前。老麻雀全身倒竖着羽毛,惊恐万状,发出绝望、凄惨的叫声,接着向露出牙齿、大张着的狗嘴扑去。

老麻雀是猛扑下来救护幼雀的。它用身体掩护着自己的幼儿……但它整个小小的身体因恐怖而战栗着,它小小的声音也变得粗暴嘶哑,它在牺牲自己!

在它看来,狗该是多么庞大的怪物啊!然而,它还是不能站在自己高高的、安全的树枝上……一种比它的理智更强烈的力量,使它从那儿扑下身来。

我的狗站住了,向后退了退……看来,它也感到了这种力量。

我赶紧唤住惊慌失措的狗,然后我怀着崇敬的心情,走开了。

是啊,请不要见笑。我崇敬那只小小的、英勇的鸟儿,我崇敬它那种爱的冲动和力量。

爱,我想,比死和死的恐惧更强大。只有依靠它,依靠这种爱,生命才能维持下去,发展下去。

5. 朗读下面的作品,尝试从形象感受和逻辑感受的角度去领会作品

给 予

田玮东 译

我有一位朋友名叫保罗,在圣诞节前夕收到了一辆新轿车,是他哥哥送给他的圣诞礼物。圣诞前夜,他从办公室里出来,看见一个小淘气正在看他的新车,小男孩问道:"先生,这是你的车吗?"保罗点点头,"我哥哥送给我的圣诞礼物。"小男孩吃惊地瞪大了眼睛:"你是说这车是你哥哥白白送给你的,你一分钱都没花?天呵!我希望……"他犹豫了一下。

保罗当然知道他希望什么。这个小男孩会希望他也有一个这样的哥哥。但是那小男孩接下去说的话却让他对这小男孩刮目相看。

"我希望,"小男孩子接着说,"我将来能像你哥那样。"

保罗吃惊地看着这个小男孩,不由自主地问了一句:"你愿意坐我的车兜一圈吗?"

"当然,我非常愿意。"

车开了一段路,小男孩转过身来,眼里闪着亮光,说道:"先生,你能把车开到我家门口吗?"

保罗笑了,这回他想他知道这小男孩想干什么,这小男孩想在邻居们面前炫耀一下他是坐新轿车回家的。但是保罗又错了。小男孩请求他:"你能把车停到那两个台阶那儿吗?"

车停后,小男孩顺着台阶跑进了屋,不一会儿,保罗听到小男孩又返回来了,不过这次他回来很快。他背着他脚有残疾的弟弟,他把他放在最下面的台阶上,然后扶着他,指着车对他说:"伙计,看那新车,是不是跟我在楼上告诉你的一样。他哥哥送给他的圣诞礼物,他一分钱也没花,你等着,有一天我也会送你一辆车。那样你就可以坐在车里亲眼看一看圣诞节商店橱窗里那些好东西!"

保罗下了车,把那个小男孩抱进了车里,那位小哥哥也坐进了车里,他们3个人一起度过了一个难忘的夜晚。

从那天起,保罗真正懂得了"给予是快乐的"这句话。

任务二　朗读的外在表达技巧

 内容提要

在对作品内容进行理解及感受之后,还需要运用外在朗读技巧对作品进行设计并准确表达,从而使声音带上"表情",更准确、直观、形象地再现作品的内涵、情绪,还原作品。接下来,我们一起来了解一下吧!

一、停顿

(一)停连的概念

停连是指朗读语流中声音的停顿和连读。停即停顿,标记符号为"‖、|",两者之间的区别在于停顿时值长短。连读,是由朗读者生理和心理上的需要所造成的,其标记符号为"⌒"或"⌣"。

从生理角度来说,朗读者不可能一口气把一篇作品读完,在换气和气息调节的时候就要停顿。换气之后继续朗读,但不会也不能每读一个字都换气,这时就要连读。从心理角度来说,朗读者的思想感情总是随着作品文字序列的层层衔接、步步展开而发生变化的。当文字序列出现区分、转折、呼应、递进等语意变化时,就需要运用停顿。当文字序列逻辑严密,语意连贯,感情奔流,层层推进时,朗读者心潮激荡,一气呵成,就需要运用连读。

停连,必须从生理和心理两方面的需要来考虑,不能只顾一面忽视另一面。一般说来,生理上需要的停连必须服从心理状态的需要,不能破坏语意的完整。恰当地处理停连,能使语言变得参差错落,间歇有序,语意层次分明,避免听者产生误解。例如:

1. 咬死了猎人|的狗。这句话的意思是猎人被咬死了。
   咬死了|猎人的狗。这句话的意思是狗被咬死了。

9-4　微课:
朗读技巧:
停连

2. 我看见他|笑了。这句话的意思是"我"笑了。
   我看见|他笑了。这句话的意思是"他"笑了。
3. 下雨天留客天留我不留。

这句话停顿的处理方法有好几种:"下雨天|留客天|留我|不留","下雨天|留客天|留我不|留","下雨|天留客|天留我不留","下雨天留客|天留我不留"等。

一般来说,句子越长、内容越丰富,停顿就越多;相反,句子越短、内容越浅显,停顿就越少。感情深沉凝重时,停顿多;感情欢快急切时,停顿少。

(二)停连的类型

停连的主要类型有结构停顿、语法停顿、强调停连。

1. 结构停连

结构停连是根据文章的段落层次所作的停连。结构停连的时值从长到短的排序为:题目＞段落＞自然段＞层次＞句子。例如:

朋友即将远行。‖

暮春时节,又邀了几位朋友在家小聚。|虽然都是极熟的朋友,却是终年难得一见,偶尔电话里相遇,也无非是几句寻常话。|一锅小米稀饭,一碟大头菜,一盘自家酿制的泡菜,一只巷口买回的烤鸭,简简单单,不像请客,倒想家人团聚。‖

其实,友情也好,爱情也好,久而久之都会转化为亲情。(节选自《朋友和其他》)

2. 语法停连

语法停连是指有明显的语法标志的停连。一般说来,标点符号中的句号、问号和感叹号停顿的时间最长,顿号停顿的时间最短。冒号是一种运用比较灵活的标点符号,它所表示的停顿时间一般比分号长,比句号短。句中的省略号和破折号也表示一定的停连。

(1)在书面语中,标点符号已经标出了一部分停连的位置。一般来说,在这些标点符号之中,它们的停顿时间从长到短排序:省略号、破折号＞句号、问号、叹号＞分号、冒号＞逗号＞顿号。例如:

那是力争上游的一种树,笔直的干,笔直的枝。‖它的干呢,通常是丈把高,像是加以人工似的,一丈以内,绝无旁枝;|它所有的桠枝呢,一律向上,而且紧紧靠拢,也像是加以人工似的,成为一束,绝无横逸斜出;|它的宽大的叶子也是片片向上,几乎没有斜生的,更不用说倒垂了;|它的皮,光滑而有银色的晕圈,微微泛出淡青色。‖这是虽在北方的风雪的压迫下却保持着倔强挺立的一种树!(节选自《白杨礼赞》)

(2)句子中没有标点的地方,有时可按照语法成分来停连。

除有明显的语法标志的停连外,词语间固定的语法关系也往往能作停连。一般来说,主谓之间、动宾之间、修饰语与中心词之间等,都可以稍作停歇。例如:

① 主语和谓语之间的停连:

山|朗润起来了,水|涨起来了,太阳的脸|红起来了。(节选自《春》)

② 谓语和宾语之间的停连:

信赖,往往创造出|美好的境界。(节选自《珍珠鸟》)

③ 定语、状语、补语和中心词之间的停连:

我在加拿大学习期间|遇到过两次募捐。(节选自《捐诚》)

3. 强调停连

为强调某一特定的意义,表达某种感情,在句中没有标点符号的地方作适当的停连,这种停连叫强调停连(也叫逻辑停连或感情停连)。

例如:

春天到了,可是|我什么也看不见!(节选自《春》)

什么|是永远不会回来呢?(节选自《和时间赛跑》)

强调停连位置的确定还是有一定规律的。下面列举主要的几种:

呼应:它板正的姿势啦,步态啦,和别的公鹅攀谈时的腔调啦,|全是海军上将的派头。(节选自《白公鹅》)

并列:他的双眼,|变成了太阳和月亮;他的四肢,|变成了大地上的东、西、南、北四极;他的肌肤,|变成了辽阔的大地;他的血液,|变成了奔流不息的江河;他的汗毛,|变成了茂盛的花草树木;他的汗水,|变成了滋润万物的雨露……(节选自《盘古开天地》)

总分:仔细端详,神态各异:|有的颔首低眉,若有所思,好像在考虑如何相互配合,战胜敌人;有的眼光炯炯,神态庄重,好像在暗下决心,誓为秦国统一天下作殊死拼搏;有的紧握双拳,好像在听候号角,待命出征;有的凝视远方,好像在思念家乡的亲人。(节选自《秦兵马俑》)

突显:国王说:"我发给你们的花种都是|煮熟了的,这样的种子能培育出美丽的鲜花吗?"(节选自《手捧空花盆的孩子》)

不过,语法停连与强调停连并不是截然分开的,有时候他们是重合的。例如:

他勇敢地战斗了一生,而现在,就这么安详而又和平地|死去了。(节选自《鲁迅先生丧仪散记》)

句中的停连既是修饰语与中心词之间的停连,又表达了不愿说出鲁迅先生死去的万分悲痛的感情。

停连,必须随作品内容和朗读者思想感情的变化而变化,不能拘泥于某种固定格式,更不能孤立地考虑哪句话是"结构停连",哪句话是"语法停连",哪句话又是"强调停连"。例如:

今天的中国已不是百年前的中国,今天的世界也不是百年前的世界,如果想借滥诉侵犯中国的主权和尊严,敲诈中国人民的辛勤劳动成果,恐怕是白日做梦,必将自取其辱。(选自《央视新闻》)

9-5 音频:
今天的中国

二、重音

（一）重音的概念

9-6 微课：朗读技巧：重音

重音是指朗读或说话时，需要强调突出的词、短语或某个音节。在朗读中，找准重音、读好重音，以便突出地、明晰地表达出作品具体的语言目的和思想情感。

（二）重音的分类

语句重音可分为语法重音和强调重音两种。

1. 语法重音

根据语法结构的特点，把句子的某些部分重读的，叫语法重音。语法重音的位置比较固定，常见的有：

（1）定语、状语、补语比它们的中心词读得稍重些。例如：

我常常遗憾我家门前那块丑石。（节选自《丑石》）

（2）一般主谓结构的短语或短句中谓语常重读。例如：

你是一根晃悠悠的扁担，挑起了彩色的明天！（节选自《家乡的桥》）

（3）疑问代词和指示代词常重读。例如：

一个夏季的下午，我随着一群小伙伴偷偷上那儿去了。（节选自《迷途笛音》）

（4）用作比喻的词一般重读。例如：

春天像健壮的青年，有铁一般的胳膊和腰腿，领着我们向前去。（节选自《春》）

2. 强调重音

强调重音是指为了表示某种特殊的感情或强调某种特殊意义而读得重一些的音。强调重音没有固定的规律，重音位置不同，表达的意思也就不同。

例如：

（1）他去过武汉。（回答"谁去过武汉了"）

　　他去过武汉。（回答"他去没去过武汉"）

　　他去过武汉。（回答"他去过哪里"）

（2）我喜欢朗读。（回答"谁喜欢朗读"）

　　我喜欢朗读。（回答"你喜不喜欢朗读"）

　　我喜欢朗读。（回答"你喜欢什么"）

和强调停连一样，强调重音并没有固定的位置，它更多地体现了朗读者个人在朗读技巧上的处理。强调重音常用来表示夸张、并列、对偶等，能更好地表达感情，使语言表达充满生气，富有感染力。

例如：

（1）"这里的荷花真好，你若来……"（强调）

(2) 飞流直下三千尺,疑是银河落九天。(夸张)

(3) 如果没有太阳,地球上将到处是黑暗,到处是寒冷,没有风、雪、雨、露,没有草、木、鸟、鱼,自然也不会有人。(并列)

(4) 但一位先生却以为这客店也包办囚人的饭食,我住在那里不相宜,几次三番,几次三番地说。(突显)

(5) 人站得高些,不但能有幸早些领略到希望的曙光,还能有幸发现生命的立体的诗篇。每一个人的人生,都是这诗篇中的一个词、一个句子或者一个标点。你可能没有成为一个美丽的词、一个引人注目的句子、一个惊叹号,但你依然是这生命的立体诗篇中的一个音节、一个停顿、一个必不可少的组成部分。(比喻)

(6) 后来发生了分歧:母亲要走大路,大路平顺;我的儿子要走小路,小路有意思。(对比)

(7) 当然,能够只是送出去,也不算坏事情,一者见得丰富,二者见得大度。(反语)

(三) 重音的呈现方式

在确定了重音后,我们就要运用恰当的声音把重音表达出来。提到重音的表达,人们往往理解为加重读。其实,这是不够准确全面的。如果各种重音都用使劲念、大声读的方法加以突出,不但不能突出重音,而且语言的表达会失真,语言的美感会丧失。其实,突出重音的方式是多种多样的。下面,介绍几种常用的重音表达方法:

1. 加强音量

就是把确定为重音的字、词、或短语读得重一些、强一些,而把非重音的音节读得轻一些、弱一些。读重音,唇舌要用力;读非重音,唇舌可以稍松弛。这样可以在强弱的对比中突出重音。

例如:

(1) 让暴风雨来得更猛烈些吧!(节选自《海燕》)

(2) 但在和平时代,唯有这种国家之间大规模对抗性的大赛,才可以唤起那种遥远而神圣的情感,那就是:为祖国而战!(节选自《国家荣誉感》)

(3) 如果将来我有什么要交给我的孩子,我会告诉他:假若你一直和时间比赛,你就可以成功!(节选自《和时间赛跑》)

2. 增加音高

就是把确定为重音的字、词、或短语的读音提高一些,而把非重读音节的读音降低一些。具体来说,在读重音时,发音部位推前,声带拉紧;非重读音节,发音部位靠后,声带稍松。通过声音的高低对比突出重音。

例如:

(1) 骆驼说:"长得高好。"羊说:"不对,长得矮才好呢。"(节选自《骆驼和羊》)

(2) "我爱你,有我跳得那么高。"小兔子哈哈大笑,它跳上又跳下。(节选自《猜猜我有多爱你》)

（3）狐狸摇摇尾巴，"您的羽毛真漂亮，五彩缤纷，比其他鸟都漂亮，而且您的嗓子真好，可以给我唱首歌吗？"（节选自《狐狸和乌鸦》）

3. 增加音长

就是把需要重读的音节延长。

例如：

（1）漓江的水真静啊，静得让你感觉不到它在流动；漓江的水真清啊，清得可以看见江底的沙石；漓江的水真绿啊，绿得仿佛那是一块无瑕的翡翠。（节选自《桂林山水》）

（2）啊！小桥呢？它躲起来了？河中一道长虹，浴着朝霞熠熠闪光。（节选自《家乡的桥》）

（3）是啊，我们有自己的祖国，小鸟也有它的归宿，人和动物都是一样啊，哪儿也不如故乡好！（节选自《可爱的小鸟》）

4. 重音轻读

就是在朗读重音音节时，尽量把发音部位向后靠，降低声高，加大气音，然后用力地轻轻吐出。一般表示轻柔的动作语言、恬静的环境气氛、深沉的思想感情的重音可以采用这种方法。

例如：

（1）花生做的食品都吃完了，父亲的话却深深地印在我的心中。（节选自《落花生》）

（2）会不会是他已经表达了而我却未能察觉？（节选自《父亲的爱》）

（3）我两次把那微不足道的一点儿钱捧给他们，只想对他们说声"谢谢"。（节选自《捐诚》）

三、语速

（一）语速的概念

语速是朗读和说话时的快慢缓急，是声音语流快慢的变化。语速的快慢是语言节奏的主要标志，也是朗读中表达情感的重要手段。

语速贯穿于朗读的全过程。就作品全篇来说，语速表现在层次、段落、小层次本身以及它们相互之间的停连、转换上；就句子、短语或者词语来说，语速主要表现在音节的缓急上。这种由语气缓急造成的语流速度在全篇回环往复，并与其他因素结合，就构成了朗读的节奏。

9-7 微课：
朗读技巧：
语速

（二）语速的使用

语速的"快"与"慢"是十分重要而又不易把握的。朗读者常犯的毛病主要是语速过快或者过慢。

9-8 微课：
朗读技巧：
节奏

语速过快,是指一些朗读者自以为熟悉所读的材料,朗读中只图酣畅、痛快,缺少必要的停连和转换,语声急促连绵,忽视了作品内容的需要和听者的感受,使人听不真切,无法思索和回味,有的朗读者出于某种习惯或为了掩饰某种语音缺陷,也容易形成此种倾向。

语速过慢,是指一些朗读者对朗读材料准备不足,朗读中语声缓慢迟疑,停顿较多,重复频繁,导致语脉时断时续,语意残缺不全,给人感觉拖沓、沉闷、不胜其烦。有的朗读者出于某种习惯或心理压力,也容易形成此种倾向。

语速的得当与否不仅影响到作品的整体节奏,也影响作品内容与思想感情的表达。要把握语速快慢的尺度,可以从以下几个方面来掌握:

从作品全篇来说,语速应服从于整体的节奏。一般说来,紧张型、轻快型、高亢型节奏的作品,音节少且音节的时值较短,语流的速度相对较快;而低沉型、凝重型、舒缓型节奏的作品,音节多且音节的时值较长,语流的速度相对较慢。

从作品局部来说,语速应该服从于内容的发展、思想感情的运动状态。一般说来,平静、庄重的场面,沉郁、悲哀、迟疑、缅怀、悼念等心情,年长者、诚实者的言语动作,记叙、说明、描写、追忆性的段落及一些较难理解的语句,读的时候速度要稍慢一些;而紧张、急遽变化的场面,热烈、欢快、兴奋、慌乱、惊惧等心情,年轻人、爽快人、机警者的言语动作,以及愤怒、反抗、驳斥、申辩、激昂慷慨等内容,读的时候速度可快一些。

从表达效果来说,语速应该服从于听者的感受。朗读中,语速如果快慢得当,松紧相间,张弛相谐,不仅可以传达作品的情绪和渲染气氛,而且还可以使全篇的节奏起伏跌宕,回环往复,从而增强语言的表达效果,引起读者的共鸣和审美感受。反之,如果该快不快,该慢不慢,快慢失调,就会拉大听者与作品内容的距离,难以产生心理上的共鸣。

总之,语速的"快"与"慢"是相对而言的。朗读者应该根据作品节奏、内容发展和听者感受的需要,加以妥善处理,切实避免过快或过慢的倾向,力争做到:语速适中,快慢得当,平稳变化而不抻,顺畅起伏而不促。

例如:

(1)是的,春天是美好的,那蓝天白云,那绿树红花,那莺歌燕舞,那流水人家,怎么不叫人陶醉呢?但这良辰美景,对于一个双目失明的人来说,只是一片漆黑。(节选自《语言的魅力》)

(2)小鸟给远航生活蒙上了一层浪漫色调。返航时,人们爱不释手,恋恋不舍地想把它带到异乡。可小鸟憔悴了,给水,不喝!喂肉,不吃!油亮的羽毛失去了光泽。(节选自《可爱的小鸟》)

(3)在里约热内卢的一个贫民窟里,有一个男孩子,他非常喜欢足球,可是又买不起,于是就踢塑料盒,踢汽水瓶,踢从垃圾箱里捡来的椰子壳。他在胡同里踢,在能找到的任何一片空地上踢。(节选自《天才的造就》)

这里有三段文字,例句(1)(2)前半部分为兴奋或欢娱的内容,语速衔接紧凑。而后半部分,则表现突然发现或出现不如意的、令人难过的情况,语速要慢下来,这种欲抑先扬的写法,语速应先快后慢。例句(3)前半部分叙述不如意的环境或状况,语速稍慢些,中间一系列连贯、急切、欢娱的动作和状态,短句多,语速相对就快,属于欲扬先抑,语速应先慢后快。

(三) 语速的分类

语速大致可分为快速、中速、慢速。

1. 快速

快速常常用于表现欢快、兴奋、激动、愤怒、申辩、急迫等情绪。

例如:

(1) 春天是美好的,那蓝天白云,那绿树红花,那莺歌燕舞,那流水人家,怎么不叫人陶醉呢?(节选自《语言的魅力》)

(2) 忽然,从附近一棵树上飞下一只黑胸脯的老麻雀,像一颗石子似的落到狗的跟前。老麻雀全身倒竖着羽毛,惊恐万状,发出绝望、凄惨的叫声,接着向露出牙齿、大张着的狗嘴扑去。(节选自《麻雀》)

(3) 哦,雄浑的大桥敞开胸怀,汽车的呼啸、摩托的笛音、自行车的叮铃,合奏着进行交响乐;南来的钢筋、花布,北往的柑橙、家禽,绘出交流欢悦图……(节选自《家乡的桥》)

2. 慢速

慢速常常用于表现忧郁、悲伤、平静、思索、迟疑等情绪。

例如:

(1) 那哀痛的日子,断断续续地持续了很久,爸爸妈妈也不知道如何安慰我。他们知道与其骗我说外祖母睡着了,还不如对我说实话:外祖母永远不会回来了。(节选自《和时间赛跑》)

(2) 我常想读书人是世间幸福人,因为他除了拥有现实的世界之外,还拥有另一个更为浩瀚也更为丰富的世界。(节选自《读书人是幸福人》)

(3) 已经过了大喜大悲的岁月,已经过了伤感流泪的年华,知道了聚散是这样的自然和顺理成章,懂得这点,便懂得珍惜每一次相聚的温馨,离别便也欢喜。(节选自《朋友和其他》)

3. 中速

中速常常用于叙述、介绍、描写、说明、交代、过渡性的语言。

例如:

(1) 生命在海洋里诞生绝不是偶然的,海洋的物理和化学性质,使它成为孕育原始生命的摇篮。(节选自《海洋与生命》)

(2) 生活对于任何人都非易事,我们必须有坚韧不拔的精神。最要紧的,还是我

们自己要有信心。(节选自《我的信念》)

(3) 育才小学校长陶行知在校园看到学生王友用泥块砸自己班上的同学,陶行知当即喝止了他,并令他放学后到校长室去。(节选自《陶行知的"四块糖果"》)

四、语气

(一) 语气的概念

语气,从字面上理解,"语"指有声的"话语","气"是支撑话语的"气息状态"。语气既有内在思想感情的色彩和分量(神),又有外在的快慢、高低、强弱、虚实的声音形式(形),是神与形的结合体。

声音受气息支配,气息则由感情决定,而感情的引发又受朗读目的和语境的制约。朗读时,朗读者的感情、气息、状态,同表达有着极为密切的关系。有什么样的感情,就需要什么样的气息;用什么样的气息,就产生什么样的声音状态。以此将情、气、声三者融为一体,增强有声语言的表现力,提升朗读的效果。语气运用的一般规律如表9-1所示:

9-9 微课:
朗读技巧:
语气

表9-1 语气运用的一般规律

	情									
	喜	悲	爱	憎	急	冷	惧	怒	疑	静
气	满	沉	徐	足	短	少	提	粗	细	舒
声	高	缓	柔	硬	促	淡	抖	重	粘	平

例如:

(1) 小草偷偷地从土里钻出来,嫩嫩的,绿绿的。园子里,田野里,瞧去,一大片一大片满是的。(节选自《春》)(喜爱)

(2) 奥洛佳的奶奶走过来,疼爱地抚摸着玛沙红红的小脸蛋:玛沙,你真是个好孩子,你们看,玛沙的眼睛长得多好看,蓝蓝的……(节选自《一个小美妞》)(喜爱)

(3) "不,不行!"女护士高声抗议:"我记得清清楚楚,手术中我们用了十二块纱布。"她几乎大声叫起来:"您是医生,您不能这样做!"(节选自《创造奇迹的品格》)(急促)

(4) "亲爱的狼先生,那是不会有的事,去年我还没有生下来呢。"(节选自《狼和小羊》)(惧怕)

(5) "就算这样吧,你总是个坏家伙,我听说去年你在背后说我的坏话。"(节选自《狼和小羊》)(发怒)

（6）她气冲冲地走进岗亭，拨了个电话号码，便拿起话筒："喂，爸爸吗？爸爸，我被门岗拦住了，他锁了我的车，说是要让你来领，大概还要你道歉一番哩。对了，他还要让我问你，什么叫军人的尊严，真可笑！爸爸你快来，我等你！"（节选自《军礼》）（发怒）

（7）鼻子说："你老横在我下面，真讨厌！"嘴反抗道："那又怎么样？那你还整天竖在我上面，真烦人！""哼！好吃的东西都让你吃了，就数你霸道、贪吃！""哎呀呀，那好闻的香味不都让你闻了，就数你自私、没人性！""哼！我不呼吸，憋死你！""那……那我不吃东西，不吸取营养，保准你憋也憋不住。"（节选自《鼻子和嘴的争斗》）（厌恶）

（8）小女孩眼里噙满泪水，抬头看看父亲说："爸爸，这个盒子不是空的。我把我的吻放在里面了，都是给您的，爸爸。"（节选自《小情人》）（悲伤）

五、语调

9-10
微课：朗读
技巧：语调

（一）语调的概念

语调是语气的外在表现形式，是朗读中快慢、高低、强弱、虚实等各种声音的总和。我们把一个汉字音高的升降变化称为声调，一句话调子的高低升降变化称为语调。语调不同于字调，它贯穿于语句乃至篇章的始终，是由说话时语气的色彩和分量决定的。语气的千变万化，决定了语调的丰富多彩。

朗读实践证明，普通话语调都是曲折性的，即语句行进的趋向和态势是呈波浪形滚动向前的。这不但是作品语句所蕴含的具体思想感情的要求，也是普通话韵律的要求。语调包含着丰富的内容，它和声音的高低、轻重、快慢都有关系。同一句话用不同的高低升降、轻重缓急来读，就形成不同的语调，表达出不同的语气。通过语调抑扬升降的变化，可以表达不同的思想感情和对事物不同的态度。

（二）语调的分类

语调可以概括为平调、升调、降调、曲调四种类型。

1. 升调

语调前平后高，或句末上升，常用来表示疑问、反问、号召、呼唤等语气。

例如：

（1）犯得着在大人都无须上班的时候让孩子去学校吗？

（2）让我们高举起振兴中华民族的希望火炬，去奋斗、去开拓，去创造我们美好的未来。

（3）你问我？难道你看不出我是这里的下士吗？

2. 降调

语调先平后降，常用来表示肯定、感叹或请求等语气。

例如:

(1)盼望着,盼望着,东风来了,春天的脚步近了。

(2)我们的祖国是多么美好呀!

(3)多么美丽的秋色呀!

3. 平调

语调平稳,变化不大,常用来表示庄重、严肃、平淡等语气。

例如:

(1)因此,巨大的海洋就像是天然的"温箱",是孕育原始生命的温床。

(2)烈士们的英名和业绩将永垂不朽!

(3)请老老实实地把犯罪经过说一遍!

4. 曲调

调子前后低中间高,或前后高中间低,或呈波浪起伏状,常用来表示风趣、含蓄、双关、讽刺、夸张、反语等复杂的语气感情。

例如:

(1)你本事可真不小啊,牛皮都吹到天上去了。

(2)哎呀呀,看你把我说成神仙啦!

(3)这些医生的功德真是无量啊!世界上幸好有了他们,不然怕会有人满之患呢!

语调与语音的高低、强弱、轻重,以及停连、语速等的变化有密切的联系,这些变化构成了语言表达中的抑扬顿挫。当然,朗读中的语调是一个涉及面很广的较为复杂的问题,上面分的这四种基本类型,只是对语调的基本情况进行一个大体描述,切不可将这四类语调公式化。

(三) 常见语调问题

日常朗读中,最常见的语调问题是带有某种固定腔调。

所谓固定腔调是指在朗读时使用某种固定不变的声音形式,把词语纳入一种单一的格式,以不变的语调应万变的朗读材料,不管什么内容、体裁,也不管是书面语还是口头语言,是文言还是白话,是鲁迅还是老舍的作品,都同样对待,听不出什么区别。

固定腔调一般有以下几种类型:

(1)念书腔:即照字念音,或有字无词,或有词无句,听不出完整的句段,更没有感情的流露。这种腔调的主要问题是停顿多,停顿位置和时间大致相同,词语或短语没有轻重格式之分,语气近似。

(2)唱书调:即节拍一律,节奏变化不大,只是几个音调的简单重复。其最大弊端是声与意隔,只闻声而不解意,不传情。唱书调不管长句、短句,也不论内容变化与否,都可以连续不断、整齐划一地唱下去。对听者来说,唱书调只有简单曲调的刺激,不会产生任何共鸣。

（3）念经式：即那种用小而快的声音读书的方式。它可能是从"默读"或"虚声读"沿袭来的，与朗读的基本要求背道而驰。如果要朗读，即使是自我领略和品味，也应该适当放开声音，不仅从思想感情，而且从声音韵律上给自己以美感享受。

（4）朗诵式：表演性的朗诵，那种夸张、渲染的有声语言生动感人，不仅激情洋溢，而且语调铿锵。但朗读者若不分场合、不明目的、不看内容、不管载体，一味从声音形式上摹仿这种朗读调，必定会给朗读带来不利的影响。从测试的角度来说，应试人若过于追求声音形式的完美、感人，相反忽视了普通话语音准确，结果恰恰会适得其反。

克服语调问题的基本途径有两条：一是要增强语感，辨别优劣，择其善者而从之。在练习中，让那些优秀的朗读示范充分发挥榜样的力量。二是注意状态。要打破固定腔调，使语流符合朗读规律，必须改变言不由衷、消极被动的朗读状态，加强感情的推动，切实把握语气的色彩、分量，注意气息、声音的变化，使有声语言充满活力。

请结合停连、重音、语速、语气、语调这些朗读的外在技巧，进行以下语句的朗读训练。

1. 我们还记得，我们的一个伤员在您家里休养，敌机来了，您丢下自己的小孙孙，把伤员背进了防空洞；当您再去抢救小孙孙的时候，房子已经炸平了。（节选自《再见了，亲人》）

提示："抢救小孙孙的时候"后面隐含着"可是不幸的事情发生了"这样的意思，是文字语言所无，朗读者心中所有。虽是逗号却要停顿较长时间，这是感情的需要。

2. 他深深吸了一口气，缓缓地举起右手，举到齐眉处，向那位跟云中山化为一体的军需处长敬了一个军礼。（节选自《丰碑》）

提示：这是《丰碑》中的一个片段，当将军得知被冻死的老战士就是军需处长后刹那间的举动。"缓缓地""敬了""军礼"三个重音很好地表达了将军此刻内心激动、敬佩、沉重、庄严等复杂的感情。

3. 突然从树上跳下一只小松鼠，拦住他大叫："小马！别过河，别过河，河水会淹死你的！"小马吃惊地问："水很深吗？"松鼠认真地说："当然啦！昨天，我的一个伙伴就是掉在这条河里淹死的！"小马连忙收住脚步，不知道怎么办才好。（节选自《小马过河》）

提示：小松鼠看到小马要过河，在"紧张危急"时刻，迅速跳下树来制止小马的"危险行为"，朗读这部分时要语速快、气较促、顿挫短暂。

4. 今天，这里有没有特务？你站出来！是好汉的你站出来！你出来讲！凭什么要杀死李先生？杀死了人，又不敢承认，还要诬蔑人，说什么"桃色事件"，说什么共

产党杀共产党,无耻啊!无耻!(节选自《最后的一次讲演》)

提示:这段话是闻一多先生在极度愤怒的情绪下说的,时而严厉质问,时而轻蔑否定,时而愤慨斥责。所以,朗读表达"严厉质问"及"愤慨斥责"的语句,气息是充沛的,态度是强硬的;朗读表达"轻蔑否定"的语句"说什么'桃色事件',说什么共产党杀共产党"时,气息较浮,带点虚声,态度是讥笑、嘲讽的。

5. 白荷花在这些大圆盘之间冒出来。有的才展开两三片花瓣儿。有的花瓣儿全都展开了,露出嫩黄色的小莲蓬。有的还是花骨朵儿,看起来饱胀得马上要破裂似的。(节选自《荷塘月色》)

提示:二、三、四句都用"有的"开头,不能起点一致,显得平板。第一句要读重音,要读得喜爱而亲切。第二句花瓣不多可用稍低、稍轻、稍快的语气读。第三句荷花怒放,读得要高、要重。"有的"后面不要停顿。第四句"有的"要读得更轻一些。

6. 八戒心想:怎么又碰上一块,真倒霉!可要小心点儿。他刚想到这儿,忽然脚下一滑,又跌了一跤,孙悟空哈哈大笑,说:"八戒!你今天怎么尽摔跤?"八戒的脸越涨越红,一句话也讲不出。总算走到了休息的地方,八戒心想:一路上摔了三跤,摔得我好苦啊。啪嗒,又是一下,八戒重重地摔在地上,再也爬不起来了。(节选自《猪八戒吃西瓜》)

提示:"又""倒霉""又"三个重音体现八戒不断被悟空捉弄。悟空的话中,"尽"作为重音,表现他的揶揄。"好苦""又""重重""再也"作为重音,形象描绘八戒的无奈与窘态。

锦囊妙计

1. 重音与停顿往往是连在一起的。停顿前或停顿后的音节常常是重音,而有重音的地方一般都需要停顿。在朗读中,应注意重音与停顿的配合运用。

2. 语速并不是一成不变的,同一个人处于不同的情绪中说话时可能会有不同的语速。比如表现激动、欢乐、喜悦、热情、狂喜、欢呼、惊慌、紧急、斥责、愤怒、凶狠、命令等情态下的言行举止,语速可以快一些。而表现处于悲伤、痛苦、失望、郁闷、惭愧、沉思、怀念、宁静等情态下的言行举止,语速要慢。

不同的内容气氛也应该运用不同的语速。一般是表现危急、紧张、热烈、惊异、激愤、欢乐、驳斥、争辩等内容气氛的语句,语速要快;而表现平静、庄严、安闲、沉痛、沉思、沉郁、失望、疑虑、怀念、劝慰等内容气氛的语句,朗读速度就应该缓慢一些。

3. 语调的变化常常被用于表达感情,烘托气氛。一般情况下,表示兴奋、喜悦等用高句调;表示悲伤、惭愧等用低句调;赞扬用高句调,批评用低句调;表现活泼开朗、狡猾奸诈的人说话,用高句调;表现沉着庄重、忠厚老实的人说话,用低句调。一般老年人、男性说话用低句调,年轻人、小孩、女人说话用高句调;叙述和对话夹杂在一起时,叙述的部分用较低的句调,对话的部分用较高的句调;紧张激烈的场面用高句调,平静或凄凉的场面用低句调。

1. 请找出文章中的停连位置,并朗读

一心一境(节选)
林清玄

一心一境是活在每一个眼前的时节,是承担正在遭受的变化不定的人生。就像拿着铁锤吃核桃,核桃应声而裂,人生的核桃或有乏味之时,或有外表美好、内部朽坏的,但在每一个下锤的时节都能怀抱美好的期待。

当然,人的生命历程如果能像苏东坡所说的"无事以当贵,早寝以当富,安步以当车,晚食以当肉",那是最好的情况。可惜在现代社会里几乎没有无事、早寝、安步、晚食的人了。因此如何学习以"一心一境"的态度生活,就变得益发可贵。

……

活在每一个过程,这是真正的解脱,也是真正的自在,"吃饭时吃饭,睡觉时睡觉"的禅语也可以说:"痛苦时痛苦,快乐时快乐。"这使我想起元晓大师说的话,他说:"纵使尽一切努力,也无法阻止一朵花的凋谢。因此在花凋谢时好好欣赏它的凋谢吧!"

人生的最大意义不在奔赴某一目的,而是在承担每个过程……

活在苦中,活在乐里;活在盛放,也活在凋零;活在烦恼,也活在智慧;活在不安,也活在止息。这是面对苦难的生命最好的方法。

2. 请找出文章中重音的位置,并朗读

一　天
【印】泰戈尔　郑振铎　译

我还记得那一天的中午,绵绵雨丝显得很疲惫,一阵强风吹来,它就更加狂怒。

室内阴暗,我无心工作。于是我操起琴,伴雨而歌。

她从隔壁房间里出来,默默地走到门前。然后她又折回去。她又一次来到外边,在那里伫立着。而后又慢慢地走回屋里,坐下来。她手里拿着针线活儿,凝望着窗外那些隐约可见的树木。

雨停了,我的歌声也已沉默。她站起身来,梳理着自己的头发。

除此之外,再也没有什么。只有那一天的中午,将雨声、歌声、昏暗和闲散融为一体。历史上的国王、皇帝和战争、起义,很容易被忘记。但是,那天中午的一小块时光,犹如难得的宝石一样,深藏在时间的宝盒里。对此,只有我们两人知悉。

3. 请用合适的语速朗读这篇作品

听　潮（节选）
鲁　彦

海睡熟了。

大小的岛拥抱着,偎依着,也静静地恍惚入了梦乡。

星星在头上眨着慵懒的眼睑,也像要睡了。

许久许久,我俩也像入睡了似的,停止了一切的思念和情绪。

不晓得过了多少时候,远寺的钟声突然惊醒了海的酣梦,它恼怒似的激起波浪的兴奋,渐渐向我们脚下的岩石掀过来,发出汩汩的声音,像是谁在海底吐着气,海面的银光跟着晃动起来,银龙样的。接着我们脚下的岩石就像铃子、铙钹、钟鼓在奏鸣着,而且声音愈响愈大起来。

没有风,海自己醒了。喘着气,转侧着,打着呵欠,伸着懒腰,抹着眼睛。因为岛屿挡住了它的转动,它狠狠地用脚踢着,用手推着,用牙咬着。它一刻比一刻兴奋,一刻比一刻用劲。岩石也仿佛渐渐战栗,发出抵抗的嗥叫,击碎了海的鳞甲,片片飞散。

海终于愤怒了。它咆哮着,猛烈地冲向岸边袭击过来,冲进了岩石的罅隙里,又拨刺着岩石的壁垒。

音响就越大了。战鼓声,金锣声,呐喊声,叫号声,啼哭声,马蹄声,车轮声,机翼声,掺杂在一起,像千军万马混战了起来。

4. 请用恰当的语气朗读这首儿童诗

我　是　草　莓
【美】库斯金　王世跃　译

我喜欢生长,

生长真叫人喜欢。

叶子软软的,

太阳暖暖的。

我熟了红了圆了,

就有人把我扔到了篓子里边。

做草莓不是总那么好玩。

今天早晨他们

把我放进冰激凌,

我冷得直打战战。

5. 请综合运用停连、重音、语速、语气、语调等朗读的外在技巧,进行朗读训练

课不能停（节选）
刘　墉

纽约的冬天常有大风雪,扑面的雪花不但令人难以睁开眼睛,甚至呼吸都会吸入冰冷的雪花。有时前一天晚上还是一片晴朗,第二天拉开窗帘,却已经积雪盈尺,连

9-11
音频：课不能停（朗读示范）

门都推不开了。

遇到这样的情况,公司、商店常会停止上班,学校也通过广播,宣布停课。但令人不解的是,唯有公立小学,仍然开放。只见黄色的校车,艰难地在路边接孩子,老师则一大早就口中喷着热气,铲去车子前后的积雪,小心翼翼地开车去学校。

据统计,十年来纽约的公立小学只因为超级暴风雪停过七次课。这是多么令人惊讶的事。犯得着在大人都无须上班的时候让孩子去学校吗?小学的老师也太倒霉了吧?

于是,每逢大雪而小学不停课时,都有家长打电话去骂。妙的是,每个打电话的人,反应全一样——先是怒气冲冲地责问,然后满口道歉,最后笑容满面地挂上电话。原因是,学校告诉家长:

在纽约有许多百万富翁,但也有不少贫困的家庭。后者白天开不起暖气,供不起午餐,孩子的营养全靠学校里免费的中饭,甚至可以多拿些回家当晚餐。学校停课一天,穷孩子就受一天冻,挨一天饿,所以老师们宁愿自己苦一点儿,也不能停课。

或许有家长会说:何不让富裕的孩子在家里,让贫穷的孩子去学校享受暖气和营养午餐呢?

学校的答复是:我们不愿让那些穷苦的孩子感到他们是在接受救济,因为施舍的最高原则是保持受施者的尊严。

香港最贵的一棵树(节选)

舒 乙

9-12
音频:香港最贵的一棵树(朗读示范)

在湾仔,香港最热闹的地方,有一棵榕树,它是最贵的一棵树,不光在香港,在全世界,都是最贵的。

树,活的树,又不卖何言其贵?只因它老,它粗,是香港百年沧桑的活见证,香港人不忍看着它被砍伐,或者被移走,便跟要占用这片山坡的建筑者谈条件:可以在这儿建大楼盖商厦,但一不准砍树,二不准挪树,必须把它原地精心养起来,成为香港闹市中的一景。太古大厦的建设者最后签了合同,占用这个大山坡建豪华商厦的先决条件是同意保护这棵老树。

树长在半山坡上,计划将树下面的成千上万吨山石全部掏空取走,腾出地方来盖楼,把树架在大楼上面,仿佛它原本是长在楼顶上似的。建设者就地造了一个直径十八米、深十米的大花盆,先固定好这棵老树,再在大花盆底下盖楼。光这一项就花了两千三百八十九万港币,堪称是最昂贵的保护措施了。

太古大厦落成之后,人们可以乘滚动扶梯一次到位,来到太古大厦的顶层,出后门,那儿是一片自然景色。一棵大树出现在人们面前,树干有一米半粗,树冠直径足有二十多米,独木成林,非常壮观,形成一座以它为中心的小公园,取名叫"榕圃"。树前面插着铜牌,说明原由。此情此景,如不看铜牌的说明,绝对想不到巨树根底下还有一座宏伟的现代大楼。

我爱这土地

　　　　　艾　青

假如我是一只鸟，
我也应该用嘶哑的喉咙歌唱：
这被暴风雨所打击着的土地，
这永远汹涌着我们的悲愤的河流，
这无止境地吹刮着的激怒的风，
和那来自林间的无比温柔的黎明……
——然后我死了，
连羽毛也腐烂在土地里面。
为什么我的眼里常含泪水？
因为我对这土地爱得深沉……

任务三　朗读的特殊技巧

  内容提要

　　前几个任务我们学习了朗读的内部心理感受与外在表达技巧，有时为了将作品内容、情绪，作品中的人物形象塑造得更生动、鲜明，还需要借助一些特殊技巧对作品进行设计并准确表达，让声音带上丰富、直观的"表情"，更好地再现作品的思想内容。一起来了解一下吧！

理论与方法

　　前面所了解的是一般的朗读技巧，朗读技巧不是孤立的，它们是相辅相成、互相影响、共同发挥作用的。在朗读中还存在一些特殊的技巧，虽然它们没有那么高的使用频率，但是在朗读的过程中如果能够恰当地运用，一定会收到画龙点睛的效果。

　　它们是：气声、拖腔、颤音、笑语、泣语等。

（一）气声

　　气声是一种音高较低、气大于声、类似耳语的声音。例如：

（1）我忽然闻到一股浓重的棉布焦味，扭转头一看，哎呀！火烧到邱少云身上了！

（2）时钟挂在墙上正在"滴答""滴答"地走着。

9-13
微课：朗读的特殊技巧（气息类）1

9-14
微课：朗读的特殊技巧（气息类）2

9-15
微课：朗读的特殊技巧（声腔类）

（二）拖腔

拖腔指为了表现追忆、领悟、迟疑、支吾、惊呼或气力不足语言断续等情况，可以把句中某些字音延长。例如：

（1）爸不懂得怎样表达爱，使我们一家人融洽相处的是我妈。
（2）老虎又去找牛大夫，牛大夫忙道："我……我……不拔你的牙……"

（三）颤音

表现极度的失落、悲愤、痛心、激动等特殊情绪，可以使声音开放和阻塞急速交替，发出颤抖的声音。例如：

（1）哆啰啰，哆啰啰，寒风冻死我，明天就垒窝！
（2）老虎又去找牛大夫，牛大夫忙道："我……我……不拔你的牙……"

（四）笑语

表示喜爱、有趣、欣喜、欢快、嘲讽等，可以使声音带些笑意或笑出声来。例如：

（1）一切都像刚睡醒的样子，欣欣然张开了眼。……小草偷偷地从土里钻出来。
（2）哈哈，哈哈……这只没有了牙齿的大老虎成了瘪嘴老虎啦！

（五）泣语

表现悲痛、痛苦、伤心或喜极而泣等情态，可以使声音带一点呜咽、哭泣的色彩，但并不能像演戏那样真的哭出来。例如：

（1）"奶奶！"小女孩叫起来，"啊！请把我带走吧！我知道，火柴一灭，您就会不见的，像那暖和的火炉，喷香的烤鹅，美丽的圣诞树一样，就会不见的！"
（2）老虎的脸肿起来了，痛得他直叫："喔唷，喔唷，痛死了！谁把我的牙拔掉，我让他做大王！"

技能训练

请读出下列作品中所提示的特殊技巧：

我死了，化作老山上白云悠悠，死，也搂着祖国的山峰不肯放手！（气声）

啊，1976年，万众欢呼的10月！爆竹声声相连，锣鼓阵阵相接……（带笑）不是国庆的国庆啊，不是过节的过节。

过了一大会儿，我们才轻轻走近梁三喜的坟前，只见玉秀把头伏在上面，周身战栗着，在无声悲泣……（颤音）

"小韩，你……（颤音）哭吧，哭出声来……"我呜咽着说，"那样，你会好受些……"

玉秀闻声缓缓从坟上爬起来:"指导员,没……(颤音)没啥,俺觉得在屋里闷……(颤音)闷得慌……"她抬起袖子擦了擦泪莹莹的脸,"没啥,俺和婆婆快回家了,俺……(颤音)俺想起来坟上看看……"

特殊朗读技巧要注意把握呈现的分寸。以下几首顺口溜,希望对大家有帮助。

(1)气声的要领:真声控制莫太响,假声时时来帮忙。声母阻气要有力,气息均匀细又长。

(2)颤音的要领:吸气有如在抖动,呼气同样要战栗,欲抑难抑声抖动,声情合一是根本。

(3)笑语的要领:口腔喉部要放松,小腹膈肌来弹动。气打软腭发笑言,真情实感在其中。

请结合特殊技巧朗读以下作品。

渔夫和金鱼的故事(片段)
【俄】普希金

老头儿不敢违抗,也不敢说什么话来阻挡。于是他就走向蔚蓝的大海,看见海面上起着黑色的大风浪。他就开始叫唤金鱼。金鱼向他游过来,问道:"你要什么呀,老爹爹?"老头儿对她行个礼回答道:"鱼娘娘,你做做好事吧!我怎样才能对付我那个该死的婆娘?她已经不愿再做女皇,她要做海洋上的女霸王;这样,她可以生活在大海洋上,叫你亲自去侍奉她,听她随便使唤。"金鱼什么都没有讲,只用尾巴在水里一划,就游进了深深的大海。

钗头凤·红酥手
【宋】陆 游

红酥手,黄縢酒,满城春色宫墙柳。东风恶,欢情薄,一怀愁绪,几年离索。错,错,错!

春如旧,人空瘦。泪痕红浥鲛绡透。桃花落,闲池阁。山盟虽在,锦书难托。莫,莫,莫!

抱抱小刺猬

绿油油的草地上,小伙伴们正在玩游戏。

"小猴子,让我来抱抱你!"花猫抱着小猴子,哈哈地笑了起来。

"小羊,我们也抱抱吧。"小猪和小羊紧紧地抱在一起。

"还有我们呢,我们也要抱抱。"小黄狗和小兔子也来了。

"呵呵呵……""哈哈哈……"

这个"抱抱"游戏真好玩,大家玩得开心极了!

"还有我,还有我……"

忽然,一个圆球滚了过来。

小兔子的手刚碰到圆球,就被刺伤了。好疼呀,小兔子哭了起来。

啊,原来圆球是小刺猬,它身上长满了尖尖的刺。

"小刺猬,你干什么?"小黄狗生气地叫道。

其他的小伙伴也纷纷指责小刺猬:"你身上长满了刺,竟然也想玩'抱抱'游戏……""喂,小刺猬,你快走,我们这里不欢迎你!"

小刺猬伤心极了,耷拉着脑袋走了。

过了一会儿,小兔子不哭了,小伙伴们又玩了起来。

突然,一只凶恶的大灰狼从草丛里跳出来,小伙伴们吓得急忙逃走。大灰狼抓住了小兔子,又抓住了小猪。

就在这时,一个长满尖刺的圆球冲了过来,狠狠地朝大灰狼撞去。

啊,是小刺猬!

大灰狼惨叫一声,扔下小兔子和小猪,急忙逃走了。

小兔子和小猪得救了。

"小刺猬,谢谢你救了我们。"小兔子和小猪感激地说道。

"不用谢,不用谢!"小刺猬不好意思了。

"小刺猬,你真厉害,把大灰狼都打跑了。"小猴子说,"为了表达谢意,我们大家一定要抱抱你。"

小朋友们,大家要用什么办法才能抱抱小刺猬呢?

项目十 不同文体朗读

项目目标

1. 掌握不同文体朗读技巧的相关理论与方法。
2. 能灵活、恰当地运用不同的朗读技巧进行不同文体的朗读。
3. 感受不同文体朗读的魅力,爱上朗读。

任务一 诗 歌

内容提要

我们知道不同作品的朗读存在差异,不同文体的朗读也是一样。本任务我们先走进诗歌的世界,一起来看看诗歌该怎么读,朗读诗歌时可以运用哪些技巧,完整地感受朗读技巧的运用。

 理论与方法

诗歌能够高度集中地反映社会生活,饱含着作者丰富的思想感情和想象,语言精练而形象性强,并具有一定的节奏韵律,一般分行排列。诗歌节奏规整,具备一定的音乐性,加之又押韵,朗读起来朗朗上口。特别是古代诗歌讲究平仄,使字音在长短方面交错出现,统一之中又有变化。因此,我们在朗读诗歌时要注意突出诗歌的特点,尤其要注意下面几点:

一、把握诗歌的意境

诗歌的意境是指由客观景物与主观思想感情相互融合而形成的一种艺术境界，具有虚实相生、意与境谐、深邃悠远的审美特征。

朗读诗歌，要对其中的意境加以把握、品味。情，是诗之魂，我们要抓住诗人的情感。诗歌能够直接地、聚焦地体现作者的内心世界，具有强烈的情感性和深刻的启示性。要敏锐地捕捉诗人的内心情感，感悟诗中的思想内涵。诗歌朗诵和其他文体的朗诵一样，要自然，绝不可以做作。诗歌的感情虽然比其他文体来得强烈，但仍然是发自内心的真情流露。要朗读好一首诗，首先要认真阅读，领会作者的感情，然后努力地去共鸣，使自己的感受接近作者的情感。

二、突出诗歌的意象

诗歌是通过意象来表现意境的，所谓意象是指融入了诗人情感的客观物象，通过发挥联想和想象，在头脑中再现诗歌所描绘的情景交融的画面。在朗读中，要运用重音、节奏、语速、停顿等的变化来突出意象。在表现意象的同时，要注意在内心形成视觉感受、听觉感受或者触觉感受，好像能够看到、听到或者触摸到意象。同时还需要重视意象前的修饰语和限制语，它们往往表现了诗人眼中这一意象的特殊味道，所以同样要用各种方式强调突出。

三、把握诗歌的节奏

诗歌具有强烈的节奏感，能够巧妙地展现感情发生、延续、收结的流程，兼有音乐美和建筑美。朗读中体现这种美的手段就来自对节奏的把握。把握诗歌节奏，就像唱歌要合乎节拍一样，是一个基本要求。节奏把握不准，就谈不上诗歌的美感。要注意节奏鲜明，并根据作品的基本节奏采取恰当的速度。该轻快的部分要朗读得轻快些，该沉重的部分要朗读得沉稳、稍慢些。就一首诗来说，朗诵速度也不是固定不变的，而是要根据作品内容而变化。

四、读好诗歌的韵脚

韵脚就是韵文（包括诗歌）句末所用的韵。诗歌的重要特点之一是通过押韵达到诗歌的匀称美、音韵美。如果在朗读中忽视了韵脚的体现，就等于忽视了诗歌这一独特的审美表现特点。

古诗的语言非常凝练，因此在朗读古诗时，读音虽也有轻重、虚实之分，但总的要求是吐字清晰,不能含糊。同时,古诗的音乐性强,讲究韵律和平仄,朗读时音节不能太短促,有的字音要适当拖长些,这样才显得更有韵味。韵脚要突出,方法是拉长字音或重读。

请结合诗歌朗读的相关技巧朗读以下作品。

春　晓

【唐】孟浩然

春眠//不觉/晓,处处//闻/啼鸟。
夜来//风雨/声,花落//知/多少。

提示:念到"晓、鸟、少"时,字音要适当延长,略带吟诵的味道,使听众能感受到诗的音韵美和节奏感。

我的"自白"书

陈　然

任/脚下//响着/沉重的铁镣,
任你//把皮鞭/举得高高,
我//不需要/什么"自白",
哪怕/胸口/对着/带血的刺刀!
人,不能低下/高贵的头,
只有/怕死鬼//才乞求"自由";
毒刑拷打/算得了什么?
死亡//也无法/叫我开口!
对着死亡/我/放声大笑
魔鬼的宫殿/在笑声中/动摇;
这就是我——一个/共产党员/的"自白",
高唱凯歌//埋葬/蒋——家——王——朝——!

提示:这首诗感情真挚,充满了激情,是共产党员陈然崇高内心世界的真实写照,也是对蒋家王朝必然灭亡的庄严宣判。朗读时要表现革命先烈坚定的革命信念和大义凛然的革命气节。

1. 绝句的朗读

绝句由四句组成,绝句朗读的一般规律是使朗读带有吟诵的意味:第一句一般读升调,句末上扬;第二句略降,为半终止形;第三句往往是全诗的关键句或转折句,一般也读升调,诗句末尾字音可以延长以引起回味,形成朗读的高潮;第四句读降调,最后三个字渐渐放慢,形成全终止形,给人以结束的感觉。

请试一试用这样的方法来读这首作品:

登鹳雀楼

【唐】王之涣

白日依山尽,黄河入海流。

欲穷千里目,更上一层楼。

2. 诗歌中反复的词句

诗歌的一个重要特点是"反复"这一修辞手法的运用,反复的地方往往是诗人的感情愈见强烈的地方。因此,诗歌反复之处,往往也需要强调和突出。

1. 请结合诗歌朗读的相关技巧朗读以下古诗作品

短 歌 行

【三国】曹 操

对酒当歌,人生几何!

譬如朝露,去日苦多。

慨当以慷,忧思难忘。

何以解忧?唯有杜康。

青青子衿,悠悠我心。

但为君故,沉吟至今。

呦呦鹿鸣,食野之苹。

我有嘉宾,鼓瑟吹笙。

明明如月,何时可掇?

忧从中来,不可断绝。

越陌度阡,枉用相存。

契阔谈䜩,心念旧恩。

月明星稀,乌鹊南飞。

10-1
音频:短歌行(朗诵欣赏)

绕树三匝,何枝可依?
山不厌高,海不厌深。
周公吐哺,天下归心。

爱 莲 说
【宋】周敦颐

水陆草木之花,可爱者甚蕃。晋陶渊明独爱菊。自李唐来,世人甚爱牡丹。予独爱莲之出淤泥而不染,濯清涟而不妖,中通外直,不蔓不枝,香远益清,亭亭净植,可远观而不可亵玩焉。

予谓菊,花之隐逸者也;牡丹,花之富贵者也;莲,花之君子者也。噫!菊之爱,陶后鲜有闻。莲之爱,同予者何人?牡丹之爱,宜乎众矣!

梅 花
【宋】王安石

墙角数枝梅,凌寒独自开。
遥知不是雪,为有暗香来。

游 子 吟
【唐】孟 郊

慈母手中线,游子身上衣。
临行密密缝,意恐迟迟归。
谁言寸草心,报得三春晖。

回 乡 偶 书
【唐】贺知章

少小离家老大回,乡音无改鬓毛衰。
儿童相见不相识,笑问客从何处来。

2. 请结合诗歌朗读的相关技巧朗读(朗诵)以下现代诗作品

一 句 话
闻一多

有一句话说出就是祸,
有一句话能点得着火。
别看五千年没有说破,
你猜得透火山的缄默?
说不定是突然着了魔,
突然青天里一个霹雳

爆一声：
"咱们的中国！"

这话教我今天怎么说？
你不信铁树开花也可，
那么有一句话你听着：
等火山忍不住了缄默，
不要发抖，伸舌头，顿脚，
等到青天里一个霹雳
爆一声：
"咱们的中国！"

祖国啊，我亲爱的祖国

舒　婷

我是你河边上破旧的老水车
数百年来纺着疲惫的歌
我是你额上熏黑的矿灯
照你在历史的隧洞里蜗行摸索
我是干瘪的稻穗，是失修的路基
是淤滩上的驳船
把纤绳深深
勒进你的肩膊
——祖国啊！

我是贫困
我是悲哀
我是你祖祖辈辈
痛苦的希望啊
是"飞天"袖间
千百年来未落在地面的花朵
——祖国啊！

我是你簇新的理想
刚从神话的蛛网里挣脱
我是你雪被下古莲的胚芽
我是你挂着眼泪的笑涡

我是新刷出的雪白的起跑线
是绯红的黎明
正在喷薄
——祖国啊！

我是你的十亿分之一
是你九百六十万平方的总和
你以伤痕累累的乳房
喂养了
迷惘的我，深思的我，沸腾的我
那就从我的血肉之躯上
去取得
你的富饶，你的荣光，你的自由
——祖国啊，
我亲爱的祖国

乡　愁
余光中

小时候，
乡愁是一枚小小的邮票，
我在这头，
母亲在那头。

长大后，
乡愁是一张窄窄的船票，
我在这头，
新娘在那头。

后来啊，
乡愁是一方矮矮的坟墓，
我在外头，
母亲在里头。

而现在，
乡愁是一湾浅浅的海峡，
我在这头，

大陆在那头。

我有一个恋爱
徐志摩

我有一个恋爱——
我爱天上的明星；
我爱它们的晶莹：
人间没有这异样的神明。
在冷峭的暮冬的黄昏，
在寂寞的灰色的清晨，
在海上，在风雨后的山顶——
永远有一颗，万颗的明星！
山涧边小草花的知心，
高楼上小孩童的欢欣，
旅行人的灯亮与南针——
万万里外闪烁的精灵！
我有一个破碎的魂灵，
像一堆破碎的水晶，
散布在荒野的枯草里——
饱啜你一瞬瞬的殷勤。
人生的冰激与柔情，
我也曾尝味，我也曾容忍；
有时阶砌下蟋蟀的秋吟，
引起我心伤，逼迫我泪零。
我袒露我的坦白的胸襟，
献爱与一天的明星：
任凭人生是幻是真，
地球存在或是消泯——
太空中永远有不昧的明星！

相 信 未 来
食 指

当蜘蛛网无情地查封了我的炉台
当灰烬的余烟叹息着贫困的悲哀
我依然固执地铺平失望的灰烬
用美丽的雪花写下：相信未来

当我的紫葡萄化作深秋的露水
当我的鲜花依偎在别人的情怀
我依然固执地用凝露的枯藤
在凄凉的大地上写下:相信未来

我要用手指那涌向天边的排浪
我要用手掌那托住太阳的大海
摇曳着曙光那温暖漂亮的笔杆
用孩子的笔体写下:相信未来

我之所以坚定地相信未来
是我相信未来人们的眼睛——
她有拨开历史风尘的睫毛
她有看透岁月篇章的瞳孔

不管人们对于我们腐烂的皮肉
那些迷途的惆怅、失败的苦痛
是寄予感动的热泪、深切的同情
还是给以轻蔑的微笑、辛辣的嘲讽

我坚信人们对于我们的脊骨
那无数次的探索、迷途、失败和成功
一定会给予热情、客观、公正的评定
是的,我焦急地等待着他们的评定

朋友,坚定地相信未来吧
相信不屈不挠的努力
相信战胜死亡的年轻
相信未来,热爱生命

我们的青春

我22岁,都说这是一辈子最好的年纪
我22岁,都说这是一辈子最好的年纪
走出这座小小的校园,眼前的世界大到我无法一眼望全
寒窗苦读,留洋归来,眼前是一张张功名利禄的邀约
打开手机,看到一封封邮件,伸出了橄榄枝让我目不暇接

10-2
视频:我们的青春(朗读欣赏)

模块三 朗读训练

我想一展抱负,修铁路、办报纸、当教员,去修身齐家治国平天下

我该选择稳定的、高薪的,还是坚持那份研究项目呢

那天,我偶然推开了美术馆的那扇大门

我看见了你,你22岁

对,我22岁,我们之间相隔了75年

可我们还是同龄人,你怎么满脸的伤

你满脸的阳光

这身打着补丁的旧军装,你就穿着它上战场

它可比干干净净的新衣裳更有力量

75年前的同龄人,你看起来真精神

75年后的同龄人,你看起来很幸福(啊)

其实我想问,我想问,你犹豫过么,你对自己选择走过的路后悔过么

看样子你在迷茫(啊)

一边是许多稳定高薪的工作机会,一边是坚持多年的科研项目

一边是一眼望去无风无浪的生活,一边是贫寒、寂寞、前途未卜的理想

一边唾手可得,一边难上青天

这路到底该怎么走

你怎么笑了

我高兴啊,我22岁

在本该追逐我所热爱之事业的时候,国难临头

有的人迷茫了,有的人躲起来了

还有的人不相信胜利终究会到来,投降了

可是你才22岁,人生才刚刚开始,年轻的生命比一切都可贵

但我不想75年以后,同样22岁的你们,再看到国土之沦丧,再感到尊严被践踏。再活在被敌寇灭种的恐惧之中

我多想75年以后,同样22岁的你们

选择热爱的、充满希望的,哪怕困惑于平稳生活还是崇高理想的抉择之中

因为,我就是你,你就是我

或许

或许在田野里、在工厂里、在火车头、在轮船上、在每一个角角落落

挥洒着青春的血汗,保卫脚下的土地,建设着我们身后的家园

那千千万万个梦想中的我,就是千千万万个你,千千万万个我

所以,我们不再犹豫如何选择,我们选择战斗

同龄人,你看到了吗

我看到了,改革开放开启了新中国的前程大步而来,阔步前进

从温饱走向小康,中国向世界展示亚洲雄风的精彩

称雄世界的中国高铁,奔赴千里,只在瞬间
嫦娥抱玉兔登月,蛟龙入大洋深潜
天安门前滚滚驰过的钢铁洪流,宣示着华夏的尊严
先进的武器现已化作保卫国家的铜墙铁壁
我们向各国人民亮出中国的魅力
我22岁
我22岁
我们
我们
我们看到了未来的路
我看到了我的来路

3. 请结合诗歌朗读的相关技巧朗读以下幼儿诗歌作品

向 日 葵

不知太阳上,有啥秘密,
引逗得你哟,那么好奇?
白天仰着脸——瞧呀,瞅呀,
夜晚低着头——思来,想去……

春 雨

刘饶民

滴答,滴答,下小雨啦。
种子说:"下吧,下吧,我要发芽。"
梨树说:"下吧,下吧,我要开花。"
麦苗说:"下吧,下吧,我要长大。"
孩子说:"下吧,下吧,我要种瓜。"
滴答滴答,下小雨啦。

林 中

金 波

小鸟飞上树梢,吱吱喳喳地叫。
它说,是它的歌,唤醒了绿的嫩芽,红的花苞。
小树不停地摇,不停地摇。
它说,是它绿的嫩草红的花苞,引来了小鸟。
你听,树林里,整个春天、夏天,就这样热闹。

圆圆和圈圈

郑春华

有个圆圆,
爱画圈圈,
大圈像太阳,
小圈像雨点。
晚上,圆圆睡了,圈圈很想圆圆,
悄悄地、慢慢地,滚进圆圆梦里面。
一会儿变摇鼓,逗着圆圆玩;
一会儿变气球,围着圆圆转……
圆圆睡醒了,圈圈眨眨眼,
变成大苹果,躲在枕头边。

青蛙给星星打电话

胡 潇

10-3
音频:青蛙给星星打电话(朗读示范)

青蛙给星星打电话:
"喂!喂!
小星星,
天上有些啥?"
星星告诉青蛙:
"天上美着哪,
金灿灿的太阳,
红彤彤的晚霞。
风妈妈的摇篮里,
躺着白云娃娃。
亮晶晶的月亮宫殿,
就是我的家,
喂!喂!
小青蛙,
到天上来玩玩吧。"
青蛙听到了星星的话,
摇着头回答:
"不用啦,不用啦,
水里和天上是一样的呀!"

春天在哪里

陈伯吹

春天在哪里?
春天在枝头上:
春天的风微微吹,
柳条儿跳舞,
桃花儿脸红。
春天在哪里?
春天在草原上:
春天的雾轻轻细细,
草儿醒过来,换上了绿的新衣。
春天在哪里?
春天在竹林里:
春天的雨一阵又一阵,
竹笋从地下探出头来。
春天在哪里?
春天在田野里:
春天的太阳那么暖,
那么亮,麦青,菜花黄,蚕豆花儿香。

10-4
音频:春天在哪里(朗读示范1)

10-4
音频:春天在哪里(朗读示范2)

绿色的和灰色的

张秋生

绿色的森林里,
有块绿色的草地;
绿色的草地上,
有条绿色的小溪。
有只灰色的狐狸,
躺在草丛,
等待着小兔经过这里。
一只绿色的翠鸟,
向小兔们报告了这个秘密。
绿色的森林里,
有块绿色的草地;
绿色的草地上,
有条绿色的小溪。
一群小白兔,

10-5
音频:绿色的和灰色的(朗读示范)

轻手轻脚
经过这里。
它们头上,
顶着一张张棕榈。
穿过了森林,
穿过了草地,
穿过哗哗的小溪。
灰色的狐狸,
等啊,等啊,
它只看见
绿色的森林
绿色的草地
和绿色的小溪……
你听,风儿送来了
——狐狸的叹气。

我是男子汉

傅天琳

如果今天夜里突然起风
不要害怕,妈妈
我是家里的男子汉
我已经六岁了,我是男子汉
我会举起长长的陀螺鞭子
把不听话的风
赶到
没有灯光的角落
让它罚站
爸爸不会回来,今天不是星期天
妈妈你不要发愁
我是男子汉
我会用爸爸使过的锯子和斧子
给你劈开生炉子的柴
叔叔说男子汉就是有出息
妈妈你也有一个出息
如果你收到一封
从天上拍来的电报

那就是你的男子汉儿子
要摘来一颗星星
照你写字到很晚很晚

爸爸的老师
任溶溶

我的爸爸
一天到晚跟数学打交道，
再难的题他也会算，
嘿，他的学问真好！
我这有学问的爸爸，
今天一副严肃样子
他有什么要紧事情？
原来，去看老师。
我的爸爸还有老师，
你说多么新鲜！
这老师是怎么个人，
我倒真想见见。
我一个劲儿求我爸爸，
带我去见见他。
我的爸爸眼睛一眨，
对我说："嗯，好吧。"
可是，爸爸临走之前，
把我反复叮咛，
要我注意这个、那个，
当然，我都答应。
我一路想：这位老师，
该是怎么个人？
他一定是胡子很长、很长，
满肚子的学问。
他当然是比爸爸强，
是位老数学家。
他要不是老数学家，
怎能教我爸爸？
可是结果你倒猜猜，
爸爸给谁鞠躬？

10-6
音频：爸爸的老师（朗读示范）

就算你猜三天三夜，
也没法子猜中。
鞠躬的人如果是我，
那还不算稀奇。
因为爸爸的这位老师，
就是我的老师！
不过我念三年级了，
他还教一年级。
他是我爸爸的老师，
你说多有意思！
这老师看着爸爸，
就像看个娃娃。
"你这些年在数学上，
成绩确实很大。"
你想爸爸怎么回答？
"老师也有功劳，
我懂得那二二得四，
是老师您教导。"
我才知道，
我的爸爸虽然学问很大，
却有一年级的老师，
曾经教导过他。

毕 业 诗

今天是我最后一次站在这里，
和老师、小朋友在一起，
我是多么欢喜。
再过几天，
我就要进小学，
做个一年级小学生，
坐在明亮的教室里，
读书写字多么神气！

亲爱的老师、阿姨，
我有很多话想说给您：
三年前我第一次到这里，

玩具扔满地,还要发脾气。
今天站在这里的还是我自己,
脸上再也没有泥,
手帕、袜子自己洗;
还会唱歌、跳舞,
画画、讲故事,
懂得了很多道理。

亲爱的老师、阿姨,
我从心里感谢您!
再见吧,老师!
再见吧,阿姨!
以后我一定来看您,
向您报告我的学习成绩!

任务二 散 文

内容提要

散文的特点就是形散神不散,因此在进行散文朗读的过程中,要把握散文的"神",抓住文章的主线,用恰当的朗读技巧表达散文细腻真实的感情。大家一起来试试吧!

理论与方法

散文是相对韵文而言的一种文体,是写人、写事、绘景、状物的文章。散文往往以表现性情见长,形式自由,结构灵活,手法丰富多样,抒情、叙事、议论各司其事,也可以兼而有之。散文的语言细腻、含蓄,朗读散文要用富有变化的语调。

一、把握散文的"神"

"形散神聚"是散文最重要的特点。散文,尽管表现手法不尽相同,但是都有一个

"神",散文的"形"都围绕着"神"而设计,而展开。所以,在朗读之前,朗读者首先要把握住这一"神"。散文的"神",可以是作者的思想感情,也可以是某种观点、主题内涵。只有在"神"的引领下,才能让听众领略散文的"神韵",才能起到打动人心的作用。

二、散文的语气语调处理

散文往往表现内心的一种感受,它似乎更像一位朋友坐在你的面前,时而低婉、时而激动、时而高昂地向你敞开内心世界。因此,在朗读散文的时候,可以用说话的口吻、说话的语气语调表达。

三、突出文章的主线

当然,散文的"神不散"定然是在"形散"的前提下,有一条主线进行了缀联,而这种缀联又往往依靠一个词语、一个句子进行,这一个词语或句子在文章中就起着层次之间联系的作用。朗读中,将关键的词语和句子通过重音、变化节奏和速度等形式加以突出,可以让听众清楚地把握住文章的线索,把握住散文的"神"。

四、表达要细腻真实

表达的细腻真实和语气语调的运用是同一个道理。细腻,要求朗读者深入领悟文章的情感和情绪,哪怕一个字、一个词也不能马虎。真实,要求朗读者把握住真实的生活感受,不浮夸,不故作多情。例如:

朗读朱自清的《春》,一开始表现出一种殷切期盼的情感,在朗读"山,朗润起来了;水,涨起来了;太阳的脸,红起来了"时,要把三个层次读出来,把春天越来越近,人们越来越欣喜的心情读出来。中间的部分,从各个方面描写春天,也表现了作者对春天的热爱。我们可以用减缓语速、降低音量的方法把描写和抒情区别开来。最后的三小节,用娃娃、姑娘、青年来比喻春天,体现了人们对新的一年的憧憬和希望,情绪也随之转向高昂,音量、语速也应随之步步提高。

按要求练习朗读下面两篇散文。

海 上 日 出

巴 金

为了看日出,我常常早起。那时天还没有大亮,周围很静,只听见船里机器的声音。

天空还是一片浅蓝,很浅很浅的。转眼间,天水相接的地方出现了一道红霞。红霞的范围慢慢扩大,越来越亮。我知道太阳就要从天边升起来了,便目不转睛地望着那里。

果然,过了一会儿,那里出现了太阳的小半边脸,红是红得很,却没有亮光。太阳像负着什么重担似的,慢慢儿,一纵一纵地,使劲儿向上升。到了最后,它终于冲破了云霞,完全跳出了海面,颜色真红得可爱。一刹那间,这深红的圆东西发出夺目的亮光,射得人眼睛发痛。它旁边的云也突然有了光彩。

有时太阳躲进云里。阳光透过云缝直射到水面上,很难分辨出哪里是水,哪里是天,只看见一片灿烂的亮光。

有时候天边有黑云,而且云片很厚,太阳升起来,人就不能够看见。然而太阳在黑云背后放射它的光芒,给黑云镶了一道光亮的金边。后来,太阳慢慢冲出重围,出现在天空,把一片片云染成了紫色或者红色。这时候,不仅是太阳、云和海水,连我自己也成了光亮的了。

这不是伟大的奇观么?

朗读指导:文章开头,"为了看日出,我常常早起",可以读得慢一些,给听者一个时间的交代。随后对于周围的环境:旅客们还在梦乡之中,这时只有作者一人在凭栏远眺。茫茫大海,万籁俱寂,伴随船的行进,传来有节奏的机器声,衬托出环境的"静"。这一部分的音量不能太强,语气要柔和,否则容易破坏清晨宁静的气氛。

第二自然段,着重描绘日出前天空的颜色和光的变化,这里可以用到不同的重音处理技巧。对于不同颜色:"浅蓝""很浅很浅"要重音轻读,"红霞"声音可大些。色彩的变化是"转眼间",读时节奏要快些,表现出景象的瞬息万变。而"红霞"是"慢慢扩大",所以节奏就要相对慢一些,形容红光是逐渐展现的。最后一句,重音要放在"升""目不转睛""望"上,但强调的方法不同,这样才能形象地表现出作者等待日出的急切神态和心情。

第三自然段,描写太阳初升时的情景。"果然"的后面稍顿,以喜悦的语调接着读下文。"小半边脸"稍重,"红是红得很""没有亮光"语气加重,显示太阳刚露头时的形象、色彩。再语速转慢读下文。"一步一步""慢慢儿""上升"等字音拖长,体现太阳冉冉上升的情态。"终于冲破了云霞,完全跳出了海面"语调升高,重读"冲破""跳",体现太阳的强大力量,使人感到振奋。"红得可爱"流露赞美语气。"一刹那……"节奏变快,重读"亮光",和前文"却没有亮光"相照应,"云""光彩"重读,再度流露赞美语气。

第四自然段,描绘太阳升起后云层不厚的情景。稍微强调"直射",显示太阳的威力。"水""天"重读,体现水天相连的壮丽图景。朗读"灿烂的亮光"用高升调,抒发热烈的感情。

第五自然段,描绘了太阳冲破黑云大放光芒的情景。"天边有黑云,云还很厚",这里语调略压低,给人以压抑感。接下去,语气一转,"它的光芒给黑云镶了一道光亮的金边",重读"金边"并上扬,流露赞美语气。"后来……"语调逐渐升高,重读"太阳""云""海水",概括大自然的一切,突出"自己"的兴奋、喜悦之情。

到了最后，感情已经达到高峰，建议读的时候音量不宜过高，但感情炽热，意味深长，品来有悠远回味之感。

春雨的色彩

楼飞甫

10-7
音频：春雨的色彩（朗读示范）

春雨，像春姑娘纺出的线，轻轻地落到地上，沙沙沙，沙沙沙……田野里，一群小鸟正在争论一个有趣的问题：春雨到底是什么颜色的？小燕子说："春雨是绿色的。你们瞧，春雨落到草地上，草就绿了。春雨淋在柳树上，柳枝也绿了。"

麻雀说："不对，春雨是红色的。你们瞧，春雨洒在桃树上，桃花红了。春雨滴在杜鹃花丛中，杜鹃花也红了。"

小黄莺说："不对，不对，春雨是黄色的。你们看，春雨落在油菜地里，油菜花黄了。春雨落在蒲公英上，蒲公英花也黄了。"

春雨听了大家的争论，下得更欢了，沙沙沙，沙沙沙……

朗读指导：这是一篇充满诗意的童话散文，通过小鸟们对"春雨是什么颜色的"的争论，表现了春天的生机勃勃。相较于成人散文的直接描绘，小鸟们的"争论"显得格外有童趣，所展现的完全是儿童审美下的纯净美景。朗读者要细细体会儿童认识世界、感受世界的方式，体会每一只小鸟在看待春天色彩时的好奇心、探究心，并通过重音、停连等朗读技巧读出富有儿童情趣的"春雨的色彩"。

朗读描写景物的文章，重点是绘景绘色，使人听了如见其物，如临其境。因此在朗读时，可以运用"情景再现"来加强感受体验。此时，朗读者不仅要在头脑中浮现出语言文字描绘的客观形象，还要进入作品描绘的特定情境、场景之中，主动与作者融为一体，仿佛作品中描写的一切都是亲身所历、亲眼所见、亲耳所闻，由此产生身临其境的感受。

请结合散文朗读的相关技巧朗读以下作品。

一 分 钟

纪广洋

10-8
音频：一分钟（朗读欣赏）

著名教育家班杰明曾经接到一个青年人的求救电话，并与那个向往成功、渴望指点的青年人约好了见面的时间和地点。

待那个青年如约而至时，班杰明的房门敞开着，眼前的景象却令青年人颇感意外——班杰明的房间里乱七八糟、狼藉一片。

没等青年人开口,班杰明就招呼道:"你看我这房间,太不整洁了,请你在门外等候一分钟,我收拾一下,你再进来吧。"一边说着,班杰明就轻轻地关上了房门。

不到一分钟的时间,班杰明就又打开了房门并热情地把青年人让进客厅。这时,青年人的眼前展现出另一番景象——房间内的一切已变得井然有序,而且有两杯刚刚倒好的红酒,在淡淡的香水气息里还漾着微波。

可是,没等青年人把满腹的有关人生和事业的疑难问题向班杰明讲出来,班杰明就非常客气地说道:"干杯。你可以走了。"

青年人手持酒杯一下子愣住了,既尴尬又非常遗憾地说:"可是,我……我还没向您请教呢……"

"这些……难道还不够吗?"班杰明一边微笑着,一边扫视着自己的房间,轻言细语地说,"你进来又有一分钟了。"

"一分钟……一分钟……"青年人若有所思地说:"我懂了,您让我明白了一分钟的时间可以做许多事情,可以改变许多事情的深刻道理。"

班杰明舒心地笑了。青年人把杯里的红酒一饮而尽,向班杰明连连道谢后,开心地走了。

其实,只要把握好生命的每一分钟,也就把握了理想的人生。

花 的 沐 浴
郭 风

草地上有百里香、铺地锦、野菊和蒲公英。

有一天,天下雨了。小雨点敲打着野外的树木,在繁密的树叶上敲出声音来了,好像我们学校里摇铃一样:叮当!叮当!

于是,一群小野花走出来了,百里香、铺地锦、野菊和蒲公英们,一听见这雨声,都走出来了。它们好像在幼儿园里一样,排成小队,走出树林,到这草地上,站在雨中……

它们要在那里沐浴……

小雨点为她们从头淋下,她们口里轻轻地唱着歌。有时抖抖身子,让水点落下去;小雨点为她们从头淋下,她们口里轻轻地唱着歌。她们摇摆着身子,用绿色的浴巾洗擦自己的头发和身子……

接着雨停止了。她们的沐浴也停止了。这时,阳光照在草地上,草地上一片光明,那些小野花们显得多么美丽!她们沐浴过了,全身发出香味儿。

春 雨(节选)
林 力

春雨,古今中外有多少人赞美你!"随风潜入夜,润物细无声",这是杜甫描述你偷偷来到人间的佳句。春雨,你可知道农民是怎样地盼望你呀!

春雷一声,你来临了,无声无息地下着,雨丝如烟似粉。竹林里拔节的翠竹,田野里的禾苗,池塘边的垂柳,刚绽开的粉色桃花,在水雾碎雨中,绿莹莹,细润润。

暖融融的雨丝好像一串串的珍珠,又好像春姑娘手中的鞭子,抽打着冬天的阴影,驱赶着料峭的寒意。你是那样的纤细,却又是如此不可抗拒。你粉碎了坚冰的顽抗,瓦解了积雪的防御。你把冰冷的硬壳化作了袅袅飘飞的水雾,化作了潺潺的溪流,化作了滔滔滚滚的潮水。

纸　船

【印】泰戈尔　郑振铎　译

10-9
音频:纸船
(朗读示范)

我每天把纸船一个个放在急流的溪中。

我用大黑字写我的名字和我住的村名在纸船上。

我希望住在异地的人得到纸船,就知道我是谁。

我把园中长的秀丽花栽在我的小船上,希望这些黎明开的花在夜里平平安安地带到岸上。

我投我的纸船到水里,仰望天空,看见小朵的云正张着满鼓着风的白帆。我不知道天上有我的什么游伴把这些船放下来同我的船比赛!

夜来了,我的脸埋在手臂里,梦见我的纸船在子夜的星光下面缓缓地浮泛前去。

睡仙坐在船里,带着满载着梦的篮子。

我是一只海船

鲁　兵

10-10
音频:我是一只海船
(朗读示范)

早晨有雾,很浓很浓。

我在田野里走着,像在航海。

我是一只海船啊!叫什么名字呢?——就叫"冰儿号"吧。

我是眉毛浓黑的船长,又是胳膊粗壮的水手。有几千万小旅客,在我的心里,不,在这只海船上。

小心,小心,前面有礁岩了。

小心,小心!飓风卷着大浪扑来了。宽阔的海,叫人迷路的海,到处埋伏着摧残和陷害的海!但是,我要走完这段航程。看,大陆的影子出现了!

我用双手做成一副望远镜,凑在眼睛上,是的,是的,大陆近了!

"呜呜—呜呜"

我鼓着腮帮呼叫,把自己停泊在阳光的岸边。

这里,树木,麦田,远山,都非常明亮。

春 雨 沙 沙

冯幽君

春雨沙沙,春雨沙沙……
沙沙的春雨,像千万条丝线飘下……
穿梭的燕子衔着雨丝,织出一幅美丽的春天图画:
绿的,是柳叶;红的,是桃花。
还织出一条清亮的小河,河里的鱼儿欢快地摇动着尾巴。
河的对岸,一座小山。
山坡下,有播种的农民;
山坡上,有植树的娃娃……

10-11
音频:春雨沙沙(朗读示范1)

10-11
音频:春雨沙沙(朗读示范2)

妈 妈 睡 了

张秋生

妈妈睡了。
妈妈在哄我午睡的时候,她自己先睡着了,睡得好熟、好熟。
像我睡着时,妈妈常爱在边上看我一样,我也看着妈妈睡觉……
睡梦中的妈妈真美丽。
妈妈明亮的眼睛闭上了,紧紧地闭着。她弯弯的眉毛也在睡觉,睡在妈妈红润的脸上。
妈妈的嘴巴微微张开着,好像还在给我唱催眠的歌谣……
睡梦中的妈妈好慈祥。
妈妈微微地笑着。是的,她在微微地笑着,她的嘴巴、眼角都挂着笑意。好像在睡梦中,妈妈又想好了一个故事,等会儿讲给我听……
睡梦中的妈妈好累。
妈妈的呼吸是那么深沉。她细软的头发粘在微微渗出汗珠的额上。窗外,小鸟儿在唱着歌,风在树叶间散步,发出沙沙的响声,可是妈妈全听不到。她干了好多活,累了,乏了,她想甜甜地睡一觉。
妈妈睡了。

夏 天

望 安

夏天的雨是金色的。不信,你看:
场院里,脱粒机扬洒着麦粒,千颗,万颗,连成金色的雨。
夏天的风是喷香的。不信,你闻:
村子里,家家户户磨了面,在蒸甜糕,飘出一阵阵香味。
夏天的路爱唱歌。不信,你听:

10-12
音频:夏天(朗读示范)

小路"吐吐吐",大路"嘀嘀嘀",拖拉机、大卡车,一辆接一辆,忙着去卖粮。

荷　叶
彭万洲

荷叶儿伸出水面,顶着一片蓝蓝的天。
蜻蜓飞来了,高兴地说:"这是我的机场。"
青蛙跳上去,高兴地说:"这是我的唱片。"
鱼儿游过来,高兴地说:"这是我的雨伞。"
滴滴答答,真的下雨了,我把荷叶当斗笠,顶着雨跑回家了。
奶奶取下荷叶,高兴地说:"多香的叶儿啊!"
一会儿,奶奶让我吃叶儿粑,那粑粑就是用荷叶包的,清香绵软,真好吃!
哇,打嗝都有一股荷叶味儿……

很大很大的爸爸
郑春华

10-13
音频：很大很大的爸爸（朗读示范）

我的爸爸站着的时候,就像一座楼:脚是第一层;手是第二层;肩是第三层。我要使出爬山的劲,才能爬上爸爸这座楼。

我的爸爸躺着的时候,就像一条船:脚是船尾;头是驾驶台;身体是又宽又大的甲板。无论我在甲板上翻跟头、跑步、跳高,爸爸这艘船总是稳稳的。要是我一摁他的鼻子,他还会发出和大轮船一样的汽笛声:呜呜……

我的爸爸真的很大很大,大到下雨出门去,我可以躲进他的口袋里。

要是你不相信,可以到我家里来看一看他。不过请你进门的时候要千万小心,不要光顾抬头看我爸爸的脸而不当心自己往后倒地。

最后告诉你我家的地址:太阳路5号,一座最大的房子里。

很 轻 很 轻
郑春华

10-14
音频：很轻很轻（朗读示范）

妈妈走路的时候,很轻很轻;妈妈说话的时候,很轻很轻;妈妈笑起来的时候,也是很轻很轻。

晚上,我和妈妈睡在一起,妈妈讲的故事就像一片云,轻轻地、轻轻地盖在我身上,我很快就睡着了。有时候半夜里刮大风,打响雷,妈妈的声音更轻更轻,轻得好像让风声雷声也变轻了,变远了,我就不再害怕。

雷公公东看看,西瞧瞧,以为我家没有人呢,就去找那些吓哭了的孩子和那些大声骂孩子的妈妈。而我,在妈妈很轻很轻的歌声里又睡着了,还做了一个梦,梦见妈妈变成一朵雪花在空中轻轻地飘……

任务三 小　　说

　内容提要

　　小说具有鲜明的人物形象、丰富的故事情节以及典型环境,它是具象的、复杂的、带戏剧感的文体。因此,在朗读小说时,人物的塑造、情境的烘托就显得尤为重要。咱们一起来试试吧!

理论与方法

　　小说是作者对社会生活进行艺术概括,通过语言来描绘生活事件,塑造人物形象,展开作品主题,表达作者思想感情,从而艺术地反映和表现社会生活的一种文学体裁。小说的题材大多都来自现实生活,因此,小说的朗读应该透出浓浓的"生活味"。如何把握并呈现这种"生活味"呢?

一、抓住小说的主题思想

　　由于小说绝大多数是来源于生活,因此,小说的语言会更生活化、口语化,更具"生活性"。所以,朗读小说之前,首先要把握小说的主题思想。任何一个主题都有其相应的情绪表达:是轻松愉快的,还是沉重不幸的?是富有哲理的,还是幽默风趣的?不同的主题思想营造不同的氛围,而不同的气氛要用不同的朗读方式来表现。

二、把握小说的发展脉络

　　小说的故事总有开头、结尾,事件也总有发生、发展、高潮和结局,这就是发展脉络。因此,朗读小说可以在开头用慢速,多停顿,使听众听得清楚明白;中途娓娓道来,要从容不迫;关键之处要运用重音、停顿引起听众的注意;高潮到来,要用节奏、语速的变化来表现,否则就会显得平淡无奇了。

三、突出小说的描写部分

　　小说塑造人物形象,表达主题思想,往往要借助各种描写方法,而这些描写的部分恰恰是作者最能够透露内心思想和情感的地方。环境描写、心理描写、人物语言描写、细节描写等,朗读者都应该特别注意。环境描写要读出它对小说的烘托作用,心理描写要读出一种思索的情态,对话描写要读出人物的语调语气等,细节描写要突出对听众的一种暗示效果。

比如,小说故事中如果有人物出现,就要用不同频率的声音来塑造人物的形象。读小伙子的话,就要提高频率;读老先生的话,就要降低频率;人物的喜、怒、哀、乐都可以用嗓音来表现。

按要求朗读下面这篇作品:

齐白石买菜

一天早晨,齐白石上街买菜,看见一个乡下小伙子的白菜又大又新鲜,就问:"多少钱一斤?"

小伙子正要答话,仔细一看,心想:哦!这不是大画家齐白石吗?就笑了笑说:"您要白菜,不卖!"

齐白石一听,不高兴地说:"那你干吗来了?"

小伙子忙说:"我的白菜用画换。"

齐白石明白了,看来这小伙子认出自己了,就说:"用画换?可以啊,不知怎样换法?"

小伙子说:"您画一棵白菜,我给您一车白菜。"

齐白石不由笑出了声:"小伙子,你可吃大亏了!"

"不亏,您画我就换。"

"行。"齐白石也来了兴致:"快拿纸墨来!"

小伙子买来纸墨,齐白石提笔抖腕,一幅淡雅清素的水墨《白菜图》很快就画出来了。

小伙子接过画,从车上卸下白菜,拉起空车就走。齐白石忙拦住他笑笑:"这么多菜我怎么吃得完?"说着,就只拿了几棵白菜走了。

朗读指导:这篇故事轻松活泼,富有生活气息。可以选用自然、松弛的嗓音和体态来朗诵。这样,故事的背景和气氛(生活中常见的菜市场)就出来了。

从故事的脉络来看,一开始是普通的讨价还价,接着小伙子认出了老画家,情况有了变化:不卖——要换。这一过程又分为以下几个阶段:

1. 小伙子认出齐白石:"正要答话——齐白石吗?——不卖"前面用低声表示内心活动;后面欲擒故纵,用扬声,故作冷淡。

2. 齐白石不高兴:"齐白石一听——干吗来了"声音低沉,稍重,表示老人的气愤。

3. 小伙子解释:"我的白菜用画换。"语调下抑,表示诚恳。

4. 老画家明白了:"齐白石——怎样换法",先抑后扬。

5. 两人商量办法:"小伙子——快拿纸墨来",对话松弛自然,生活化,体现幽默风趣。

6. 画画过程:"小伙子买来纸墨——画出来了",这是一个高潮,朗读时声音要明亮,语速快,体现一挥而就。

7. 结尾:"小伙子接过画——走了",尾声,恢复平和自然的语气。

人物、情节和环境被称为"小说的三要素"。因此,朗读小说的时候一定要注意把握这些特点:

(1)人物形象准确、鲜明。因为小说以塑造人物形象为反映或表现生活的主要手段。

(2)情节展开要清晰、合理。因为小说有较完整、生动的情节。

(3)注重环境的烘托。因为小说有具体的、典型的环境描写。

请结合小说朗读的相关技巧,朗读以下作品。

小英雄雨来(节选)

管 桦

二、上夜校

秋天。

爸爸从集上卖苇席回来,同妈妈商量:"看见了区上的工作同志,说是孩子们不上学念书不行,起码要上夜校。叫雨来上夜校吧。要不,将来闹个睁眼瞎。"

夜校就在三钻儿家的豆腐房里,房子很破。教夜校的是东庄学堂里的女老师,穿着青布裤褂,胖胖的,剪着短发。女老师走到黑板前面,屋里"嗡嗡嗡嗡"说话的声音立刻停止了,只听见"哗啦哗啦"翻课本的声音。雨来从口袋里掏出课本,这是用土纸油印的,软鼓囊囊的。雨来怕揉坏了,向妈妈要了一块红布,包了个书皮,上面用铅笔歪歪斜斜地写了"雨来"两个字。雨来把书放在腿上,翻开书。

女老师斜着身子,用手指点着黑板上的字,念着:

"我们是中国人,

我们爱自己的祖国。"

大家就随着女老师的手指,齐声轻轻地念起来:

"我们——是——中国人,

我们——爱——自己的——祖国。"

10-15
音频:小英雄雨来(朗读示范)

......

五、与鬼子作斗争

鬼子把前后院都翻遍了。

屋子里遭了劫难,连枕头都给刺刀挑破了。炕沿上坐着个鬼子军官,两眼红红的,用中国话问雨来说:"小孩,问你话,不许撒谎!"他突然望着雨来的胸脯,张着嘴,眼睛睁得圆圆的。

雨来低头一看,原来刚才一阵子挣扎,识字课本从怀里露出来了。鬼子一把抓在手里,翻着看了看,问他:"谁给你的?"雨来说:"捡来的!"

鬼子露出满口金牙,做个鬼脸,温和地对雨来说:"不要害怕!小孩,皇军是爱护的!"说着,就叫人给他松绑。

雨来把手放下来,觉得胳臂发麻发痛,扁鼻子军官用手摸着雨来的脑袋,说:"这本书谁给你的,没有关系,我不问了。别的话要统统告诉我!刚才有个人跑进来,看见没有?"雨来用手背抹了一下鼻子,嘟嘟囔囔地说:"我在屋里,什么也没看见。"

扁鼻子军官把书扔在地上,伸手往皮包里掏。雨来心里想:"掏什么呢?找刀子?鬼子生了气要挖小孩眼睛的!"只见他掏出来的却是一把雪白的糖块。

扁鼻子军官把糖往雨来手里一塞,说:"吃!你吃!你得说出来,他在什么地方?"他又伸出那个戴金戒指的手指,说:"这个,金的,也给你!"

雨来没有接他的糖,也没有回答他。

旁边一个鬼子嗖地抽出刀来,瞪着眼睛要向雨来头上劈。扁鼻子军官摇摇头。两个人唧唧咕咕说了一阵。那鬼子向雨来横着脖子翻白眼,使劲把刀放回鞘里。

扁鼻子军官压住肚子里的火气,用手轻轻拍着雨来的肩膀,说:"我最喜欢小孩,那个人,你看见没有?说呀!"雨来摇摇头,说:"我在屋里,什么也没看见!"

扁鼻子军官的眼光立刻变得凶恶可怕,他向前弓着身子,伸出两只大手。啊!那双手就像鹰的爪子,扭着雨来的两个耳朵,向两边拉。雨来疼得直咧嘴。鬼子又抽出一只手来,在雨来的脸上打了两巴掌,又把他身上的肉揪起一块,咬着牙拧。雨来的脸立刻变成白一块,青一块,紫一块。鬼子又向他胸脯上打了一拳。雨来打个趔趄,后退几步,后脑勺正碰在柜板上,但立刻又被抓过来,肚子撞在炕沿上。

雨来半天才喘过气来,脑袋里像有一窝蜂,嗡嗡地叫,他两眼直冒金花,鼻子流着血。一滴一滴的血滴下来,溅在课本那几行字上:

"我们是中国人,我们爱自己的祖国。"

鬼子打得累了,雨来仍是咬着牙,说:"没看见!"

扁鼻子军官气得暴跳起来,嗷嗷吼叫:"枪毙,枪毙!拉出去!拉出去!"

慈 母 情 深

梁晓声

我一直想买一本长篇小说——《青年近卫军》。书价一元多钱。

母亲还从来没有一次给过我这么多钱。我也从来没有向母亲一次要过这么多钱。但我想有一本《青年近卫军》，想得整天失魂落魄。

我从同学家的收音机里听过几次《青年近卫军》的连续广播。那时我家的破收音机已经卖了，被我和弟弟妹妹们吃进肚子里了。

我来到母亲工作的地方，呆呆地将那些母亲扫视一遍，却没有发现我的母亲。

七八十台缝纫机发出的噪声震耳欲聋。

"你找谁？"

"找我妈！"

"你妈是谁？"

我大声说出了母亲的名字。

"那儿！"

一个老头儿朝最里边的角落一指。

我穿过一排排缝纫机，走到那个角落，看见一个极其瘦弱的脊背弯曲着，头和缝纫机挨得很近。周围几只灯泡烤着我的脸。

"妈——"

"妈——"

背直起来了，我的母亲。转过身来了，我的母亲。褐色的口罩上方，一对眼神疲惫的眼睛吃惊地望着我，我的母亲……

母亲大声问："你来干什么？"

"我……"

"有事快说，别耽误妈干活！"

"我……要钱……"

我本已不想说出"要钱"两个字，可是竟然说出来了！

"要钱干什么？"

"买书……"

"多少钱？"

"一元五角……"

母亲掏衣兜，掏出一卷揉得皱皱的毛票，用龟裂的手指数着。

旁边一个女人停止踏缝纫机，向母亲探过身，喊道："大姐，别给他！你供他们吃，供他们穿，供他们上学，还供他们看闲书哇！"接着又对着我喊："你看你妈这是在怎么挣钱？你忍心朝你妈要钱买书哇？"

母亲却已将钱塞在我手心里了，大声对那个女人说："我挺高兴他爱看书的！"

母亲说完，立刻又坐了下去，立刻又弯曲了背，立刻又将头俯在缝纫机板上了，立刻又陷入了忙碌……

那一天我第一次发现，母亲原来是那么瘦小！那一天我第一次觉得自己长大了，应该是个大人了。

我鼻子一酸,攥着钱跑了出去……

那天,我用那一元五角钱给母亲买了一听水果罐头。

"你这孩子,谁叫你给我买水果罐头的!不是你说买书,妈才舍不得给你这么多钱呢!"

那天母亲数落了我一顿。数落完,又给我凑足了够买《青年近卫军》的钱。我想我没有权利用那钱再买任何别的东西,无论为我自己还是为母亲。

就这样,我有了第一本长篇小说。

我的叔叔于勒(节选)

【法】莫泊桑

10—16
音频:我的
叔叔于勒
(朗读欣赏)

我父亲突然好像不安起来,他向旁边走了几步,瞪着眼看了看挤在卖牡蛎的身边的女儿女婿,就赶紧向我们走来,他的脸色十分苍白,两只眼也跟寻常不一样。他低声对我母亲说:"真奇怪!这个卖牡蛎的怎么这样像于勒?"母亲有点莫名其妙,就问:"哪个于勒?"

父亲说:"就……就是我的弟弟呀……如果我不知道他现在是在美洲,有很好的地位,我真会以为就是他哩。"

我母亲也怕起来了,吞吞吐吐地说:"你疯了!既然你知道不是他,为什么这样胡说八道?"

可是父亲还是放不下心,他说:"克拉丽丝,你去看看吧!最好还是你去把事情弄个清楚,你亲眼去看看。"

母亲站起来去找她两个女儿。我也端详了一下那个人。他又老又脏,满脸皱纹,眼光始终不离开他手里干的活儿。

母亲回来了。我看出她在哆嗦。她很快地说:"我想就是他。去跟船长打听一下吧。可要多加小心,别叫这个小子又回来吃咱们!"

父亲赶紧走去。我这次可跟着他走了,心里异常紧张。父亲客客气气地和船长搭上话,一面恭维,一面打听有关他职业上的事情,例如哲尔赛是否重要,有何出产,人口多少,风俗习惯怎样,土地性质怎样等等。后来谈到我们搭乘的这只"特快号",随即谈到全船的船员。最后我父亲终于说:"您船上有一个卖牡蛎的,那个人倒很有趣。您知道点儿这个家伙的底细吗?"

船长本已不耐烦我父亲那番谈话,就冷冷地回答说:"他是个法国老流浪汉,去年我在美洲碰到他,就把他带回祖国。据说他在哈佛尔还有亲属,不过他不愿回到他们身边,因为他欠了他们的钱。他叫于勒……姓达尔芒司,——也不知还是达尔汪司,总之是跟这差不多的那么一个姓。听说他在那边阔绰过一个时期,可是您看他今天已经落到什么田地!"

我父亲脸色早已煞白,两眼呆直,哑着嗓子说:"啊!啊!原来如此……如此……我早就看出来了!……谢谢您,船长。"

他回到我母亲身旁，是那么神色张皇。母亲赶紧对他说："你先坐下吧！别叫他们看出来。"

他坐在长凳上，结结巴巴地说："是他，真是他！"然后他就问："咱们怎么办呢？"母亲马上回答道："应该把孩子们领开。若瑟夫既然已经知道，就让他去把他们找回来。最要留心的是别叫咱们女婿起疑心。"

父亲突然很狼狈，低声嘟哝着："出大乱子了！"

母亲突然很暴怒起来，说："我就知道这个贼是不会有出息的，早晚会回来重新拖累我们的。现在把钱交给若瑟夫，叫他去把牡蛎钱付清。已经够倒霉的了，要是被那个讨饭的认出来，这船上可就热闹了。咱们到那头去，注意别叫那人挨近我们！"她说完就站起来，给了我一个5法郎的银币，就走开了。我问那个卖牡蛎的人："应该付您多少钱，先生？"

他答道："2法郎50生丁。"

我把5法郎的银币给了他，他找了钱。

我看了看他的手，那是一只满是皱痕的水手的手。我又看了看他的脸，那是一张又老又穷苦的脸，满脸愁容，狼狈不堪。我心里默念道："这是我的叔叔，父亲的弟弟，我的亲叔叔。"

我给了他10个铜子的小费。他赶紧谢我："上帝保佑您，我的年轻的先生！"

等我把2法郎交给父亲，母亲诧异起来，就问："吃了3个法郎？这是不可能的。"

我说："我给了他10个铜子的小费。"

我母亲吓了一跳，直望着我说："你简直是疯了！拿10个铜子给这个人，给这个穷无赖！"她没再往下说，因为父亲指着女婿对她使了个眼色。

后来大家都不再说话。在我们面前，天边远处仿佛有一片紫色的阴影从海里钻出来。那就是哲尔赛岛了。

我们回来的时候改乘圣玛洛船，以免再遇见他。

模块四

幼儿教师语言专题训练

项目十一　幼儿故事讲述训练

项目十二　童话剧表演训练

项目十三　演讲训练

项目十一 幼儿故事讲述训练

1. 掌握故事讲述的技巧,尤其对故事中人物形象塑造的各种技巧。
2. 借助辅助手段,连贯流畅、生动形象进行故事讲述。
3. 感受语言的趣味,激发语言表达的兴趣,爱上故事讲述,爱上幼儿。

任务一 幼儿故事讲述概述

 内容提要

　　爱听故事是孩子的天性,尤其是在幼儿阶段。幼儿故事是幼儿最早接触的文学样式之一。那么,你知道幼儿喜欢哪一些类型的故事吗?他们喜欢用怎样的方式聆听呢?什么样的讲述才能引人入胜?希望通过本任务的学习,你能够找到答案。

一、幼儿故事讲述概述

　　幼儿故事是儿童文学的一种,是以幼儿为对象,适合幼儿倾听、理解、表演,也就是适合幼儿听、读、讲的故事。幼儿故事往往是通过叙述的方式讲一个带有寓意的事件,侧重于事件过程的描述,强调情节的生动性和连贯性,较适合口头讲述。

幼儿故事是幼儿教育的重要内容,也是幼儿园教育活动中最基本的教育载体。因此,讲述幼儿故事是幼儿教师的一项基本技能,也是幼儿教育职业的基本要求。有"故事爷爷"之称的儿童教育家孙敬修曾说:"一个生动故事的教育作用要比单纯的要求、命令、说教效果好得多。"因此,幼儿教师要学会选择符合幼儿的认知水平和心理特点的优秀故事,学会故事讲述的基本技巧。

二、幼儿故事讲述的特点

(一)教育性

故事是一种有效的宣传教育形式,很多"大道理"往往都蕴藏在一个个"小故事"中。因此,故事讲述不仅可以拉近与幼儿的距离,活跃气氛,还能在潜移默化中让幼儿受到启发、教育。

(二)趣味性

根据幼儿的认知水平和年龄特点,在进行幼儿故事材料选择和语言表达时都非常讲究趣味性。个性鲜明的人物形象,风趣幽默的故事情节,生动形象的语言表达,可以让故事的讲述波澜起伏,引人入胜。同时,让幼儿的思绪与情感起起落落,激发幼儿对故事的喜爱。

(三)表演性

幼儿故事讲述是一种趋于舞台表演的语言艺术表现形式。因此,在故事讲述的过程中,就要求讲述具有一定的夸张性,语言表达抑扬顿挫,张弛有度,并辅以恰当的面部表情和体态手势,使故事形象栩栩如生,活灵活现,达到良好的艺术效果。

(四)创造性

故事讲述不同于朗读、朗诵。朗读、朗诵要求忠于原著,不添字、不漏字、不增删,而故事讲述一般不限于对书面材料一字不漏地机械重复。可以在熟悉故事的基础上,对故事内容进行适当增删或者改动,根据对故事的理解、个人风格、语言表达习惯,对故事内容及表现形式进行再创造。

三、幼儿故事讲述的要求

故事讲述要求讲述者有童心,从孩子心理的角度出发,全身心地投入故事中,把自己当作故事中的角色,让幼儿感受到他们是在目睹或亲身经历这件事情,从而创设一个属于孩子们特有的情境。

11-1
微课:幼儿故事讲述的要求

(一)儿童化的语言表达

儿童化语言表达关注的是语言的标准、流畅、口语化。具体地说就是语音发音标准、故事讲述流畅、语言口语化。如果断句不当,重复回讲,说出来的语言过于书面化,听者会越听越费劲,越听越糊涂。

(二)儿童化的语气语调

用儿童化的语气去讲述故事,即讲述者借助通俗易懂的语言,根据儿童言语思维习惯、表达习惯、表达的方式,在不同环境里,借助丰富的语气语调讲述故事中不同人物的话语。因此,在故事讲述的过程中,选择什么样的语气、语调来体现作品的含义,显得尤为重要。

(三)儿童化的语速、停顿

由于幼儿的认知水平有限,幼儿教师在进行幼儿故事讲述的过程中,语速不宜过快,否则会影响幼儿对故事内容和情节的正确理解。

恰当的停顿不但能准确表达故事内容,还能创造有效的悬念,引发更深度的共鸣,同时也便于情绪转换。我们经常用一个词语来形容故事讲述的状态——娓娓道来。营造故事的"讲述感"很重要,否则会给听众一种毫无情感的背诵或"念经"的感觉。

(四)儿童化的态势语

体态、手势、表情、眼神等非语言因素也能传递信息,这些统称为态势语。为了增强艺术效果,沟通与观众的情感,故事讲述时可以运用一些恰当、生动的态势语,以辅助有声语言表情达意。儿童化态势语要符合孩子的认知和审美,同时也要求具有一定的夸张度和美感。

从以上的要求不难看出,不论是语言表达、语气语调、语速停顿还是态势语,幼儿故事讲述的关键词都是——"儿童化"。

1. 练习讲述《猴吃西瓜》片段,参考朗读技巧和态势语的提示讲述

猴王找到了一个↗大西瓜(双手向两边打开画出一个大圆形),可是,怎么吃呢?↘(皱眉、做思考状)→这个猴啊,是从来也没有(摆摆手)吃过西瓜。忽然,他想出了一条妙计↗,于是,把所有的猴│都召集来了。→他清了清嗓子(咳咳咳,假装清嗓子):"今天↗(双手交叉摆在身后),我找到了一个大西瓜。→至于这西瓜的吃法嘛,我当然↘……当然↗是知道的。不过,我要考验一下大伙的智慧,看看│谁能说出这西瓜的吃法。如果说对了↗,我可以多赏他一块。如果说错了↘,我可要惩罚他!"→大伙你看看我,我看看你,可是谁也没有吃过西瓜。

2. 训练材料:故事《猜猜我有多爱你》

(1) 扫二维码,欣赏《猜猜我有多爱你》视频,分享自己的感受。

(2) 参考《猴吃西瓜》练习,给下列故事标注相应的讲述的技巧符号,设计恰当的态势语。

11-2
视频:讲故事《猜猜我有多爱你》
(学生作品)

猜猜我有多爱你
【爱尔兰】山姆·麦克布雷尼

小栗色兔子该上床睡觉了,他紧紧地抓住大栗色兔子的长耳朵。他要大兔子好好听他说。"猜猜我有多爱你?"他说。

大兔子说:"哦,这我可猜不出来。"

"这么多!"小兔子说,他把手臂张开,开得不能再开。

大兔子的手臂要长得多,"我爱你有这么多。"他说。

嗯,这真是很多,小兔子想。

"我的手举得有多高我就有多爱你。"小兔子说。

"我的手举得有多高我就有多爱你。"大兔子说。

这可真高,小兔子想,我要是有那么长的手臂就好了。

"我爱你,就和我举得一样高。"小兔子说。

"我爱你,和我举得一样高。"大兔子说。

这真的很高,小兔子想:要是我的手臂可以和他一样,该多好啊。

小兔子又有了个好点子。

他脚顶着树干,倒立起来。一边说:"我爱你一直到我的脚趾头!"

"我爱你,一直到你的脚趾头。"大兔子说着,把小兔子抛起来,一下子抛过了他的头顶。

小兔子咯咯笑着说:"我爱你,和我跳得一样高。"他跳来,又跳去。

大兔子微笑着说:"可是,我爱你和我跳得一样高。"他说着往上一跳,耳朵都碰到树枝了。

跳得真高,小兔子想。要是我也能跳得和他一样高,该多好啊。

小兔子大叫:"我爱你,一直穿过小路,到远远的河那边。"

大兔子说:"我爱你,一直穿过了小河,到山的那一边。"

小兔子想,那真是好远啊。

他快要睡过去了,什么也想不起来了。这时,他看看树丛前方,无边的黑夜之中,再没有什么比那天空更遥远了。"我爱你,一直到月亮上面。"小兔子说着,闭上了眼睛。

"噢! 那可真远,"大兔子说,"真的是非常、非常远了。"于是,大兔子轻轻地躺在小兔子的旁边,带着微笑,小声说道:"我爱你,从这儿一直到月亮上面,再——绕回来。"

 锦囊妙计

在练习中,我们可以运用以下几个故事讲述技巧:

1. 做好标注。在故事讲述过程中,将重音、停连、快慢、升降等语言表达技巧,高潮表达的要求,甚至一些潜台词,用符号一一标注出来,作为讲述准备阶段的提示。

2. 记录声音。可以将故事讲述全程录音或者录像,然后回放、对比,找到问题所在。

3. 细心雕琢。对镜训练自己的表情、手势、嘴型、肢体语言。最棒的方法莫过于用摄像机捕捉自己的整段讲述过程,然后站在"观众"的角度来审视自己,不断调整,精益求精。

4. 目中有人。眼睛是心灵的窗户,人物的形象、情绪的表达都需要通过与倾听对象的眼神交流才能做到真正的传递。切忌把视线一直集中在某个角落或某人身上,避免一直向上看。

 学以致用

1. 幼儿故事讲述要怎么样才能吸引人?说说自己的收获

2. 要求结合本项目学习内容对下面的作品进行技巧标识和态势语设计,也可以对故事进行适当修改

微 笑

应彩云

小鸟说:"我愿意为朋友们唱歌,让他们高兴!"

大象说:"我愿意为朋友们干活,让他们高兴!"

小兔说:"我愿意为朋友们送信,让他们高兴!"

小蜗牛好着急,他能为朋友们做什么呢?

一群小蚂蚁正在忙着搬东西,他们从小蜗牛身边走过时,小蜗牛向他们友好地微笑。小蜗牛想:对呀,我可以把微笑送给朋友们,让他们高兴呀!小蜗牛就画了好多张图片,上面有一只小蜗牛在甜甜地微笑。朋友们看到这张图片,也高兴地笑了。

爱笑的小花

公园里有朵花,真好看,看见小天天,总是笑眯眯的。

天天问花儿:"你叫什么名字?"

花儿只是笑,不说话。

天天伸出小手,要采这朵花。

外公摆摆手说:"天天别采!你不采她,花儿总是对你笑,你一采下来,花儿就哭

11-3
音频:爱笑的小花(学生作品)

了。"天天不想看到小花对他哭,天天没有采。

这时,小花笑得更可爱了。她成了天天的好朋友。

天天回家以后,告诉外婆:"公园里有一朵花,很乖很乖,对他一直笑,一直笑。"

外婆说:"天天也很乖,你也是一朵爱笑的小花。"

爬得很高的牵牛花
凡 夫

一株柳树被虫蛀空了身体,大风将它拦腰折断。然而,它仍活着。第二年春天,它的残躯上发出了新芽。新芽饮着雨露,沐着阳光,长成了袅娜的柳丝。

牵牛花从它的脚下钻出来,伸展柔软的腰肢,紧紧地缠绕着它往上爬。柳树皱着眉头呵斥:"讨厌的小东西!缠着我干什么?"

牵牛花掏出一个小喇叭,"哇啦哇啦"地吹了一气说:"尊敬的柳树老前辈,您多么挺拔,多么令人肃然起敬啊!古今中外的名人,我最崇敬的就是您了!"柳树听了,心里跟用鹅毛拂得一样舒服。牵牛花趁机往上爬了爬,掏出第二个小喇叭:"至高无上的柳树老博士,您的知识多么渊博啊!瞧您这头学者似的长发,比爱因斯坦还有风度!古今中外的这家那家,我看都不如您老人家!"

柳树感到自己飘起来了,像一朵白云,冉冉地越飞越高。牵牛花一边吹着喇叭,一边往上爬。不久,它比柳树还高出一头。它俯视着对旁边的一棵幼松说:"小伙子,你瞧我爬得多快,爬得多高!"

幼松瞥了瞥它挂满喇叭的身子,报以轻蔑的一笑。

11-4
音频:爬得很高的牵牛花(学生作品)

猴子戴手套
樊发稼

一只猴子进城玩儿,看见男男女女都戴着手套,挺好看的。猴子进商店,也给自己买了一副手套。

回到山林里,猴子戴上那副花花绿绿的手套到处炫耀:"大伙都来瞧呀,我的手套多漂亮!"

八哥鸟随声附和地道:"是啊是啊,多漂亮!多漂亮!"

喜欢拍马屁的小猩猩说:"嘿,猴哥!今儿个你戴了手套显得格外精神,既有风度也很潇洒!"

只有上了点年纪的驴子不以为然地说:"手套是人的专用品,我们动物不宜生搬硬套地使用。猴子戴手套,我看有点不伦不类。"

猴子听了驴子的话,骂道:"你这蠢驴知道个啥!我看你是妒忌心太重了。"

没过几天,猴子摔成重伤住进了医院,原因是他戴了手套上树,握不住树枝,从树上跌了下来。

11-5
音频:猴子戴手套(学生作品)

任务二　幼儿故事中的角色塑造

内容提要

要使故事讲述生动精彩、引人入胜，个性鲜明的人物角色塑造起到至关重要的作用。有了鲜活的人物形象，不仅能够使平面的形象变得立体，也能使看似平淡乏味的文字变成精彩纷呈的画面，让人身临其境。我们应该从哪些方面来塑造角色呢？跟着本任务的内容，我们一起来学习吧！

一、故事角色的声音塑造

（一）声音塑造概述

幼儿故事讲述的过程中，常常需要通过不同的发声方式发出不同的声音，利用这些不同的声音塑造形象，即根据不同角色，分析其性别、年龄、性格、体型等特点，通过不同的发音方式、音色、语气、语调等声音技巧，塑造鲜明的人物形象。

（二）声音塑造的意义和作用

1. 塑造角色形象

声音塑造是展现角色形象多样化的有效手段。首先，相同角色因为故事内容不同，声音的表达方式也有所不同。例如，同样是妈妈的角色，在《小蝌蚪找妈妈》中，青蛙妈妈低头一看，笑着说："好孩子，你们已经长成青蛙了，快跳上来吧！"很显然，这是一个开朗的妈妈。而在《半小时爸爸》中的鸭妈妈，在蛋上坐了整整三个星期，又累又乏的鸭妈妈遇到热心肠的笨狼时对笨狼说："你能替我照料一下我孩子吗？你只需要替我看着它就行。"这一位妈妈明显温柔且疲惫。其次，不同角色形象塑造在声音的表现上也有很大不同。比如《半小时爸爸》里面用雄浑充满热情的声音塑造笨狼高大憨厚的形象；用高昂天真稚嫩的声音塑造小鸭子娇小可人的形象；用低沉充满爱意的声音塑造鸭妈妈疲惫温柔的形象。根据不同的角色进行声音的塑造可以更好地展现出角色的形象和特点，使角色活灵活现、惟妙惟肖地展现在观众面前。

2. 刻画角色性格

丰富的声音呈现，不仅可以塑造角色形象，还可以使角色的性格更加鲜明。当我们把握了角色形象的基本特征,接下来就是通过角色言语来分析人物性格。而声音的塑造可以很好地展现角色性格,使角色变得鲜明。例如故事《漂亮的代价》中的小刺猬形象,角色声音要高昂曲折,充斥着骄傲和招摇色彩;狡猾的大灰狼,声音低沉压抑,充斥着诡秘和阴暗色彩;善良的长颈鹿,声音温柔急切,充斥着善意和关心色彩。所以注重角色声音塑造,可以更好地把握角色性格,便于幼儿听众感受到角色性格,提升欣赏水平。

3. 还原故事情境

在幼儿故事讲述中,通过声音"填充"故事,还原故事情境,让听众仿佛看到或听到故事角色所处的环境和状态。例如《猜猜我有多爱你》中,最后小兔子很困了,还是一直和大栗色兔子"比赛",这时候声音应该是轻柔中带一点困倦,甚至可以打一个大大的呵欠,这样就能够很快让听众感觉到故事情境的变化,与之前的活泼、明亮感形成鲜明的对比。

(三)影响声音塑造的要素

1. 气息的使用

通过气息来传情达意可以增加故事讲述的感染力。要实现故事中不同形象的塑造,需要讲述者通过对气息的长短、强弱方面进行控制和调节来达到情感、声音和气息的有机结合。

2. 共鸣腔的匹配

共鸣腔的匹配在声音的塑造中极其重要。人的口腔、胸腔等发音器官就像一个音箱,搭配得当就能发出各种不同的嗓音。就像有的人说话或唱歌时,体态轻松,但声音穿透力特别强,这就是使用了共鸣的结果。而人体共鸣中常用的就是头腔共鸣、鼻腔共鸣、喉腔共鸣、胸腔共鸣等。如唱歌时,高音歌唱家一般是头腔共鸣和鼻腔共鸣;低音歌唱家,通常是胸腔共鸣;而中音歌唱家发声范围较宽泛,可以是鼻腔、喉腔、胸腔的共鸣;而我们平时说话,一般用的是口腔共鸣或鼻腔共鸣。

11-6
微课:影响声音塑造的要素

当然,我们也可以借助进一步练习来强化共鸣腔的使用,仔细体会发音时胸腔、口腔、鼻腔等共鸣的感觉。以胸腔为例,可以采用"叹气法"或者"哼鸣法"来体验胸腔共鸣。叹气法,顾名思义就是叹气。把手放在胸口,然后想象着一些难过或者沮丧的事情,深深叹气"哎——",当感觉到胸口处在振动,这就是胸腔共鸣。哼鸣法,就是紧闭双唇,从鼻腔哼出"姆——"的音,有点像声乐课上课前的开嗓训练,可以带上音阶"sou——fa——mi——rei——do",哼"姆——姆——姆——姆——姆",把手放在胸口,感受振动。也可以通过朗读词语,对比感知。

(1)胸腔共鸣练习:暗淡、反叛、散漫、计划、到达。

(2)口腔共鸣练习:澎湃、碰壁、拍打、喷泉、品牌。

(3)鼻腔共鸣练习:妈妈、买卖、弥漫、出门、戏迷。

3. 吐字清晰度

吐字清晰就是将音节的头、腹、尾音清晰地送出，而又有机地结合，形成一个完整的字音，达到"近听不刺耳，远听不含混"的境界。例如故事《两只笨狗熊》中，为了体现狗熊的愚笨，会采用比较低沉且含糊的吐字法；为了体现狐狸大婶的狡猾和迫不及待，会用比较高亢且快速的吐字法，这样的设计是完全没有问题的。但在吐字的过程中，掌握好"含糊""快速"的尺度就显得尤为重要。如果为了达到效果，一味"含糊"或"快速"，让人听不清楚到底说了什么，就会影响故事内容的传达，那这样的吐字方式就不合适了，需要及时调整。

（四）声音塑造的分类和要求

角色声音塑造一般分两类，一类是角色的叫声，就是我们日常所说的动物的叫声；另一类是角色话语，即角色在故事中所说的话。

1. 角色叫声的塑造

角色叫声一般是指在幼儿故事中出现的动物特有的、较固定的叫声。例如，老鼠的叫声"吱吱"，发"zhi zhi"的音，声带收紧变窄，有点像从喉咙眼挤出的字音。羊的叫声"咩"，发音时两边嘴角缓慢展开，声带颤抖，嘴型偏扁发"mie"音。在进行动物声音塑造的时候，应尽量按照动物实际叫声进行模仿发音，见表11-1。

11-7 微课：角色的叫声塑造

表11-1　不同动物叫声及发声举例

动物	叫声	发声方法
老鼠	吱吱	"zhi zhi"，声带收紧变窄，有点像从喉咙眼挤出的字音
牛	哞	鼻腔发音，声带震动，叫声低沉浑厚且悠长
老虎	嗷呜	张开大口，声音从喉腔摩擦而出，尾音wu收口并延长
猴子	呜呜诶诶	声带紧绷，快而短，气息往头腔上冲，发"wuwu eiei"
公鸡	喔喔喔	嘴唇做"o"状，三个字的音量由小到大，尾音延长下降
母鸡	咯咯哒	"ge ge"两音连发，"da"的发音高且上扬，尾音延长
小鸡	叽叽	"ji ji"嘴型偏扁，发音轻快短促
小鸟	啾啾	"jiu jiu"，舌面音，发音轻快短促
乌鸦	哇	口腔稍扁，蓄气，发"wa"音瞬间爆破出来，保持张开口型
绵羊	咩	嘴型扁，声带颤动，发出"mie"音并适当延长
小狗	汪汪	蓄气，发"wang"音瞬间爆破，快而短，要有力量感
猪	哼哼	口张开倒吸气，气流快而短，从鼻腔发"heng"，粗重含糊

续 表

动物	叫声	发 声 方 法
鸭子	嘎嘎	嘴巴张大,发"ga ga",延长尾音a
青蛙	呱呱	发"gua",嘴型大,双唇由撮口的w到a,延长尾音a
猫咪	喵	双唇由紧闭到张开最后收圆发miao,发音缓慢,类似m～i～ao～

2. 角色话语的塑造

角色话语的塑造主要是指模拟故事中的动物角色说话,当然也包括人物角色的说话。对动物角色说话进行塑造时,要和它发出叫声的发声位置、发声方法一致,并适当代入动物发出叫声时可能产生的身姿形态,将其融入具体的说话内容中,进行角色话语塑造。例如《白云枕头》中胖小猪和小白兔的对话片段:

胖小猪和小白兔本来是最要好的朋友,可是今天却为了一件小事儿吵架了。

小白兔说:"哼!叫你夜里睡不着觉。"

胖小猪说:"哼!叫你的毛变得黑黑的。"他俩都气呼呼地回家了。

要模拟片段中胖小猪的话,我们可以先发出小猪的叫声"哼哼",发叫声的方法在表11-1中已经提及——鼻腔共鸣,舌根用力,声音粗重且有些含糊。模拟胖小猪的话语也需要在同样的发声位置,用同样的发声方法,粗重且有些含糊地来讲述。

值得注意的是,因为听故事的人是幼儿,所以在模拟动物说话时要注意把握尺度,不管塑造角色的说话习惯是"含糊""粗重"还是"结巴",前提一定是让幼儿能听清说话的内容,不能为了追求像声而使角色语言过于含混。同时,也可以根据角色的性别、年龄、性格、身份等特征,运用不同的声音把角色区分开来,比如男性(雄性)嗓音比较粗重,女性(雌性)比较温柔;孩子的音高较高,老人比较低沉;炫耀的人语速慢、语调丰富,着急的人语速快、语调较高;兴奋的时候说话快而响,沮丧的时候说话慢而轻,等等。

11-8
微课:角色的话语塑造

1. 根据提示模拟叫声和模拟角色说话,讲绘本故事《挤呀挤》

提示:(1)模拟故事中出现的小动物的叫声;

(2)用模拟叫声的方式进行角色语言的塑造,使幼儿对角色形象的认知更加鲜明。

挤 呀 挤

"妈妈,我要尿尿!"宝宝一觉醒来,跑出房间去找妈妈。这时——

"吱吱吱,真暖和呀!"小老鼠钻进被窝里。

11-9
视频:讲故事《挤呀挤》(教师示范)

"呷呷呷，"小鸭子来了，"好舒服的床，让我也睡一睡吧！"

"叽叽，叽叽，"小公鸡和小母鸡来了，"好舒服的床，让我们也睡一睡吧！"

"喵呜——"小猫咪来了，"好舒服的床，让我也睡一睡吧！"

"汪汪，汪汪，"小黄狗来了，"好舒服的床，让我也睡一睡吧！"

"咩——"小山羊来了，"好舒服的床，让我也睡一睡吧！"

"咴——"小马驹来了，"好舒服的床，让我也睡一睡吧！"

"呼噜，呼噜，"小胖猪来了，"我也要睡一睡！"

宝宝回来了："哎呀，怎么来了这么多朋友？"

大家一起睡吧，挤呀挤，挤在一起真暖和啊！

忽然，"哞——"

2. 当出现不同年龄、身份、性别、体态的角色形象时，我们该怎样处理才能使得角色更加个性化呢？请根据表11-2的提示，练习试讲故事《半小时爸爸》

表11-2 角色声音设计分析

人物	性别	性格	体态	声音设计
笨狼	青年男子	热情善良 憨厚老实	高大粗笨	胸腔共鸣，声音低沉、吐字含糊、语速较慢、语调丰富
小鸭子	新生萌宝 （男女皆可）	天真活泼 机灵可爱	娇小稚嫩	头腔共鸣，咿咿呀呀、奶声奶气、语调高、语速稍快
鸭妈妈	中年妇女	温柔慈爱 尽职尽责	瘦小疲惫	口腔共鸣，声音温柔、吐字清晰、语速中等、语调平直

半小时爸爸

一天，笨狼到湖边去散步，湖边的景色很美，笨狼边走边唱："我是一只来自北方的狼！"

湖边的草丛很美，住着鸭妈妈，她正在孵她的第十个孩子。鸭妈妈已经在蛋上坐了整整三个星期了，现在她又累又乏，很想到湖里去洗个澡，吃点东西。

"我能帮您什么忙吗？"笨狼热心地问道。"嗯，也许你可以替我照料一下我的小宝贝。"鸭妈妈高兴地说。"就是这只蛋吗？您的意思该不是让我也坐在它的上面吧！""当然不是让你坐在它上面，你只要替我看着它就行了。"鸭妈妈说。笨狼坐在窝边上，认真地守着那只蛋。

一会儿，蛋壳破了，小鸭毛茸茸的脑袋钻出来，把笨狼吓了一跳。"妈妈、妈妈。"小鸭子嘟笨狼嘎嘎叫。"我可不是你妈妈。""爸爸、爸爸。""我也不是你爸爸。""哇——"的一声，小鸭子哭了。"好吧，我是你爸爸。"笨狼说。笨狼扒开草丛，挖蚯蚓给小鸭子吃。"我是一只来自北方的狼……"笨狼边挖边唱。"我是一只来自北方的狼……"小鸭子也跟着唱。

11-10 视频：讲故事《半小时爸爸》（教师示范）

鸭妈妈回来了,打老远就张开怀抱:"宝贝,宝贝。"

"爸爸,那是谁?"小鸭子问。

"那是你妈妈。"笨狼说。小鸭子高兴地扑进了妈妈的怀抱。

鸭妈妈和小鸭子跟笨狼说再见,一起向深深的湖水里游去。小鸭子边划水边唱:"我是一只来自北方的狼……"这回,可把鸭妈妈吓了一跳。

塑造故事中的角色,除了需要精打细磨角色本身的声音和语言以外,灵活地诠释文字以及关注旁白的提示语也显得尤为重要。

就拿《半小时爸爸》来说,当中有一句是这样的"'哇——'的一声,小鸭子哭了。"很多同学都会认真投入地将句中的每一个字讲说来,但你想过用小鸭子委屈稚嫩的哭声直接取代这一句话吗?这样对观感和视听觉的冲击是否会更大呢?

再如故事的第一段"一天,笨狼到湖边去散步,湖边的景色很美,笨狼边走边唱:'我是一只来自北方的狼!'"关注旁白,我们就发现一个词语"边走边唱",你可曾想过把这句词唱出来,效果是否大有不同呢?包括故事中小鸭子也跟着唱,用小鸭子的声音唱出同样的旋律,人物的形象是否会变得鲜活、有个性?试一试吧。

请根据本任务学习要点,借助角色声音、角色语言以及丰富的表现形式,塑造生动鲜明的形象,完成以下故事的讲述。

会滚的汽车

杨治军

一只大木桶在路上玩,它不停地滚啊滚……

一只小鸡见了它,大声叫:"会滚的汽车,停一停!请你送我回家好吗?"

"好呀。好呀!"大木桶停了下来说,"请上车吧!"

小鸡真高兴,跳进了大木桶的肚皮里。大木桶又滚啊滚……

一只小鸭见了它,大声喊:"会滚的汽车,停一停!请你送我回家好吗?"

"好呀,好呀!"大木桶停了下来说,"请上车吧!"

小鸭真高兴,钻进了大木桶的肚皮里。大木桶又滚啊滚……

一只小鹅见了它,大声喊:"会滚的汽车,停一停!请你送我回家好吗?"

"好呀,好呀!"大木桶停了下来说,"请上车吧!"

小鹅真高兴,摇摇晃晃地跨进了大木桶的肚皮里。大木桶又滚啊滚,滚啊滚。小鸡、小鸭和小鹅快活地唱起了歌。

"叽叽叽,乘车真开心!"

"嘎嘎嘎,乘车真舒服!"

"吭吭吭,乘车真快乐!"

唱啊唱,唱了一遍又一遍,越唱越有劲。它们的歌声被一只狐狸听见了。狐狸爬上土坡一看,咦?马路上有辆滚着的汽车,再仔细一瞧,"嘿,汽车里装着那么多好吃的,嘻,嘻!"它馋得口水滴答滴答地淌了下来。狐狸急忙跳下了土坡,迎着大木桶把手一拦,又抱住肚子直嚷嚷:"哎哟,哎哟! 疼死我啦!"

"你怎么啦?"大木桶停下来问。"我肚子疼啊!"狐狸装得很痛苦的样子,大木桶同情地说,"请上车吧!"

狐狸眨眨小眼睛,一下子爬进了大木桶的肚皮里。大木桶又滚啊滚,越滚越快……"医院到了,肚子疼的朋友快下车吧!"大木桶停下来喊。

狐狸抱着圆鼓鼓的大肚子,慢吞吞地爬出了大木桶。挤挤小眼睛对大木桶说:"嘿嘿! 你这个大傻瓜! 谁要去医院呀?"

"咦?"大木桶生气地问,"你刚才不是说肚子疼吗?"

"哈哈!"狐狸指指圆鼓鼓的肚子说,"刚才我肚子饿呀。这会儿,我的肚子可饱呐! 已经装着一只鸡、一只鸭,还有一只肥小鹅!"说完,它大摇大摆地往前走了。

"啊! 你……"大木桶气得说不出话来,"把小鸡、小鸭和小鹅给吃了?!哼!"它用力一滚,压住了狐狸的尾巴。狐狸痛得哇哇叫,张开了大嘴巴。"噗!"跳出了小鸡,"唰!"蹦出了小鸭,跟着伸出了小鹅的长脖子。小鸡和小鸭一齐抓住了小鹅的长脖子,"嘿哟、嘿哟",拉呀拉,小鹅也被拉出来了。大木桶又用力一滚,把狐狸压扁了!

小鸡、小鸭和小鹅又钻进了大木桶的肚皮里。咕噜噜,大木桶又飞快地滚起来,从里面又传出了快乐的歌声。

不要再笑了,裘裘

【美】庆子·凯萨兹 江芳 译

11-11
视频:讲故事《不要再笑了,裘裘》(教师示范)

负鼠妈妈很疼爱她的宝宝裘裘,裘裘总是喜欢"咯咯咯"地笑。

这可真让负鼠妈妈头疼,因为现在她要教给裘裘一样最最重要的本领——这是每只负鼠都必须学会的!

"裘裘,"负鼠妈妈说,"你一定要学会装死哦。"

"为什么?"裘裘问。

"因为,我们负鼠就是靠装死来逃脱敌人追捕的呀!"妈妈告诉他,"裘裘,只要你学会了,我就奖励你一块你最爱吃的——虫子馅饼!"

他们开始练习了。

"不能笑哦,裘裘。"妈妈提醒他。

"妈妈,没问题。"裘裘回答。

裘裘开始装死了。妈妈假扮成一只饥饿的狐狸,用鼻子在他的身上闻啊闻啊……裘裘忍不住笑了起来,笑得肚子好疼啊!

"我能吃馅饼了吗?"他问。

"不行,"妈妈责怪他,"一只死了的负鼠是不能笑的!"

裘裘又开始装死。

这次,妈妈假扮成一只可恶的狼,用爪子在他的身上戳啊戳啊……裘裘又忍不住笑了起来,他叫着求妈妈别再戳了,真的好痒啊!

"我能吃馅饼了吗?"他问。

"不行,"妈妈责怪他,"一只死了的负鼠是不能叫的!"

裘裘又开始装死。

这次,妈妈假扮成一只可恶的狼,用爪子在他的身上戳啊戳啊……裘裘又忍不住笑了起来,他叫着求妈妈别再戳了,真的好痒啊!

"我能吃馅饼了吗?"他问。

"不行,"妈妈责怪他,"一只死了的负鼠是不能叫的!"

裘裘的妈妈好担心啊,可是裘裘的朋友们却开心极了,他们一边看裘裘装死,一边笑得东倒西歪。

"唉,裘裘,"负鼠妈妈叹了口气说,"要是真正的敌人来了,你该怎么办呢?"

一天,负鼠妈妈带裘裘出去练习。

"这一次,"她说,"我要假装成一只凶巴巴的大熊,明白了吗,裘裘。"

"我知道了,妈妈。"裘裘说。

可是,就在妈妈像大熊一样叫着扑过来的时候……

一只真正的凶巴巴的大熊高声吼着从森林里冲了出来——啊,这是裘裘听到过的最最吓人的声音!

裘裘和妈妈马上倒在地上,一动也不动了。

凶巴巴的大熊用鼻子在裘裘的身上闻来闻去、闻来闻去……

凶巴巴的大熊用爪子在裘裘的身上戳来戳去、戳来戳去……

凶巴巴的大熊又拎着裘裘晃来晃去、晃来晃去……

这回,裘裘没有笑,没有叫,也没有动。他第一次装得就像真的死了一样——妈妈可高兴了!奇怪的是,凶巴巴的大熊并没有走开,而是呆呆地坐在裘裘身边……

突然,大熊"哇"地一声大哭了起来。"真是太可怕了!"他哭着说,"为什么我总是凶巴巴的?原以为只有小负鼠裘裘才能让我笑起来,没想到我刚刚找到他,他就死了……好惨啊!"

听了大熊的话,裘裘这才松了一口气,他甚至觉得有点对不起这只可怜的熊了。

"嘿,熊先生,"他说,"我没有死,我是在装死呢!"

听到裘裘的声音,凶巴巴的大熊吓了一大跳,"装死?"他叫起来,"好家伙,你装得可真像啊!"大熊恳求裘裘说:"快教教我怎么笑吧!"

"很简单,"裘裘说,"很多事情都很好笑,大熊先生,像刚才发生的事情就很好笑啊!"说着他就忍不住笑了起来。不知怎么搞的,所有的人都开始笑起来,连同这只凶巴巴的大熊!

大家越笑越厉害,笑声把整座森林都震动了。

"哈哈哈,裘裘,"大熊高兴地大叫,"谢谢你让我学会了笑!"

"也谢谢你啊,大熊先生,"裘裘回答说,"谢谢你让我学会了装死。"

"现在,我能吃馅饼了吧?"裘裘问妈妈。

"当然了,"妈妈说,"大家都可以来尝尝美味的虫子馅饼。"

"有蚱蜢馅的!"裘裘高兴地叫起来,"还有甲虫馅和最最好吃的——蟑螂馅!"

一下子,大家都不笑了。

"虫子馅?蟑螂馅!"他们一个接一个倒在了地上……

装死?!

二、故事角色的表情设计

(一)故事角色表情概述

表情指的是情感的外部行为特征。角色表情设计主要指的是故事角色的面部表情的设计。通俗地说,就是通过眼、眉、嘴、鼻和面部肌肉变化来表现情绪状态。面部表情是一种十分重要的非语言表达手段。

(二)参与角色表情设计的部位

1. 眼睛

眼睛是心灵的窗户。它通常是情感的第一个"自发表达者",透过眼睛可以看出一个人是欢乐还是忧伤,是烦恼还是悠闲,是厌恶还是喜欢。眼神有时可以透露一个人的内心是坦然还是心虚,是诚恳还是伪善。正眼视人,显得坦诚;躲避视线,显得心虚;斜着眼瞧,显得轻佻。瞳孔可以反映人的心理变化:当人看到有趣的或者心中喜爱的东西时,瞳孔就会扩大;而看到不喜欢的或者厌恶的东西,瞳孔就会缩小。目光可以委婉、含蓄、丰富地表达允诺或拒绝、央求或强制、讯问或回答、谴责或赞许、讥讽或同情、企盼或焦虑、厌恶或亲昵等复杂的思想和愿望。眼泪能够恰当地表达人的许多情感,如悲痛、欢乐、委屈、思念、温柔、依赖等。

2. 眉毛

眉间的肌肉皱纹能够表达人的情感变化。柳眉倒竖表示愤怒,横眉冷对表示敌意,挤眉弄眼表示戏谑,低眉顺眼表示顺从,扬眉吐气表示畅快,眉头舒展表示宽慰,喜上眉梢表示愉悦。

(1)扬眉。当一个人双眉上扬时,表示非常欣喜或极度惊讶;单眉上扬时,表示对别人所说的话、做的事不理解。

(2)皱眉。双眉紧蹙挤压的形式,是面临外界攻击、突遇强光照射、强烈情绪反应时典型的退避反应。最常见的皱眉一般会理解为厌烦、反感、不同意等情形。

(3)耸眉。耸眉指眉毛先扬起,停留片刻,然后再下降。有时表示的是不愉快,有时表示的是无可奈何。耸眉还经常伴随着嘴角迅速而短暂地往下一撇。此外,人们在热烈地谈话时,会做一些小动作来强调他说的话,当一个人讲到重要处时,也会不断地耸眉。

(4)斜挑眉毛。斜挑眉毛时两条眉毛中的一条降低,一条向上扬起。眉毛斜挑所传达的信息介于扬眉与皱眉之间,扬起的那条眉毛就像提出了一个问号,反映了眉毛斜挑者怀疑的心理。

(5)眉毛闪动。眉毛闪动,是指眉毛先上扬,然后瞬间下降,动作敏捷。眉毛闪动,是表示欢迎的信号,是一种友善的行为。当两位老朋友相见的一刹那,会出现这个动作;当一个小伙子看到了心仪的姑娘,也会闪动眉毛。眉毛闪动除了作为欢迎的信号外,如果出现在对话里,则表示加强语气。每当说话者要强调某一个词语时,眉毛就会很自然地扬起并瞬间落下。

3. 嘴巴

嘴巴也是脸上最富于表达情绪的部位,张开闭合,向前向后,上撇下撇,抿紧放松,这四组基本方式可以组成丰富多彩的嘴部动作。所以,嘴部表情主要体现在口型的变化上:伤心时嘴角下撇,欢快时嘴角提升,委屈时撅起嘴巴,惊讶时张口结舌,愤恨时咬牙切齿,忍耐痛苦时咬住下唇。

4. 鼻子

当一个人的鼻翼微张时,一般表示受挫或生气;当一个人鼻子紧皱,表示厌恶(从轻微的不满到极度厌恶)。所以,我们常常用"嗤之以鼻"来形容看到厌恶的东西时的反应。厌恶时耸起鼻子,轻蔑时嗤之以鼻,愤怒时鼻孔张大,紧张时鼻腔收缩,屏息敛气。鼻子在面部表情设计中依然是不可或缺的,它的表情虽然非常少,但由于它位于整个面部的正中,所以仍可以展示一定的性格特质。

5. 面部肌肉

一般来说,面部各个器官构成一个有机整体,协调一致地表达情感。当人感到尴尬、有难言之隐或想有所掩饰时,其五官才会出现复杂且不和谐的表情。面部肌肉松弛表明心情愉快、轻松、舒畅,肌肉紧张表明痛苦、严峻、严肃。

(三)故事角色常用表情设计

美国心理学家保罗·艾克曼的发现,在一定程度上证实了人类的确存在少数几种核心情绪。艾克曼指出,人类的4种基本情绪(喜悦、愤怒、悲伤、恐惧)所对应的特定面部表情,为世界各地不同的文化所公认。

1. 喜悦

喜悦时额头通常是平展的,眼睛是闪光而微亮的,而且面颊上提。同时,嘴角后拉,上翘如新月;而一旦笑出声时,面部肌肉的运动程度就会加大,眼睛会显得更加明亮。当然根据喜悦的程度不同,如微笑、羞涩地笑、开怀大笑等,眼、口、鼻、面部肌肉等的表情也都随之有不同程度的调整。

2. 愤怒

人在表达愤怒的表情时,往往会头稍低屈,眼有力向上望,鼻扩张,鼻唇沟加深下部有力向内弯曲,上下唇用力收缩,口角现弯曲皱纹。具体而言,呈现带有指责的愤怒时:眼睛大张,用力前望,眼球稍显突出,鼻翼扩张,面部肌肉收缩,额部及颈部静脉显于外表。带有反抗的愤怒时:头有力转向反抗的对象并向上昂起,眼大张,用力向侧上方望,鼻翼扩张,上下唇收缩。

3. 悲伤

悲伤时的神情一般是额眉下垂,眼角下塌,口角下拉,可能伴有流泪,尤其是小孩子,悲伤时常伴随哭泣。当悲伤加深至痛苦时头颈软弱倾斜,眉梢向下,脸无力下垂,眼向下望,鼻唇沟加深下部向内侧弯曲,口角向下,下颌放松,口微开。

4. 恐惧

恐惧时的表情一般表现为:额眉平直,眼睛张大,额头有些许抬高或平行的皱纹,眉头微皱,上眼睑上抬,下眼睑紧张;口微张,双唇紧张。当恐惧加剧时,面部肌肉都较为紧张,口角后拉,双唇紧贴牙齿。当然,根据恐惧的程度不同,面部的各个器官的表征在尺度上会有些许的不一样。

面部表情设计不仅仅只有这四大类,除此之外,还有很多常见且丰富的表情或是微表情,这些表情的使用会使形象更加鲜活逼真,故事情节更加引人入胜。

比如,表达厌恶时,无形中就会额眉内皱,肌肉紧张,双眼眯起,鼻头皱起,口微张,牙齿紧闭,嘴角上拉;表达思考时,头略向上抬,面向对象,眉略上举,额部出现轻度皱纹,眼张开前望,眼光固定,口微张;表达景仰时,头向对象上仰,眉上抬,眼向前上方注视,口微张,面带微笑。表达爱慕时,头伸前微向上昂或斜侧向对象,额部有皱纹眉上抬,眼向对象,口微张开,只见上齿;嘲笑时,额部有浅的皱纹,眉头上升,下睑吊起,眼斜视对象,鼻翼扩张,鼻唇沟弯曲,口微张开,口角向下;轻蔑时,额眉稍抬起,嘴角向一侧上扬,双唇紧闭呈斜角;鄙视时,头斜向上仰,眼斜向下望,口角向下,鼻唇沟微弯;嫌恶时,眉紧皱,眉间有纵横皱纹,眉头压低,眼斜视对象,鼻翼扩张,口裂收缩,口角稍向下。回忆时,头斜向上仰,眉上抬,额部现皱纹,眼斜向上望,上下唇及下颌放松,口微张。

训练材料：根据下列句子中角色的语言，设计恰当的面部表情进行训练。

1. 野猫可得意啦。它摇晃着脑袋，东瞧瞧、西看看，然后皱着眉头说："城市太大了，我怎么能用嘴巴讲得清楚呢？"
2. 斑马躺在地上觉得受不了，站起来踢踢脚，说："看来城市是一个很疼的地方。"
3. 花奶牛忍不住呵呵地笑着躲开它，说："看来城市是一个很痒的地方。"
4. 野猫刚落地，就听见小鼩鼠轻轻地咕哝："看来城市是个没差的地方。"
5. "大老虎嚼起铁杆来，跟吃面条一样……"小兔说着，害怕得缩起了脑袋。
6. 大老虎的好朋友狮子劝他说："糖吃得太多，又不刷牙，牙齿会蛀掉的。那只小狐狸最狡猾了，你可要小心啊！"
7. 老虎的脸肿起来了，痛得他直叫喊："谁把我的牙拔掉，我让他做大王。"
8. 瞧，这只没有牙齿的老虎成了瘪嘴老虎啦。老虎还挺感激狐狸呢，他说："还是狐狸好，又送我糖吃，又替我拔牙。"
9. 小青蛙看见了，就笑话小河马："呱呱呱，小河马，难为情，吃饭还要妈妈喂。"
10. "卖泥塘喽，卖泥塘！"青蛙站在牌子下大声吆喝起来。

大家都希望自己一张嘴就能让听众喜欢上自己讲的故事。那么，为故事设计一个好的开头，绝对是一个不错的选择。

1. 提问式：先提一个听众感兴趣的问题，引起听众的思考。提问时，语调要上扬，停顿时间稍长一点。
2. 议论式：针对教育目的，简要阐述一个道理。这样既引起听众兴趣，又便于更好地发挥讲故事的教育作用。
3. 介绍式：这种方法适合于那种节选的故事，或是根据某一个故事续编的故事，即先把故事的起因介绍一下，然后把前后连贯起来，使听众有一个完整的印象。

关于故事的开头和结尾的设计，在后面的任务中将更加具体地进行阐述。

学以致用

请在绘本故事《是谁嗯嗯在我头上》文中标识出各个小动物说话时的情绪，并设计相应的面部表情，进行故事试讲。

11—12 视频：讲故事《是谁嗯嗯在我头上》（教师示范）

是谁嗯嗯在我头上

【德】维尔纳·霍尔茨瓦特　方素珍　译

有一天，小鼹鼠从地下伸出头来，开心地迎着阳光说："哇，天气真好。"这时候，事情发生了！（一条长长的，好像香肠似的"嗯嗯"掉下来，糟糕的是，它正好掉在小鼹鼠的头上。）小鼹鼠气得大叫："搞什么嘛！是谁嗯嗯在我头上？"（有一个影子闪过去，但是小鼹鼠的视力不好，看不清楚到底是谁。）

一只鸽子飞过来，小鼹鼠问她：是不是你嗯嗯在我头上？"不是我！我的嗯嗯是这样的。"（鸽子说完，一团又白又湿的嗯嗯，就掉在小鼹鼠脚边了！）

小鼹鼠只好跑去问牧场上吃草的马先生："是不是你嗯嗯在我的头上？""不是我！我的嗯嗯是这样的。"（马先生的屁股一扭，一坨又大又圆的嗯嗯，像马铃薯一样，咚咚咚……掉下来，小鼹鼠失望地走开了！）

小鼹鼠问一只野兔："是不是你嗯嗯在我头上？""不是我！我的嗯嗯是这样的！"（野兔立刻转身，十五个像豆子一样的嗯嗯掉下来了，哒哒哒哒……在小鼹鼠的耳边响着，小鼹鼠立刻跑开了！）

小鼹鼠问刚睡醒的山羊："是不是你嗯嗯在我头上？""不是我！我的嗯嗯是这样的。"（山羊的嗯嗯，像一颗颗咖啡色的球掉在草地上，小鼹鼠看了看，默默地走开了！）

小鼹鼠问正在吃草的奶牛："是不是你嗯嗯在我的头上？""不是我！我的嗯嗯是这样的。"（奶牛的嗯嗯，好像一盘巧克力蛋糕，小鼹鼠一看，就知道他头上的嗯嗯不是奶牛的。）

小鼹鼠又跑去问猪先生："是不是你嗯嗯在我的头上？""不是我！我的嗯嗯是这样的。"（猪先生立刻"噗"一声，掉下一坨软软的嗯嗯，小鼹鼠捂着鼻子跑开了！）

远远地，小鼹鼠又看见两个小家伙。"是不是你们……"他一面说一面走近他们，原来是两只又肥又大的苍蝇。小鼹鼠想："啊哈！我知道谁可以帮助我了。"他兴奋的问苍蝇："到底是谁嗯嗯在我的头上？"苍蝇说："你乖乖坐好，我们试试看就知道了！"苍蝇戳了一下他头上的嗯嗯，立刻说："哈！太简单了，这是一坨狗大便！"好哇！原来是这只大狗！

大狗正在打瞌睡，小鼹鼠爬到他的屋顶上。大狗正在打瞌睡，小鼹鼠爬到他的屋顶上。（"噗哧"一声，一粒小小的、黑黑的嗯嗯掉下来了，正好掉在大狗的头上。）然后，小鼹鼠就钻回地下去了！

三、故事角色的肢体语言

（一）故事角色肢体语言的概述

肢体语言又称身体语言，是指用身体各部位的动作，辅助或代替有声语言以达到表情达意的沟通目的的一种表达手段。人们将这些能在一定程度上显示行为的意义,即能够表达人的思想感情的动作,如表情、手势、姿态、服饰等称作体态语言,也叫无声语言、人体语言或态势语言。

本任务所讲的肢体语言只包括身体与四肢所表达的意义。谈到由肢体表达情绪时,我们自然会想到很多惯用动作的含义,如鼓掌表示兴奋,顿足代表生气,搓手表示焦急,垂头代表沮丧,摊手表示无奈,捶胸代表痛苦等。

故事角色肢体语言,指的是模拟角色的形态,也就是讲述者根据故事中角色的性格、习性以及外形等特征,用自己的身体、手、头等部位来模拟角色的习惯性动作、惯有表情、特有身姿等外观形态。设计、模拟要贴切自然,面部表情和肢体语言可略夸张,但不能生硬做作,更不能张冠李戴。

(二)故事角色肢体语言的作用和要求

1. 帮助理解故事

幼儿对故事中的有些词语、数字不能准确理解和掌握,他们只能从字面上理解词语的意思,不能体会这些词语在故事中的内涵。而肢体语言的运用可以很好地解决这个问题。例如,在小班讲述故事《好饿的毛毛虫》时,毛毛虫在星期一吃了一个苹果;星期二吃了两个梨子;星期三吃了三个李子;星期四吃了四颗草莓……如果这时能够运用手势和幼儿一起手口一致地点数,不仅能帮助幼儿理解数字和故事内容,还能让幼儿体验到参与的乐趣。再如,在讲述故事《胆小先生》时,为了让幼儿了解胆小先生非常"胆小",在故事讲述时就可以皱起眉头,缩起身体,将握起的拳头放在下巴部位,身体微微颤抖,这样一来,抽象的"胆小"就变得具体形象了。

2. 提高注意力的持久性

肢体语言在故事讲述中有着不可取代的作用,尤其是夸张的肢体语言更能激发幼儿持久的注意力。例如《猜猜我有多爱你》故事中,小栗色兔子使劲张开手臂、踮起脚尖、靠在树上倒立和跳高高来表达对爸爸的爱。虽说绘本中都有附图,但是对幼儿来说还是有些抽象,久而久之幼儿的注意力容易下降。这时,如果加入一些夸张的体态动作,请小朋友一边模仿小动物的动作,一边互动,让他们在轻松愉快的气氛中体验故事所表达的情感,不仅能加深对故事的理解,同时也能激发兴趣,提高注意力的持久性。因此,得当、富有童趣的肢体动作能帮助我们实现单纯用有声语言表达所不能达成的目标,这也是肢体语言的魅力所在。

3. 贴近实际生活

选择合适的故事,将肢体语言与故事内容有效整合,能够拉近幼儿与故事的距离,贴近幼儿的生活实际。例如,故事《妈妈抱抱我》,在讲述过程中可让幼儿根据自己的生活经验通过肢体语言的表演传达给其他幼儿。故事中,小鸡妈妈用翅膀抱她的孩子;小狗妈妈用舌头舔自己的孩子;鸟妈妈用嘴巴轻轻地给孩子们挠痒痒;象妈妈用鼻子温柔地抚摸着小象……每种动物妈妈的拥抱方式都不一样,可以通过简单易懂的肢体动作,让幼儿直观感受各种小动物的拥抱。同时回归生活,向幼儿提问"那我们的妈妈是怎么抱抱我们的呢?"通过肢体语言,架起幼儿故事与生活的桥梁。

 技能训练

模拟下列动物角色形态

1. 牛:双手拇指和小指翘起放在头顶左右两侧当牛角,屈腰半蹲再起腰,头部可以根据具体情况左右晃动。

2. 小鸭:半蹲,双臂夹紧身体,双手掌绷紧,掌心朝下,与手臂呈90°～120°的角度放身体两侧像翘起"脚掌",走路时可以适当摇摆。

3. 大象:身体略弯曲,双手十指交叉握紧,左右甩动。或者右手伸到身前,左手从右手上臂的下侧穿过,捏住鼻子,像大象的长鼻子一甩一甩的。

4. 小白鹅:右手举到头的前方,弯手腕,拇指和四指做鹅嘴形,说话时手可以一张一合。

5. 母鸡:上身前倾,双手放后腰,手肘弯曲,作翅膀扇动状,发"咯咯嗒"的声音。

6. 小老鼠:双手放胸前似短前脚,手腕弯曲后缩,五指尖并拢,双手靠拢,缩颈耸肩,上齿吸下唇,倒吸气发"吱吱吱"的声音。

7. 小猪:半蹲,嘴微张,倒吸气,双手掌放头上好似猪耳朵,并扇动,发"哼哼""哄哄"的声音。

8. 山羊:双手的食指伸直放头上,身体可以适当弯曲。

9. 小猴:双手指尖并拢,手腕弯曲,右手不停地挠左手背和腮帮,抓耳朵,右手放在额前遮左额的光线,四处观望,时而单腿着地时而左右脚替换着站立。

10. 小狗:双手五指分别并拢,手腕弯曲,放胸前,仰头点头"汪汪汪——"。

11. 大公鸡:抬起一只手单手掌放头上,掌心朝外,五指撑开当冠子,或双手放嘴前当喇叭"喔喔喔——"。

12. 青蛙:半蹲,双腿分开,举起双手掌十指打开,掌心朝前,跳一跳,嘴咧开"呱呱呱——"。

13. 小猫:五指伸直放在嘴两侧,或者拇指和小指弯曲,其余三指伸直似胡须,放嘴两边当胡须"喵喵喵——"。

14. 小鸡:双手的大拇指、食指两两靠拢,其余手指弯曲握紧,放嘴前当作小鸡的嘴巴"叽叽叽——"。

15. 小鱼:一只手在胸前,掌心向外,另一只手放身后,掌心向外,同时摆动,说话时嘴拢圆,似吐泡泡的样子。

16. 小兔：双手食指和中指竖起放头上，跳一跳。

17. 老虎：半蹲，瞪大眼睛，张开大口，面部威严，双手五指有力弯曲成爪状。

态势语运用要注意：

1. 关于身姿

一般而言，在故事讲述的过程中，需要做到身姿端正、大方、自然，并实现身姿与眼神、手势的合理化配合，从而促进整体效果的提升。建议女生在讲故事的过程中，需要抬头、目视前方，两脚呈小的"T字步"，双臂自然下垂。而男生在讲故事的过程中，需要做到挺胸、抬头、收腹、两腿稍微分开，但不可宽于肩，两手自然下垂。

2. 关于手势

手势语能够帮助讲述者对故事人物的情感进行直观的表现，并帮助幼儿理解情节。因此，在运用手势语的过程中，要确保手势语的自然和谐，做到"话到手到"，不可提前或滞后于有声语言。同时，对故事中不同的情感因素，手势也要在人体的不同区间进行相应的表达：积极情感表达需要用到上区（肩部以上区域）动作，中性情感表达则用到中区（腰部以上肩部以下区域），而消极情感则用下区（腰部以下区域）。

1. 请根据动物角色特征设计三种以上角色的肢体形态，如狐狸、乌鸦、狗熊等。

2. 尝试设计幼儿故事《小土坑》中不同情绪下动物角色的肢体特征，如高兴、生气、难过等。

小 土 坑

张汝为

下雨了，下雨了，母鸡、公鸡回家了，大肥猪回家了，小山羊回家了，老黄牛也回家了。淅沥淅沥，小土坑里积了水了。

雨停了，雨停了，太阳公公露出了笑眯眯的脸，母鸡、公鸡又出来找小虫子吃了，大肥猪又出来散步了，小山羊、老黄牛又出来吃草了。

母鸡走到土坑边，往里面一瞧，看见里面有只母鸡，哎呀，不好了！一只母鸡掉到土坑里去了。"咕答答，咕答答……"母鸡赶快跑去告诉公鸡，叫公鸡来搭救土坑里的母鸡。

公鸡走来一瞧，土坑里哪有母鸡呀？只看见一只公鸡，哎呀，不好了！一只公鸡掉到土坑里去了。"喔喔喔，喔喔喔……"公鸡赶快跑去告诉大肥猪，叫大肥猪来搭救土坑里的公鸡。

大肥猪走来一瞧，土坑里哪有公鸡呀，只看见一头大肥猪，哎呀，不好了！一头大肥猪掉到土坑里去了。"呦呦呦，呦呦呦……"大肥猪赶快跑去告诉小山羊，叫小山羊来搭救土坑里的大肥猪。

小山羊走来一瞧，土坑里哪有大肥猪呀，只看见一只小山羊，哎呀，不好了！一只小山羊掉到土坑里去了。"咩咩咩，咩咩咩……"小山羊赶快跑去告诉老黄牛，叫老黄牛来搭救土坑里的小山羊。

老黄牛走来一瞧，土坑里哪有小山羊呀，只看见一头老黄牛，哎呀，不好了！一头老黄牛掉到土坑里去了。

大家伙来救救它，"哞吗，哞吗……"大伙儿都来了，往土坑里一瞧，不得了，土坑里有一头老黄牛，一头大肥猪，一只小山羊，一只公鸡，还有一只母鸡。那么多动物一齐掉到一个小小的土坑里去了。大家真着急，东奔西跑，去找它们的主人来搭救它们。

太阳晒呀，晒呀，把土坑里的水晒干了。这时候，老黄牛，小山羊，大肥猪，公鸡，母鸡把它们的主人找来了。它们再往土坑里一瞧，咦，什么也没有呀！母鸡说："一定是它们自己爬出土坑来了！"

3. 找出故事《世界上最好的爸爸》中的角色并进行模拟，主要从声音、表情、肢体方面进行设计，并尝试讲述。

世界上最好的爸爸
【荷】阿兰德·丹姆

11-13 视频：讲故事《世界上最好的爸爸》（教师示范）

"来，宝贝儿，该和爸爸去睡觉了。"

"为什么要睡觉？"

"因为冬天到了，整个冬天，所有的大熊和小熊都要睡大觉。"

"不要，我才不想睡呢。我想出去找小朋友玩儿。"

"嘘，安静！从现在开始爸爸一个字也不想说了。"

"坏爸爸，我自己出去找小朋友了！"爸爸好像什么也没听见，他早就呼呼大睡啦。

"嗨,黑鸟,你的爸爸也这么烦吗?"

"烦? 才不呢,他总是给我带好吃的回来。"

"不要哟,我可不想吃那些东西。"

"你好啊,小狐狸! 你的爸爸会做些什么呢?"

"如果我的毛脏了,爸爸会给我舔干净。"

"不要哟,我可不喜欢那样。"

"小蟾蜍,你们好啊! 你们的爸爸会做些什么呢?"

"我们想去哪里,爸爸就会带我们去哪里。"

"不要哟,我不要那样。"

"你的爸爸会做些什么呢,小鹰?"

"爸爸正在教我怎样飞起来,你想学吗?"

"哎哟,我不要!"

"别掉下来呀,小猴!"

"没事!如果有危险,我爸爸会马上拽住我!"

"哎哟,我不要!"

"你们的爸爸会做些什么呢,小企鹅?"

"他会让我们暖暖乎乎,快快乐乐地长大。"

"哦,这样啊,我可不要!"

"小鸵鸟,你的爸爸会做些什么呢?"

"当然是快跑啦,我爸爸最擅长这个了。"

"不要不要,我可不要这个。"

"宝贝儿,你在外面干什么呢?不是告诉过你该睡觉了吗?"

"不要哟,我可不想。"

"宝贝儿,等我们睡醒了就一起去捉鱼。"

"耶!我就想要这个。我的爸爸是世界上最好的爸爸!"

"乖乖睡!"

任务三　幼儿故事文本的处理

内容提要

在前面的任务中，我们学到了通过设计故事中角色的声音、表情、肢体语言使得故事中的人物形象变得立体、饱满、生动。但是故事要讲述得引人入胜，仅靠人物角色的塑造是还不够的，一个完整的故事除了角色的语言还有很多叙述性语言。同时，还需要根据不同的故事设计不同的开头和结尾，吸引幼儿的注意，激发幼儿的参与热情。

理论与方法

一、故事叙述语言的处理技巧

（一）叙述语言的概念

幼儿故事的语言一般分为叙述语言和角色语言。叙述语言指角色语言之外的陈述性语言，它主要交代故事的来龙去脉、渲染环境、描摹人物等。要使故事讲述得入情入理、脉络清晰、艺术感浓厚，都离不开叙述语言的使用。幼儿故事中的叙述语言篇幅占比较大。因此，在故事讲述过程中，除了要将角色语言处理得个性、传神，还需将叙述语言讲述得如闻其声、如见其人、如临其境，才能构成完整精彩的故事讲述。

（二）叙述语言的作用

1. 营造故事讲述的对象感

这里的对象指的是故事倾听者，即幼儿。对象感是指讲述者在讲述故事的过程中，虚拟幼儿的存在，设想他们的反应，在意识中预设幼儿在倾听故事时语言、肢体、情感方面的交流与互动。"讲故事"不是"读故事"，更不是"背故事"，给幼儿讲故事，语气语调要自然平稳、亲切柔和，体现出老师对幼儿的喜爱。

恰当的语速，让幼儿听清楚、听明白；明确的重音，让幼儿能理解、爱思考；丰富的语气，让幼儿提兴趣、敢想象。例如《会打喷嚏的帽子》中有一段叙述语言："魔术团里有位老爷爷，他有一顶奇怪的帽子。他朝帽子吹一口气，里面就会变出许多好吃的东西，有糖果、蛋糕，还有苹果……" 在讲述时，讲述者可以先在心里默默说一句提示语："小朋友们，我告诉你们"，然后再开始讲述故事"魔术团里有位老爷爷……"这

11-14
微课：叙述语言的作用

时候讲话的口吻中就能够找到对象感,就像真的对着一群幼儿在讲述。紧接着,将叙述性语言中的重音强调出来,例如"老爷爷、奇怪、帽子、吹一口气、许多"等,这样句子的意思就会传递得清晰、准确。

2. 助推故事情节的变化发展

随着情节的发展,讲述要在内在思想感情色彩和分量的支配下,形成外在的高低、快慢、强弱、虚实的声音形式,即,要随着情节的发展变化而形成语流的抑扬顿挫、轻重缓急。例如《会打喷嚏的帽子》中有这么一段叙述语言:"老爷爷觉得鼻孔痒痒,打了个大大的喷嚏,吓得大耗子连滚带爬,一口气跑到门口,对它的伙伴们说……"讲述这一句叙述语言的时候,语速由慢到快,语调由高到低,语气由惊吓不已到仓皇不安,助推故事情节,把文字背后的画面生动地呈现出来,如同山脉,有山峰也有山谷,连绵不断又起起伏伏。

3. 引导幼儿形成正确的认知

幼儿故事除了让孩子通过语言文字感受故事的趣味,更重要的是通过故事讲述实现对幼儿的身心教育。因此在讲述过程中可以通过故事叙述语言表达对角色或者事件的褒贬态度,引导幼儿形成正确的认知。例如《河马治病》中一段叙述语言"小猪最爱哭,一哭起来就没完没了。小羊、小狗、小兔都很关心小猪,他们请来了很多的医生,可是请来的医生都治不好小猪爱哭的毛病……"哭是孩子的天性,本身没有问题。但是没完没了地哭就不是好习惯了,因此,伴随"爱哭"这部分叙述语言可以皱眉、噘嘴,带着"不应该"的语气;伴随"关心"这部分叙述语言,可以带着微笑、肯定的语气;在讲述"治不好"这部分时,则可以愁眉苦脸,摇头,带着"无奈"的语气。以此,让孩子们感受到没完没了地哭是不恰当的,有朋友关心是幸福的。

(三)叙述语言讲述中的态势语技巧

讲故事应该是声音、表情、动作的结合,是视觉和听觉的统一,只有这样才能立体地传递故事的信息,激发幼儿的听赏兴趣,帮助幼儿理解故事内容。因此,在用叙述语言讲述的过程中,除了声音的艺术化,还需要辅以一定的态势语。

1. 把握态势语使用的尺度

故事讲述应该"以讲为主,以演为辅",在讲述的过程中,态势语的使用(特别是肢体语言)应该遵循"适度、恰当"的原则。运用态势语,可以集中幼儿注意力、加强幼儿记忆、帮助幼儿理解,但过多的、重复的、无效的态势语,反倒会分散幼儿注意力,影响幼儿的理解和掌握。所以,在使用态势语的时候一定要有意义、讲分寸,要以对故事作品的理解为依据,准确传达。

2. 追求态势语呈现的美感

不管是面部表情还是肢体语言,自然不造作、流畅不扭捏是态势语呈现具有美感的前提。

美国心理学家艾伯特·梅瑞宾认为:人们在沟通中信息的传递效果,表情的作用占55%,声音的作用占38%,词语的作用占7%。这条"55387定律"同样适用于幼儿故事的讲述。就拿眼睛来说,骄傲的人眼神轻蔑,强壮的人炯炯有神,活泼的人眼睛清亮发光……其次,将肢体动作夸张化、儿童化也是故事讲述中的一大特点。幼儿富于想象,天真烂漫、无拘无束,所以在设计肢体动作时应在幼儿生活经验的基础上适度夸大一点,更舞台化一点。最后,要注意态势语表达过程中的对象感。讲述故事的过程中,讲述者要把自己置身于两个情景:一个是与幼儿面对面交流的情景,一个是故事发生发展的情景。这两个情景互相渗透、互相制约,达到自然和谐。

试着讲述以下几个故事片段:

1. 在一座茂密的大森林里,住着许多动物,有机灵的小白兔,有灵活的小猴,有狡猾的狐狸,也有愚笨的大熊。今天这个故事就是在他们身上发生的。一天,刺猬姑娘兴高采烈地走出家门。呦,今天刺猬姑娘真漂亮啊:水灵灵的大眼睛上戴着一副蓝框墨镜,灵敏的耳朵上挂着一对像钻石般闪亮的耳环,身穿五彩斑斓的连衣裙,脚上还穿着一双银光闪闪的高跟鞋,那鞋跟就有二寸多高,走在路上还发出"咚、咚"的声音。(《漂亮的代价》节选)

2. 有一只小猪,它长着圆圆的脑袋,大大的耳朵,小小的眼睛,翘翘的鼻子,就在泥坑里滚来滚去,滚得身上都是泥浆。一天,小猪想去找朋友玩。他走着,走着,看见前面有只小白兔,长着长长的耳朵,短短的尾巴,红红的眼睛,白白的毛。真好看!(《想抱抱的小猪》节选)

3. 魔术团里有一位老爷爷,老爷爷有一顶奇怪的帽子。他朝帽子吹一口气,里面就会变出许多好吃的东西来,有糖果、蛋糕,还有苹果……"嗨!把这顶奇怪的帽子偷来,该有多好!"这话谁说的?嗯,是几只耗子说的。晚上,它们就悄悄地溜到老爷爷家里去了。老爷爷正睡觉呢,那顶奇怪的帽子,没放在柜子里,也没放在箱子里。在哪里呢?就盖在老爷爷的脸上。(《会打喷嚏的帽子》节选)

11-15
微课:技能训练

如何灵活处理叙述语言的表达?

在故事中,对角色的塑造除了语言描写以外,还有动作、心理、神态描写,因此在讲述过程中,叙述语言和角色语言有时要自然融合,使叙述语言带有故事中角色的性格特征和心理色彩。例如《小壁虎结尾巴》中的一段叙述语言:"小壁虎在墙角捉蚊子,一条蛇咬住了它的尾巴。小壁虎一挣,挣断尾巴逃走了。没有尾巴多难看啊!小壁虎想,向谁去借一条尾巴呢?"这一片段都是叙述语言,但是如果将"没有尾巴多难看啊!""向谁去借一条尾巴呢?"这两个短句用角色(即小壁虎)的声音来表达,进行灵活处理,形象感就更强烈,更具冲击力了。

1. 根据以上知识的学习,设计下列故事中的叙述语言和不同角色的语言,并试讲。

漂亮的代价

在一座茂密的大森林里,住着许多动物,有机灵的小白兔,有灵活的小猴,有狡猾的狐狸,也有愚笨的大熊。今天这个故事就是在他们身上发生的。

一天,刺猬姑娘兴高采烈地走出家门。呦,今天刺猬姑娘真漂亮啊:水灵灵的大眼睛上戴着一副蓝框墨镜,灵敏的耳朵上挂着一对像钻石般闪亮的耳环,身穿五彩斑斓的连衣裙,脚上还穿着一双银光闪闪的高跟鞋,那鞋跟就有二寸多高,走在路上还发出"咚、咚"的声音。

她悠闲自得地走在路上,突然从路边的草丛中窜出一只饥肠辘辘的大灰狼,眼睛恶狠狠地瞪着她。然而,令我们想不到的是,刺猬姑娘不但没有逃走,而且还娇滴滴地说了声:"灰狼叔叔,我漂亮吗?""漂亮,太……美丽!太……漂亮了!"大灰狼结结巴巴地说。嘴上这么说着,可心里却在打刺猬姑娘的主意。"只要你把身上的刺烫平,就更美丽了,更漂亮了!""真的吗?"刺猬姑娘有些半信半疑。"当然真的,我怎么会骗你,烫平了身体就会变得光滑、靓丽。""你说得对,太感谢了!"说完,刺猬姑娘转身就朝理发店跑去。

"快,快,给我把身上的刺给烫平了,从此我要改变我的形象!"一进门,刺猬姑娘就大声叫嚷。"不行,你的刺是保护你的,你们生来就有,不然受到攻击会没命的。"小鹿姐姐心平气和地说。"我不听,你胡言乱语,我福大命大,连大灰狼都会保护我的。"小鹿姐姐只好把刺猬姑娘的刺给烫平了。

之后,刺猬姑娘走到大灰狼面前,得意地说:"现在好看了吧!"大灰狼奸笑地说:"哈哈!什么漂亮不漂亮,我从来都没吃到过刺猬肉,只想知道你的肉味道美不美。"说完,就扑上去,一口就把可怜的刺猬吞进了肚子。小朋友,你们知道刺猬姑娘为什么会落得如此下场吗?

2. 《小壁虎借尾巴》是一篇知识体童话。有叙述语言,也有角色对话,试着进行故事讲述,感受叙述语言与角色语言表达的不同之处,使得故事讲述更加生动、鲜明、活泼。

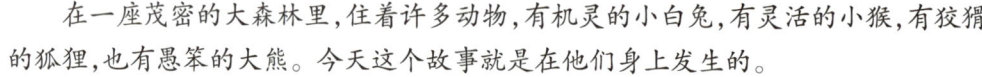

11—16
视频:讲故事《漂亮的代价》(学生作品)

在正式讲故事之前或者故事讲完之后,我们往往会设计故事的"前缀语"或"结束语",通俗地说,就是在故事之前加个巧妙的楔子,或开门见山,或提问设疑,激起幼儿听的欲望;故事结束时,可以让幼儿发挥想象猜想故事的结果,引导幼儿对故事进行概括提炼,使幼儿明辨是非。好的开头和好的结尾都能够增强故事讲述的教育效果。

(一) 故事开头的设计

好的开头才有吸引力,才能引起幼儿倾听的欲望。所以,给故事设计一个好的开头,是讲好故事的重要技巧之一。当然,设计开头应根据故事的内容来进行。接下来给大家介绍几种常用的设计:

1. 提问式开头

提问式开头是最常用的开头方式,能快速吸引幼儿的注意力,提升听讲效果。具体方法是先提一个与故事有关且幼儿感兴趣的问题,引起幼儿的思考。提问时,语调上扬,停顿时间稍长。如"小朋友,你们认识大老虎吗?(停)它可是百兽之王呀!有一天,老虎大王的满口尖牙全都没有了,你们知道这是为什么吗?(停)现在就给大家讲个《没有牙齿的大老虎》的故事,大家想听吗?"

2. 讨论式开头

为达到教育目的,通过引起学生的讨论来简单地阐述一个道理。这样既能引起幼儿兴趣,又便于更好地发挥故事的教育作用。如"大家都知道吃西瓜是吃瓤,不是吃皮儿。那猴子知不知道呢?(学生争论)下面,我们就一起来欣赏故事《猴吃西瓜》。"

3. 介绍式开头

这种方法适合节选的故事,或者将未讲完的故事继续往下讲,即先介绍故事的起因,然后把前后连贯起来,使幼儿有一个完整的印象。例如,格林童话节选故事《小红帽》的开头:"小朋友,昨天我们讲过大灰狼假装祖母,骗小红帽上当,吃了小红帽。就在这时候,猎人正好经过祖母的房前,猎人心想:老奶奶怎么这样打鼾,我得进去看看……大家猜猜接下来,又会发生什么事情呢?"

4. 悬念式开头

悬念式开头法,就是在故事的开头设置扣人心弦的悬念,充分激发幼儿兴趣,让幼儿带着好奇听完故事的一种开头方法。如故事《漂亮的代价》的开头,老师就可以问:"我们都知道刺猬因为长了满身的刺,我们才叫它刺猬。可是有一天,它竟然要烫平全身的刺,你知道这是怎么回事吗?"

(二) 故事结尾的方式

一般来说,故事都具有一定的教育意义。因此,在对幼儿进行故事讲述时,故事的结尾必须能够让他们有所思索,富有意味。同时,故事的结束不能太突兀,讲述者必须根据故事的内容对原结尾进行加工处理,以便取得更好的效果。主要有以下几种方式:

1. 高潮处结尾

这种结尾方式指讲到故事的高潮处突然收尾，意犹未尽，让幼儿思考，猜测故事结局。如故事《猴吃西瓜》的结尾：有个猴吃了两口，就捅了捅旁边的猴子说："哎，我说这可不是滋味啊！""老弟，我常吃西瓜，西瓜嘛，就是这味儿……"这样结尾让人感到既好笑又耐人寻味，幼儿之间也会因为这样的结尾产生热烈的讨论。

2. 提问式结尾

这种结尾方式指在故事的结尾处提出问题，启发幼儿思考故事中的思想意义。如故事《小土坑》讲完之后，可以提问："小朋友，你们觉得母鸡说的话对吗？"又如故事《狐狸和乌鸦》讲完之后，可以这样提问："小朋友，你们知道觉得乌鸦的肉为什么会掉下去呢？你们觉得这只狐狸怎么样？"

3. 总结性结尾

这种结尾方式指在故事讲完后，总结故事的意义，让幼儿明白其中蕴含的道理。如在讲述故事《小泥鳅和小鲤鱼》之后就可以来一个总结性结尾："别人的嘲笑不要紧，重要的是要始终对自己有信心。"又如故事《小猫钓鱼》，也可以有一个总结性收尾："做事要一心一意，只有这样才能成功。"

训练材料：《麻雀与燕子》

请根据训练提示练习讲述故事，尝试运用多种开头和结尾的处理技巧。

提示：《麻雀与燕子》这个寓言故事通过麻雀与燕子的对话，告诉我们一个道理：每一个人都要找准目标，发现自己的特点和长处，否则就可能丧失勇气，否定自己。

麻雀与燕子

"喳喳喳……"屋檐上，一只小麻雀在窝里饿得直叫唤。

燕子飞过听见了，连忙停下来关切地问道："小麻雀，你为何不飞出去找虫子吃呢？瞧你饿得多可怜！"小麻雀低着头细声细气地说："我长得灰不溜秋的，比起凤凰来丑死了，我不好意思。"燕子阿姨说："傻孩子，凤凰只不过是传说中的百鸟之王，其实世上并没有真正的凤凰。""那，比起孔雀来我还是丑死了。"小麻雀又说。"你怎么老去和那些珍奇的鸟儿相比呢？即使要比，你也只能和你们麻雀相比呀。你要是去和那些珍奇的鸟儿相比，就会羞愧得永远不敢出门，饿死在窝里面的。"燕子阿姨说。

小麻雀听了燕子阿姨的话，伸出头来看了看其他的小麻雀并不比自己美，才消除了自卑，扑棱棱飞出去找虫子吃了。一天又一天，小麻雀翅膀练硬了，飞得远了，飞得高了，从此不再挨饿了。更重要的是，它对自己有信心了。

讲故事时必须对书面故事进行适当的口语化改造,设计故事的开头和结尾也是一样的道理。口语化的讲述会让故事充满童趣和亲切感,让幼儿听得懂、喜欢听。可以通过以下方式进行口语化改造:

1. 改长句为短句

要想使故事口语化,就应该把修饰成分和连带成分多的长句转化成言简意赅的短句,讲起来清楚明白,听起来也不费解。例如,故事《蜘蛛的腰》中有一句话:"人们正在炖着甘薯和土豆以及带着花生香味的酱汁鸡肉。"像这样的长句子幼儿就不容易理解。如果把它换成短句"大家正在忙着煮甘薯、煮土豆,还有带花生香味的酱汁鸡肉",这样简单的短句较口语化,符合幼儿的语言水平和思维特点,幼儿就很容易听懂,自然也容易记住。

2. 调整语序,更换词语

有的故事语言有些拗口,不符合日常口语习惯。如果更换一下词语或者调整一下顺序,讲起来就会顺当、流畅很多,幼儿也容易听明白。例如:"'啊,有了!我们去偷只大皮鞋。'一只小老鼠说。"从幼儿的认知水平来说,这样的表述会有些别扭,把语序倒过来,改为:"一只小老鼠说:'啊,有了!我们去偷一只大皮鞋。'"这样就符合我们日常口语习惯的语序了。既简单明了又口语化,更符合幼儿的认知特点和思维习惯。

3. 改书面语为口语

有的故事内容很好,但可能有些词句过于书面化,讲述时如果照本宣科,幼儿不易理解。这时,就可以将书面语言进行适当的修改替换。例如:

(1) 有只猫生活在城里,他熟悉城里的一切。

改为:有只猫住在城里,城里所有的事儿他都知道。

(2) "那是什么呀?"乡下的猫指着一座高耸入云的铁架子问。

改为:"那是什么呀?"乡下的猫指着一座很高很高的铁架子问。

1. 请为下列故事设计开头和结尾,并试讲。

爬得很高的牵牛花

凡夫

一株柳树被虫蛀空了身体,大风将他拦腰折断。然而,它仍活着。第二年春天,它的残躯上发出了新芽。新芽饮着雨露,沐着阳光,长成了袅袅娜娜的柳丝。

11-17
音频:讲故事《爬得很高的牵牛花》(学生作品)

牵牛花从它的脚下钻出来,伸展柔软的身肢,紧紧地缠绕着它往上爬。

柳树皱着眉头呵斥:"缠着我干什么?你这讨厌的小东西!"

牵牛花掏出一个小喇叭,"哇喇哇喇"地吹了一气说:"尊敬的柳树老前辈,您多么健康,多么挺拔,多么令人肃然起敬啊!古今中外的名人,我最崇敬的就是您了!"

柳树听了,心里跟用鹅毛拂的一样舒服。它轻轻摸了摸牵牛花的头,脸上露出得意的笑容。

牵牛花趁机往上爬了爬,掏出第二只小喇叭说:"伟大的柳树老英雄,您宁折不弯的崇高精神,实在太令人敬佩了!我要向您学习,向您致敬,永远做您的小学生!"

柳树陶醉地闭上眼睛,紧紧地把牵牛花搂在怀里,像一位慈祥的老母亲一样轻轻摇晃着身子。

牵牛花抓紧机会又往上爬,边爬边掏出第三个小喇叭:"至高无上的柳树老博士,您的知识多么渊博啊!瞧您这头学者似的长发,比爱因斯坦还有风度!瞧您这经受过风雨考验的铮铮铁骨,比萧伯纳还挺拔!古今中外的这家那家,我看都不如您老人家!"

柳树感到自己飘起来了,像一朵白云,冉冉地越飞越高,越飞越高。

牵牛花一边吹着喇叭,一边往上爬。不久,它比柳树还高出一头。

它俯视着对旁边的一棵幼松说:"小伙子,你瞧我爬得多快,爬得多高!"

幼松瞥了瞥它挂满喇叭的身子,报以轻蔑的一笑。

抱抱小刺猬

11-18
音频:讲故事《抱抱小刺猬》(教师示范)

绿油油的草地上,小伙伴们正在玩游戏。

"小猴子,让我来抱抱你!"花猫抱着小猴子,哈哈地笑了起来。

"小羊,我们也抱抱吧。"小猪和小羊紧紧地抱在一起。

"还有我们呢,我们也要抱抱。"小黄狗和小兔子也来了。

"呵呵呵……""哈哈哈……"

这个"抱抱"游戏真好玩,大家玩得开心极了!

"还有我,还有我……"

忽然,一个圆球滚了过来。

小兔子的手刚碰到圆球,就被刺伤了。好疼呀,小兔子哭了起来。啊,原来圆球是小刺猬,它身上长满了尖尖的刺。

"小刺猬,你干什么?"小黄狗生气地叫道。

其他的小伙伴也纷纷指责小刺猬:"你身上长满了刺,竟然也想玩'抱抱'游戏……""喂,小刺猬,你快走,我们这里不欢迎你!"

小刺猬伤心极了,耷拉着脑袋走了。

过了一会儿,小兔子不哭了,小伙伴们又玩了起来。

突然,一只凶恶的大灰狼从草丛里跳出来,小伙伴们吓得急忙逃走。大灰狼抓住了小兔子,又抓住了小猪。就在这时,一个长满尖刺的圆球冲了过来,狠狠地朝大灰狼撞去。

啊,是小刺猬!

大灰狼惨叫一声,扔下小兔子和小猪,急忙逃走了。

小兔子和小猪得救了。

"小刺猬,谢谢你救了我们。"小兔子和小猪感激地说道。

"不用谢,不用谢!"小刺猬不好意思了。

"小刺猬,你真厉害,把大灰狼都打跑了。"小猴子说,"为了表达谢意,我们大家一定要抱抱你。"

小朋友们,大家要用什么办法才能抱抱小刺猬呢?

2. 以小组为单位,以"学会分享"为主题寻找一个童话故事,尝试设计开头和结尾,并试讲完整的故事。

模块四 幼儿教师语言专题训练

童话剧表演训练

1. 了解童话剧的概念、特点和意义。
2. 掌握童话剧编排和表演的方法、技巧。
3. 能够借助多种辅助手段,进行生动、形象的童话剧表演。
4. 感受童话剧表演的童趣,爱上童话剧表演,爱上幼儿。

任务一 童话剧概述

孩子是天生的表演艺术家。童话剧表演是以童话故事为"剧本",幼儿为"主演",创造性地将童话故事情境进行"还原"的综合性语言艺术表演活动。童话剧表演不仅可以释放幼儿的表演天赋,同时对幼儿的语言表达、思维方式、情感态度以及价值观建立都会产生极大的影响。因此,通过童话剧排演关注幼儿感受、倾听幼儿声音、满足幼儿需求,将其儿童化、趣味化、形象化、戏剧化,能让幼儿感受故事之趣、语言之美、表演之乐。

一、童话剧的概念

童话剧是指以符合幼儿认知、发展需要的童话故事为内容,以图画书为蓝本,以戏剧的情境化创设为呈现方式,融文学、科学、音乐、美术、表演、舞蹈等为一体的综合性语言艺术表演活动。

童话剧除了具有戏剧的一般特征外,还要适应幼儿特有的情趣、心理状态和对事物的理解、思考方式,要求通过具体、鲜明的形象与有趣、明快的情节剖析严肃的主题,进行美的感染。童话剧具有幻想创新、生动形象以及强烈的故事性等特点,深受幼儿的喜爱。

童话剧表演的特点

(一)创新性

天真、大胆、爱表现、爱幻想是幼儿的共同特点,是这一成长发展时期的特质,也是幼儿不可泯灭的天性。幻想、创新同样是童话剧的重要特点之一。童话剧的内容一般以现实生活作为创作背景和基础,通过大胆幻想、独特创新的创作手段将这些生活现象和人物事件加以夸张和改造,从而表达作品的中心思想和人物思想感情。从角色来看:有时是人,有时是动物,有时是自然界的现象,例如故事《神奇糖果店》中的角色是动物,故事《风喜欢和我玩》的角色是风和人。从时空背景来看,有的在银河系,有的在梦境,有的在森林等。就故事主题来看:有时会被写出来,有时却隐藏着,例如《脏兮兮国王》的主题在最后被写出来了,《野兽国》的主题却被隐藏了起来。从想象的角度来看,故事有许多想象空间,而作者会运用创造力把这些想象的空间发挥出来,例如《疯狂星期二》《十兄弟》就是特别有想象力的故事。

(二)夸张性

夸张性包含了外在和内在两个方面。外在的夸张主要表现在人物形象的塑造、语言表达方式、肢体动作呈现以及情境创设等方面,童话剧人物的整体塑造要艺术化、戏剧化。而内在的夸张,则指的是故事内容的"脱离实际"。例如,安徒生的《皇帝的新装》是一部经典的夸张化童话剧,之所以能够历久弥新、经典流传,深受儿童的喜爱,就是因为它的内容生动有趣,情节曲折离奇,语言通俗易懂。这部剧的内容夸张且不符合实际,甚至有些不符合科学规律和正常的生活逻辑,但是这种夸张却让人觉得"合情合理""有趣有意",留给观众笑声的同时,也带来了丰富而深刻的思考。

(三)社会性

戏剧来源于生活,童话剧也不例外。童话剧里描述的花草、树木和人物等,这些都是孩子们很熟悉的,在现实生活中也随处可见,这一点可以看出童话剧有现实生活的影子。由于受众群是低龄孩童,因此比起成人的话剧、歌剧、歌舞剧,童话剧的情节更简单,节奏更明快,内容更富童趣。再加上它的创意性、夸张性,使得童话剧自带鲜明、独特的属性。其次,每一部经典优秀的童话剧,都有着强烈的教育意义和鲜明的主题。如《是谁嗯嗯在我头上》《我的幸运一天》《小红帽》《灰姑娘》《我是霸王龙》《活了100万次的猫》《肚子里的火车站》等,这些优秀的故事给幼儿带来了广阔的想象空间,也在无形间让幼儿养成良好习惯,塑造优秀的品质,形成正确的价值观。

三、童话剧表演的意义与作用

(一)对幼儿语言教育的意义

1. 丰富幼儿的语言教育情境

童话剧对于幼儿具有超强的吸引力,幼儿对童话剧充满了喜爱和热情。基于这种喜爱,教师可以通过让幼儿亲身经历以及实际体验,丰富幼儿的语言教育情境,提升语言的应用能力,进而达到思想品德的教育。

科学利用童话剧的表演形式,可以将幼儿的语言教育情境进一步丰富,实现对文学作品内容的有效解读,帮助幼儿更为有效地融入表演情境当中。当然,教师还可以让幼儿适当穿戴相关道具服装,在表演时,鼓励幼儿将童话剧主人公的相关形态做进一步丰富呈现。结合童话人物的语言内容,进行自由的创作和创新,这样既可以体现幼儿丰富的语言表达特点,还能借助对故事的理解开阔视野。借助儿童剧表演鼓励幼儿大胆讲述自身的理解和想法,从而在多元化的情境模式中,实现语言能力的提升。

2. 解决幼儿语言教学的难点

幼儿语言教学的关键首先是要了解幼儿的年龄特点和认知水平,其次是科学有效的学习方法,最后是语言的反复积累和使用。因此,幼儿的语言教学需要循序渐进,尤其是幼儿的语言表达能力,需要深入了解幼儿的想法以构建语言表达体系。比如理解什么是"撒谎",不少幼儿在表达过程中,没有对语言形成有效的认识和理解,进而导致对"撒谎"一词的理解出现偏颇或者不当,这时教师如果能够借助一些优秀的童话剧表演,就可以更直观、准确地呈现什么是"撒谎",怎样的行为被称为"撒谎",我们能不能"撒谎"……借助幼儿表演的内容,让幼儿感受到"撒谎"是不好的行为,明白"我不能做爱撒谎的孩子",进而实现对童话剧的有效应用。以语言表达为基础,构建幼儿健康、积极、乐观的表达状态,同时改善幼儿不良的表达习惯以及一些错误的语言表达方式,从而帮助幼儿进一步理解语言、积累语言、运用语言,同时也突破了语言教学的难点。

3. 营造良好的语言环境

《幼儿园教育指导纲要(试行)》明确指出,在幼儿园的教学过程中,需要创造一个自由宽松的语言交往环境,支持、鼓励、吸引幼儿与教师、同伴或其他人交谈,体验语言交流的乐趣,从而发展语言表达能力和思维能力。利用童话剧的形式,可以有效地为幼儿的语言教学营造出轻松的学习氛围。

譬如在教学中,教师可以选择一名幼儿来扮演剧目中相关人物,构建童话剧的情景,调动起幼儿思考的积极性——"猜猜这个小朋友扮演的是谁呢?"并让他们自由讨论;经过讨论,让幼儿进行结果汇报,再公布正确答案。随后,利用讨论的方式鼓励幼儿进行语言交流和探讨,使全体幼儿都能够参与到活动当中,积极学习,进而在幼儿语言教学过程中营造出有效的环境氛围,让幼儿在轻松愉快的环境中进行思考和实践。同时,童话剧教学还可以帮助幼儿勇敢、大胆地进行自我观点表达,激发语言表达兴趣,提升教学效果。

(二) 对于幼儿自主性发展的意义

人本主义心理学家马斯洛认为,一个人无论是否最终完成自我实现,自主性都将切实影响一个人的成长和发展。幼儿期无疑是自主性发展的重要阶段,作为幼儿教师应注重幼儿自主性的发展。而童话剧作为一种深受幼儿喜欢的语言艺术活动,在剧本生成、角色选择、道具场景制作以及表演等多个活动环节,涉及幼儿语言、艺术、社会、健康等多个领域,对幼儿自主性的培养有着很大的优势。在童话剧排演的过程中,应该秉持"凡是幼儿可以自己做的一定要让幼儿自己去做,凡是幼儿能够自己体验的一定要让幼儿自己去体验"。

1. 自主选择故事

尊重幼儿的感受,引导幼儿表达自己的真情实感是幼儿教育的主旨之一。因此,选什么故事、怎么选故事要从"师本"角度转换成"生本"角度。教师通过与幼儿谈话、观察幼儿在区域游戏中的表现,或者在班级开展"我最喜欢的童话故事"投票活动等方式,让幼儿表达对自己看过的、听过的故事的喜爱度,了解幼儿喜欢的童话故事。在此基础上,选择幼儿喜欢且适合幼儿表演的童话故事作为剧本素材。

2. 自主创编剧本

(1) 创造性剧本创编。把童话故事再改编为童话剧本,教师可以邀请幼儿共同完成,而不是一手"包办"。对于较短的故事,教师可以引导幼儿完成剧本初构,比如需要几个场景,都有哪些角色,这些角色之间会发生什么、说什么、做什么等。以中班童话故事《小熊请客》为例,教师可以先引导幼儿思考"故事有几个场景",幼儿讨论后初构了两个场景:一个是在小熊家,小伙伴们为小熊庆祝生日;一个是在树林里,狐狸追问每一个小伙伴要去哪儿。有了场景,再根据故事情节创编一些对话,这样就形成了剧本的雏形。

再如《丑小鸭》是大班幼儿最喜欢的童话故事之一,情节复杂多变,角色众多。教师经过梳理后,首先可以确定作品主题,接着引导幼儿梳理出情节大纲,引导幼儿继续展开讨论:"我们要把这个故事变成一个童话剧,你们觉得哪些内容可以放进来表演?你们喜欢表演哪些内容?为什么?"教师和幼儿讨论商量,最终形成《丑小鸭》的初始剧本。给幼儿充分的自主性,既使幼儿获得剧本创作的粗浅经验,熟悉剧本台词,又让幼儿体会到自主创作的愉悦,为后面的表演打下基础。

(2)创造性声音表现。当幼儿热衷于童话剧表演,语言表达已经无法满足他们的创造需求时,幼儿会运用声音的变化,清楚地表达想法、感受、人物或情境气氛。在童话剧中,幼儿除了用不同的语气语调来表现不同的角色,还善于"拟声",借助身体或者其他物品,创造性地表现童话情节。而这些能够"拟声"的语言,有很多是作为叙述性语言出现的。

比如《是谁嗯嗯在我的头上》中不同"嗯嗯"落地时候发出不同的声音:"哒哒哒哒……""咚咚咚""噗——",这些拟声词采用"发声"的方式呈现远比用旁白的方式"念"出来更加生动,更富画面感。还有一些随着剧情的发展,表演者需要结合生活经验自行穿插声音表现于剧情中,例如《森林小卫士》,两个人在搏斗中可以自行穿插"啾啾啾"的声音,打击坏人的时候可以发出"啪啪啪"的声音,天下雨的时候可以发出"哗啦啦"的声响……

看似简单的音效却激发了幼儿的表演情绪。将这些创造性的声音表现自然地融入童话剧情节中,可以烘托出舞台表演的气氛,引发观众的情感共鸣。

3. 自主设计角色

在符合剧情发展和人物设定的情况下,可以不限定幼儿按照固有的表演模式进行童话剧表演,而是给他们一定的发挥空间,在科学、合理的范围内允许其进行创造。这样做,一方面会使得幼儿更喜欢表演,享受表演的乐趣;另一方面,也给了幼儿思考的机会,与同伴合作的体验,从而让幼儿在自主合作探究中优化自己的表演,体会勇于尝试的成就感。表演本身带有自发性和创造性,可以充分调动幼儿创作的积极性和主动性,鼓励幼儿"全身动起来",通过欣赏表演,运用生活经验,将自己对角色的体验,用丰富的表情和夸张的肢体语言进行创造性表现。

例如《狼大叔的红焖鸡》中,教师可以引导幼儿进行想象:狼大叔是怎样捧着这个大蛋糕走路送给小鸡的?不同的幼儿有不同的表现:

幼儿A:扭动着娇小的身躯,摇头晃脑,眼珠子咕噜噜地转,双手把蛋糕顶在头上,小步优雅地走。

幼儿B:伸出"爪子",将大蛋糕捧在胸前,身子往前倾,吐出舌头,昂首挺胸地迈着大阔步。

幼儿C:端起大蛋糕,半蹲着,耸着肩走。

……

肢体动作可以传情达意。教师可引导幼儿分析角色性格特点,提高其肢体语言表达能力,促进幼儿身心协调发展。

4. 自如面对突发状况

成年人任何的表演都不可能保证毫不出错,更何况是幼儿。表演时舞台走偏了、衣物脱落了或者道具碰翻了等情况都可能出现。遇到类似情况,能否激发幼儿的自主性呢?其实,在排练的过程中,教师可以有意识地针对一些表演中可能出现的问题,和幼儿一起讨论如何修正。比如,幼儿在表演过程中不小心头饰脱落在舞台中央,教师可以引导幼儿趁"大树"等障碍物上台表演时躲在"树"后面上台捡拾头饰。事实证明,给了幼儿即兴发挥的空间,幼儿自主解决问题的能力就会大大增强。通过童话剧表演培养幼儿自主性,能更充分地发挥童话剧在幼儿自主性发展中的价值,长此以往为幼儿可持续发展服务。

(三)对幼儿良好阅读习惯养成的意义

在幼儿园教育中,经常会采取童话剧等情景式表演的形式进行语言类活动。这种方式既生动形象又直观,趣味性较强,幼儿参与的积极性比较高且具有一定的教育意义,幼儿可以融入自己的理解去演绎,获得知识,在满足好奇心的同时激发他们阅读更多作品的欲望,提升阅读能力,形成良好的阅读习惯。

1. 激发幼儿阅读兴趣

幼儿依靠绘本故事展开阅读,只能凭借图画联想故事情节,无法准确理解故事表达的意思。虽然画面吸引人,但无法准确投入阅读,这对于幼儿口语表达能力的发展是不利的。而童话剧内容通俗易懂、形式生动活泼、主题鲜明突出,简单的结构便于幼儿理解,精练的语言有助于幼儿记忆,趣味性的情节给予幼儿发挥的空间,能起到启迪幼儿的作用,符合了幼儿的审美情趣、认知水平及语言特点。幼儿教师可借助童话剧,指导幼儿将阅读内容大胆地说出来,并配合相应的肢体动作和面部表情,使抽象的内容变得直观、形象,使静态的文字变成动态的表达。

教师应充分发挥幼儿的语言技能与表演天分,表演过程中,其他幼儿也能看得津津有味,欢笑声和拍手声不断。例如《是谁嗯嗯在我头上》的表演,不仅向幼儿科普了不同动物的不同"便便",也锻炼了他们的语言表达能力,有效地提升了幼儿的阅读兴趣。

2. 提升幼儿阅读能力

童话剧排练和表演的过程是幼儿理解人物对话,捋清故事情节,学会人际交流的过程。在此过程中,幼儿之间的交流与合作加强了,同伴之间的交流密切了。当幼儿之间拥有了共同的话题之后,会主动分享自己获得的知识,此时教师若能引导他们进一步阅读,就能扩充幼儿的知识范围,让幼儿从阅读中获得更多的知识和成就感,加强继续阅读的信心,提升阅读能力。

教师可根据故事主题,创编童话剧,设计具有感染力的情节,给幼儿分配任务,并在彩排过程中指导幼儿的语言表达,使幼儿能在自由、快乐的氛围中展开阅读,进而逐步提升他们的阅读理解能力。当然,如果在阅读习惯培养过程中邀请家长加入,得到他们的支持与配合,利用亲子阅读时光,帮助幼儿解决阅读中遇到的问题,能进一步加深幼儿对故事的理解,在增进亲子关系的同时提升幼儿的阅读能力。

总之,童话剧在发展幼儿综合能力方面具有重要的作用,其中还蕴含着无穷的教育价值,是其他教学活动方式替代不了的。因此,幼儿教师要善用童话剧这种形式,精心挑选有趣、正能量、有教育价值的故事,让幼儿在充满童趣的氛围中尽情表演、快乐阅读,有效提高综合素养。

12-1
视频:童话剧《从现在开始》(学生作品)

训练材料:故事《从现在开始》

1. 扫描右侧二维码,欣赏《从现在开始》的童话剧视频。
2. 思考:
（1）欣赏完童话剧《从现在开始》,你有何感想呢?
（2）对比故事原文,看看表演者对剧本进行了哪些创编? 说说你的想法。

从现在开始

管家琪

狮子想找一个动物接替他做"万兽之王"。于是,他宣布:"从现在开始,你们轮流当'万兽之王',每个动物当一个星期。谁做得最好,谁就是森林里的新首领。"

第一个上任的是猫头鹰。他想到自己成了"万兽之王",神气极了,立刻下令:"从现在开始,你们都要跟我一样,白天休息,夜里做事!"大家听了议论纷纷,可是又不得不服从命令,只好天天熬夜。一个星期下来,动物们都叫苦连天。

第二个星期,轮到袋鼠上任了。他激动地说:"从现在开始,你们都要跳着走路!"听了袋鼠的话,大家直摇头。可是又不得不服从命令,只好苦练跳的本领。

第三个星期,轮到小猴子当"万兽之王"。大家都非常担心:他会不会命令我们从现在开始,都得住在树上,成天抓着藤条荡来荡去?谁知,小猴子只说了一句话:"从现在开始,每个动物都照自己习惯的方式过日子。"话音刚落,大伙儿立刻欢呼起来。

狮子见了,笑眯眯地说:"不用再往下轮了。我郑重宣布,从现在开始,小猴子就是'万兽之王'了!"

12-2
微课:锦囊妙计

童话剧表演小贴士:

1. 剧本内容要有教育性。因为幼儿的可塑性非常大,再加上他们的年龄特点,使得他们容易受周围的环境影响,因此童话剧的教育性是其核心。我们一定要选择有一定的教育意义和教育效果的剧本,借助表演让幼儿从故事或者剧情中,获得一些知识,养成一种良好的习惯,或形成一些优良的品质。

2. 语言表达要形象生动。对幼儿进行教育,要借助各种生动形象的语言。幼儿年龄越小,幼儿教育越依赖于形象化的手段。童话剧也要富有动作性,以此表现人物的性格和心理活动。总之,童话剧作品要绘声绘色,鲜明个性。

3. 呈现方式要活泼有趣。幼儿理解能力薄弱,对于自己没有兴趣的内容,就不喜欢看,甚至不看。而优秀的童话剧就在轻松愉快的说笑声中,在有趣的故事情节中,潜移默化地让幼儿明白一个深刻的道理,或者得到一些有益的启示。

4. 故事情节要通俗易懂。童话剧的故事情节,要求结构单纯,紧凑生动,强调故事性,不宜加入过多的环境描写和心理描写。

5. 知识传授要潜移默化。童话剧作品中应巧妙地穿插一些知识性的内容,以满足儿童的好奇心和求知欲。

1. 结合上一项目的学习,请同学们试着对比一下,说说讲故事与童话剧表演有哪些异同。

2. 尝试将项目十二中的故事《是谁嗯嗯在我头上》改编成剧本,思考并梳理剧本的要素、创编剧本的思路与方法。

任务二　童话剧的编排

 内容提要

传统的童话剧排演往往是从成人的视角,依据成人想要的效果和排演的速度,替幼儿全程排演。然而,童话剧是幼儿的童话剧,他们既是观众又是演员,还可能是编剧、导演……因此,童话剧的编排应该多听听幼儿内心的声音,关注他们的感受,应该体现幼儿的认知、理解、趣味、情感,始终将幼儿放在童话剧排演的核心地位,从而打造真正属于幼儿自己的童话剧,真正展现童话剧的意义。

一、童话剧剧本的要素

童话剧作为一种能发展幼儿语言能力、艺术能力、社会交往能力等综合能力的艺术形式,对幼儿的美感体验、情感培养和人格完善等方面具有特殊的作用,是其他活动不可替代的。剧本是童话剧的灵魂,好的剧本既能吸引观众的目光,又能充分展现幼儿的特长,让幼儿尽情享受表演带来的快乐。一个完整的童话剧一般会具备以下几个要素:

(一)冲突

冲突是故事能够更具吸引力、更具可看性,甚至更具教育性的一种要素。故事主要通过角色之间的冲突、角色个性以及故事主题。童话剧中的戏剧冲突应比生活更天马行空,更具有年龄特点,更富有想象力,更富于戏剧性。

(二)台词

台词包括剧中人物的语言和故事叙述性语言。童话剧中的台词分为人物对话、角色独白、故事旁白等。人物的语言是性格化的,是富有动作性的,即人物的语言是同他的行动联系在一起的。

(三)幕和场

一幕,即拉开舞台大幕一次,一幕就是一个较完整的戏剧段落。一场,即拉开舞台二道幕一次,它是戏剧中较小的段落。一个完整的童话剧往往是多幕、多场次的。

(四)舞台说明

舞台说明起到补充说明的作用,为演出提示一些注意事项,一般是关于时间、地点、人物、布景的说明,或是关于登场人物的动作、表情、上场、下场的,关于"效果"的,关于开幕、闭幕的提示等。

二、童话剧剧本改编的要素

(一)角色的改编

剧本改编的重要内容就是角色的改编,在角色改编的过程中要综合考虑童话剧的编排、表演因素,使之适应童话剧的表演,符合幼儿的认知和审美情趣,能够让全体幼儿都有机会参与。可以从以下几个方面着手:

1. 角色的增减

角色的增减，即在童话剧表演过程中，将故事中的几个角色变为更多的角色，或者由多人扮演同一角色，增加幼儿的表演机会。比如在《小花籽找快乐》中，绘本故事的主要内容是一只小花籽去找快乐。在改编过程中，可以将一只小花籽，设置成一群小花籽，以此增加参与度、互助度、体验感和趣味性。

2. 角色的衔接

各个角色之间，总有一条线索将或多或少的角色衔接在一起。在童话剧剧本改编的过程中，也必须要找准这根"线"，将各个场景有机地组合在一起，使得故事节奏变得紧凑、明快。例如《是谁嗯嗯在我头上》中，就是以小鼹鼠寻找头上的"嗯嗯"的主人为主线，串联起整个故事。在寻找"真相"的过程中科普了不同动物的不同"嗯嗯"，将科学性与艺术性融于一体。

（二）情节的改编

童话剧是由一个个情节串连起来的，在排练过程中可以基于故事的主题结合现实背景、生活实际和角色年龄特点，进行一定程度的改编、删减或者增加。

1. 情节的删减

绘本故事的情节，并非都是适合用来表演的。有些不符合幼儿的认知水平，有些过于脱离幼儿现实生活，有些根本无法表演出来的，这时候就需要进行适当的删减。例如《小猪变形记》讲述了一只小猪百无聊赖，用各种办法模仿长颈鹿、斑马、大象、袋鼠、鹦鹉、小猴等动物，寻找快乐的故事。但长颈鹿脚上踩着高跷这一幕，就很难呈现，这样的情节便可以删掉。

2. 情节的增加

很多绘本故事喜欢采用戛然而止或韵味无穷的结尾方式，有些情节设置节奏过快，容易产生一带而过或意犹未尽的感觉。对此，可以对剧本的内容进行适当的增加，进行恰当的改编。例如《是谁嗯嗯在我头上》结尾小鼹鼠把"嗯嗯"拉在大狗头上就钻回地底下了。童话剧可对此结尾进行创编，对小鼹鼠、大狗的行为有更明确的交待。

（三）语言的改编

童话剧的语言力求生活化、口语化、儿童化，而故事的语言则相对书面化。这就需要对作品的语言表达进行适当改编。不同年龄的幼儿语言能力和思维的特点各不相同，因此，在进行语言改编的时候要根据年龄差异，既要符合幼儿的理解能力，又要符合幼儿的认知特点、审美情趣，充分发挥其在表演中的主体作用，体验到表达的乐趣，表演的成就。

12-3
微课：语言
的改编

当然，要将一个故事改编成一个剧目，可不是随随便便加几个字、减几个字或者改几句话这么简单。需要从故事中找到这些要素：

1. 角色

角色有时是人，有时是动物，有时是自然界的现象。例如，故事《神奇糖果店》中的角色是动物，故事《风喜欢和我玩》的角色是风和人。

2. 时空背景

时空背景即故事发生的时间和地点。例如，故事《快点睡觉吧》是睡前在卧室里发生的，《我的幸运一天》是白天在家里发生的。

3. 主题

主题是创作者最想要传达的部分，是作者最重要的想法，这种想法有时会被写出来，有时却隐藏着。例如，《脏兮兮国王》的主题在最后被写出来了，《野兽国》的主题却被隐藏了起来，这时候就需要改编时着重发掘。

4. 情节

因为角色的某些决定而发生的事件与冲突，通常伴随着故事的高潮出现。例如，《南瓜汤》的情节非常简单，是鸭子一次不寻常的选择引起了许多冲突，然后鸭子离家出走，猫和松鼠去找他，最后又重新团聚。全书一共包含三段情节，而每一段情节中包含若干小事件。

5. 想象

故事有许多想象空间，作者要运用创造力把这些想象空间表现出来。例如，《疯狂星期二》《十兄弟》就是特别有想象力的故事，剧本改编过程中可以有效发挥和补充。

故事的要素还有比喻、观点、对话、气氛等，在剧本创编过程中也要注意这几个要素。剧本的关键要素提炼出来以后，就可以有针对性地进行补充，补充的情节要符合故事发展的逻辑，补充的语言要浅显易懂，生动有趣，要注意用词的口语化，当然，还有很重要的一点，就是要符合故事中角色的形象。

三、童话剧编排的途径

（一）顺应幼儿的认知，创编剧情内容

剧情是童话剧的"基石"，童话剧的剧情要与幼儿的天性与年龄特征相适应，充分融合幼儿对故事的理解，体现幼儿内心世界特有的情感，让剧情展现幼儿情趣。在童话剧排演过程中，教师应转变完全按照既定剧情进行排演的模式，有效运用幼儿的创意和思路，将幼儿对故事的独特理解融入剧情，为幼儿在童话剧演绎中找到共鸣。

如在《十二生肖传说》的编写过程中，就可以让幼儿基于对中国民间故事的了解，各抒己见，然后教师进行梳理。如改编为以"聪明机智型"为主线的剧情——跑步比赛中，小老鼠在牛背上给牛哥哥唱歌，到了终点，小老鼠从牛背上跳下来，先冲过终点线，成了第一名；其他动物见状，也争先恐后地跑向终点，所以，跑在前十二名的

动物被选为十二生肖。或改编为以"以勤能补拙型"为主线的剧情——十二种动物报名参加跑步比赛,小老鼠很勤奋,天天早起练习跑步,终于在比赛中获得了冠军;而小猪爱睡懒觉、体型笨重,所以只能是第十二名,成为最后一名。

幼儿有自己独特的想象,而这些想象往往是使童话剧变得鲜活、生动、个性的源泉。它体现出幼儿的天性和他们对故事的独特理解,同时也显示了幼儿特有的童真童趣、童言稚语,避免了故作幼稚和矫揉造作。若将幼儿在此方面的兴趣不断引导,激发创意,拓宽思路,那么,童话剧将在激发幼儿创造力方面起到不可忽视的作用。

(二) 尊重幼儿意愿,自主选择角色

将书面文字变成直观、生动的角色呈现,童话剧才算有了"灵魂"。因此,选择和演绎剧本中的角色是童话剧排演过程中最能吸引幼儿的环节。尊重幼儿角色选择、角色体验,让幼儿的真情实感得到尽情释放和满足,这是童话剧排演过程中吸引和激励幼儿的重要举措。

传统排练方式往往是由教师或者排练者决定"谁更适合演什么角色",然而在幼儿的世界里,没有谁更适合演哪一个角色,只有自己想演哪个角色的问题。如长相甜美的女孩不一定要演公主,可能喜欢演"邪恶"的巫婆、"恶毒"的皇后;长相憨厚的男生不一定演笨拙的小猪、老实的大象,可能喜欢演灵活的兔子、上蹿下跳的猴子;性格温和的孩子也许想演泼辣的角色;性格开朗的孩子也许想演一棵没有台词的树木;高个子想演小矮人,小个子想演大老虎……

幼儿天生喜欢模仿,童话剧承载着幼儿真善美的内心世界。在幼儿的心目中没有既定的主角和配角、英雄和坏蛋,对于角色的选择,教师或者排演者可以更加开放,有的剧本中角色数本身就很少,例如《猜猜我有多爱你》《逃家小兔》等,为了更好地展开故事情节,可以增设角色。

(三) 转变既定排练过程,释放表演天性

优秀的童话剧在排演过程中免不了反复练习。单一、机械、重复的流程难免会让幼儿觉得枯燥乏味。若在这些既定的流程中巧妙融入区域活动或者游戏过程,在趣味情境中发挥想象与创造力,不仅能使演员的动作丰富而有活力,也能保护幼儿的天性。

当幼儿在自主游戏过程中不满足于小区域的表演时,就会自然地往舞台童话剧方向靠拢。这是一种从游戏到表演的自然进阶过程,也是幼儿基于兴趣而萌生的表演意愿,是幼儿艺术素养培养的良好契机。教师或者排练者适时地将表演进行梳理,让幼儿感受到除了过好台词关,还需要将整个故事配上各种音效,演员要穿上适合的表演服,配上适合的道具,舞台上还要有灯光。如此,舞台童话剧的形成过程与幼儿的体验紧密结合,使幼儿在参与童话剧的过程中始终感受到自己的主人翁地位,在童

心洋溢的童话剧创作过程中喜欢上童话剧，喜欢上表演。

四、童话剧编排的步骤

（一）表演剧本——精心选择

剧本是童话剧表演的前提，选择好的剧本，表演就算成功了一半。什么样的剧本才是"好剧本"呢？首先，其主题必须是积极向上、充满正能量的。优秀剧本的主题对孩子的行为习惯养成、良好性格形成、优秀品质塑造能起到正面的，积极向上的影响。其次，剧本的难易程度、语言表达、主题输出要适合幼儿的年龄层次。最后，剧本内容最终是要转换成舞台表演的，因此该剧本必须且具有一定的可操作性、可表演性，适合在舞台上展现出来。例如《大卫不可以》与《小青虫的梦》，从文本上看后者就更具表演性，更适合将其创编成童话剧在舞台上进行表演。

（二）故事角色——精心选拔

角色选拔是童话剧排演的灵魂。童话剧角色的选择可以让排演者或者教师提供建议，也可以让幼儿自行选择角色，需要教师再根据幼儿的年龄特点、幼儿的个性特点来判断和调整。角色的选择绝不能教师"一言堂"，应该最大限度地尊重幼儿的意愿，以此激发表演的积极性。所以在排练童话剧的时候，需要将幼儿自行选择角色与教师推荐角色相结合。

（三）小演员们——精心排练

排练第一步是熟悉剧本。可以用故事的形式讲给幼儿听，告诉幼儿故事的主人公是谁，有哪些主要角色，故事教导我们的意义等。这种方式能够让幼儿明白童话剧的主题，能够促成更好的表演。

排练第二步是口头语言训练。童话剧的表演离不开语言的支撑，通过对童话剧中叙述性语言和角色对话语言的训练，使幼儿对故事内涵和人物内心活动有更为深刻的理解，如此可加大幼儿对表演活动的兴趣和信心。当然，不同年龄段的训练目标不太一样。小班幼儿语言相对简单，以重复句式为主，训练的主要内容是语言模仿；中班幼儿语言能力有所提高，训练时以模仿、掌握剧本中角色的对话为主，同时，训练幼儿讲述故事旁白，配合完成童话剧表演；大班幼儿语言能力较强，他们在较好掌握讲述语言、角色对话及合作表演的基础上，还能进行创造性表演。

排练第三步是肢体语言的训练。幼儿思维的特点之一是形象性。幼儿在进行童话剧表演时，语言讲述配以相应肢体动作，会使表演活动更具感染力、更加生动有趣，同时，也能提高幼儿对故事角色、故事内容的理解，丰富幼儿表演的经验。

（四）辅助手段——精心准备

辅助手段对童话剧表演是不可或缺的。童话剧表演的辅助手段很多，如服装、道具、音乐、灯光……天真烂漫的"演员"加上精致可爱的妆容、五彩斑斓的服饰、活泼生动的音乐和变化多端的灯光，营造出完满的童话剧表演氛围感，使整个表演锦上添花。

五 不同年龄段幼儿童话剧排演指导策略

幼儿园分成三个不同阶段，小班（3—4岁）、中班（4—5岁）、大班（5—6岁）。不同年龄段的幼儿有不同的特点，因此在选择童话剧表演时应该因人而异、因材施教，采用科学合理的童话剧表演指导方式。

（一）小班幼儿童话剧排演指导策略

小班幼儿年龄偏小，对事物都保持好奇心，对童话剧表演也有新鲜感，有着极高的表演积极性。也正是因为年幼，给这个年龄段的幼儿排演童话剧也是最难的。由于小班幼儿认知能力较弱，角色定位不够清晰，台词表达不够准确，不建议小班幼儿去表演故事情节过于复杂、台词过于冗长的童话剧。因此，此阶段的排演还是要以模仿为主，幼儿可以通过模仿熟悉的人物，感受到表演的快乐。

首先，让幼儿理解童话剧作品的大致内容。站在幼儿的角度，选出适合小班幼儿的作品，保证故事情节明了、台词简洁，人物要尽可能是小班幼儿熟悉、喜爱的形象。在分析作品的过程中，帮助幼儿掌握童话故事中人物的性格特征，在此过程中，引导者或家长要适当地对幼儿进行表扬与肯定，以便提升幼儿在排演过程中的信心和积极性。

其次，结合生活实际开展童话剧排演。在进行童话剧表演之前，可以让幼儿对故事中的角色进行模仿，引导幼儿结合发生在身边的实例，做到表演与生活经验相融合。例如《拔萝卜》，可以让幼儿先模仿农民伯伯拔萝卜的样子，让幼儿想想"农民伯伯拔萝卜是什么样的""自己有没有在生活中或电视上看过拔东西的样子"等，以此引导幼儿对现实生活进行细致地模仿，更快更积极地融入表演中去。

最后，适时加入辅助道具。小班幼儿缺乏表演的主观能动性，时刻都需要引导，不然很容易让幼儿失去表演的兴趣。因此，在排演过程中，可以适当加入道具来增加童话剧表演的直观性和趣味性。头饰、头套、面具等都是不错的选择，不过一定要简单、实用、有趣且易操作，确保最大程度方便幼儿进行童话剧排演，保证表演顺利进行，让幼儿享受童话剧表演带来的快乐。

（二）中班幼儿童话剧排演指导策略

相较于小班幼儿，中班幼儿已经有了一定的童话剧表演经验，无论在台词表达还是肢体动作上都更加成熟。所以在排演过程中可以适当提高难度,增加一些互动表演。为了让幼儿更深入地理解童话剧表演,教师或者排演者可以尝试增加或营造不同场景,让幼儿适应不同的场景。表演全程,教师或者排演者只需要引导,幼儿就能充分发挥主观能动性和想象力。

首先,引导幼儿深入理解作品。在剧本题材上,可以选择一些故事性强、角色个性鲜明的故事。在确定表演作品之后,用多种方式和手段进行作品展示,让幼儿对故事内容尽可能有全面和深入的了解。在这个过程中,教师或引导者可以帮助幼儿了解整个故事中每个角色的性格特征、交流方式,再让中班幼儿讨论每个角色之间的情感变化以及心理描写,从角色出发感受故事的发展,从而帮助幼儿把握角色的性格特点以及心理活动。最后,还要对每个角色的上场任务进行整体性分析以及总结,让幼儿明白每个角色的上场任务,帮助幼儿更顺利地走进角色、感受角色。

其次,让幼儿自主选择角色。可以让幼儿选择自己喜欢或者感兴趣的角色,一来激发表演兴趣,二来增加讨论的积极性。如果直接分配角色,可能降低或影响幼儿的表演积极性。此外,也可以让选择同一角色的幼儿进行沟通与交流,向对方讲述自己表演这个角色的想法和感受,让每个参与童话剧排演的幼儿都能获得学习体验,最终让他们在舞台上呈现出更加完善的表演状态。

最后,借助辅助工具提升表演技能。中班幼儿注意力不易集中,可以通过一些辅助工具来吸引幼儿注意,激发表演积极性。例如,利用多媒体展示与作品相关的动画、图片或者音乐;通过多媒体技术来增加幼儿的感官感受,激发幼儿对童话剧表演的探索欲望。此外,还可以引导幼儿对角色进行即兴创编,不仅能够让幼儿感受童话剧表演的乐趣,还能有效开发幼儿的想象力,一举两得。

(三)大班幼儿童话剧排演指导策略

大班幼儿已经具备完整表达自己内心想法以及思考的能力,可以再增加一些难度,引导幼儿进行自主创作。

首先,确定表演作品。可以为幼儿提供几个题材以供选择,也可以让幼儿选择自己喜欢或者感兴趣的童话作品。

其次,商定角色的分配。以幼儿的想法为主,教师或者排演者可以适时地给一些建议。然后,让幼儿演练,教师或者排演者适时地进行引导和指导,提升排演质量。

最后,作品展示。教师在展示结束时对大班幼儿的表演情况进行公平、公正、客观、准确的评价,评价以鼓励为主。这种自导自演式的幼儿童话剧表演不仅能够提高幼儿的沟通能力,提升对作品的认知程度,还能让幼儿清楚了解童话剧创作的流程和环节,从而有效提升幼儿对童话剧创作的综合能力。

六、童话剧改编的注意事项

（一）剧本熟悉——要适龄

熟悉剧本是童话剧改编的基础和核心环节，要让幼儿熟悉理解剧本，为童话剧表演做好认知、情感上的铺垫。但是不同年龄段的幼儿熟悉剧本的方式各有不同。

1. 小班：教师通过讲故事让幼儿熟悉剧本的内容，也可以根据故事对话设计台词，让幼儿在潜移默化中记住台词。

2. 中班：通过观看动画或视频的形式，帮助幼儿理解故事的主要内容并进行模仿，丰富幼儿的体验。

3. 大班：通过故事绘本的授课形式让幼儿理解故事的主要内容和对话，激发幼儿运用自己的想象力进行表演。

（二）情节设置——要灵活

情节的设置也要结合不同年龄特点灵活处理。哪怕是同一个剧本，面对不同年龄段的幼儿，也应该进行不同的处理。以《小蝌蚪找妈妈》为例，对于小班幼儿，在情节的处理上就要尽可能简单，语言短小、精悍、重复，以便幼儿记忆与模仿，故事场景和道具也可减少或进行微调；对于中班幼儿，情节宜具有曲折性、生活化，增加一定的语言描述和场景变化；对于大班幼儿，情节可以曲折起伏，具有一定的不确定性，内容可以比较丰富，语言规范且有感染力，场景随着故事情节的变化而变换。

（三）角色分配——要自主

角色是故事的魂，成功的角色塑造能让故事变得有血有肉，激活幼儿心智，增加教育效能。不同年龄段的幼儿，在角色分配上也有不同考量：小班幼儿选角，以教师选定为主；中班幼儿选角，以幼儿意愿为主，教师意见为辅，鼓励幼儿选择自己喜欢或者感兴趣的角色，教师依据实际情况协助幼儿完成角色的分配；大班幼儿选角，最大限度尊重幼儿的选择，通过幼儿的表演能力和角色选择来设计表演方案，一个角色可以选多个幼儿扮演，以此提高幼儿表演能力，促进幼儿相互学习。

（四）环境创设——要丰富

童话剧的环境创设包括表演场地布置、表演道具、背景音乐等。良好的环境创设可以营造舞台表演气氛，使幼儿表演情绪更投入。

1. 道具制作

可用纸箱、纸壳、KT板、泡沫板等制作出道具的模型，用丙烯颜料涂上合适的颜色；也可以网上购买一些成品或者半成品，再加工创作。

2. 背景音乐

童话剧表演离不开音乐的渲染。结合故事主题、情节、形象来选择更加契合的音乐。例如《是谁嗯嗯在我头上》,当"便便"掉在小鼹鼠头上的时候,可以选择幽默诙谐的音乐来衬托;再如《老鼠嫁女》中每位自荐者上场时可以配以相应的歌曲,音乐要尽量贴合形象特征。

训练材料:

1. 扫二维码,欣赏《神奇种子店》视频,分享自己的观看感受。
2. 结合童话剧的编排与表演,评价视频中同学的设计与表演。

12-4
视频:童话剧《神奇种子店》

神奇种子店

【日】宫西达也　林真美 译

有一天,小猪咚咚咚、咚咚咚地走在原野上,突然,它发现了一家神奇种子店。

"狗獾叔叔,神奇种子到底有多神奇啊?"

"这里的种子,可神奇了。小猪,你将这又白又冰的种子埋进土里,看看会怎么样?"

"哇,这种子真的又白又冰凉。"小猪一边说,一边将种子埋进土里。

于是,狗獾叔叔——"中兹,中兹,棵歪颠吃乌来,中兹,中兹,棵歪颠吃乌来……"念完怪里怪气的咒语之后——一棵树扭啊,扭啊扭地长出来了——

"哇,雪人,又冰又凉的种子,是会长出雪人的种子噢!"

"接下来的神奇种子,是有很多颜色的,轻飘飘的种子噢。小猪,你种种看。"

小猪开心地将种子埋进土里,狗獾叔叔又开始念起神奇咒语来了——"中兹,中兹,棵歪颠吃乌来,中兹,中兹,棵歪颠吃乌来……"念完怪里怪气的咒语之后,一棵树扭啊扭、扭啊扭地长出来了——

"哇,气球,小猪,有很多颜色的轻飘飘种子是会长出气球的种子哦!"

"小猪,接下来的神奇种子是……"狗獾叔叔正在犹豫,小猪就擅自说道:"叔叔,我来种这全是洞的种子吧!"说完,就将种子埋进土里。而且,还念起咒语来——"中兹,中兹,棵歪颠吃乌来,中兹,中兹,棵歪颠吃乌来……"

他刚一念完,"糟了、糟了、糟了……"狗獾叔叔吓得全身发抖,一棵树扭啊扭、扭啊扭地长出来了——"哇——小猪快逃——这是会长出蜂窝的种子……"

哎呀,可把他俩累坏了,跑得上气不接下气。逃离蜜蜂群后,他们又折回原地。"狗獾叔叔,会长出蜂窝的种子我不要,至于其他种子,请全部给我吧!"

听小猪这么说,狗獾叔叔回答:"那我再加送一样种子给你。当你遇到困难的时候,只要种下这个种子,就会有意想不到的事发生噢!"狗獾叔叔说完,把一个表面粗糙的特大号种子交到小猪手上。

项目十二 童话剧表演训练

"狗獾叔叔,谢谢您。"小猪说完,便兴高采烈地走了。

"嘻嘻嘻……现在我要将甜甜圈的种子埋到土里,然后就有许多好吃的甜甜圈啦!"

就在这时,从树荫下——跳出来一只大灰狼,"好吃的甜甜圈算什么,本大爷想吃的是又肥又嫩的小猪啊!嘿嘿嘿……"

"糟了!得想想办法啊!"小猪赶紧将又白又冰的种子埋进土里,并念上咒语:"中兹,中兹,棵歪颠吃乌来,中兹,中兹,棵歪颠吃乌来……"于是,一棵树扭啊扭,扭啊扭地长出来了——

"怪了……我明明看到……这附近有一只小猪啊……?"大灰狼东张西望,四下搜寻,"怎、怎、怎么回事?这里怎么有个雪人?"大灰狼盯着雪人直看,这时——雪人开始滴滴答答地融化,小猪的手和尾巴露了出来。

"啊……糟、糟了!怎么办?啊,有、有了!"骨碌骨碌骨碌……小猪雪人顺势滚着逃走了。这是一棵长满气球的树。飘啊飘,飘啊飘……"太棒了!"

不过——大灰狼也抓了一把气球,追了上去。

"不、不、不行了……"小猪正想投降,突然灵机一动。"对了!狗獾叔叔给的那个救急用的种子,现在正好派上用场。"小猪降落到地面之后——将又大又粗糙的种子埋进土里,"中兹,中兹,棵歪颠吃乌来,中兹,中兹,棵歪颠吃乌来……"小猪念完咒语。可是——

"嗷——"

"原、原、原来是会长出恐龙的种子啊!"小猪很惊讶,大灰狼更是吓得说不出话来。

"救命啊——"在发出一声惨叫后,大灰狼就逃之夭夭了。

小猪松了一口气。"神奇的种子真是不可思议,虽然我也吓了一大跳……不过,我还是比较喜欢普普通通会开花的种子啊!呵呵呵……"小猪说着说着笑了起来。

锦囊妙计

在排演的过程中,应该注意哪些事项呢?

1. 取个有趣的名字。每次训练童话剧表演的时间,我们可以取一些或文艺、或有趣味的名字,比如"文学时间""莎士比亚时间"或者"演员诞生记",一听就让人动力十足、兴致满满,顿时燃起表演的欲望。

2. 准备足够的空间。表演需要足够空间,需要一个可以伸展四肢、放飞自我的场地。建议在排演的时候,最好有专门的表演训练场所;如果没有,可以将教室的椅子推到桌子下方,或干脆把桌椅靠在教室后面的墙边,这样便有足够的活动场地了。如果教室的地板很干净,可以在上面做滚、爬等动作,效果会更好。如果时间、条件允许,可以先做做热身操再进入排演环节。或者教师播放音乐,大家一起跟着音乐自由律动,帮助幼儿尽快进入表演状态。

3. 灵活使用辅助工具。在排演的过程中,可以运用一些简单的道具提升排演的

12-5
微课:童话剧排演注意事项

效果。如用布块、扫把、报纸等，可以想象为布景、道具的延伸；使用铃鼓、木鱼等节奏乐器，可以提高对身体节奏的控制水平。配乐可以营造气氛，帮助演员酝酿情绪，加上活动和指导语运用得当，整场表演将会更加成功。

童话剧排演并不是要让幼儿成为专业演员，而是通过活动，让其学习运用自己的肢体、感官，理解剧情。并非每一次的排演都会成功，有时也会遇到意外状况，如有的幼儿会因为害羞不敢表演，有的幼儿由于太兴奋而失去控制，这些都在所难免。只要幼儿有一点进步，教师都要肯定、鼓励他们，激发他们的表演兴趣和动力。

"注意力"和"想象力"是关乎活动能否成功的两个关键元素，决定了排演者能否深入感受作品的语言，明白作者传达的意图以及理解故事中各种角色的行动，参与排演活动的过程。重要的是，在活动中发挥的潜能与创意，有利于表演能力的提高。

4. 及时观察与记录

表演是一个观察与被观察，模仿与被模仿，记录与被记录的过程。通过观察别人，反思自己；通过模仿，寻找自己；通过记录，提醒自己。这个过程是教学相长、取长补短的过程，有着很重要的意义。

（一）训练材料

1. 扫描左侧二维码，欣赏《冰糖葫芦谁买？》视频，分享自己的感受。
2. 结合童话剧剧本创编以及剧本排演的途径和步骤，评价视频中同学的设计与表演是否合理，如果是你会有不一样的创编与排演吗？

12-6：童话剧《冰糖葫芦谁买》

冰糖葫芦谁买？

保冬妮 吴翟

一到冬天，北京大街小巷上卖冰糖葫芦的就多起来了。满街飘着甜甜的糖浆味儿，孩子们举着火红的冰糖葫芦，吃得那叫一个美。

这天，一个卖冰糖葫芦的老爷爷推着车，照例走进了猫眼儿胡同。"冰糖葫芦儿——"吆喝声在深长的胡同里响了起来，冬天的胡同里立刻飘起了甜丝丝的糖浆味儿。昨天下的雪还没有化，胡同里冷飕飕的。卖冰糖葫芦的老爷爷，走了几条胡同都没有遇到一个孩子。像往常一样，老爷爷在电线杆下放了一盒小鱼骨头。

天，实在太冷了，没人来买冰糖葫芦。老爷爷掏出兜里的一张中药处方："唉，看来，今天也抓不上药了。"胡同里静悄悄的，一个小小的影子，从高高的屋顶上往下看着老爷爷。老爷爷找了一处向阳的地方蹲了下来。

一个瘦小的身影悄没声儿地来到了老爷爷的身边。老爷爷正打盹儿呢，一双小手轻轻碰了碰他，细细的声音轻轻地问："老爷爷，老爷爷，您不卖冰糖葫芦了？""就等你来了，孩子。爷爷多卖上一些冰糖葫芦，才能去抓药呢。"老爷爷赶紧站了起来。穿着棉外套的孩子摸了摸衣兜,掏出三块硬币,说:"老爷爷,我买一串冰糖葫芦。""哎!"老爷爷笑眯眯地答应着,收了钱,他把冰糖葫芦递给了孩子。"哎,要是能多几个孩子就好了。"老爷爷一边念叨着,一边寻摸远处。

胡同里静悄悄的,一个人也没有。孩子拿着冰糖葫芦跑走了。在他转身的一瞬间,老爷爷看到一条白色的尾巴从棉外套下面露出来。"喔。现在的孩子穿什么衣服都有……"老爷爷念叨着,又蹲在了太阳下面。没一会儿,老爷爷的耳边又响起细细软软的声音:"老爷爷。""老爷爷。""老爷爷,老爷爷。"老爷爷睁开眼睛,呵,身边围上了一群穿着棉外套的孩子。每个孩子手里都举着三块硬币。老爷爷高兴地忙活起来。"给你,还有你。"孩子们拿着冰糖葫芦跑走了,在他们转身的一瞬间,老爷爷又看到……(猫尾巴)。

"老爷爷,我买一串冰糖葫芦。"一个脆灵灵的声音在老爷爷的耳边响了起来。老爷爷回头看,是个穿着花棉袄的小女孩。老爷爷把最后一串冰糖葫芦递给小女孩,奇怪地问:"你怎么没穿和他们一样的棉外套呀?"小女孩歪着脑袋问:"和谁一样?"这句话倒把老爷爷问住了,是啊,那些孩子到底是谁呀?老爷爷朝胡同里指了指:"就是刚才那一群孩子呀,他们的棉外套全带尾巴。""带尾巴的?"小女孩想了想,指了指屋顶说,"小猫才是带尾巴的,嘻嘻,爷爷看错了吧?"小女孩说完,蹦蹦跳跳地跑进一所院子里。"是啊,小猫才是带尾巴的呢。"老爷爷嘀咕着看了一眼屋顶。

"哦?那是什么?"一群各种各样的小猫,嘴巴上都叼着一串冰糖葫芦,它们正调皮地冲老爷爷笑呢。老爷爷揉了揉眼睛:"我没有看错吧?"没有,老爷爷没有看错,小猫们全都冲他点头了呢。老爷爷摸摸兜里满满的硬币,向小猫们挥挥手,啊,今天可算能把中药买给老伴了!

(二)自主训练

分小组进行童话剧的编排,先明确幼儿年龄段,再选择适合该年龄段幼儿特点的故事,进行故事剧本的创编与排演。

任务三 童话剧表演的辅助手段

童话剧的表演除了要不断锤炼语言的表达,让人物个性鲜明,还需要借助多种辅助手段,让童话剧的表演锦上添花,让孩子耳目一新。童话剧的表演可以有诸多的辅助手段,表演之前的热身、舞台灯光的设计、背景音乐的编配、精美道具的制作等都能够使充满童趣的童话剧更具舞台感、艺术感。

一、释放天性的热身

（一）肢体练习：放松身体并且让精神集中

1. 身体分为头颈、手臂、手掌、胸、背、腹、臀部、大小腿、脚掌等几个部位。

2. 分次收缩身体各部位的肌肉，先绷到最紧的程度，然后再调整到最轻松的状态。需注意的是，在收缩或放松身体某一部位时，不要牵动其他部位。

3. 做这项练习时，最好能够躺下来进行。以最舒服的姿势平躺，并且让身体尽量紧贴地面。开始时，先收缩脚掌的肌肉，然后放松。接下来，再依次进行大小腿、臀部、腹、背、胸、手掌、手臂、头颈等部位肌肉的收缩与放松。

4. 若是由于场地的限制无法躺下，也可以站着或坐在椅子上进行。这时的顺序要从头颈开始，自上而下。

（二）环境探险：用身体探索环境，与同伴建立信任与默契

1. 请一个幼儿站在中间，其余幼儿在他四周围成一个圆圈。中间的幼儿蒙上（或闭上）眼睛，由教师帮忙，在原地慢慢地转两三圈，然后双手向前平伸，开始往前走。

2. 中间的幼儿行走时要保持一定的速度，放心大胆地往前走。当他快要走到圆圈的边缘时，旁边的幼儿要将他的手臂抓住，再换个方向把他推走。

3. 周围的幼儿要留意中间幼儿的动向，留心不要让他撞到墙壁、柱子或其他事物，并且要小心地引导，不要让他踩到凹陷的地方。如果中间的幼儿快跌倒了，周围的幼儿要赶紧迎上去保护，以免受伤。活动进行时，切不可搞恶作剧，故意让中间的幼儿摔倒。

4. 这个活动可以轮流进行，当所有的幼儿都熟悉规则后，可以做些变化。例如，利用掌声来引导中间的幼儿，当他走到圆圈的边缘时，其余的幼儿要用掌声引导他离开。圆圈可以扩大或缩小，也可以在室外进行。

5. 还可以变成另外一种玩法：将各类小物品放在幼儿行进的路线上，引导他绕开或是拿取某样物品。不管如何玩，在场的指导教师一定要维持秩序，保证安全。

（三）情绪表达：能够用比较恰当的表情、动作和肢体语言来表达情绪

1. 制作一张写着"高兴""生气"和"伤心"的词卡（字要写得大一点儿），再制作三张"进化卡"，每一张词卡分别写上"有点儿""更加""特别"三种程度的变化。

2. 根据展示的词卡，分小组用表情与动作来表达情绪。教师可以加入"进化

卡",强化情绪状态,让表演者加以区别。

3. 在表达情绪时还可以指定部位。例如,用眼睛和嘴巴表现生气,用手和脚表现高兴,用头和肩膀表现悲伤。

在表演时,教师要及时予以鼓励,释放幼儿的表演压力,让其知道如何正确地表达情绪。

(四)调动身体各个感官想象

身体是我们与空间沟通的桥梁,当我们了解自己身体每一种感官的感觉时,才能毫无障碍地用身体与空间沟通。空间有大有小,我们可以用自己有限的身体与这些大大小小、情况各异的空间沟通。

例:模仿小动物拿着钓竿和沙桶走路。(提示:老师可以和大家讨论,如果我们处在当时的环境里,身体和某些事物接触时,会有怎样的反应?)

例:模仿小朋友快步走过沙丘。(提示:请大家想想,如果脚步越走越快,脚的感觉如何?想象一下在这个空间中移动时能走多快。)

运用类似的练习,可以让幼儿体验在不同的空间中,如何用身体与空间中的事物沟通。当然也可以借助想象,调动身体各种感觉(视觉、听觉、嗅觉、味觉、触觉等)增加身体、情绪等各个方面的参与度和表现力,让幼儿了解,原来身体可以有各种不同的反应,如:

1. 在海边,看见海浪、沙丘,树与草被风吹弯了,小朋友看到这些情景后脸上会出现什么表情?身体会有怎样的反应?当时的心情又如何?

2. 听到海浪声、风吹的呼呼声、树叶的沙沙声时,身体有什么反应?

3. 海水、沙滩各是什么样的气味?喜欢这些气味吗?我们怎样才能表现出喜欢还是讨厌这些气味?当闻到这些气味时,脸部和肢体有什么反应?当嘴巴尝到海水或沙子时,又有什么反应?

4. 想象一下这句话描述的场景:"午后,阳光普照,一家人刚刚将他们的拖车停放在高高的、起伏的沙丘后方。"这时,脸上有什么表情?身体有什么感觉?

5. 坐在沙地上穿防水靴时,脸部和肢体又会有怎样的反应?心情如何?又会用怎样的语调说话?可以试着用我们的肢体模仿动作。

在做这个练习时,所有的情境都得靠想象,并且由幼儿自由发挥、自行设计所有的动作。教师在引导孩子想象时,应注意周围环境的安全。

二、设计得当的舞台灯光

童话剧演出与舞台灯光艺术有着密切关系。当舞台灯光与人物表演发生碰撞,它会对故事人物心理渲染、故事情节推进、环境气氛烘托、时空变化创造以及表现艺术魅力等方面起到积极的影响,为童话剧表演起到画龙点睛的效果。

(一) 对人物心理的渲染

舞台灯光是多彩的,不同色彩的灯光给人的心理感受、传递的信息各不相同。舞台色彩具有充分的表情性、联想性、象征性。在舞台表演的过程中,明暗、冷暖的舞台灯光都具有一定的表征性。比如当灰姑娘在舞会上和王子跳舞的时候,舞台上的灯光应该是明亮的暖色调,观众可以从中感受到温馨、快乐、幸福等情感,也从侧面衬托出灰姑娘的可爱和善良;而当12点钟声响起,灰姑娘落荒而逃时,舞台的灯光随即暗淡了下来,甚至可以是一束追光,观众可以从中感受到紧张、急迫等感觉。

(二) 营造不同故事氛围

在舞台上,灯光可能是全景,可能是近景,也可能是人物特写。而人是舞台剧中最重要的元素,童话剧的表演是不可能脱离人物角色而存在的。在表现一些阴险、邪恶的形象时,可以将冷色调的灯光打在角色脸上,让观众感受人物的阴森、狡诈,比如白雪公主中恶毒的皇后、邪恶的老巫婆、灰姑娘的后母。而在表现一些正面人物时,可以用暖光照在其正脸,如天真的小红帽、善良的小人鱼。借助不同角度的舞台灯光,使角色的面部表情变得更加生动,营造不同的氛围,突出了人物特点和性格。

(三) 再现时空变化

童话故事的情节往往没有时间、空间的限制,而童话剧表演过程中舞台灯光的变化可以使抽象变为直观。在表现时光的舞台剧中,一般会将春天装扮成绿色、夏天暖红色、秋天金黄色、冬天冷白色,另外在一些时空快速转化的场景中,也会出现代表科技以及"时空隧道"的蓝色,这样的舞台灯光表现比单纯的文字表现更具有感染力,舞台也变得更加"真实"。舞台灯光在表现空间的时候更加具有说服力,比如在灰姑娘从皇宫逃回家中时,两个地点需要较快速地转换,只需要将舞台灯光短暂地变暗,然后快速将舞台布景进行切换,换成另一种灯光,舞台过渡也自然、流畅。

(四) 创造舞台气氛

所有舞台表演都需要现场,童话剧也一样。心理学研究表示:群体的精神状态往往会对个人的心情以及心理产生很大的影响。打个比方,如果我们身处在欢乐、兴奋的人群中,我们的心情也会在不知不觉中被感染,再配以温暖跳动的舞台灯光,我们的心情也会变得欢乐、兴奋。同理,当身边的情境是沉重的、伤感的,这时如果舞台灯光变得昏暗,整个气氛就会变得沉闷、阴郁。

三、充满童趣的音乐

在童话剧表演过程中,音乐的选择不容小视。除了通过舞台灯光渲染感情色彩,还可以通过音乐、道具等艺术元素的有机结合达到升华舞台艺术的作用。

音乐对整个剧情的发展起着烘托、渲染、塑造形象的作用。童话剧中的音乐情绪要与故事内容、情节匹配，也需要考虑观摩对象的年龄特点，即音乐的儿童化。因此，在选择的时候可以从以下几个方面入手：

（一）根据幼儿经验选择音乐

幼儿对音乐不陌生，很多从胎儿阶段就可能经历过音乐的刺激，如胎教古典音乐、中外经典儿歌和旋律。他们对音乐的性质、情绪情感的表达有自己的理解，因此，教师在对童话剧情节、内容理解把握后，可以先倾听幼儿的想法，引导他们讨论给出比较适宜的音乐。如果提供的音乐确实可行就选用，这一方面是对他们的激励，另一方面也有利于幼儿理解和把握童话剧的音乐。

（二）根据剧情需要选用音乐

再简单的故事都会有一定的情节，而音乐对剧情的发展起着推波助澜的作用。因此，在排练过程中应该根据剧情的发展，不断变换音乐。以童话剧《小青虫的梦》为例，当小青虫兴冲冲地去找蜻蜓姐姐学舞步时，为了表现小青虫兴奋、急切的心情，可以选择钢琴曲、小提琴曲等节奏明快的音乐；当小动物们一个个都拒绝小青虫时，小青虫觉得委屈、难过，这时就可以选择大提琴曲等节奏缓慢有些哀伤的音乐或者旋律；而当小青虫最终参加舞蹈大赛且成为大赛冠军的时候，可以选择激昂的管弦乐或者旋律。如此一来，观众的感受会因为音乐和声音而进入某种情感氛围，而剧情要表达的思想情感也淋漓尽致地表达出来了。

（三）根据角色特点选择音乐

音乐像是角色的隐形外衣，不同音色、节奏、旋律的音乐会赋予角色不同的气质。《小青虫的梦》中有小青虫、瓢虫、蜘蛛、蜜蜂等不同角色，小青虫渺小但坚毅，而瓢虫、蜘蛛、蜜蜂三个小动物的角色特质则是傲慢、无理、瞧不起人，他们一个比一个骄傲。由于这三个动物的性格属性比较接近，因此需要通过不同的音乐对这三个不同体型和角色气质的小动物进行区分。比如，钢琴曲《野蜂飞舞》适合表现蜜蜂的快速飞行，小提琴演奏的波浪形旋律适合表现蜘蛛的张扬，舞蹈《毛毛虫的梦想》的音乐适合小青虫爬行，非洲鼓点音乐适合瓢虫。

四、创意丰富的服装

（一）服装色彩要迎合幼儿心理特点

在童话剧中，服装设计者会按角色的拟人化程度，增加服装上属于角色（神、怪、植物、动物等)本身特征的形象性因素为表演提供方便。拟人化了的角色具备双重个性,其外部形象既陌生又亲切熟悉。对幼儿来说,他们对童话剧的第一感觉是人体色彩和服装,其次才是服装的材料以及服装的款式,色彩是第一时间吸引他们的重要元素。服装色彩的设计要充分结合儿童的心理规律和审美意识,以此营造温馨、和谐的舞台氛围,提高幼儿的参与热情。

(二)服装设计要服务于人物形象

童话剧的服装,要结合不同人物的性别、性格、体型、年龄等特点进行个性化设计。服装设计有助于调动儿童的情感力量,对诠释人物角色的情感、情绪、心境、身份等有着重要意义。如《西游记之大闹天宫》中的孙悟空以及他的猴儿们的服装设计,虽然同为猴子,但是孙悟空和猴儿们的服装颜色要有明显区别,这不仅显示了身份地位的区别,而且也为人物形象的塑造和观众的欣赏带来了方便。再如,对太白金星进行服装设计时,整体宜以白色为主,另外可在一些细节之处搭配其他颜色,显得飘逸,符合神仙逍遥自在的风范。

当然,面部妆容、头饰等的设计都需要和服装契合、匹配,才能使得服装的整体效果最大化。服装设计对丰富童话剧的舞台效果具有重要的作用,不仅能增强其表达效果,还能够进一步满足欣赏者的视觉审美需求,使舞台剧更具观赏性和艺术性。

五、朗朗上口的童谣

有些故事的人物很多,故事场景切换也多,因此常常会出现人物对话偏少,表演时间过多的情况。如果单纯增加情节和对话,会增加幼儿记忆和互动的压力,因此,教师可在童话剧排演的过程中创编童谣,借助童谣节奏明快且朗朗上口的特性,降低幼儿记忆与互动的难度,同时也丰富了舞台表演的形式。如在童话剧《猫和老鼠》中,老鼠出场部分就可以编一小段童谣:"我是一只小老鼠,快乐的小老鼠,尖尖嘴巴长胡须,长呀长胡须。"当小老鼠要戏弄猫的时候,就可以这样创编:"小黑猫,羞、羞、羞,不学本领爱睡觉,捉不到老鼠气死你,气——死——你。"朗朗上口的童谣配上富有节奏感的出场音乐,幼儿表演起来将十分投入。

训练材料一:《猜猜我有多爱你》

关于这本书:
一些人对于自己身边的人,有时真不知该如何表达心里满满的爱。于是,有的人写卡片,有的人送礼物,还有的人只是将这份情感放在心里。而这本书里的小兔子,他竭尽所能地对大兔子表达他的爱,用尽他所能运用的比喻,借用距离、动作、想象说出来或做出来。说明原来"爱"也可以这样表达!

我们可以使用书中的对话,以及小兔子和大兔子的比喻,把"爱"用肢体动作表现出来,也可以进一步延伸,设计出有创造性的表达方式。这个涉及许多动作表达的书,也是亲子互动的好材料呢!同学们可以在某一天,问问自己的父母:"说说你有多爱我!"跟父母一起运用丰富的比喻,做一次情感的交流吧!

1. 热身活动:能力大挑战

三个幼儿为一组,排成一列。先请幼儿从起点走到终点,再让其用"试着迈最大步走路"的方式走回来。接下来,让其试试跳过去,再用"跳最高"或"跳最远"的方式跳回来。最后,让幼儿跑过去,再试试用"最快的速度"或"最慢的速度"跑回来。所有的活动,都以"走""跑"和"跳"的方式进行。如果大家意犹未尽,可以把每个动作重复几次。

2. 故事时间

利用肢体动作,模拟书中的关键词句。教师预先将关键词句做成一张张卡片,在做肢体活动时,可以翻开卡片让幼儿依照指示做动作。活动开始前,教师将整本书从头到尾读一遍给幼儿听,让幼儿了解这个故事后,再开始做肢体动作。可以按照动作在书中出现的顺序给写着关键词句的卡片编号,然后交给孩子。

他把手臂张开,开得不能再开。

我的手举得有多高,我就有多爱你。

小兔子笑着跳上跳下。

像这条小路伸到小河那么远。

他太困了,想不出更多的东西来了。

一直到月亮那里。

教师扮演大兔子,让幼儿提问"猜猜我有多爱你",教师摇头说不知道,幼儿就要翻出序号1的卡片,看词句做动作。幼儿做完后,换教师回答。教师回答完并做完动作后,再换幼儿问"猜猜我有多爱你",继续往下做序号2卡片上的动作。等卡片翻完后,如果有幼儿想出别的方式,也可以继续站出来问"猜猜我有多爱你"并做出动作。这时,老师可就要见招拆招啦!

3. 肢体训练

(1)举例:他把手臂张开,开得不能再开。

请幼儿将手臂张开,尽量伸长,直到感觉肌肉都绷紧了,手好像都可以碰到左右两边的墙壁。

(2)举例:我的手举得有多高,我就有多爱你。

请幼儿手臂尽量举高,越举越高,高得好像都快碰到天花板了!

(3)举例:小兔子笑着跳上跳下。

让幼儿试试双脚跳跃,把脚缩起来,会感觉跳得更高!别忘了提醒大家,落地要轻，要懂得控制自己的力量。

（4）举例：像这条小路伸到小河那么远。

先让幼儿回答"河在哪里"，然后让他们表示出沿着小路到小河的距离，用手比、用步数测量、用奔跑的时长来表示都可以。

（5）举例：他太困了，想不出更多的东西来了。

可以让幼儿做揉眼睛、打哈欠、打瞌睡等动作来表现这一状态。

（6）举例：一直到月亮那里。

让幼儿说一说，月亮在哪里，然后比画出从这里到月亮的距离。

4. 沟通交流

让幼儿说一说：哪些词句很容易用动作表示，哪些词句很难用动作表示。做哪些动作时自己最有信心，哪些动作自己是第一次做，这些动作是否把词句的意思表达出来了。小兔子用这种方式跟大兔子表达爱怎么样，自己也能这样对爸爸妈妈表达爱吗。

5. 延伸活动

教师可以让幼儿发挥创造力，进行"猜猜我有多爱你"的创意造句活动。老师帮助幼儿将想出的句子写在不同的纸条上，这些句子必须是能用肢体动作表示出来的。老师收集完所有的创意造句后，一一朗读。每读出一个句子，大家就要一起用肢体动作表示出来。例如，"我爱你，像我的拥抱那么紧！""我爱你，像我画的圆圈这么大！"让幼儿进行更多有关"动作"的思考，这真的很有意思！

训练材料二：《不要再笑了，裘裘！》

关于这本书：

有一种动物叫负鼠，擅长装死，只要有天敌来，就立刻倒在地上装死。天敌闻一闻，以为他已经死了，就会掉头离开，这样负鼠就能逃过一劫了。可是，万一负鼠被闻时，忍不住笑了出来，那可就惹出大麻烦啦！这个故事讲的就是一只小负鼠，他在学习装死时，老是笑个不停，他的妈妈可发愁了。你猜他最后学会了吗？

这只名叫"裘裘"的小负鼠，在学习装死的过程中，竟然"笑个半死"！原来"笑"有那么多种方式。不过，万一真的遇见危急情况，"装死"也需要一些真本事呢！可以利用"笑"和"装死"这两个主题，让孩子发挥创造力，做一些表情与肢体的活动，整堂课一定会笑声连连！

我们不仅可以在课堂上用这个故事做肢体活动，在亲子共读的过程中也会妙趣横生！想一想，妈妈把孩子当作负鼠，用鼻子闻一闻他的身体，用手指戳一戳，再把他抱起来晃一晃……哇！要孩子忍住不笑，是根本不可能的！他们一定会笑得手乱动、脚乱踢，身体扭来扭去！这是多么自然的肢体动作啊！不信就试试看吧！

1. 热身运动：最厉害的"忍者"

请老师告诉大家，这个游戏的目的是要找出班上最厉害的"忍者"——能够"忍住笑"的人。先请一个孩子出来，坐在中间当"忍者"，然后征集其他孩子当志愿者，用搞笑的表情或动作把"忍者"逗笑。一旦"忍者"笑出来(即使脸部肌肉有一丝牵动),就算失败。志愿者在做各种表情或动作时,一定要记住——不能碰到"忍者"的身体,只能在他周围做动作。

老师可以让孩子轮流来逗"忍者"。如果"忍者"能通过10个志愿者的考验,就算成功了。最后,看看班上有多少位"忍者",大家一起为这些"忍者"鼓掌,甚至可以给他们颁奖!

2. 故事时间

能够根据关键词句,做出以下表情或肢体动作。

笑

装死

在他的身上闻啊闻啊

笑得肚子好疼啊

在他的身上戳啊戳啊

真的好痒啊

拎起来晃啊晃啊

一扭身子掉到了地上

笑得东倒西歪

"哇"的一声哭了起来

一个接一个倒在了地上

3. 活动内容

教师先把关键词句写在黑板上(或事先写在纸上再张贴出来),让孩子知道,等一下教师讲故事时,只要读到跟这些关键词句一样或相近的词句,就要开始做动作。接下来,教师开始大声朗读这本书。只要读到关键词句,教师的语气就要加重,然后暂停一会儿,看看幼儿是否做出了相应的动作,然后让幼儿继续听老师读。

(1)举例:负鼠妈妈很疼爱她的宝宝裘裘,裘裘总是喜欢"咯咯咯"地笑。

请教师加重"笑"的发音,并看幼儿是否在"咯咯咯地笑"。

(2)举例:裘裘开始装死了。

老师让孩子"装死",并提示可以做出不同的姿势。

(3)举例:妈妈假扮成一只饥饿的狐狸,用鼻子在他的身上闻啊闻啊……

提示孩子用鼻子嗅一嗅周围的伙伴……

(4)举例:裘裘忍不住笑了起来。

老师让幼儿笑一下。

(5)举例:笑得肚子好疼啊!

让幼儿放声大笑,看到教师做出"停止"的手势再停止。

在读故事的过程中,教师先要让孩子理解表示动作开始的关键词句,以及表示动作结束的手势。在师生有足够默契,而且孩子的注意力可以集中的状态下,把这本书读完,大家也就开开心心地做了一次有趣的活动。

活动开始之前要给幼儿这样的提示——每一次"装死"和"笑",都要试着做出不同的反应。比如,"装死"的动作,可以平躺,可以侧躺,可以把身体蜷起来,也可以摆成一个"大"字。让大家试试看可以做出几种"装死"的动作。

4. 活动回顾

教师讲完整本书后,让孩子围成一个圆圈,进行讨论和分享。说一说:"装死"和"笑",哪种动作比较容易表现,自己做出了几种"装死"和"笑"的动作,班上谁的动作做得最夸张,谁做的动作最好玩儿,谁真的做出了关键词句所表达的意思。如果再听一遍这个故事,能不能做出不一样的动作。

5. 延伸活动

让幼儿想一想:自己曾经在什么情况下"笑得肚子疼"或是"笑得东倒西歪",把那一次的情况讲给大家听。班级同学共同选出大家认为很好笑的故事,并把这些"笑"的故事写下来。最后,结集成册,或是印成班刊,变成一本"笑"的专刊,让大家看了就会笑!

12-7
微课:锦囊
妙计

童话剧表演应做到以下几点:

第一,出场方式多样化。结合任务一中的童话剧《从现在开始》,大家可以发现每个小动物的出场方式是非常多样化的。每一个小动物都有自己独特的出场方式,或唱或跳,或相互互动,这样既让观众记住了人物,又塑造了鲜明的个人特征。

第二,语言表达幼儿化。童话剧的语言必须是幼儿化的,除了剧本文字本身具备了幼儿化、口语化的特征,经过演绎,依然要将这种特性显现出来,否则就会失去"幼儿化"的语言特点,容易变得"成人化"。这里,还要着重提到一个角色,那就是旁白。旁白是任何童话剧不可或缺的部分,虽然不在台前,但仍起到至关重要的作用,因为需要旁白串联起整个剧情。因此,在进行旁白叙述的时候,要做好铺垫和推动的作用。

第三,肢体呈现舞台化。舞蹈化的肢体动作,会让人有一种美的观感。也就是说,在动作设计和呈现的过程时,需要夸张一些,就像在跳舞一样。当然这个说法会稍显夸张,其实就是希望大家在表演的过程当中,尽可能舒展,打开我们的肢体,增加可视性、童趣和美感。

第四,情绪表现直观化。在前面的任务中,我们讲到剧本创编时,就已经提到过童话剧的创作,故事结构要简单,情节也要简化。因为观演者是幼儿,他们更倾向直观的、直白的表现。情绪表达也是一样的道理,不能太曲折、太深沉,不能有太多内心戏。要让幼儿能直观地从表演中感受到,小动物现在的心情是怎样的。就算是没有台词,也需要通过面部表情和肢体动作,让孩子们一目了然。

第五,音乐选取幼儿化。音乐帮助辅助情绪,创设情境,所以音乐的选择非常重要。音乐的选择,一定要符合幼儿的倾听习惯和音乐审美。不建议选择过于成人化、过于粗俗化,或当下比较热门的一些"口水歌"进行童话剧音乐的融入。可以将一些经典的幼儿歌曲进行歌词的创编,既符合幼儿的音乐审美,又切合故事的内容,一举两得。

1. 自由组队,以8～10人为一组,为自己的小队取队名、设计口号,选取剧目进行童话剧的创编与表演。

2. 班级组织童话剧专场,各小队表演、互评,教师总结。

项目十三 演讲训练

项目目标

1. 了解演讲的概念及重要性,掌握演讲的内在技巧。
2. 掌握命题演讲的含义、特点、功能、作用,进行演讲稿的撰写并演讲。
3. 掌握即兴演讲的步骤和方法,能够依据流程,流畅地进行即兴演讲。
4. 提升语言表达能力,锻炼思维逻辑能力、肢体表现力、临场应变能力。

任务一 演讲概述

内容提要

演讲是一门以"真"感人的语言艺术,在"真人、真事、真情、真理"的基础上感染受众。演讲的成败在于听众对演讲的接受程度,因此,了解听众的期待,并借助艺术手段和受众形成共鸣是演讲要达到的最终目标。希望通过这一任务的学习,建立起演讲的初步概念,并完成简单的演讲。

理论与方法

一、演讲概述

演,本义为长流,引申为根据事理推广发挥、推演、演义、演绎、演变、演化等多种含义。由此可见,演讲或演说的语词含义也就是通过语流进行铺陈解释发挥,或系统地讲话。在现代生活中,演讲的含义有下列表述:《辞海》中演讲的定义为在公众场所,针对某个具体问题,鲜明、完整地表达自己的见解和主张,阐明事理或抒发情感,进行宣传鼓动的沟通方式,也叫演说或讲演。《现代汉语词典》中演讲的定义为演说、讲演,就某个问题对听众说明事理,发表见解。

演讲是一门独立的语言的艺术,它旨在调动起听众情绪,并引起听众的共鸣,从而传达出思想、观点、感悟。演讲以"讲"为主,即运用有声语言并追求言辞的表现力和声音的感染力;同时还要辅之以"演",即运用面部表情、手势动作、身体姿态乃至一切可以理解的态势语言,使讲话"艺术化",从而产生一种特殊的艺术魅力,以说服他人和树立形象。

演讲的作用

(一) 演讲是一种大众传播的重要形式

在人类历史发展进程中,演讲作为人们语言和姿态的艺术表现,有着强烈而广泛的社会作用,也有着不可估量的社会价值和极其深远的历史意义。正是这种对人类社会发展持续性的影响,使得演讲这门语言艺术经久不衰。演讲与信息的关系十分密切。事实上,演讲活动的全过程,就是一个信息活动的完整过程。公众演讲是一种重要的信息传播工具,各个阶级、阶层和社会集团,越来越注重运用演讲的方式来宣传自己的政治纲领、哲学思想、伦理道德观念、审美标准等各种教化内容。它在传播信息、交流思想、沟通联络、调节行为、开展活动等方面具有重大作用。

13-1
微课:演讲的作用

(二) 演讲是助人成功的工具

在个人生活中,演讲可以帮助我们更好地表达自己的观点和意见,增强自信心和自我认知能力。在工作中,演讲更是成了一个必要的技能,可以帮助我们更好地与客户、同事和上级沟通,提高工作效率和业绩。在学习演讲和演讲实践的过程中,人们的口语表达能力、敏锐观察能力、深刻分析能力、敏捷思维能力、准确判断能力、机智应变能力和记忆能力都会得到极大的锻炼,演讲本身就是演讲者不断自我完善的过程。

有人说过:"会思考但不知如何去表达他的思想的人,无异于那些不会思考的人。"现代社会中,人们表达自己思想的方式当然有许多种,而口头表达方式与其他方式相比较而言,则更直接、更及时,也更容易收到成效。这种方式要求人们准确、清楚、简洁、生动地表达出自己的思想感情。

演讲特点

(一) 针对性

演讲的主题应是针对在特定时空中的特定听众。演讲成败的关键在于听众对演讲的接受程度,因此需要考虑到听众的年龄、身份、职业、兴趣、文化程度等。当面对的听众分别是幼儿和家长时,演讲内容和演讲语气就应该有所不同,需要"区别对待"。

(二) 鼓舞性

演讲需要使听众产生情感上的共鸣,鼓舞人心,激发士气,并赢得听众好感。想要达到这一点,演讲者要有自己鲜明的观点、独到的见解和看法,演讲者的语言表达要形象、生动。

(三) 真实性

演讲是一种现实活动。虽然演讲中可能含有表演的成分,但是演讲者是以自己真实的经历,通过真实的内容来表达真实的情感,而非以演员的身份进行表演。

(四) 艺术性

演讲需要借助一些艺术的表现手段。尽管演讲是事实的产物,具有真实性,但是为了引发特定受众的共鸣和共情,最终达到鼓舞人心的效果,演讲者需以一种集中、凝练、富有创造色彩的面貌出现。这也是演讲不同于普通口头表达的地方。

四、演讲要求

(一) 有声语言清晰动人

有声语音是演讲活动的主要表达手段。它由语言和声音两种要素构成,以流动的声音承载思想和情感,诉诸听众的听觉器官,要求演讲者吐字清楚、准确,声音清亮、圆润、悦耳,语气、语调、声音、节奏富于变化。

(二) 主体形象落落大方

主体形象指的是演讲者的体形、容貌、着装、发型、举止神态等。主体形象是演讲者给观众留下的第一印象。主体形象的美丑,将直接影响演讲者思想情感的表达效果。整齐、清洁、利落、自信的仪容是作为一个演讲者必须具备的形象。

(三) 态势语言自然协调

态势语言是指演讲者的姿态、动作、手势和表情,能够有效地辅助有声语言承载演讲者的思想和感情,给受众以视觉上的引导。演讲过程中的态势语言应做到:

1. 自然

演讲时生硬的动作和刻意的表演,不仅会影响听众的观感,也会使演讲者自身的表达受到影响,造成适得其反的效果。

2. 简洁

演讲者举手投足要简洁明了。如果态势语言过于复杂,会喧宾夺主,分散受众的注意力。

3. 匹配

演讲者的动作和表情要和演讲的内容、情绪相吻合。

五、演讲要克服两种不良倾向

(一)不讲艺术的倾向

即演讲者不注重演讲艺术性,使演讲成为过于严肃的、呆板的、没有说服力的"报告"。结果由于忽视了艺术性,实用性也受到削弱。如果演讲者只是起着"传声筒"的作用,听众既听不到抑扬顿挫的语调,也见不到丰富多变的表情,更看不到恰如其分的手势,自然也达不到演讲所应达到的效果。

(二)追求表演化的倾向

演讲是一种社会实践活动,如果忽视了它的实用性,把演讲艺术与表演艺术混为一谈,片面追求类似相声、评书、朗诵等表演艺术效果,则会破坏了演讲应有的严肃性。

六、演讲的分类

(一)按内容分类

1. 政治演讲

政治演讲指以阐述政治主张为内容的演讲。这种演讲,一般是代表阶级、政党或团体,就国家内政或外交事务表明立场、发表见解和主张的。竞选演说、就职演说、施政演说、外交演讲、政治宣传演讲、政治报告等,都属于这一类。

13-2 微课:按内容分类

2. 生活演讲

生活演讲指的是演讲者就社会生活中存在的社会问题、社会现象、社会风俗、社会事件表达自己的观点、看法、愿望的演讲。常见的社会问题演讲、吊贺演讲均属于这一类。

生活演讲题材广泛,形式多样,时代感强。它需要演讲者既要具有敏锐的观察力,以选择新颖、典型的材料;又要有较强的分析力,从材料中提炼出正确、鲜明的主题,以生动活泼的形式,贴近生活的内容,给听众以启迪和教育。

3. 经济演讲

经济演讲指专为经营活动和其他经济问题所发表的演讲。其中包括商业广告演讲和产品介绍演讲等，它在发达的商品经济社会中相当普遍。这种演讲要求演讲者在事前掌握大量翔实、确凿的材料，演讲者应该是态度客观、语言准确，以达到具有说服力的目的。

4. 礼节演讲

礼节演讲指在交际场合发表的，旨在表示赞美、感谢、祝愿或让人感兴趣的礼节性演讲。在欢迎、欢送会上的演讲和在联欢会、宴会上的祝愿性演讲等均属礼节性演讲。

礼节性演讲一般较为短小，在交际场合起着加强气氛的作用。演讲者演讲的形式可活泼、随意些，演讲的基调要与周围环境相协调。

5. 学术演讲

学术演讲指为研讨学术问题、传授科学文化知识所做的演讲。学术报告和学术评论均属此类。学术演讲是人们学术交流、传授知识的最好手段，它使人们的学术思想、学术成果得到更快、更直接的传播。学术演讲有三个特点：内容的科学性、论证的严密性和语言的准确性。

6. 法庭演讲

法庭演讲指的是公诉人、辩护人、诉讼代理人在法庭上所发表的演说。法庭演讲是人类演讲艺术中比较古老的一种，公诉人的公诉演讲和律师的辩护演讲等都属于法庭演讲。法庭演讲排斥主观色彩的渗入，反对以感情代替法律，具有公正性的特点。法庭演讲的另一个特点是针对性。辩护人的演讲和公诉人的演讲针对的目标都是罪犯与罪刑，因此效果也更直接、更显著。

（二）按表达形式分类

13-3 微课：按表达形式分类

1. 命题演讲

命题演讲指的是由别人拟定题目或由别人拟定演讲范围，并经过演讲者精心准备后所作的演讲，分全命题演讲和半命题演讲。

全命题演讲的题目一般由演讲活动的组织部门来确定。全命题演讲的优点是针对性强，主题鲜明，不足是局限过大，有时与演讲者生活认识有差距，难以讲透。

半命题演讲，指的是演讲者根据演讲活动组织单位限定的拟题范围，自己拟定题目而进行的演讲。演讲比赛中大多数的命题演讲采用这种形式。半命题演讲的优点是演讲者可以选择自己熟悉的材料、题目来讲，灵活性强，有益于演讲主题的深化。

2. 即兴演讲

兴者，兴致、兴趣也。即兴演讲，就是指演讲者就眼前的场面、情境、事物、任务有感而发，临时起兴而发表的演说。随着社会发展繁荣，信息传递日益加快，人们交往得越来越频繁，即兴演讲也随之出现在人们生活的方方面面，成了人们交际中最受欢迎的演讲形式。

3. 论辩演讲

论辩演讲指的是由两方或两方以上的人们，因对某个问题产生不同意见，而展开的面对面的语言交锋。比如，我们常常看到的法庭论辩、外交论辩、赛场论辩等。论辩演讲的目的在于坚持真理、批驳谬误、明辨是非。

（三）按演讲的目的分类

1."使人知"演讲

"使人知"演讲，又称传授性演讲。它是以传达信息、阐明事理为主要功能的演讲，其目的是向听众说明、解释或阐明某一事理，使听众明白、了解演讲者所传递的信息。这是一种最基本的演讲类型，也是学习其他演讲的基础。它的特点是知识性强、语言准确。它要求演讲者掌握最基本的演讲技巧，并且知识丰富而准确，对演讲的内容成竹在胸。

13-4 微课：按演讲的目的分类

2."使人信"演讲

"使人信"演讲又称说服性演讲。这种演讲的功能不仅要让听众明白、知晓演讲者所传达的信息和观点，而且要使听众相信、信赖并接受。它的要点在于"说服"，因此演讲者的观点要正确而鲜明，论证要严密而合理，论据翔实、语言准确，这样才能使听众真正信服。进行这种演讲，事先一定要做好准备，才能把听众引入设计好的情境中，达到"令人信"这个目的。

3."使人激"的演讲

这种演讲，不是要影响和改变听众的观点，而是要再现听众已经具有的思想、观点和愿望，使听众的思想情感得到进一步升华，让听众受到鼓励和激励。它不仅要求演讲者与听众在信息上沟通，而且要求演讲者与听众在心理上进行沟通，在感情上产生共鸣。

4."使人动"演讲

"使人动"演讲又称鼓舞性演讲。它是在激发听众的基础上，使听众产生欲与演讲者一起去行动的想法。这种演讲要求演讲者感情饱满、情绪激昂。这种演讲号召力强，多以号召、呼吁式的语言结尾，使演讲内容成为听众行动的动力。

5."使人乐"演讲

"使人乐"演讲又称娱乐性演讲。它的功能是活跃气氛、调节情绪，使听众在笑声中得到启迪，是一种寓教于乐的好形式，一般多用于喜庆场合、茶余饭后或一些特殊的场合。其材料幽默，语言诙谐，但注意不能一味追求"乐"而采取无聊的噱头。

在实际生活中，纯粹的"使人知""使人信""使人激""使人乐"演讲是不存在的，演讲者可根据当时当地和听众的实际情况，灵活运用这些形式，以加强演讲的效果。

(五) 其他分类法

根据演讲场所,还可将演讲分为会议演讲、街头演讲、法庭演讲、宫廷演讲、广播演讲、电视演讲以及课堂演讲、教堂演讲、宴会演讲、游说演讲;根据是否直接面对听众,将演讲分为临场演讲和非临场演讲;根据不同的风格将演讲划分为激昂型、深沉型、严谨型和活泼型等。

训练材料:演讲稿《表达的力量》

1. 请自行观看视频《表达的力量》
2. 阅读以下材料,思考:
(1) 该篇演讲稿的框架是如何搭建的?
(2) 文稿的中心思想是什么?想要表达什么主旨?
(3) 在演讲过程中,应该用怎样的情绪、表情、手势等来配合文稿表达思想呢?

表达的力量

我想先跟你们说一个我的秘密:我是主持人,主持人要说话。但其实我是一个特别内向的人,我不太愿意说话。可是你不要弄错了,我不愿意说话,我不愿意表达,并不是因为我觉得说话太简单了,语言根本就没有分量。恰恰相反,我知道语言有多难,语言多有力量。我觉得我们每个人都经历过那样的阶段,当你突然觉得你的人生濒临绝境的时候,有那么一句话,把你狠狠地推向深渊。但是,同样我们会有那样的经历,在我们落入深渊的那一刻,会有那么一句话帮助你安然落地,而这就是语言的力量。语言像是一把锋利无比的刀子,有的时候它是杀人的武器,但有的时候它是救人的工具。即便是这样,我还是相信语言的力量,表达是有意义的。

有一个小朋友曾经问过我,他说,鲁豫姐,有没有这样一句话,在你人生特别艰难的时候,能够帮助你安然渡过。我想了想好像是有的。我经常会对我自己,也会对别人说,我说我相信。我们这一生不管是谁,我们所承受的悲欢离合、喜怒哀乐的总量是相同的。这句话对我有催眠的作用,特别有意义。当我很难的时候,我就对自己说,其实没什么,我这一辈子不会比任何人更倒霉。但是有的时候,那个不好的过程太长了。我会想:天呐,什么时候才是那个底?我想,要"否"到什么时候,"极"到什么时候,那个"泰"才会来。但是这个时候,我就要相信,只要"死磕",好的那一刻总会到来。

所以我相信,语言是有意义的,表达是有力量的。语言是一把锋利的刀子,可以扎出血来。很多时候,你不经意伤害我的话,会让我害怕、恐惧。但是我们都不要害怕，都不要恐惧，都不要被别人的语言所绑架、所恐吓。我们还是要听从自己内心的声音，过自己想要过的那种生活。

表达是有意义的，表达是有力量的。要表达你的爱、你的喜欢，去温暖、感动我们爱的人、喜欢的人；要表达你的愤怒和讨厌，要鞭挞那些丑恶的，让善良的人不感到寒意；要表达我们所知道的，让更多的人都知道；要表达我们所质疑的，让我们彼此更加坦诚。表达更需要智慧。你要运用语言的力量，在适当的时候，运用四两拨斤的道理，去改变我们周遭的环境和社会。表达只属于那些真诚的、有勇气的、敢作敢当的人。

我希望我们一起在这个舞台上，表达自己，说出你想说的，让我们一起：敢说！敢做！敢自我！谢谢大家！

在练习中，可以运用以下的技巧：

1. 在演讲中加入一些小设计。可以适当运用悬念、留白、提问等方式，使演讲更具有吸引力，保持听众的专注度。

2. 学会使用排比、比喻等方法。可以使演讲的内容更有意思，更能够吸引听众。

3. 语言表达要有起伏。演讲过程中，要根据演讲稿的内容来安排各部分的语调、语气和情感。请注意，不需要持续通过慷慨激昂、手舞足蹈来表达情绪，可以利用抑扬顿挫调整说话的节奏，给予听众接受的时间和思考的时间。

4. 学会用结构化形式表达。使观点框架可视化，把每个观点都当成一个"有机单元"去表达。

5. 用讲故事的方式来讲述生活中的事情。演讲不能照本宣科念稿子，而是要根据个人特色、现场情况增添演的成分。

6. 语气坚定、自信。只有自己对演讲的内容充满信心，才能让听众接受演讲者的观点。

1. 演讲过程中如何做到有声语言和态势语言有机结合，表达自己的观点？

2. 结合学习内容，选取以下命题进行框架结构梳理与搭建。

例如：《学会感恩》《摆脱恐惧》《我的梦想》《珍爱生命》《我所理解的幸福》《我是老师》《为了我们的地球》

任务二　命题演讲训练

内容提要

哪里有声音,哪里有口才,哪里就有力量。在很多场合和特定的环境下,我们需要进行命题式演讲。那么,命题演讲的核心要素是什么？它和普通的演讲又有什么区别？什么样的演讲才能引人入胜？希望通过本任务的学习,我们能够找到答案。

理论与方法

一、命题演讲的含义及特点

（一）命题演讲的含义

命题演讲就是根据指定的题目或限定的主题进行演讲,一般事先需要做充分的准备,写好演讲稿并经过精心设计和反复演练。命题演讲表现的是"我"对该命题的立场、态度,同时在演讲中融入情感。

（二）命题演讲的特点

1. 鲜明的主题

主题鲜明是对命题演讲的最基本的要求,也是衡量命题演讲是否成功的根本标准。一个鲜明的主题可以让听众在短时间内明确演讲的核心内容,同时可以激发听众更深刻的思考和强烈的共情。

2. 针对性强

针对性强是命题演讲的又一大特点,也是它的一大优势。无论谁组织演讲比赛,他们命的"题"一定是有针对性的。或是针对人民生活中的热点问题,或是针对社会上的某种思想,或是针对某种非常重要却又常常被人忽略的问题。总之,都是有所指的,都是为了帮助人们端正思想、纠正态度、澄清认识、明确观点。这也是命题演讲成为一种宣传武器的原因。

3. 内容稳定

相较于即兴演讲、论辩演讲,命题演讲的内容是相对稳定的,它受时境的限制较少,因此内容因时境而变化的可能性也相对小一些。另外,命题演讲一般是演讲者依据演讲活动组织者的要求,事先对演讲内容进行精心准备,演讲内容一般在准备阶段就进行了反复推敲,因此在临场演讲时,内容的变化较小。

4. 结构完整

在结构的完整性方面,命题演讲的要求比较严格,一般都要求具备如下结构:称呼、是什么、为什么、怎么办,即包含"引言""正文""结论"。引言是演讲的开端,正文是演讲的重心,结论是演讲的收尾。每个部分都有其独特的功能,缺一不可。

二、命题演讲的基本要求

1. 审题正确

命题演讲首先要求能够准确地理解题目,并在此基础上形成自己的主要观点。如果没有正确审题,接下来的步骤就没有办法顺利进行。

2. 结构清晰

一个有条理的结构不仅可以让演讲者自己在讲述的过程中流畅、自然,也可以让听众更好地接收到信息和情感。

3. 情理结合

命题演讲需要基于客观事实,将"情"与"理"结合,并运用一定的技巧自信地表达给听众。最终达到以事感人、以理服人、以情动人、以势夺人的效果。

三、命题演讲的步骤

1. 审定题目:审清要求,确定演讲的题目。

2. 确立主题:主题是命题演讲的核心,应把握好两点:一要适时,既要适合当前社会的需求,也要适合听众当下的需求;二要集中,语言是稍纵即逝的,讲得多和杂,会适得其反。

3. 选炼素材:在前期准备了一定数量素材的基础上,需要对材料进行优选。选择的依据是:紧扣演讲主题、材料真实典型且新颖、满足社会和听众需求。在此基础上,还可以将选定的素材用并列、正反、递进等形式进行提炼。

4. 构思过程:构思命题演讲的过程分两步,先是构思演讲稿,再是根据演讲稿的内容精心设计演讲的现场实施。演讲稿的构思内容包括开场白、主体、高潮、结尾。现场实施包括演讲道具、多媒体设备配合、舞台调度等的设计。

5. 执笔成文:这是上面各个环节汇总。演讲稿的优劣很大程度上决定了命题演讲的成功与否。

四、演讲材料的选择

（一）要选用能充分表现主题的材料

如果说主题是演讲的灵魂，那么材料就是血肉，是主题的依托和基础。演讲者在大量占有材料的基础上，通过分析、研究，形成了自己的观点和态度，即演讲的主题。反过来说，为了更好地阐明自己的观点，就必须用主题来统率材料、选择材料。在大量材料中，把那些与主题有直接相关的、并能有力地阐明主题、表现主题的材料选出来。将主题与材料水乳交融，浑然一体，有机统一，是演讲成功的必要条件。

（二）选择有针对性的材料

演讲者不能只从自己的兴趣和爱好出发，而要充分考虑到听众的需要，恰当地选用材料。这就是说，应该针对不同场合，不同听众的特点和兴趣、爱好，选用他们所熟悉的、能够接受的材料；针对不同听众的文化程度、理解能力，选用他们可以看到、听到、感受到的材料，使演讲具体、形象；针对不同听众的心理要求，选用那些与他们切身利益有关的材料；针对不同听众的愿望、想法，选用那些能够给人们以启示，为人们指明行动方向，教给人们行动方法的材料。

（三）要选用真实可靠的材料

演讲者一定要实事求是，材料一旦失实，哪怕只与实际情况有微小的出入，也会使听众对整个演讲的真实性产生怀疑。因此，对演讲中选用的材料，必须做到准确、可靠、真实。

（四）要选用有新意的材料

新意有赖于通过演讲者琢磨、研究、思索，使材料具有新的内涵、新的意义和内容。如果将收集来的材料原封不动地合盘端给听众，毫无自己的理解和创见，听众还不如自己去翻阅文献资料。演讲者应该围绕主题，以满腔的热情和敏锐的洞察力，对收集来的材料进行发掘，多选用有新意的材料，这样才能给予听众新的知识、新的启迪。

五、命题演讲的训练元素

（一）强化身份意识

演讲时我是"谁"？我的身份是什么？由此强化身份意识，说符合自己身份的话。

（二）强化对象意识

我对"谁"演讲？听众的身份、年龄、文化修养、情绪等如何？由此强化对象意识。

（三）强化目标意识

我演讲的目的是什么？是宣传、鼓舞，还是劝说、批驳？由此强化目的意识，演讲才能有的放矢。

（四）强化场合意识

我在什么场合演讲？是庄重、严肃、正式的，还是宽松、随意、非正式的？由此强化场合意识，演讲要"到什么山上唱什么歌"。

六 命题演讲的"讲前"准备

（一）备稿

熟悉稿件内容，直到能流畅地脱稿演讲，做到了然于心，出口成章。

（二）试讲

1. 记忆阶段：分段熟读演讲稿，用自己的话讲述，反复多次，把"看"的语言变为"听"的语言，使演讲稿鲜活起来，同时也可以准备好"备忘卡片"。
2. 训练阶段：练情、练意、练声、练形。普通话语音标准，语言表达层次清晰，态势语大方得体，感情真挚。

（三）默场

要做好心理准备，克服紧张情绪；要建立情感准备，酝酿情绪，提前进入状态。

（四）应变

1. 专注法。精神高度集中，无论演讲的现场发生什么情况都不受干扰不分心。
2. 跳跃法。忘词或卡壳时，即兴组织语言或者跳过去。
3. 备用法。准备手卡，万一忘词，可以大大方方瞥一眼继续进行。

训练材料一：伸出你的手

尊敬的老师、亲爱的同学：

大家早上好！今天我演讲的题目是"伸出你的手"。

同学们，当你在学习中遇到难题时，当你在生活中不慎受伤时，当你在一个陌生的地方迷路时,你最需要的是什么?对!你最需要的是别人对你的帮助。帮助别人是一种高尚的美德,一个集体如果拥有这样的美德,那它一定是一个强大的集体。

还记得雷锋叔叔在日记中是这样写的:"如果你是一滴水,你是否滋润了一寸土地?如果你是一线阳光,你是否照亮了一分黑暗?如果你是一颗粮食,你是否哺育了有用的生命?如果你是一颗最小的螺丝钉,你是否永远守在你的岗位上?如果你要告诉我们什么思想,你是否在日夜宣扬那最美丽的理想?你既然活着,你又是否为了未来的人类生活付出你的劳动,使世界一天天变得更美丽?我想问,你为未来带来了什么?在生活的仓库里,我们不应该只是个无穷尽的支付者。"是啊!我们只有在奉献互助的情况下才会取长补短,共同进步。

雷锋就是这样一个为人民、为大家着想的人。其实在我们的身边也有这样的"小雷锋",他们默默无闻地在帮助他人。当看到一位白发苍苍的老人独自提着很重的东西,步履蹒跚时,有人会情不自禁地去帮助他;一位坐轮椅的叔叔正费力地上桥时,骑车经过的人马上下来帮助他过桥……这样的事例举不胜举。这种把别人的困难当作自己的困难,把帮助别人解除痛苦当作自己幸福的人,是多么高尚啊!

在生活中,每个人都可能遇到困难,这时我们都希望身边有像雷锋这样的人来帮助自己。但是一个人不能只希望人家来帮助你,而自己却总是不去想怎样帮助别人。当我们看到别人有困难时,我们应该热情地伸出援助之手。如果你尽心尽力地帮助了别人,给别人带来了温暖和快乐,你自己也会感到快乐。

最后让我们记住,"只要人人献出一点爱,世界将变成美好人间",让我们在今后的日子里互相帮助,共创美好未来!

根据上述材料进行演讲训练。

训练材料二:

1. 以"让世界充满爱"为主题,做命题演讲前期准备。

2. 比较下面两组演讲标题,从中你得到哪些启发?根据你所列的演讲稿论点,重新拟定标题。

《让世界充满爱》——《伸出你的手》

《消费者的权益》——《受骗的"上帝"》

《我们是军人》——《军装是一面旗帜》

《人才论》——《人才在哪里》

训练材料三:

请以"让世界充满爱"为演讲标题,设计5种形式的演讲开头。

在命题演讲提纲的准备过程中,我们可以运用以下几个小技巧:

1. 开头——引人入胜,不落俗套

方法:悬念设置法、开门见山法、心理沟通法……

手段:提问式、寓言故事式、警句式、道具式、揭题式……

2. 主体——扣人心弦,条理明晰

方法:先总后分、纵向深入、横向(并列)铺陈、对比因果、迂回递进……

3. 高潮——精心构筑,水到渠成

方法:突出中心论点、紧扣主题、升华标题……有强烈的震撼力、感召力。高潮多放在演讲的后半部。

4. 结尾——发人深省,回味无穷

方法:点主旨、作归纳、提希望、抒激情……

手段:总结式、号召式、誓言式、祝愿式、呼应式……

1. 为下面演讲题分别设计精彩的开场白

(1)假如我是幼儿园园长。

(2)老园长·梦想·留守儿童。

2. 以"兴趣是最好的老师"为主题,撰写演讲稿,并在课堂发表演讲。要求:

(1)演讲组织程序完整;

(2)观点明确,思路清晰,重点突出,技巧运用熟练。

任务三　即兴演讲训练

 内容提要

即兴演讲是语言表达中比较深奥、难度较高的项目之一。想象一下,我们在拿到题目后,稍作准备就立即开始演讲,要在短短的时间内考虑好:如何围绕主题来说;如何组织语言,先说什么后说什么;如何克服在舞台上的紧张情绪……希望通过本任务的学习,我们能够一一克服这些困难。

一、即兴演讲概述

即兴演讲，就是指演讲者就眼前的场面、情境、事物、任务有感而发，临时起兴而发表的演讲。它是在特定的情境下，自发或被要求立即进行的当众说话，是一种不凭借文稿来表情达意的口语交际活动。演讲者一般事先并没有做任何准备，而是随想随说。即兴演讲能够有效锻炼我们的逻辑思维能力、反应能力、即兴表达能力和舞台掌控力。

二、即兴演讲的特点

（一）时境感强

即兴演讲区别于命题演讲的一个很重要的特征就是因受眼前情境的触动有感而发。这一点是与命题演讲正好相对的。即兴演讲充分地体现了"到什么山唱什么歌"。喜庆的场面，演讲要喜气洋洋；哀悼的场面，演讲要沉痛肃穆。离开了对时境的考虑，就像火车脱离了轨道，最终与主题相去甚远，因此一定要紧扣时境。

（二）篇幅短小

这是即兴演讲的一个显著特点。一方面，即兴演讲是由演讲者临时起兴而发表的演讲，因事先无更多的准备，所以即兴演讲一般都主题单一、篇幅短小。另一方面，即兴演讲的时境也使即兴演讲无法持续过长时间。即兴演讲的场合一般多是生活中的一个场面，或喜庆或肃穆，因此演讲内容只要表达了心意即可，不必过长。

（三）临场性

即兴就是"临场发挥"，即临时产生的兴致（进行创作、表演等），准备时间很短或几乎没有。因此，临场发挥就特别重要。正因如此，在临场时容易出现意外，比如因怯场导致的忘词现象。所以，我们需要在平时多多训练，习惯台上的节奏感；当需要即兴演讲时，要做好心理准备，沉着冷静，巧妙应变。

（四）综合性

即兴演讲除了语言本身之外，还有丰富的眼神交流、肢体动作、礼仪等外在的表现要素。在演讲过程中，演讲者需要具备：

1. 严密的逻辑思维能力，梳理内容结构。
2. 丰富的语言表现力，进行语言表达。

3. 恰当的肢体表现力,辅助演讲的情绪表达,才能让演讲同时具备值得传播的思想价值、值得聆听的语言技巧和值得欣赏的舞台呈现。

三、即兴演讲的准备

(一) 有声语言的准备

1. 清晰、规范

清晰性主要是指演讲者的语音要合乎普通话的要求,表达时能做到吐字清楚,音量适度,能够把演讲的每个词语、每个句子直到全篇内容传达给每一个听众,并且能使他们听得清楚,听得真切。这是听众对演讲者的最低要求。

规范性主要是指口语表述要合乎语言规范,包括语音、词汇、语法几个方面。

2. 清亮、圆润

清晰、规范,是要求声音表达科学化;而清亮、圆润,则是要求声音表达艺术化。如果演讲者的声音有如"金石掷地",如"大珠小珠落玉盘"般悦耳动听,就能令听者舒心。声音是否清亮圆润,不仅取决于发音器官的先天条件,而且取决于训练有素的后天条件。前者是难以改变的,而后者,只要经过刻苦努力,可以弥补先天的欠缺与不足。如果先天条件较好,再加上后天的训练,就会使声音达到更理想的效果。

3. 有力、持久

演讲者的声音除了要符合上述要求,还要有力、持久。演讲者是面对广大听众进行演讲的,每个声音发出要有传送力,使每个听者如临其境。有的演讲者的声音不够持久,讲到最后已是有气无力,这会极大地削弱整个演讲的效果。所以演讲者在演讲中一定要保持精力充沛、精神集中,保持声音坚实有力。这在平时可通过训练来增强自己的耐力,正确掌握发声技巧,使自己有能力发好每一个音,并贯穿于演讲全过程。

4. 方法、技巧

(1) 停顿和连续的综合技巧。就停顿和连续的关系而言,二者总是相伴而行、交互运用的。停顿的时长要适当,词语之间的停顿一般较短,句段之间的停顿较长,随内容需要而定。特殊情况下,可以有一定的静场,以设置悬念或留出转换的空隙。停顿若处理适当,可以收到"此时无声胜有声"的效果。停顿、连续要和咬字、重音、语气、节奏等技巧配合训练、综合使用,以收到更佳的效果。

(2) 重音技巧。重音是演讲中为了突出强调某个词或词组,而将其和其他词语进行对比处理的技巧。重音处理的关键在于选择好重音词(或称重音区)。确定重音的主要根据在于演讲者的目的、理解、心境、感情等综合因素。概括说来,一般是演讲者着意强调之处:有些是表示并列、选择、递进、转折、因果、条件、假设、目的等语法关系的词语,有些是具有比喻、夸张、对偶、对比、排比、反复、反问、双关、反证等修辞效果的词语,这些都可作为演讲者进行重音处理的对象。

（3）语调技巧。演讲者要注意语调的升降变化，使之形成一种具有音乐特色的旋律和节奏。演讲中常用的语调有几种：① 高昂型。高昂型语调的特点是由低到高、逐渐加强，情感律动的幅度越来越大、频率越来越快，能使听众受到鼓舞。高昂型语调可以用来表示号召、鼓舞、反问等。② 下沉型。这种语调的特点是逐渐平稳下降，情感律动起伏较小，直至稳定，使人感到既亲切，又坚定。下沉型语调可以用来表示感叹、祈使、肯定等。③ 平稳型。平稳型语调具有庄重、严肃的特点，情感律动变化不大，用来说明、阐述、解释比较适合，能使听众感受到一种舒缓、庄严的气氛。一般说来，任何演讲都是综合型的，都含有以上三种语调，不过根据讲稿的特点各种语调的比例有所不同罢了。

（4）语气技巧。人的喜怒哀乐都能表现在语气中，语气能充分表达心中的情感。"好高兴喔！"这句话若以沉重的语气说出来，给人的感受是无精打采的，这句话的字面意思就会改变。心情明媚时，语气必定充满活力，会使旁人听了后不由得露出笑容。因此，话语内容可以随着语气的变化表达出各式各样的含意。演讲时可以通过语气的高低、强弱、缓急的变化，加强表达效果，使听众更容易理解和接受。

（二）演讲的框架思维

即兴演讲，意味着演讲开始前要争分夺秒构思自己的演讲框架。第一步，先明确演讲主题、个人的观点，即在大题目的要求下确立自己的核心主题和观点；第二步，在确立好观点之后，围绕该观点思考各部分的内容层次，可以选择典型案例来对主题进行诠释，也可以表达与主题相关的个人经历和感悟。第三步，边想边说，按照设想的框架，进行演讲。

（三）态势语言的准备

1. 面部表情

面部表情应与演讲内容协调、同步，要能比较迅速敏捷地反映内心情感，同时应具有鲜明感。演讲者面部表情的每一点微小的变化都能让听众觉察到，要准确传情达意，又不过分夸张。

面部表情有三忌：一忌拘谨木然。有的演讲者盯着讲稿不抬头，或者上台后目不斜视，面部表情呆板僵硬，如同小学生背书讲稿，听众称之为"铁面人"。二忌神情慌张。有的演讲者惊惶不安，手足无措，面红耳赤。这样自然难以传达出演讲内容和演讲者的内心情感，而且会影响听众的情绪。三忌故作姿态。故作姿态的人虽有感情的表露，但是不真实、不自然，不会真正感染听众。矫揉造作的面部表情还会使听众感到滑稽或虚假，降低对演讲者的信任感，影响演讲效果。

2. 眼神接触

眼神接触是沟通感情的一种技巧。如果演讲者一直将视线投射在天花板或者一直俯首凝视桌面，则无法达到沟通的目的。因为讲话时不看对方，不但无礼，而且无法了解听众的反应。

首先,视线应放远,使位置较远较偏的听众,也有一份亲近的感觉。其次,视线应时常移动,不能只关心面前听众的反应而频频看他,这样会使其他听众误解为不被重视,从而丧失听讲的兴趣。最后,移动目光时不仅要双眸转动,脸部也应该自然地转向听众,这是移动视线时最理想的动作。

3. 手势

演讲中的手势尽管多种多样,千变万化,但也是有一定的规律可遵循的。手势按照它的基本含义可以大致分为以下几种:情意手势、指示手势、象形手势、象征手势。

从整个手势的活动来说,手势的活动区域大致可分为三个区域:上区、中区、下区。上区指肩部以上,多表示殷切的希望、胜利的喜悦、幸福的祝愿、未来的展望、美好的前景等。中区指肩部到腹部这一区域,多表示叙述事物和说明事理。下区一般指腰部以下。手势在这一区域活动,多表达憎恶、不悦、鄙视、不齿的内容和情感。

训练材料一:有一首歌百听不厌

1. 阅读《有一首歌百听不厌》即兴演讲文稿,并思考:这篇文稿的框架是怎么搭建的?演讲的观点或中心思想是什么?其中开头、中间、结尾分别使用了哪些表达技巧?

2. 尝试在脑海里回忆该篇演讲的框架图,进行演讲。

有一首歌百听不厌

各位观众,下午好!今天我演讲的题目是有一首歌百听不厌。

音乐可以给我们带来快乐,可以化解我们的悲伤,在我的生活中就有这样一首歌让我百听不厌,百唱不烦,一直带给我力量。"每一次都在徘徊孤单中坚强,每一次就算很受伤也不闪泪光,我知道我一直有双隐形的翅膀,带我飞,飞过绝望……"这首歌就是《隐形的翅膀》。

我第一次听到这首歌是在小学二年级,但这首歌真正触动我是在小学六年级的时候。当时我想参加一个声乐比赛,但妈妈却拒绝让我参加。因为马上就要升初中了,妈妈认为这些活动会影响我的学业。跟妈妈争论很久还是无果,我的内心感到十分迷茫和难过。就是那个时候,车载广播里播放起这首歌,我被它优美的旋律深深吸引住了。每一个音符都像是激励人心的鼓点,每一句歌词都是心灵的疗愈剂,给迷茫的我带来鼓舞,获得坚持的勇气。

即便是到了现在,每当我听到这首歌时,我的眼前就会浮现出,一位美丽的身影穿着白色纱裙向我招手,我也随她在夕阳照耀下翱翔。这时我便会更加坚信,只要坚持追逐梦想,就能超越一切挑战。

这首歌之所以能让我百听不厌,就是因为它一直向我传递力量。它让我坚信,我们每个人都有一双隐形的翅膀,不过这双翅膀并不在我们身上,而在我们心中,那是我们对未来的希望。希望这首歌,也能在你迷茫的时候,帮你树立起对未来的信心!

谢谢大家,以上就是我演讲的全部内容!

解析:参照以下解析内容,查看自己对稿件的理解是否正确:

该演讲稿的框架按照总分总,即开头、主体、结尾三部分搭建;观点和中心思想是:《隐形的翅膀》是一首能够给"我"带来精神力量、鼓励"我"学会坚持的歌曲。其中,开头部分运用的是"开门见山式",直接点明主题就是歌曲《隐形的翅膀》给自己带来了力量。主体部分结合个人故事来进行主题表述,讲述了和妈妈的一次争执带来内心的迷茫,又因为这首歌而重获力量的故事;同时联系主题,说明之所以百听不厌,就是因为歌曲传递的力量。结尾部分则运用了"号召式",呼吁听者也可以在迷茫的时候尝试从歌曲中获取精神力量,再次点题。

训练材料二:狭路相逢勇者胜

要求:5分钟时间准备,完成主题为"狭路相逢勇者胜"的2分钟即兴演讲。

第一步,先确立演讲的核心观点(可以拿纸笔画出简单框架);

第二步,搭建框架,明确主体部分的内容以及开头、结尾的形式;

第三步,站在镜子前,开启视频录制,把即兴演讲的过程录制下来。

在即兴演讲练习中,我们可以运用以下几个小技巧:

1. 框架搭建。在即兴演讲的前期,需要调动我们的逻辑思维能力:一方面要学会选择有话题可讲的观点,另一方面要学会搭建演讲的框架,可以用纸笔做简单记录。

2. 视频记录。面对镜头进行练习,将自己每一次即兴演讲过程记录下来,翻看视频,观察自己是否按照框架结构在演讲,观察自己的眼神、手势等是否到位。

3. 现场模拟。即兴演讲是要面对真人的,我们可以对着自己的同学、家人、老师进行练习,模拟真实场景的训练,可以增加语言的生动性、反应的真实性。

4. 不怕犯错。即兴演讲过程中出错是在所难免的,要告诉自己出错是很正常的,我们不要因为出错而慌张,要培养自己解决问题的能力和快速反应的能力。多多练习,让上台成为常态,就不那么紧张了。

学以致用

1. 即兴演讲过程中如何控制紧张情绪？说说自己的体会。
2. 要求结合本项目学习内容进行演讲规范用语搭建，选取以下题目进行练习。

（1）平庸与精彩

（2）没有平凡人，只有英雄

（3）身材焦虑

（4）如何看待短视频成"时间杀手"

（5）我最尊敬的人

（6）垃圾分类

（7）如何看待国潮热

（8）谈规则意识

模块五

幼儿教师职业口语训练

项目十四　幼儿教师日常职业口语训练

项目十五　幼儿教师教育口语训练

项目十六　幼儿教师教学口语训练

项目十七　幼儿教师其他工作口语训练

项目十四 幼儿教师日常职业口语训练

1. 了解并掌握面向幼儿时应把握的基本言语要求。
2. 了解并掌握面向家长时应把握的基本言语要求。
3. 掌握与同事交流工作时教师口语的基本要求。
4. 感受职业语言的丰富性和多样性,明确岗位任务,激发锤炼语言艺术的意愿。

14-1
微课:项目
学习目标

任务一 面向幼儿的幼儿教师日常职业口语

 内容提要

幼儿园的日常生活在幼儿成长过程中占据了非常重要的部分。教师在幼儿园日常生活中与幼儿、与家长以及与同事之间的语言交流,都会对幼儿产生重要的影响。本项目将围绕幼儿教师在面向幼儿、面向家长、面向同事时如何设计并开展语言交流进行一一分析与探讨。接下来,我们首先来探讨面向幼儿的幼儿教师日常职业口语。

理论与方法

一、3—6岁幼儿的身心特点

14-2
微课:3—6
岁幼儿的
身心特点

(一)幼儿对教师话语的全然接受特点

幼儿教师日常职业口语的接收者为3—6岁的学龄前儿童。该年龄段的儿童还不具备对教师话语进行选择吸收的能力,因此教师所说的每一句话都会深深地影响幼儿的心理。

(二)幼儿对外在事物的形象思维特点

3—6岁幼儿的思维具有形象性特点,加上身高原因,使其日常视域所见景物大多为绿绿的草地、明艳的花朵和草地花丛中的飞鸟虫等。所以幼儿头脑中的形象大多具有颜色、声音并充满动感。

(三)幼儿对未知事物的充满好奇特点

3—6岁幼儿非常好动,这是幼儿对未知事物充满好奇的表现。好奇心促使他们做出各种各样超越成人规范的事情,比如小朋友把闹钟给拆了,这是出于对其会转动报时的好奇,充满创造的意义。

(四)幼儿在各个方面的快速发展特点

3—6岁幼儿在身体、心理以及智力方面都处于快速发展的阶段,并且处于书面语言、词汇掌握、数字概念、音乐能力、想象能力诸多方面发展的关键期。教师对幼儿优势的发现和培养显得尤其重要。

(五)幼儿对熟知事物的乐于反复特点

幼儿对熟悉的童话故事,喜欢反复地听;对感兴趣的游戏,喜欢反复地玩。这种乐在其中的反复,蕴含着幼儿的心理满足感和愉悦感,教师应认可并充满喜悦地看待这种反复。

二、面向幼儿的教师日常职业口语的基本要求

教师在面向幼儿说话时,要根据学情,科学、恰当地使用日常职业口语。具体而言,主要体现为以下五个方面。

(一)应充满爱心与善意,语气应温和,情感应温暖

幼儿年龄小,很多事情还不能独立完成,需要成人的帮助。从成长环境来看,幼儿来自不同家庭,每一个人的生活方式、认知基础和体验都不一样,需要教师既公正对待又因材培育。从年龄的角度来看,幼儿在学习成长的过程中,会出现很多小失误小错误,需要教师耐心引领。作为一名未来的幼儿教师,要始终坚定一条信念,即不管幼儿出现了怎样的失误或错误,教师的内心都应充满爱心与善意,语气都应温和,应传递出温暖的情感。

养成温和表达的能力和习惯,对于幼儿教师来说是一件很美好的事情。如果自

14-3
微课:面向幼儿的教师日常职业口语的基本要求

己还未能拥有，不要急，可以尝试去设置一些具体情境，如小朋友早上和家长分别时总是哭、和其他小朋友吵架了、抢玩具等，根据这些情境训练温和的话语表达方式。这种有意识的、刻意的训练可以帮助形成思维记忆与情绪记忆，通过持续一段时间的努力，便能形成良好的言语习惯。

（二）应多采用描述方式，应有画面感，应具感知力

幼儿的形象思维，首先体现为其思维的过程总是伴随着具体的画面。如获得"冰心文学大奖"的《妈妈回来了》这一作品中"想妈妈的感觉，就是一种想哭的感觉"一语，小作者用灵动的语言，把"想妈妈"这一心理转化成了"想哭"这一具体情感。在这一画面中，有景象（某次哭的经历触动了他）、有色彩（具体景象中的某个物品的颜色）、有声音（大声哭还是轻轻啜泣）、有动作（坐着哭还是站着哭、怎样擦眼泪）、有情感（对妈妈的依恋）等。而景象、色彩、声音、动作、情感等若要综合体现于话语中，描述的成分定然占比最大。如"一架漂亮的大飞机"这一陈述语言，就可以扩展描述为"一架有十个教室那么大的飞机，上面画着绿绿的草地、鲜艳的花朵和活泼可爱的小鸟，还有很多小朋友在草地上唱歌、跳舞、做游戏，非常漂亮"。这种描述语言占比较大的话语方式，可以更好地吸引幼儿的注意，激发他们的思维和想象。

（三）应充满包容与鼓励，应有游戏感，应具启发力

面对诸如把闹钟拆了等在大人眼中属于捣乱性质的事情，幼儿教师应有一个明确的判断和定位，即这是幼儿对未知事物的好奇心所致，并非捣乱，而且这种好奇心对幼儿的成长具有至关重要的作用。教师此时不但不能训斥，还应该给予鼓励和正确引导，以让幼儿充分地发挥其想象力和创造力。

教育家陶行知先生在面对一个拆了钟表的孩子和他"实在生气、揍了他一顿"的父母时，选择先询问孩子这么做的原因并将孩子带到了钟表店，让孩子目睹钟表修理师傅的修理过程，并对孩子父母说："孩子拆表是因为好奇……与其不分青红皂白地打一顿，不如引导他做有益的事，培养他的兴趣。"面对幼儿"破坏玩具"之类的行为，幼儿教师的语言应该像陶行知先生那样，充满包容、鼓励和启发性，并且在特定情境中用具有游戏感的语言与之交流，营造一种轻松愉快的氛围，让幼儿感受到探索、发现的乐趣，使幼儿的创造力得以发展。

（四）应充满肯定与赞美，语气可夸张，指向应明确

对于幼儿所呈现出的优势，幼儿教师可以作出具有夸张色彩的肯定和赞美，触发幼儿的兴趣并始终保持这份浓厚的兴趣。当幼儿背了一首古诗，教师可以说"你有一个超强大脑啊"；当幼儿编了一个故事，可以说"你就是个优秀的小作家啊"；当幼儿跑步很快，可以说"你简直就是个小飞人啊"；当幼儿之间愉快地游戏时，可以

说"和好朋友一起游戏,是一件多么愉快的事情啊";当幼儿之间互相帮助时,可以说"你们是多么富有爱心啊,老师为你们点一个大大的赞!""你就是个小画家、小小歌唱家、故事大王、朗诵高手、面包大师、劳动能手"等话语,可以常常用来赞美幼儿。当然,在赞美的过程中,也要有明确的指向和取得成绩的原因暗示,如"你一定进行了很多次的练习!""第一次失败了,但你依然坚持,所以成功了!"让幼儿具有"要成功就要付诸努力"的体验。

(五)应充满尊重与欣赏,态度应谦逊,表达应真挚

丰子恺先生认为,孩子的"赤子之心"是珍贵无比的,认为成人"应该时时召回自己的童心,亲眼去看看儿童的世界"。的确,幼儿面对世界,他们的投入是极其真诚的。在他们反复听读同一个故事、反复玩耍同一个游戏的过程中,他们都极其真诚,并且都有新奇的发现。面对这种情况,父母、教师不能有无聊可笑之感,而是要怀着欣赏的姿态去面对,以激发培养幼儿的兴趣。如以"你们发现了什么,可以告诉老师吗?""你们听到卖火柴的小女孩没有鞋子时,表情那么悲伤,让老师很感动。""你们的游戏多有创意啊,老师也想参加,可以吗?"等话语方式,让幼儿始终保持这颗童心。如丰子恺先生所说,要"处处离去因袭,不守传统,不照习惯",而要"培养其全新的、纯洁的'人的心'",并"要处处教他用这个全新的、纯洁的心来领受"这个世界。

如果在幼儿园活动和日常生活中出现了以下情境,你会如何依循幼儿教师日常职业口语的基本要求与小朋友进行交流呢?

练习要点:以下的五种情境是分别按照上述"面向幼儿的幼儿教师日常职业口语的基本要求"中的五项要求拟定的,在设计语言时可进行借鉴。当然,同学们可以在实践上述理论的同时形成自己的独立想法,创新性地进行教师口语设计,同时能够从更为丰富和立体的角度,使口语设计和表达更好地促进幼儿的发展。

情境1:两个小朋友在争着看一本书,结果在拉扯中书被撕破了,你该怎样处理这一情况呢?

情境2:幼儿园组织了春游活动,你想让小朋友们交流春游时看到的景象和心情,你会怎么引导呢?

情境3:一位小朋友想试试幼儿园的玩具结实不结实,就把玩具往地上摔了下去,结果玩具摔破了,你会怎样和他交流呢?

情境4:幼儿园开联欢会,月月小朋友唱了一首歌,赢得了全场热烈的掌声,你会怎样和他交流以让他保持浓厚的艺术兴趣呢?

14-4 微课:技能训练

情境5：一位小朋友听了好多遍《丑小鸭》的故事，每当听到丑小鸭变成白天鹅之前的经历时，都会露出难过的神情；而听到丑小鸭变成了白天鹅时，便会高兴得手舞足蹈，此时你会怎样和他交流呢？

提示："情境1"可以从看书这件事情的意义、两位小朋友都想看书时该怎样安排、该怎样处理被撕破的书、对两位小朋友的关系如何处理、这件事情对班级图书角的建设有怎样的启发等诸多角度去思考。"情境2"可以引导幼儿说说春游中看到了什么、听到了什么、参与了什么活动等，表达过程中可让小朋友进行互相补充，还应关注到小朋友表达春游时的情感体验。其他三个情境的交流方式也可以从多个角度开展。

14-5
微课：锦囊
妙计

幼儿教师日常职业口语往往具有临时生成的特点，因为幼儿园日常生活和教育教学活动中各种情境的出现往往是偶然的。因此，能够正确、科学、艺术地运用幼儿教师日常职业口语，不仅体现为深思熟虑后对口语的设计和运用，更体现为在某个特定情境下快速作出的话语反应。而这种快速且正确、科学、艺术的话语反应，往往基于一位教师已然内化的教育理念和深厚的内在修养。因此，不断丰富自己的教育理念、提升自己的内在修养，是幼儿教师日常职业口语训练的首要条件。下面是从丰子恺的散文《从孩子得到的启示》中摘选的几个语段，请仔细阅读，并从中得出对幼儿教育理念和自身内在修养的思考。相信会给你带来有价值的启发。

片段一：

晚上喝了三杯老酒，不想看书，也不想睡觉，捉一个四岁的孩子华瞻来骑在膝上，同他寻开心。我随口问：

"你最喜欢什么事？"

他仰起头一想，率然地回答："逃难。"

我倒有点奇怪："逃难"两字的意义，在他不会懂得，为什么偏偏选择它？倘然懂得，更不应该喜欢了。我就设法探问他："你晓得逃难就是什么？"

"就是爸爸、妈妈、宝姊姊、软软……娘姨，大家坐汽车，去看大轮船。"

啊！原来他的"逃难"的观念是这样的！他所见的"逃难"，是"逃难"的这一面。这真是最可喜欢的事！

片段二：

傍晚，我坐在校旁的黄浦江边的青草堤上，怅望云水遥忆故居的时候，许多小孩子采花、卧草，争看无数的帆船、轮船的驶行，又是快乐得如入新天地了。

片段三：

唉！我今晚受了这孩子的启示了：他能撒去世间事物的因果关系的网，看见事物的本身的真相。他是创造者,能赋给生命于一切的事物。他们是"艺术"的国土的主人。

唉,我要从他学习!

当我们基于特定的情境,设计了与幼儿交流的语言,还需要协同运用标准的语音、温和的语气、合适的态势等将其表达出来。请你就下面的语言进行模拟练习。练习过程中,如若能从以下几方面自觉思考,你的进步将会更显著:

1. 设想这句话可能出现在哪些情境中;
2. 不同情境之下,这句话的语气语调分别可以作怎样的处理;
3. 当你说这句话时,你内心对幼儿的爱护和善意是否得到了强化。

你说得可真好!老师要向你学习呢!

老师很喜欢你这样做。

你为什么哭,可以告诉老师吗?老师愿意做你的好朋友。

你这个想法真的很棒!

和小朋友们一起玩,会更有意思呢。

请认真吃饭哦,乖宝宝是不挑食的。

他唱得可真好,我们一起为他鼓掌!

小明的故事讲得真好,老师好像看到故事中的人物了呢。

这对小朋友来说是一个挑战,大家敢不敢试一试?

你真是个善良友爱、乐于助人的好孩子。

14-6 微课:学以致用

任务二　面向家长的幼儿教师日常职业口语

 内容提要

家校合作的目的是让孩子健康成长,让孩子充分享受来自老师和家长的关怀,享受教育带来的欢乐。由于家庭的千差万别,家长对子女教育的目标、成才的观念各不相同,家长对子女的教育理念也不相同。作为一名教师,应该在接纳和理解家长的前提之下,借助有效的沟通,引导家长和教师一起陪伴孩子健康成长。

14-7 微课:内容提要

模块五　幼儿教师职业口语训练

理论与方法

一、家长对幼儿成长和幼儿园教育的期待心理

（一）对孩子成长成才的期待

14-8 微课：家长对幼儿成长和幼儿园教育的期待心理

中国自古就极重视家庭教育。自觉以家训家书、诗文词曲等方式治理家门、教导子孙，形成了及早施教、爱子以德、言传身教、因材施教、宽严有度的教育原则与方法。这种重视折射出了父母对于子女成长成才的期待心理。幼儿教师与家长交流时，要充分尊重这一心理。

（二）在比较中会产生焦虑情绪

家长在将自己孩子和"别人家孩子"作比较的过程中，往往会将自己孩子的弱点与其他孩子的优点进行比较，进而放大孩子弱点并产生焦虑情绪，这种情绪对幼儿会产生不良影响。

（三）希望教师多关注自己的孩子

家长们虽然清楚地知道每个班级都由众多幼儿组成，但也都希望教师能更多地关注自己的孩子，特别希望听到教师对自己孩子在幼儿园表现的各种反馈。这是一种正常的心理状态。

（四）对幼儿成长的目标期待存在区别

不同的家长，对孩子的成长期待存在差异。有的关注学业成绩，有的关注艺术成长；有的希望孩子样样优秀，有的希望孩子快乐即可；有的强调获得，有的强化付出。了解这些差异是与家长进行沟通的重要基础。

（五）育儿理念和行为存在差异

14-9 微课：面向家长的幼儿教师日常职业口语的基本要求

父母对孩子的教育，存在"平等民主型""严格控制型""放任自流型""过度溺爱型""隔代爱护型"等诸多类型。面对同一件事情，家长的对待和处理方式都会有不同，需要教师认真分析。

二、面向家长的幼儿教师日常职业口语的基本要求

了解了不同家长对幼儿成长和幼儿园教育的期待心理，幼儿教师应对其进行分析，并通过恰当的言语形式使家长与教师达成理念共识，形成和谐的家园合作氛围，

共同促进幼儿的健康成长。具体而言,主要体现为以下五方面的基本要求。

(一) 引领家长学习相关法规政策,帮助其形成正确的育儿观

幼儿教师不仅自己要认真学习相关的法规和政策,还应引领家长共同学习,如《3—6岁儿童学习与发展指南》《全国家庭教育指导大纲》《中华人民共和国家庭教育促进法》等。通过对这些政策法规的学习,让家长形成科学的育儿观。让家长意识到"家庭教育重在教孩子如何做人""家庭教育是家长和儿童共同成长的过程""尊重儿童成长规律是家庭教育的前提""尊重和保护儿童权利是家庭教育的基础"等,指导家长认识到陪伴对于儿童成长的重要性,学会建立良好的亲子关系。在引领学习的过程中,教师可采用问题导入的形式,让家长充分意识到学习这些政策法规的重要意义。如,教师可以这样说:"《中华人民共和国家庭教育促进法》明确规定家庭教育应当符合五方面要求,其中第一条就是要尊重未成年人身心发展规律和个体差异,那么我们是否了解孩子的身心发展规律呢?""《3—6岁儿童学习与发展指南》提出了'以欣赏的态度对待幼儿'的建议,那么我们为什么要有欣赏的态度呢?又该怎样做到呢?"通过这种问题导向的话语方式,将法规政策与家长具体的育儿行为进行连接,可以促使家长站在法律的高位、国家的层面思考教育问题,使其教育行为更加科学、理性并充满亲子的情感。

(二) 充分感受家长的想法和诉求,并给予理解和化解

家长送孩子上幼儿园,孩子将经历一个适应的过程,家长也同样将经历一个适应的过程。牵挂与担忧始终会伴随着家长:孩子会好好吃饭吗?和小朋友之间会友好相处吗?老师会不会关注到自己的孩子?这些问题常常会出现在家长的思绪中。其中有的属于育儿思想,具有长期持续的特点;有的则属于一些临时现象。一个有爱心、有经验的幼儿教师,一定会感受到家长的顾虑和担心以及每一个家长的不同诉求。此时,教师可通过言语沟通帮助家长化解其担心。比如:"您的孩子刚来幼儿园的时候,因为还不太适应,所以有时候会想妈妈,会哭上一小会儿,但是现在已经完全适应了,总是笑呵呵的,很快乐。""今天中午吃排骨和青菜,因为小朋友们都知道营养要均衡搭配的道理,所以都吃得可香啦,请家长们放心。""今天突然降温了,我们的活动都调整到室内了,而且安排了老鹰捉小鸡等运动类的游戏,小朋友们不会冷的,请您不用担心。"相信家长们看到这样的短信或听到这样的话语,心里一定会感到很踏实。

(三) 充分表达自己的理念和方法,取得家长的共识和共育

正如前面所说,家长对幼儿园的期待心理以及育儿理念等是不一样的,当来自不同家庭的孩子聚集在一个班级之中,教师就需要秉持对所有幼儿都具有促进作用的理念去开展幼儿教育教学活动。同时,幼儿教师应将这些理念及方法传递给家长,在

一些有条件的幼儿园，甚至可以发动家长一起商讨制订教育教学理念和方法。这样做的目的是取得家长的共识和共育，使幼儿教育事半功倍。这些理念方法可以基于全人教育观提出，比如"教育的宗旨是为了人类的幸福，我们希望通过各种活动，让小朋友们有感受幸福、创造幸福的能力"；也可以基于幼儿园特色提出，比如"金职院附属幼儿园也叫小狮子幼儿园，希望小朋友都能够拥有小狮子勇敢向前、团结协作、创造卓越的理想和气质"；也可以基于某个小朋友的发展愿景提出，比如"阳阳同学上台讲话还有些羞怯，我们一起多多地创造机会，不断发掘他的优势，让他增加自信心"。这样的话语形式，可以使家长心里有数并能明确努力方向，从而对幼儿园的工作给予支持。

（四）充分理解幼儿的家庭情况，营造班级的关爱文化

一个班级中，幼儿来自不同的家庭，每个家庭的知识结构、文化背景、经济基础都会有差异。作为幼儿教师，要尽力弱化甚至去除这种差异，应充分理解幼儿的家庭情况，营造班级的关爱文化，使每一个家长和幼儿都能获得温暖的感觉。这种平等之心、无差别之心对于每一个幼儿的成长都是至关重要的。这需要幼儿教师作出评价标准的改变。比如对于幼儿穿着，教师可以说："我们不以好看与否或价格高低为评价标准，而以大家都能做到的整齐干净为标准"；对于孩子学习，教师可以说："我们不以聪明与否或家庭学习条件好坏为标准，而以是否坚持努力为标准"；对于成功观念，教师可以说："我们不以权力或富裕程度为标准，而以能否给别人、给社会带来积极的帮助为标准"。当衡量标准作了这样的调整，平等关爱的氛围自然就会在班级中形成。当然，这需要幼儿教师本人就是拥有平等理念与关爱情怀的人。言为心声，如果内心真正认同这一标准，自然就能如此表达。

（五）充分尊重每一位家长的建议，形成全员共育的班级力量

幼儿教师也是一个平常之人，不会因为拥有一个教师身份便拥有全知全能的水平。在面对班级工作时，教师所拥有的也只是一个人的力量，因此，充分尊重并积极吸纳每一位家长的建议，是幼儿教育工作中重要的一环。教师可以主动寻求家长的帮助，比如可以说："班里有的小朋友特别爱画画，有的特别爱唱歌，每个人都有自己特别喜欢的方面，我想为他们搭建一个展现的舞台，您看怎样安排比较好？"对家长提出的建议应给予真诚的回应，比如你可以说："非常感谢您为我们提出了做一面笑脸墙的建议，现在每个小朋友见面时都能够微笑着互相问好了！"你也可以作为家长互通的桥梁，比如你可以说："有家长提出我们可以安排每天用10分钟时间让小朋友轮流讲故事的常规活动，您觉得是否可行？"另外，应特别注意要超越功利目的，不能将建议当成是家长对幼儿园工作的代劳行为，否则，难以形成良好的协同作用。

技能训练

如果在幼儿园活动中出现了以下情境,你会如何依循幼儿教师日常职业口语的基本要求与家长进行交流呢?

提示:以下五种情境是分别按照上述面向家长的幼儿教师日常职业口语应遵循的五个方面拟定的,教师在设计语言时可进行借鉴。当然,同学们可以在实践上述理论的同时形成自己的独立想法,有创新性地进行口语设计,同时,能够从更丰富和立体的角度,使口语设计和表达更好地促进幼儿的发展。

情境1:一位家长认为教育孩子是他们自己家的事情,和别人无关。你怎么和他进行沟通呢?

情境2:快到接孩子的时间了,一位家长打电话给你,说单位临时有任务,可能要迟一个小时左右才能来接,你该怎样回应他?

情境3:一位家长希望你在上课时教写一下拼音,以免上小学后进度跟不上,你该如何回应他?

情境4:你班里有一位家长是从外地来务工的,他觉得自己方方面面都不如别的家长好,你该怎样和这位家长进行沟通呢?

情境5:一位家长提出了组织春游研学活动的建议,你该如何表达你的赞同或希望家长进一步建议的愿望呢?

14—10
微课:技能训练

锦囊妙计

家长是发挥家园共建力量的重要人员。面向家长如何组织语言进行有效交流,是幼儿教师非常重要的一种能力。沟通得当,将使家园协同教育取得很好的效果;沟通不好,将使幼儿的教育受到严重的阻碍。教师与家长的交流往往涉及幼儿成长的方方面面,这就需要幼儿教师既能通晓政策法规,又要了解家长的具体要求;既要拥有开展教育教学活动的策略,又要有帮助开展家庭教育的智慧;既要有理性的教育思想,又要有人文情怀,还要有一视同仁、平等博爱、谦逊包容的品行修养。下面的语段摘自《中华人民共和国家庭教育促进法》,请你阅读并理解其中包含的深刻意义,相信会给你带来重要的启发。

14—11
微课:锦囊妙计

第三条　家庭教育以立德树人为根本任务,培育和践行社会主义核心价值观,弘扬中华民族优秀传统文化、革命文化、社会主义先进文化,促进未成年人健康成长。

第十五条　未成年人的父母或者其他监护人及其他家庭成员应当注重家庭建设,培育积极健康的家庭文化,树立和传承优良家风,弘扬中华民族家庭美德,共同构建文明、和睦的家庭关系,为未成年人健康成长营造良好的家庭环境。

第三十九条 中小学校、幼儿园应当将家庭教育指导服务纳入工作计划,作为教师业务培训的内容。

14-12
微课:学以致用

当我们基于特定的情境,设计了与家长交流的语言,还需要协同运用标准的语音、温和的语气、合适的态势等将其表达出来。请你就下面的语句进行模拟练习。练习过程中,如若你能从以下几方面进行自觉的思考,你的进步将会更显著:

1. 设想这句话可能出现在哪些情境中;
2. 不同情境之下,这句话的语气语调分别可以作怎样的处理;
3. 当你说这句话时,你内心对家长的尊重和彼此合作的意愿是否得到了强化。

您孩子在幼儿园的表现非常棒!您可以很放心!

我们准备根据小朋友们的特长开展一次才艺展示活动,想请您提点建议。

今天阳阳来幼儿园后,一直坐在角落里,也不和小朋友玩,是发生了什么事情吗?……好的,我们知道原因了,您放心,我们会安排游戏活动让他参与其中的。

我们班每一位小朋友都有自己擅长的一个或几个方面,大家在一起,组成了一个很和谐的集体。

我们的城市这么美,有咱们建筑工人的功劳呢,我们为您点赞!而且您的孩子也非常优秀,您就放心吧。

我们该怎样理解"成功"的内涵呢?我想听听您的观点。

今天您的孩子帮助一位小朋友捡起了掉在地上的水彩笔,很乐于助人呢!

您可以多发现孩子的优点,多多鼓励他,这样他会越来越棒的。

孩子要学习的不仅仅是书本上的知识,社会交往、日常生活、大自然,都是孩子很好的学习场所呢。

假期里,您可以带孩子到博物馆、科技馆去参观一下,因为我发现他对这些内容很有兴趣、也很有想法呢。

任务三 面向同事的幼儿教师日常职业口语

14-13
微课:内容提要

学校教育、班级教育都不是靠个别教师就能够完成的,必须依靠全体教师。因此,我们与同事的关系就像是"同一个战壕中的同志"。面对同事,我们只有依靠情感上的共鸣、心理上的沟通,相互团结、共同努力,形成教师之间彼此尊重、相互谅解、团结合作、和谐友爱的良好氛围,才能做到思考、交流、互助,为了同一个教育目的一起努力。

理论与方法

一、与同事交流日常工作时会涉及的内容

同事之间的交流往往会涉及很多方面,包括生活琐事的讨论,也包括对教育教学工作相关话题的讨论。在本任务中,我们探讨的主要是有关教育教学工作的话题,大致包括以下几个方面。

14-14
微课:与同事交流日常工作时会涉及的内容

(一)教学活动设计与实施的相关内容

幼儿园教学活动的设计与实施是幼儿园教育教学的重要工作之一,也是幼儿教师不断提升幼儿教育专业水平的最重要的途径,因此在与同事的交流中会占较大的比例。

(二)幼儿成长过程中出现的相关情况

幼儿园教育教学活动的目的是促进幼儿的健康成长。因此,同事之间对幼儿中出现的各种现象都会有所交流,如幼儿吃饭情况、游戏情况等比较细节的话题。

(三)与家长沟通过程中出现的相关情况

幼儿园教师几乎每天都会和家长会面并作一些交流,交流过程中会获得一些新的信息,也会在处理相关问题过程中产生新的情况。同事之间互相交流这些情况将有助于工作更好开展。

(四)幼儿园比较重大事情的讨论交流

当幼儿园面对一个比较重大的事情时,同事之间往往会互相交流讨论,一起探讨如何更好地开展实施等,如幼儿园近期要开展"六一"儿童节文艺汇演的排练工作、学校在进行的专项课题研究等。

(五)关于幼儿教师专业成长的相关话题

教师的成长是一个永恒的话题,教师对自我发展有没有自觉愿景和要求,将直接影响幼儿园的整体教学氛围。而成长的途径很多,如项目培训、教材研究等,这些也都会成为同事之间的交流话题。

二、面向同事的幼儿教师日常职业口语的基本要求

14-15 微课：面向同事的幼儿教师日常职业口语的基本要求

了解了上述日常交流话题，我们便不难看出，幼儿教师之间任何话题的交流都会关系到幼儿园的教育教学工作氛围的营造，进而影响到幼儿的成长。因此，在与同事交流的过程中，传递正能量，体现作为一名教师应该有的涵养，显得尤为重要。具体而言，面向同事的幼儿教师日常职业口语应符合以下基本要求。

（一）要以幼教工作为主体内容

在与同事的交流中，难免会涉及工作和生活的方方面面，比如买了一件漂亮衣服、戴了一件新的首饰、周末到哪个地方旅游了等。同事之间谈论这些话题当然是可以的，但不能成为在校内交流的内容主体。同事之间在校内的交流话题应该以幼儿教育相关的内容为主，这样不仅有助于营造一种积极向上的校园氛围，而且能使每一位教师将精力集中在工作上，提高工作的效率，提升工作的质量。因为当我们谈论一个话题时，谈论者的兴奋状态并不会仅仅停留在交谈时段，还会延续到交谈结束后的一段时间。谈论工作时，大家的精力可以高度集中在工作上，各种教学思想和方法彼此碰撞，能够互相借鉴并开阔视野，这种交谈才是应该在同事之间大力提倡的。当然，在交谈过程中，可以采用比较轻松活泼的话语形式，也可以采用比较严肃正式的话语形式，以增进工作质量，促成同事间和谐合作。

（二）要以倾听和尊重为前提

当谈论某个话题时，往往由话题的发出者先进行情况陈述，在此过程中，每位参与交谈的同事都应认真倾听，在明确要点的基础上再表达自己的想法。倾听的内涵包括多个方面，一是体现为专注的眼神、表情和姿势，二是能够适时给说话者以话语回应，三是能准确把握说话者的言语脉络和关键内容，四是能体会说话者的情感情绪，五是要边听边形成对话题内容的相关思考，等等。

尊重则体现为一种真诚的同理心，要为同事谈论的高兴事而高兴，对同事谈论的为难事表示理解和感同身受，以一颗善良之心去面对，并使同事感受到这份被接纳、被理解、被信任的尊重。尊重还意味着一种平等的姿态，同事所谈论的话题，其他幼儿教师将来都有可能遇到，同事的谈话恰恰能给自己带来启示。所以，谈论中可以用"我非常理解你的心情""为你这么成功的教学尝试而感到由衷的高兴""我的课堂上也曾经遇到过这种情况，当时我的心情和你是一样的"等话语形式表达想法。

（三）要以坦诚分享为基本态度

带着尊重之心倾听同事谈话，更要以坦诚分享的态度表达自己的想法。坦诚分享意味着打开心扉，以真诚和真实之心态表达观点。当每一位同事都能敞开心扉表达观

点时，对事情的认知便会越来越深入，看问题也会越来越透彻。同时，在坦诚分享的过程中，也为问题的解决提供了思路，自己也将获得一种成就感和价值感，这种感觉最终将升华为热爱工作、热爱幼教事业的崇高之情。当然，要做到坦诚分享，自己首先要成为一个会思考有思想的幼儿教师，唯有如此，才有内容可分享。分享的过程中，可以采用"我也曾经遇到过类似情况，我当时是这样面对的……""我曾经看到过一种教育教学理论，用来解释今天谈论的这种情况很合适""如果我们从另外一个角度看这件事情，可能可以得出不同的结论来"等话语形式，分享的角度可涉及理论、经验、视角等诸多方面。

（四）要以携手合作为主要形式

同事之间在围绕幼教工作开展谈话交流的基础上，还应随着话题的深入使工作得以不断延伸和拓展，其主要形式便是携手合作。这是一种达成共识后的携手合作，与一般意义上的合作有着明显的差异。这里的携手合作是真正出于共同的教育思想、共同关心的教育话题、共同拟定的教育目标而开展的，其中融入了双方热爱幼教、热爱儿童的教育情怀，在携手合作的过程中始终能够拥有一份发自内心的愿望和向往。在携手合作的过程中又会产生许多新的话语交流。因为合作过程中的话语交流是动态的，这就更需要设身处地、多角度地开展话语交流，如"这件事情带给我们的思考很多，我们可以从……方面作出新的理解""这位小朋友在绘画方面显示出了更加浓厚的兴趣，我们可以给他搭建更多的平台""大班小朋友带着中班、小班小朋友游幼儿园，这样的创意真好啊！"等。

（五）要以共同发展为根本目标

校内同事之间的交流围绕幼教工作展开，有利于促进幼儿的发展、幼儿教育的发展、幼儿教师的发展。共同发展的交流目标，促使每一位教师都能出于公心、出于真心，更加客观、更加理性地投入交流，对话题的思考能够取得更加多维、更加立体的效果。当然，共同发展并非一个笼统的概念，而是有着具体内涵的，而这种内涵放置于不同的教师身上，又会显示出不同的侧重。总体而言，共同发展使教师的强项更强，短板得以弥补。如有的教师长于逻辑思考，有的教师长于艺术展示，有的教师长于活动策划，有的教师长于统筹协调，有的教师长于总结提炼，在不同侧重的共同发展中，可以通过"这样的话题交流让我感受到了集体的力量""能够为集体发展贡献思想，使我感到很有价值""我感觉到了自己的成长，这使我很欣喜"等话语方式，真诚地表达自己的成长状态。

技能训练

14—16
微课：技能训练

在幼儿园中，同事之间聊起了以下有关幼儿教育教学工作的话题，你会依循面向同事的幼儿教师日常职业口语的基本要求与大家进行怎样的交流呢?

提示:可以按照上述同事之间校内交流的五种基本要求进行设计。当然,同学们可以在实践上述理论的同时形成自己的独立想法,创新性地进行口语设计,同时,可以从更丰富和立体的角度,使口语设计和表达能更好地促进幼儿教育工作的发展。

情境1:一位同事说,当他在语言活动课上有感情地朗诵一首儿歌时,小朋友好像并不太感兴趣,他不明白原因在哪里。你打算怎么和他进行交流呢?

情境2:一位同事说,他在幼儿园工作了五年,感觉自己在专业发展上遇到了瓶颈,课堂上始终不能突破自己原有的教学框架,想听听大家的建议。你打算怎么和他进行交流呢?

情境3:一位同事说,他让小朋友进行编故事接龙活动,发现小朋友的故事编得特别有意思,为此,他感到很高兴。你打算怎么和他交流呢?

情境4:一位同事说,他想让大班的小朋友体验一下当小老师的感觉,问是否可以和中班、小班的老师合作,一起来开展这个活动。你打算怎么回应呢?

情境5:一位同事说,他们班有一位家长每天都要询问孩子在幼儿园的表现,他觉得该说的都已经说了,如果这位家长再问,真的不知怎么回答了。你打算怎么和他交流呢?

14—17
微课:锦囊
妙计

同事就是在一起共事的人,同事之间交流工作,可以促进大家共同提高。面对同事的话题,倾听尊重、坦诚分享、携手合作并促进共同发展,对每一位同事都具有重要的价值。当然,在与同事交流的过程中,你一定要拥有自己独立的想法并加以真诚无私地表达。要实现这种效果,需要达成对自己的两方面要求:一是要有独立见解,二是要乐于分享。下面的内容来自中国近代学前儿童教育理论和实践的开创者、被称为中国幼教之父的陈鹤琴先生,请你阅读并形成对幼儿教育工作的独立思考。

陈鹤琴先生在20世纪30年代末提出了"活教育"的主张,其主要内容包括:

其一:目的论。即做人、做中国人、做现代中国人。① 做人,这是最一般意义的目的。活教育提倡学习如何做人,如何求社会进步、人类发展。② 做中国人,体现出民族特征。生活在这个国度的人们共同拥有光荣的历史,要爱护生养自己的土地,爱自己国家的光荣历史,爱自己的同胞。所有拥有这份情感的中国人应该团结起来,为提高中国在世界各国中的地位、为国家的兴旺发达而努力。③ 做现代中国人,体现出时代精神。对于20世纪30年代而言,救国图强和科学民主启蒙仍是中华民族的奋斗内容,这需要所有中国人来承担。

其二:课程论。①"大自然、大社会,都是活教材",追求自然、社会、儿童生活和学校教育内容形成一个有机联系的整体。② 内容来源于自然、社会和儿童,那么组织形式也应该适合儿童。③ 提出了"五指活动",第一是儿童健康活动,第二是儿童社会活动,第三是儿童科学活动,第四是儿童艺术活动,第五是儿童文学活动。

其三:教学论。基本原则是:做中教,做中学,做中求进步。强调教育教学分四个步骤,即实验观察—阅读思考—创作发表—批评研讨。这四个步骤是教学过程的一般程序,不是机械的、割裂的,它们同样体现了以"做"为基础的学生主动学习。

学以致用

当我们基于特定的情境,设计了与同事交流的语言,还需要协同运用标准的语音、温和的语气、合适的态势等将其表达出来。请你就下面的语言进行模拟练习。练习过程中,如若你能从以下几方面作自觉的思考,你的进步将会更显著:

1. 设想这句话可能出现在哪些情境中;
2. 不同情境之下,这句话的语气语调分别可以作怎样的处理;
3. 当你说这句话时,你内心对同事的尊重和彼此合作的意愿是否得到了强化。

14—18
微课:学以致用

我觉得你这个想法很有创意,很值得作一些尝试!
我觉得你的想法很有道理,那我也说一说我的想法吧。
我也曾经遇到过这种情况,当时的心情和你现在的心情是完全一样的。
在这个问题上我们好像有不同的理解,我们一起来探讨一下吧。
我们可以围绕这种想法作一次合作,我想一定会取得很好的教学效果的。
你今天的课堂带给我很大的启发,真的很感谢你。
对于这个问题,我觉得建构主义理论可以给我们一些启示。
你是个非常有爱心的老师,这点在你和小朋友的谈话中就可以看出来。
最近我读了一本书,感觉很受启发,很想和大家分享一下。
我觉得依据现在的情况,我们接下来可以有更多的合作。

项目十五 幼儿教师教育口语训练

1. 体会表扬与批评带给幼儿的不同心理感受，明确将批评语转化为表扬语所需的教师素养，提升转化的意识和能力。
2. 明确将幼儿爱心培养放在第一位的重要性并形成这样的意识。
3. 理解同理心、悦纳心、引领心的内涵和意义，能在具体的情境中运用"三颗心"与幼儿进行高效的交流。
4. 体会教师教育语言的智慧，激发提升语言素养的意愿，培养热爱幼儿、热爱幼教事业的职业情感。

15—1
微课：项目目标

任务一　将批评语转化为表扬语

幼儿教师教育口语是幼儿教师基于某种特定情境与幼儿之间进行交流的口语。表扬与批评能带给幼儿不同的心理影响。本任务我们将通过学习陶行知先生的教育智慧，学会给学生的心灵成长带去正面启示，达到良好的教育效果。

15—2
微课：表扬与批评带给幼儿不同的心理影响

一　表扬与批评带给幼儿不同的心理影响

在幼儿教育中，幼儿的自我判断能力还没形成，不能对自己的行为进行正确的评价,这时就需要教师给予正确的引导,教师对幼儿行为的表扬或批评就意味着对幼儿作出了肯定或否定的评价。表扬和批评对幼儿的成长和发展具有重要的影响。几乎所有的幼儿都会对自己的老师有一种特殊的信任感,他们把教师的表扬或者批评作为自身行动的准则。因此幼儿园教师做好幼儿教育的关键就是掌握好表扬与批评的方式。正确地使用表扬和批评,有利于幼儿的自我认识和自我调节,能够激发幼儿的学习兴趣和动力,促进幼儿的全面发展。

在幼儿教育中,教师常常运用表扬的方式来肯定幼儿的长处和优点。幼儿正是处在认识自我和感知社会的阶段,他们希望他人对自己的行为给予肯定。在幼儿看来,这些肯定就是对他们的鼓励、赞美和赞同,会给他们带来前进的动力,他们会因此努力做得更好。例如,教师对幼儿的手工作品进行一句简单的赞美:你做得真漂亮!孩子们听到后会很开心,也会增加对手工课的兴趣。表扬能够打开孩子的心灵,让幼儿在懵懂中看到方向。适度的表扬还会增强幼儿的自信,让他们快乐成长,在成长的过程中又不断获得自信。

幼儿在成长中可能会犯一些成人无法理解的错误,但是幼儿还无法理解这是一种错误,此时就需要教师给予恰当的批评。教师对幼儿的批评就是否定他们错误行为的过程,恰当批评能使幼儿反省自己的行为。教师对幼儿行为进行指正批评后,幼儿会对自己的行为进行反思,反省错误的过程也是培养幼儿接受能力和判断是非能力的过程。

教师从理解幼儿行为的角度去评判幼儿行为,并以幼儿容易接受的方式表达出来,会增加幼儿对教师的好感,理解并接受教师的指正批评。这样的批评会让幼儿感受到教师的关爱,而不是责备。教师在对幼儿的错误行为进行批评的同时,还应为幼儿指出正确的行为模式。批评的意义并不应该仅是简单地使幼儿的错误行为受到抑制,还要为幼儿提供改进的空间,指导明确幼儿前进的正确方向,明确目的的批评会增加幼儿的上进心。

(二) 陶行知《四颗糖的故事》中的教育智慧

将批评转化为表扬,并非外在语言技巧在起作用,而是一位幼儿教师热爱儿童、热爱教育事业的情怀使然。让我们从教育家陶行知先生的事迹中寻找表扬与批评的智慧,尤其是将批评转化为表扬的智慧。

陶行知先生是人民教育家、思想家,先后创办了晓庄学校、生活教育社、育才学校等学校和机构,提出了"生活即教育""社会即学校""教学做合一"的教育主张,他以"捧着一颗心来、不带半根草去"的满腔的爱投入教育事业。在他当育才学校校长的时候,发生了这样一件事:

有一天,陶行知在校园看到学生王友用泥块砸自己班上的同学,陶行知当即喝止了他,并令他放学后到校长室去。放学后,陶行知来到校长室,王友已经等在门口准

15-3
微课:陶行知《四颗糖的故事》中的教育智慧

备挨训了。可一见面,陶行知却掏出一颗糖果送给他,说:"这是奖给你的,因为你按时来到这里,而我却迟到了。"王友惊疑地接过糖果。随后陶行知又掏出第二颗糖果放到他的手里,说:"这第二块糖果也是奖励你的,因为当我不让你打人时,你立即就住手了,这说明你很尊重我,我应该奖你。"王友更加惊疑了。这时陶行知又掏出第三颗糖果塞到王友手里,说:"我调查过了,你用泥块砸那些男生,是因为他们不守游戏规则,欺负女生。你砸他们,说明你很正直善良,且有批评不良行为的勇气,应该奖励你啊!"王友感动极了,他流着眼泪后悔地喊道:"陶校长,你打我两下吧,我错了,我砸的不是坏人,而是自己的同学啊……"陶行知满意地笑了,他随即掏出第四颗糖果递给王友,说:"为你正确地认识错误,我再奖给你一块糖果,只可惜我只有这块糖果了。我的糖果没有了,我看我们的谈话也该结束了吧!"说完,陶行知就走出了校长室。

读了陶行知先生《四颗糖的故事》,让我们试想一下:当陶行知先生走出了校长室,王友一个人留在那里,他的心理感受会是怎样的?他会想些什么、会做些什么呢?他心里应该有羞愧,应该有感动,也应该能够认识到自己这样做的错误所在。

类似的事情在幼儿园里也会发生,教师也会很用心地去面对,比如会进行事件调研、会进行批评教育等。那么,陶行知先生的做法和一般教师的做法相比,有何高明之处呢?那就是陶行知先生把一个可能的批评行为转化成了表扬行为,而且是具有层次的表扬行为。可以想见,当王友站在校长室门口、陶行知先生还没出现的时候,他该是怎样的惴惴不安;当陶行知先生拿出糖果奖励他的时候,他该是怎样的诧异和惊疑;而当陶行知先生接连四次拿出糖果表扬他的时候,他又会是怎样的羞愧与感动?这样的教育效果是远超过仅对他进行批评教育的,因为这样的批评充满了理解和关爱,并为其指出了正确的行为方式。

三、陶行知《四颗糖的故事》带给我们的启示

那么,陶行知先生为什么能具有将批评转化为表扬的智慧呢?在将批评转化为表扬的过程中,陶行知先生又给了我们哪些启示呢?

首先是陶行知先生的学生观层面。陶行知先生在看到王友用石块砸同学的时候喝止了他,但并没有马上进行批评教育。为什么?这种延时处理的方式是否传达了这样一种信息:那就是给学生时间进行反思,相信学生通过自我反思,能够意识到自己的问题所在。这种相信学生的观念和信念很重要。其次,陶行知先生用四颗糖去奖励王友,使王友在惊讶之余能够自觉反省自己的问题所在。这从教育学的角度来说,就是激发了学生自我成长的内驱力。第三,陶行知先生能够非常用心地去观察和挖掘学生所具有的优点,表扬是实实在在的,有着具体的内容,并非空洞的、敷衍的。这使王友感受到了陶行知先生对他真诚的表扬,并明白了陶行知先生所列举的四方面内容都是值得自己去拥有的优点。

陶行知先生的行为推及教育，就是将学生内在的善良、美好激发出来，使其能感受到自己善良美好的一面，也能看到自己的不足，从而获得自我教育的力量。这种力量远远胜过简单的批评教育。

那么，如何才能仿照陶行知先生的方法转批评为表扬？怎样才能找到学生的优点呢？这就要求教师不断修炼自己发现学生优点的眼睛。在这个故事中，陶行知先生所说的"你按时来到这里，而我却迟到了""我不让你打人时，你立即就住手了，这说明你很尊重我""你砸他们，说明你很正直善良，且有批评不良行为的勇气""你正确地认识错误"等四大奖励的理由，一方面是陶行知先生对这件事的真实理解，另一方面也是对学生优点的有意识挖掘。

此外，陶行知先生在对王友说话时，其声音、表情是温和的，其态度是从容的，这种声音表情态度带给学生的是一种很安定、很放心的感觉，这也是他的"表扬"教育取得良好效果的重要原因。

 技能训练

教师在面对幼儿的调皮甚至错误时，如果能够控制住自己的情绪，具有同理心，相信事出有因，在调查的基础上努力将批评的话语转化为表扬，并使表扬具有实实在在的内容和层次感，那么幼儿会在自我教育和感动中获得心灵震撼，并获得向善向美的内驱力，获得持久的教育效果。同学们，请尝试在以下情境中，结合所学内容将批评语转化为表扬语。

15-4
微课：技能训练

1. 两位小朋友闹了不愉快。
2. 一位小朋友上课不认真听讲。
3. 下课时，一位小朋友在走廊上大声喊叫。

提示：教师面对幼儿的淘气行为，第一反应会是什么呢？生气？发火？还是马批评幼儿？不，这些反应都不能达到良好的教育效果。这时教师最需要的反应是"冷静""温和"。幼儿教师要让幼儿拥有调皮捣蛋甚至犯错的权利，教师自己则要在幼儿调皮捣蛋甚至犯错时拥有一种镇定从容的心态和引领包容的心胸。面对上述的三种情境，可以试着联系类似经历，找出幼儿身上的几个优点，并以这些优点为基础，将批评转化为表扬。

 锦囊妙计

15-5
微课：锦囊妙计

表扬和批评是教师在幼儿成长过程中常用的教育行为，但带给学生的心理感受却是完全不同的。教师如果能够运用智慧，将批评的话语转化为有具体指向的、有层

次的表扬语,将给学生的心灵成长带去更大的正面影响力,也会取得更好的教育效果。要做到这一点,则需要教师信任学生,具有内在良知的教育观以及用心观察和挖掘学生优点的自觉意识和能力,给学生以正向的引领,并能以温和的声音、表情和态度去面对,使学生能够在宽松的、充满爱和友善的氛围中成长。幼儿的成长,需要教师用爱去浇灌、用心去呵护、用情去浸润,应该允许他们存在缺点和错误,并使幼儿在对缺点错误的自我认知中实现成长。

中国传统教育理论,一直强调人的"良知"的先天存在。《孟子·尽心上》中说:"人之所不学而能者,其良能也;所不虑而知者,其良知也。"而教育的意义是什么呢？明代教育家王阳明说"致良知",即引导学生在天生存在的"良知"上持续发展。这些从传统文化角度为幼儿教育中"将批评转化为表扬"提供了理论依据。下面是王阳明《传习录》中关于"良知"的几个语段,请你阅读并形成对幼儿教育工作的独立思考。

语段一:

盖良知只是一个天理。自然明觉发见处,只是一个真诚恻怛,便是他本体。故致此良知之真诚恻怛以事亲便是孝,致此良知之真诚恻怛以从兄便是弟,致此良知之真诚恻怛以事君便是忠。只是一个良知,一个真诚恻怛。

语段二：知是心之本体,心自然会知。见父自然知孝,见兄自然知悌,见孺子入井自然知恻隐,此便是良知,不假外求。若良知之发,更无私意障碍,即所谓"充其恻隐之心,而仁不可胜用矣。"然在常人,不能无私意障碍,所以须用致知格物之功,胜私复理。即心之良知更无障碍,得以充塞流行,便是致其知。知致则意诚。

学以致用

15-6 微课：学以致用

当我们基于特定的情境,设计了将批评语转化为表扬语的方式,还需要协同运用清晰的语音、温和的语气、合适的态势等将其表达出来。请你就下面的语句进行模拟练习。练习过程中,如若你能从以下几方面思考,你的进步将会更显著：

1. 每一个幼儿的内心都是善良美好没有恶意的；
2. 幼儿的调皮捣蛋是这个年龄段的天性使然；
3. 当你将可能的批评语转化为表扬语时,你自己的内心会更加阳光与积极。

你看,你是一个多么善良的孩子啊！虽然你有时候和其他小朋友说话有点大声。

你爱哭,不见得就不好,恰恰说明你很有同情心。

当你们俩吵架的时候,老师相信你们的心里其实很难过。

你刚才听老师讲这句话时,一定想到了有趣的事情,愿意和大家分享吗？

你刚才一定是不小心才踩到了小花,老师知道你是很愿意呵护小花小草的。

你今天一定特别高兴,所以就情不自禁地大声喊了起来,对吗？

你是想和小明打招呼,所以才拍了一下他,对吗?

你很勇敢,但更勇敢的表现应该是知道什么可以做什么不可以做哦。

你不爱吃青菜,一定是还不了解吃青菜都有哪些好处。

你上课时很认真,能坚持听讲十分钟了,老师都能看到哦。

任务二 基于情境化、儿童化的爱心培养

  内容提要

有爱心是教育工作者应具备的最基本的素质。关爱学生是教师的天职,是教师职业道德的核心,也是对教师职业道德评价的重要标志。"感人心者,莫乎先情",作为一名教师,只有具备一颗真诚的爱心,才能得到孩子的理解、信任和爱戴,才能够起到春风化雨般的作用。

15-7 微课:内容提要

 **理论与方法**

培养爱心,一直是教育的重要目标和任务。爱心的内涵,理解起来往往有点抽象。因此,当我们谈到如何去培养爱心时,往往缺乏具体的方法。我们可以通过两则教育故事来体会基于情境化、儿童化的爱心培养的教育语言。

一、从《牵手》一文看情境化、儿童化

情境化是指在设计教学方案时,根据教学需要,营造或者创设与教学内容密切贴合的生活场景或氛围,引起学生的情感体验,帮助学生快速理解知识。儿童化就是按照儿童的年龄特点,符合儿童的兴趣愿望,基于儿童的认知能力和其有限的生活经验,为儿童创造出一个熟悉的教育场景,以调动儿童参与学习活动的积极性和主动性。

15-8 微课:从《牵手》一文看情境化、儿童化

我们以《牵手》这则故事为例作阐述。原文如下:

妈妈牵着阳阳的小手准备过马路。阳阳手里拿着一元钱,要到马路对面去买冰棍儿。忽然,一阵风吹跑了阳阳手里的钱,她挣脱妈妈的手追过去。

"当心汽车!"妈妈一边喊着,一边追了上去。

阳阳追到人行横道中间,突然站住了。原来,她看见一位盲人老爷爷正在过马路,说:"老爷爷,当心汽车!我领您过马路。"

妈妈牵着阳阳的手，阳阳牵着老爷爷的手，他们一起过了马路。

《牵手》一文中阳阳帮助老爷爷过马路的"爱"与平时我们所看见的帮助老爷爷过马路的情况有很大不同，主要在于文中有一样"道具"，并创设了一种"具体情境"，那就是阳阳手里拿着的一元钱，以及阳阳要到马路对面买冰棍儿。一元钱对于大人来说不算什么，但对于故事中的阳阳来说，这一元钱是用来买冰棍儿的，其价值和意义非常不同。所以当"一阵风吹跑了阳阳手里的钱"，阳阳便"挣脱妈妈的手追过去"，急得妈妈只能一边喊"当心汽车"一边追了上去。但是当阳阳看到老爷爷过马路时，"突然站住了"，没有继续追钱，而是选择"牵着老爷爷的手过了马路"。

可以这样说，如果没有阳阳追一元钱的这一情境，那么她帮助老爷爷过马路便是一件很普通的事情，但情境设定了扶老爷爷过马路和追一元钱之间是有矛盾冲突的，需要阳阳在很短的时间内做出选择和决定，这对一个小朋友来说是很不容易的。所以，这篇文章传递的爱心教育，实质是帮助小朋友厘清矛盾中的行为选择，即当帮助别人和自己的事情（从成人角度说是"自己的利益"）发生冲突时该如何选择。阳阳放弃对她而言极为重要的事情而选择了帮助老爷爷，这一决定对许多成人来说都很难在短时间内做出，需要经过一番利弊权衡的思考，所以阳阳小朋友的选择显得尤为可贵。在情境对比中，爱心教育的主题更鲜明，内容更具体，儿童更易理解，也就更易于达到教育的目的。

二、从苏霍姆林斯基与玫瑰花的故事看情境化、儿童化

15-9 微课：从苏霍姆林斯基与玫瑰花的故事看情境化、儿童化

在一所学校的花房里开出了一朵很大的玫瑰花，全校的同学从没见过这么大的玫瑰花，都赶来看，纷纷称赞不已。有一天早晨，一个幼儿园的小朋友跑过来把那朵玫瑰花摘了下来，她拿在手里，往外走，正巧碰到了一位老师，这位老师就是苏联著名的教育家苏霍姆林斯基。那么，苏霍姆林斯基会以怎样的方式去处理这一事件呢？

有人说可能会领着这个小女孩去找她的老师，有人说会报告小女孩的家长，还有人说会教育小女孩要爱护学校公物，甚至有人说会以罚款的方式来处理……那么，苏霍姆林斯基是怎么做的呢？苏霍姆林斯基很想知道小女孩为什么要摘下那朵玫瑰花，就弯下腰，亲切地问："小朋友，你为什么要摘那朵玫瑰花呢？"小女孩很认真地回答："我奶奶病了，病得很重。我告诉她学校里开了这么大的玫瑰花，她不相信，我就摘下来拿回去让她看看，看完就送回来。"听了孩子天真的回答，苏霍姆林斯基的心震撼了，他牵着小女孩到花房里又摘了两朵大玫瑰花，对小女孩说："这两朵玫瑰花，一朵是奖励你的，因为你是一个有爱心的孩子；另一朵是送给你妈妈的，因为她养育了一个你这样好的孩子。"

苏霍姆林斯基的做法和前面那些人的想法有什么本质区别呢？显而易见，有

些人看到的似乎只有道德准则,只有大道理,缺乏对人性美和人情美的感悟,缺乏同情心和怜悯心。苏霍姆林斯基却对这个小朋友的举动充满好奇,在询问之后又被其感动,随之摘下花朵进行奖励。可以看出苏霍姆林斯基是一个内心充满呵护情怀的老师:在遇到事件的时候,他始终将呵护幼儿的心灵放在第一位,选择去探究幼儿行为背后的原因。同时,苏霍姆林斯基是站在一个孩子的立场去看待儿童的行为的。若以成人的评判标准去看待这件事,那么只会得出小朋友摘了最大的玫瑰花、损坏了公共财物、有违社会公德的论断。但在这个小朋友的观念中,她摘了花让奶奶看了之后马上就会还回来,也就是说,在她看来,玫瑰花是不会因此而枯萎的,这就是儿童化的视角。苏霍姆林斯基将这个特殊情境中的爱心教育进行了效果最大化处理,他又摘下了两朵玫瑰花送给小朋友,并有理有据地说出了奖励的理由。

在苏霍姆林斯基看来,玫瑰花的美丽和爱心的美丽是相匹配的。试想一下,当小朋友听他说"你是一个有爱心的孩子""你妈妈养育了一个你这样好的孩子"时,内心该是多么欢喜。苏霍姆林斯基充满智慧的教育行为,使小女孩的心灵沐浴到爱的阳光,而那三朵玫瑰花也将长久地占据小女孩的心灵,永不凋谢。这就是爱心培养的成效所在。

三、从两个故事延伸出的启示

前文两则故事对幼儿教师教育语言设计和表达带来了重要启示。

第一,面对学生,教师要把爱心的培养放在首位。只有内心有爱,才能将欢喜和温暖带给他人和社会,才能营造一种和谐美好的氛围。

第二,爱和爱心并非抽象概念,而是有具体内涵的。在不同的情境中,爱的表达是不一样的。这就需要教师以敏锐的目光去发现特定情境中的特殊性,如《牵手》中的一元钱、买冰棍,《玫瑰花的故事》中的最大的玫瑰花、生病的奶奶等。

第三,要站在儿童的视角去看待事物和事情,像苏霍姆林斯基一样倾听幼儿的内心,去了解儿童的内心世界,并以儿童化的方式给予呵护。

15-10
微课:故事启示与技能训练

面对儿童的各种表现,我们要将爱心培养放在首位,让自己以欣赏的目光去看待每一个儿童;当我们以情境化的要求去观照各种具体情况,就会生成因时制宜、因地制宜、因人制宜的各种教育智慧;当我们以儿童化的视角去看待事物,不以成人的道德观念评判儿童,就能使他们的幼小心灵得到呵护。请同学们回忆或设置几个情境,用本任务中的方式尝试进行爱心培养的教育语言训练:

1. 一个小朋友碰翻了同桌的水彩笔。
2. 一个小朋友跳绳总是不能取得进步。
3. 一个小朋友上课悄悄画下了你的画像。

提示：先要努力设想一下当时的情境，站在儿童的视角去体会儿童当时的感受，并基于情境的特殊性和儿童的年龄特点进行有效的教育语言的设计和运用。

15-11
微课：锦囊妙计

在儿童成长的过程中，爱心的培养应该是放在首要位置的。当儿童的内心充满爱，他才有能力给别人带去爱，并在这一过程中感受到幸福。这种爱是需要教师激发的。教师的教育语言如果使用不当，不仅不能培养爱，反而会让儿童怀疑爱、没有勇气去爱。所以树立将爱心培养放在第一位的意识对于幼儿教师显得尤为重要。同时，爱又不应该是抽象的道德说教，更不能以成人的道德标准去绑架儿童内心的纯真无邪，这就需要教师在基于情境化和儿童化的意识引领下具体分析，并以与儿童思考和情感一致的方式给予反馈，让儿童在轻松、愉快、共情的氛围中培养爱心。

当然，一位教师要想能够随时随地根据情境化、儿童化的要求开展幼儿教育活动，其首要条件是教师自己便是一个具有仁爱之心的人，要做"四有（有理想信念、有道德情操、有扎实知识、有仁爱之心）"好教师。正如习近平总书记所强调的："教育是一门'仁而爱人'的事业，爱是教育的灵魂，没有爱就没有教育。"具有仁爱之心并在教育过程中让仁爱之心传承弘扬，这是幼儿教师光荣而神圣的使命，是对中华优秀传统文化仁爱精神的发扬。下面是《论语》中几则关于仁爱之心的语录，请同学们阅读并从中获得自己的感悟，获得更多的教育语言设计灵感。

子曰："唯仁者能好人、能恶人。"

子曰："爱之，能勿劳乎？忠焉，能勿诲乎？"

子贡曰："如有博施于民而能济众，何如？可谓仁乎？"子曰："何事于仁！必也圣乎！尧、舜其犹病诸！夫仁者，己欲立而立人，己欲达而达人。能近取譬，可谓仁之方也已。"

子曰："若圣与仁，则吾岂敢？抑为之不厌，诲人不倦，则可谓云尔已矣。"

仲弓问仁，子曰："出门如见大宾，使民如承大祭；己所不欲，勿施于人。在邦无怨，在家无怨。"

樊迟问仁，子曰："爱人。"问知。子曰："知人。"

樊迟问仁。子曰："居处恭，执事敬，与人忠。虽之夷狄，不可弃也。"

子曰："当仁，不让于师。"

子张问仁于孔子。孔子曰："能行五者于天下，为仁矣。""请问之。"曰："恭、宽、信、敏、惠。恭则不侮，宽则得众，信则人任焉，敏则有功，惠则足以使人。"

当我们基于情境化、儿童化的要求设计了幼儿教育语言,还需要协同运用标准的语音、温和的语气、合适的态势等将其表达出来,遵循教育规律,达到良好的教育效果。请你就下面的语句进行模拟练习。练习过程中,如若能从以下几方面思考,你的进步将会更显著:

15-12 微课:学以致用

1. 这件事情出现在怎样一个情境之中?
2. 在这一具体情境中,幼儿的想法和大人的想法有什么不同?
3. 当你在表达时,你是否发自内心地尊重并欣赏幼儿的想法?

你这么认真地观察小蝌蚪,真好! 能不能告诉老师你看到了什么?

老师看到了你在听《丑小鸭》故事时的表情变化,听前半部分时你是很难过的表情,听后半部分时你是很高兴的表情,为什么呀?

你画了一个绿色的太阳,能和老师说说你的想法吗?

当你看到明明没有带水彩颜料时,就把自己的给他用了,为什么呀?

当明明把水彩颜料给你用的时候,你想对他说什么? 为什么?

小红是我们小一班的新成员,看到新朋友,大家肯定特别高兴,大家想和她说点什么吗?

你和阳阳是好朋友,好朋友之间闹了点小别扭,心里一定很难过,阳阳也一定很难过,你愿意先把难过的心情告诉阳阳吗?

豆豆小朋友的爸爸妈妈在很远的地方工作,没能和他一起过生日,他一定有些难过。你刚才和他说"豆豆,我们一起过生日",他听了就不会太难过了。你真棒!

昨天一场大雨把小花园里的花都打掉了不少呢。小朋友们,我们可以为花儿们做些什么吗?

阳光真好! 小朋友们一起在绿绿的草地上做游戏,心情怎样啊? 老师来做个小小的采访啊!

任务三 基于同理心、悦纳心、引领心的谈心谈话

"同理心、悦纳心、引领心"是教师和学生对话高质有效的保证,这其中不仅包含了爱心、耐心、责任心等各种属于理论层面的师德要求,更体现了操作层

面上的教育教学智慧。"三心并举"的对话方式,能使教师和学生都收获温暖、宁静、喜悦的情感体验,这对于校园文化、班级文化、课堂文化的建设都具有极为重要的推动作用。

理论与方法

15-13 微课:理论与方法(一)

同理心是指在人际交往过程中能够体会他人的情绪和想法、理解他人的立场和感受,并站在他人的角度思考和处理问题的能力。同理心是一种心理换位的能力,能够感知他人情绪和情感,理解他人的行为和感受。

悦纳心是指平静喜悦地接纳自我或他人的一种能力。

引领心指带动以正确的理念方法带动他人前进的能力。

虽然很多教师具有爱心、耐心、恒心、细心、责任心等特质,但若不能将这些内在特质外化为一种教育智慧,依然习惯于用教师的姿态、站在教师的立场与幼儿交流,就会导致沟通不畅,甚至产生激烈的冲突。若能将其外化为具有智慧的同理心、悦纳心和引领心,就能够收获非常好的教育效果。

本任务内容是编写教师与学生交流的亲身经历。请你仔细阅读,感受这场谈话中学生情感情绪的转化,思考"三颗心"的内涵和运用机制,以获得真切的体验和有效的启发。

15-14 微课:理论与方法(二)

一、故事之序曲

办公室中,一名学生和他的班主任老师正在激烈争吵。"我"作为专业课老师,劝住了争吵双方,并与学生进行了如下对话:

二、本着三颗心,与学生真诚交流

【第一颗心:同理心】

我:到底是什么事情,你和班主任老师都这么激动?

生:老师说我旷课,态度不好,我不服气。

我:那你旷课了吗?

生:旷课了。但不能说我态度不好。

我:哦,我也觉得你在口语课上挺认真的。听得认真,练习也很认真啊,进步也很大。那如果不是态度问题,会是什么问题呢?

生:我不想读这个专业。

我：你不想读，那怎么选择了这个专业？

生：我爸爸妈妈要我来读的。

我：哦，我明白了。不想读却不得不坐在教室里坚持着，这的确是一件很苦恼的事情。

我们不妨先停一下，想一想，当学生听到我说"我也觉得你在口语课上挺认真的""不想读却不得不坐在教室里坚持着，这的确是一件很苦恼的事情"时，他的心理感受是什么？是不是可以从原先的激动状态中走出来，让心情有所平复？是不是会对我所说的内容感到有些吃惊？因为，在学生看来，教师总是试图教育学生，总是站在教师自己的立场和角度去试图说服学生，比如说"既来之，则安之""不来上课总是不好的"一类的话语。但我并没有这么说，而是采用了肯定他、理解他的话语内容。因为就我当时而言，我觉得学生的感受很有道理，所以给予了理解。我觉得，这是我们走进学生心灵世界的第一颗心——同理心，即真正地理解学生。

【第二颗心：悦纳心】

我：你不想做幼儿园老师，那想做什么呢？

生：我想做生意。

我：做生意好啊！能为国家创造税收，很好的选择呢。而且生意做得好，还可能成立本土品牌呢。

说到这儿，学生有些惊喜，但马上又用无奈的眼神看着我。惊喜是因为自己的想法得到了老师的认可和支持，而教师没有试图将学生拉回到自己想要达成的谈话目的上来，比如要求他按时到课、认真听讲等，更何况做生意和做幼儿教师是两个完全不同的职业。无奈是因为想法虽然得到了教师的认可，但现实的困境仍然存在。倾听学生的想法，接纳学生不同的意见是我们走进学生心灵世界的第二颗心——悦纳心。

【第三颗心：引领心】

我：那你有没有想过做生意需要哪些要求和条件？

生：做生意嘛，只要有货，卖出去就可以了。

我：这么简单吗？

生：是啊，我身边的人都是这么做生意的。

我：那你如果要卖一样物品，你怎么介绍物品？你推销产品，凭什么让别人相信你？你了解不同年龄段人们的需求吗？如果有一天，你的生意做大了，办了一个工厂或企业，你怎么管理一个团队？不同的员工有不同的诉求，你是否需要建设企业的文化？这些问题你想过吗？

生：老师，我没想过这些，但这些可能真的挺重要的。

我：当然，每一个行业都有自身的规律和学问，不知道是不行的。我建议你到书店看看，现在这方面的书很多，而且都放在很醒目的位置，你一去便能看到。

生：好的好的，谢谢老师啊！

我：但是你现在学的这个专业怎么办？

生：我也不知道，很苦恼。

我：现在摆在你面前的有两个选择。第一是放弃学前教育专业的学习。

生：那我不愿意，我都学了两年了，现在放弃很可惜，我父母也不会同意的。

我：那就只有第二个选择，继续学习下去。

生：也只能这样了。

我：但这样很容易停滞在目前的心理状态之中。

生：就是，依然很痛苦。

我：我给你一个建议，你看是否可以。我们学习很强调将所学内容与生活、未来的职业进行联系思考，这样的学习会事半功倍。当别的同学把学习内容与幼儿教师职业联系起来思考的时候，你就和做生意这件事情进行联系思考。比如心理学课，你就联系不同年龄段、不同性别、不同职业、不同区域、不同教育背景的顾客群体，思考他们分别有怎样的心理；口语课，你就重点学习怎样更好地运用合适的语气语调和顾客、员工、合作伙伴进行交流；幼儿园活动设计课，你就联想将来如何在企业里组织一次活动、策划一个方案并进行重点学习。这样，既不耽误课程学习，又能为未来职业做准备，学习效果会更好呢！

学生听了我的建议，非常高兴，欣然接受，并在后来学习中积极采纳。这里运用的就是走进学生心灵世界的第三颗心——引领心，即提出设身处地真心为学生着想，引领学生解决困难。

三、"三颗心"带来的启示

"同理心、悦纳心、引领心"是教师和学生对话高质有效的保证，因为这其中不仅包含了爱心、耐心、责任心等各种属于理论层面的师德要求，更体现了操作层面上的教育教学智慧，也是对以生为本、平等尊重等教育教学理念的有效践行。"三心并举"的对话方式，能使教师和学生都收获温暖、宁静、喜悦的情感体验，这对于校园文化、班级文化、课堂文化的建设都具有极为重要的推动作用。

15-15
微课：技能训练

"三颗心"的原理同样适用于与幼儿的交流。当教师能以具有操作意义的"三颗心"与幼儿真诚交流，就能消除教师和幼儿之间由教育和被教育所带来的不平等，消除情感层面的隔阂感，换来心灵相通的默契与理解。请同学们回忆或设置几个情境，用这样的方式作一些尝试练习：

1. 当小朋友问了你一个非常简单的问题时，你该用怎样的语言面对？
2. 当小朋友上课忽然喊"外面有只小鸟"时，你该用怎样的语言面对？

3.当小朋友觉得今天穿得不好看而心情不好时,你该用怎样的语言面对?

提示:当遇到这些问题时,先要设身处地去感受幼儿的心情,站在幼儿的立场去思考,并用理解幼儿的语言表达去沟通;接着找出幼儿想法的合理之处,对其给予肯定,进而真心实意地引领解决问题,这样的教育才能对其有触动,达到良好的效果。

15-16
微课:锦囊妙计

教师在与幼儿进行交流时,总是比较习惯于用教育对方的口吻,习惯于运用"你应该……我觉得……"一类的措辞。这样的话语方式总是给对方以高高在上之感,致使交流谈话无法达到好的效果,甚至产生冲突。从心理学角度看,理解学生是谈话成功的第一步,体现了一种尊重对方;悦纳学生是第二步,体现了欣赏对方;引领学生是第三步,体现了帮助对方。教育语言若能以"三心并举"的方式展开,往往能收获意想不到的好效果。

在运用三心原理与幼儿交流时,最难做到但又是起基础作用的是同理心。能否运用同理心体现了一位教师共情能力的高低。同理心、共情力在很多教育教学理论中都作为重要基础原理而呈现,在中国传统文化中同样有很多关于同理心的经典表述。请阅读下文并结合幼儿教育工作进行更深入的思考。

孔子:己所不欲,勿施于人。

孟子:老吾老以及人之老,幼吾幼以及人之幼。

短语:换位思考;将心比心;推己及人;设身处地;感同身受;身临其境。

15-17
微课:学以致用

基于同理心、悦纳心、引领心的要求,我们设计了幼儿教育语言,需要协同运用标准的语音、温和的语气、合适的态势等将其表达出来。请就下面的语言进行模拟练习。练习过程中,如若能从以下几方面自觉思考,你的进步将会更显著:

1.在这件事情上,幼儿的心情是怎样的?

2.幼儿情感和想法的合理之处体现在哪些方面?

3.可以从哪些方面进行适当帮助和引领呢?

你之所以将玩具一直放在自己的座位上,是因为你太喜欢它了,对吗?

你的想法很有道理,还很有新意呢,老师觉得非常棒!

你听《卖火柴的小女孩》的故事时,忍不住哭了,这是因为你是个善良、有同情心、有爱心的好孩子。

你们抢同一个玩具,说明你们有共同的爱好。那我们能不能想出可以一起玩的方法呢?

你这么认真地看书,真是个爱阅读的好孩子。

明明把玩具打破了,一定是不小心的,而且现在明明心里也一定很难过。

豆豆看到小鸟飞过窗户就喊起来,是迫不及待地想和其他小朋友分享呢。

豆豆小朋友的提议真是太好了!那我们大家就整整齐齐地排好队伍,一个一个地走过去,这样会更快,也更有秩序呢。

兰兰,你一直站在窗口看着外面,是不是觉得天下雨了,不能出去玩了,觉得有些难过呢?

文文说"书的味道甜甜的",说得真好啊!是啊,书里有那么多甜美的故事,那就让我们一起来读书吧!

项目十六 幼儿教师教学口语训练

1. 明确并把握将问答语言转化为对话语言的价值和意义，形成将问答语言转化为对话语言的话语体系并获得设计对话语言的能力。

2. 明确并把握教学语言在幼儿学习心理和认知发展等方面的作用和意义，形成智慧运用具有思维启迪力的教学语言的能力。

3. 感受幼儿教师的责任与担当，激发对职业的认同和对幼儿的喜爱之情。

16-1
微课：项目目标

任务一 从问答语言转化为对话语言

  内容提要

幼儿教师教学口语是幼儿教师在开展课程教学过程中使用的语言。在本任务中，我们将重点学习"问答语言与对话语言的区别""问答语言设计转化为对话语言设计的方法策略"，再基于特定情境进行模拟练习，学以致用，提升课堂教学效果。

理论与方法

在一般的课堂学习中，幼儿的主要任务有两类，一类是口头的，那就是回答问题；一类是书面的，那就是完成作业。回到家里，家长常问的话语也是"今天回答老师的提问了吗？""今天的作业完成得怎么样啊？"形成这种印象的一个重要原因是部分教师在上课时采用的主要教学方式就是提问，课堂的局面大多是"教师问学生答"。那么这种现象好不好呢？我们不妨从幼儿回答问题时的心理感受的角度先了解一下。

一、常见课堂教学情况分析

16-2 微课：常见课堂教学情况分析

在某次课堂教学中，坐在最后一排的学生一直在做小动作。此时老师提了一个问题，没有人回答，这个学生举手回答了问题，而且回答得非常好。老师课后便去询问他："你刚才不是一直在忙着自己的事情吗？怎么举手回答问题了呢？"学生脱口而出回答："虽然我在做小动作，但我其实一直在听讲，老师所讲的内容我已经全会了。今天有其他老师来听课，如果提出的问题没人回答，老师您会很没面子的。"在课堂上，带着"配合教师上课"的幼儿心理是很普遍的。如果一直带着这种心理，时间久了，幼儿的学习热情将普遍下降，甚至会产生厌学情绪。

因此，课堂中教师的教学语言应该有所改变。幼儿园课堂是教师和幼儿当下的生活，是实现思维成长的乐园，回答密集型的、无关联的、评定式的问题，对幼儿的思维成长没有意义，且会导致课堂变得毫无乐趣。在幼儿教育中，思维成长和学习乐趣的获得需通过拥有自己的想法并获得教师和同学的认可，需通过和教师同学产生思维碰撞与交流，这是一个"对话"的过程，而非单方面的问答。课堂教学语言从问答转变为对话，应是幼儿教师提升课堂教学质量的第一要点。

二、问答语言和对话语言的区别

16-3 微课：问答语言和对话语言的区别

那么问答语言和对话语言有着怎样的区别呢？

首先，问答语言是教师问幼儿答。这当中发言主体地位并不平等，话语权牢牢掌握在教师手中，幼儿只能对教师的提问作出反应。而对话是双方围绕某个话题自由地表达自己的观点，教师和幼儿是平等的。

其次，问答语言的逻辑假定前提是幼儿需要在教师的教导下才能成长。其逻辑起点是教师认为幼儿需要掌握什么就教什么。而对话语言的逻辑假定前提是幼儿可以有自己的想法，其逻辑起点是幼儿自己的需求，包括幼儿对所学内容的感受、疑惑或建议等。

最后，问答语言所反映出的思考大多只局限于问题本身，知识的局限性很大；对话语言则可以充分利用各种资源信息表达观点，其思想是多元的，思维是延伸的。我们甚至可以惊喜地发现幼儿的想法经常会超越教师的想法从而使教师获得提高，即实现教学相长。

三、从问答语言设计转化为对话语言设计的方法策略

16-4 微课：从问答语言设计转化为对话语言设计的方法策略

教学对话语言的设计要真正尊重幼儿的学习起点，从其在教师还没有教的情况

下的感受、问题和建议入手重新确定逻辑起点。比如在学习《猴子捞月亮》这个故事时，教师不要仅仅以"故事的名字叫什么？""小猴子在井里发现了什么？""大猴子跑来一看发现了什么？""它们用什么方法捞月亮？"等问答语言开启教学，而是可以让幼儿在听完故事后提出问题或发表感受来开展对话活动。比如可以引领学生思考"为什么所有猴子一开始都会相信小猴子的话？"让孩子们自主自觉思考和学习。

教学对话语言的运用还需要教师转变对幼儿观点阐述的应对态度和话语方式。在问答式教学中，教师往往以"很好""谁能说得更好"等评判式的语言对待幼儿的回答。这些语言在对话式的教学中都应该放弃，教师应该有一套新的话语体系，比如"某某小朋友的观点很有趣，他说因为猴子的尾巴可以互相挂着，所以就有了这个故事，故事的主人公如果换成别的小动物，可能就没有这个故事了。""某某小朋友的想法是老师所没有想到的，能不能请你再作更详细的介绍呢？""对于某某小朋友提出的这个问题，老师也说不清楚，所以今天我们全班一起来探讨一下，好吗？""呀，你真了不起，能想出这么有趣的故事。"在这样的对话语言中，教师更像是一个组织者和主持人，串联起各种观点，并引发后续的对话。在这个过程中，教师的态度是开放的、热情的、欢迎的，甚至是充满惊喜的。

以上基于对话而形成的新的话语体系，可以改变缺乏思想、无趣无味的课堂现状，使课堂中的教师和每一个孩子都可以自由表达、深度表达，进而获得轻松学习之感。

 技能训练

当教师将课堂上的问答语言转化为对话语言，就可以看见幼儿学习状态的改变。以下拟定了三种情境，请同学们先试着练一练，用对话而非问答的方式作一些尝试吧！

1. 在语言活动课程中，你给小朋友讲了《三只小猪》的故事，接下来你可以采用怎样的语言与小朋友展开对话式交流呢？

2. 音乐活动课程中，你想让小朋友感受到《找春天》这首歌曲节奏的欢快活泼，深刻体会春天的可爱，你可以设计怎样的对话语言呢？

3. 美术活动课程中，有一个小朋友画了一个绿绿的太阳，你觉得很有创意，你将怎样围绕这幅画与小朋友展开对话呢？

16-5
微课：技能训练

 锦囊妙计

在幼儿活动课程中运用对话语言，可以达到以下的效果：

第一，对话式讨论内容容易激发幼儿的兴趣，解答幼儿的困惑与问题，产生被关注与被肯定的成就感，这种成就感将转化成幼儿全身心投入学习的内驱力。

16-6
微课：锦囊妙计

第二，当全班小朋友围绕一个话题进行讨论对话，那么对这个话题的思考将更为丰富和深入。我们完全可以相信，这种丰富和深入将远超教师个人思想所能企及的内容。

第三，通过这样的对话，幼儿的课堂学习成效是多维度的：一是他的学习心理是放松的愉快的，这将激发他更进一步的积极学习；二是他对问题的思考将突破单极化或简单化，形成多维立体的思考觉知；三是他可以习得以客观的、同理的、共情的姿态去面对班级同学的观点，从而拥有更为宽广的心胸和格局。

下面是《幼儿园教育指导纲要（试行）》中的几段条目，请阅读并结合幼儿教育工作进行更深入的思考。

（1）幼儿园教育应尊重幼儿的人格和权利，尊重幼儿身心发展的规律和学习特点，以游戏为基本活动，保教并重，关注个别差异，促进每个幼儿富有个性的发展。

（2）在艺术活动中面向全体幼儿，要针对他们的不同特点和需要，让每个幼儿都得到美的熏陶和培养。对有艺术天赋的幼儿要注意发展他们的艺术潜能。

（3）提供自由表现的机会，鼓励幼儿用不同艺术形式大胆地表达自己的情感、理解和想象，尊重每个幼儿的想法和创造，肯定和接纳他们独特的审美感受和表现方式，分享他们创造的快乐。

（4）教师应成为幼儿学习活动的支持者、合作者、引导者。以关怀、接纳、尊重的态度与幼儿交往。耐心倾听，努力理解幼儿的想法与感受，支持、鼓励他们大胆探索与表达。善于发现幼儿感兴趣的事物、游戏和偶发事件中所隐含的教育价值，把握时机，积极引导。关注幼儿在活动中的表现和反应，敏感地察觉他们的需要，及时以适当的方式应答，形成合作探究式的师生互动。

当我们基于特定的情境，设计了从问答语言转化为对话语言的方式，还需要协同运用标准的语音、温和的语气、合适的态势等将其表达出来，请同学们就下面的语言进行模拟练习。练习过程中，如若能从以下几方面思考，你的进步将会更显著：

1. 选择幼儿在音乐、美术、语言、体育、劳动等各种课程活动中幼儿自身创造出来的作品开展对话；

2. 对话时不以对不对、好不好为评价标准，而以是否表达了幼儿心里的真实想法为评价标准；

3. 尽量将说话的权力和时间给予幼儿。

阳阳你画了个绿绿的太阳，真的太有意思了。小朋友们，我们请阳阳小朋友向大家分享一下他这样画的想法。

我们都听出来了，你在讲《三只小猪》的故事时，三只小猪的语言都是不一样的，能和大家说说你的想法吗？

16-7 微课：学以致用

种子长大的过程真的太神奇了,小朋友可以互相说说自己的发现哦。

玩了老鹰捉小鸡的游戏,小朋友们都很快乐啊。大家说一说游戏过程中有哪些很有意思的事情呢?

小朋友们带来了各式各样的玩具,你的玩具有什么特点呢?和小朋友们交流一下吧。

新年就要到了,你都有哪些有趣的安排呢?愿意和小朋友们说一说吗?

香蕉、苹果、橘子是好朋友,我们大家一起来编一编她们之间的故事吧。

天上的太阳红红的,照在小朋友身上暖暖的,每位小朋友都和其他同学说说自己此时高兴的心情吧。

今天我们来一个植物交流会,请大胆地说说你认识的植物吧。

今天是故事分享会,请和大家说一个你最喜欢的故事吧。

任务二 教学语言需强化情感培养

内容提要

教育学与心理学的研究表明,无论在课堂教学还是在课外活动中,教师只有以爱和阳光的心态融入教学,运用情感性语言去教学、去关心孩子,孩子的学习和心理健康才能达到很好的效果。情感性语言不仅有利于优化师生关系、构建和谐课堂,还有利于促进学生积极学习,提高课堂效率。因此,锤炼和掌握运用情感性语言的能力是一名优秀教师必须具备的职业素养。

16-8
微课:内容提要

理论与方法

党的二十大报告指出:"推进教育数字化,建设全民终身学习的学习型社会、学习型大国。"这是以习近平同志为核心的党中央在确定新时代"实施科教兴国战略,强化现代化建设人才支撑"的目标任务时,坚持教育要面向现代化、面向世界、面向未来,对创新教育与学习方式作出的具有前瞻性、全局性的重要战略决策。构建网络化、数字化、个性化、终身化的教育体系,建设"人人皆学、处处能学、时时可学"的学习型社会,切实让"幼有所育、学有所教"相关国家基本公共服务制度体系惠及亿万学龄人口和广大人民群众,这是教育数字化带来的重大进步。那么,线下的课堂教学是否可以退居二线呢?

其实，虽然线上学习如此发达，但它终究是无法取代面对面的课堂教学的，尤其是在幼儿教育阶段，为什么呢？因为面对面的课堂教学具有线上学习所无法达成的价值和功能，而其中，情感的培养便是最重要最根本的一个原因。

一、情感培养：让幼儿拥有健全人格

16-9
微课：
情感培养：
让幼儿拥有
健全人格

在线教学与课堂教学是两种诞生于不同时代的不同教学形态，课堂教学是网络诞生之前就出现的教学形态。课堂教学的优点是容易形成一种有现场感的集体交流氛围，既可开展师生互动，也可进行生生互动；而线上教学互动在直接性、便利性、多向性、集体氛围形成等方面目前还比不上线下课堂互动。我们在看微课视频时，可以看到老师微笑的表情，听到老师温和的声音，老师所讲授的内容也让我们产生了启发，获得了成长。但在面对面的课堂中，看到学生听课时欣喜的神情，老师可能会更加声情并茂地讲述；看到学生有些困惑的表情，老师可能会放慢语速；看到学生有些心不在焉，老师可能会过去轻轻地拍拍学生的肩膀，传递对学生的关注……在面对面的课堂中，总有一条看似无形却又无时不在的线索在连接着学生和老师的心，这条线索就是情感。课堂教学能够实现情感培养，而情感培养在幼儿教育中至关重要。

幼儿教育中的情感培养具有重要意义。一方面，情感培养有助于培养幼儿的情绪管理能力。在日常生活中，幼儿会面临各种各样的情绪，如喜怒哀乐。通过情感培养，可以帮助幼儿学会情绪表达和管理，使他们在面对困难和挫折时能够保持积极乐观的态度。另一方面，情感培养有助于幼儿的社交能力发展。培养良好的情感，可以让幼儿更好地与他人建立起亲密关系，培养合作精神和共情能力，使他们能够更好地适应集体生活和与人交往。幼儿社会态度和社会情感的培养尤应渗透在课堂教学的多种活动和一日生活的各个环节之中，要创设一个能使幼儿感受到接纳、关爱和支持的良好环境。因此，教师要充分发挥情感教育功能，促进幼儿健全人格的形成。

二、锤炼具有情感培养力的教学语言

16-10
微课：锤炼
具有情感
培养力的
教学语言

那么，作为一名未来的教师，该如何锤炼具有情感培养力的教学语言呢？我们可以从以下三个方面进行有意识的训练。

第一，锤炼说话的语气。实验表明，一个人说话给对方带来影响的最重要的因素是语气。举个例子，老师说："小明，下课来一趟办公室。"这句话以不同的语气说出，对小明带来的心理影响是完全不同的。当老师温和地说这句话时，小明的反应会很放松，他接收到的是老师喜欢他的感情；当老师冷冷地说这句话时，小明会怀疑自己做错了什么事情，心里便有些忐忑不安；而当老师严厉地说这句话时，小明自然会倍感紧张。3—6岁的幼儿能否对幼儿园、对幼儿园学习形成良好的心理准备，在很大程度上取决于老师的说话语气。可以说，儿童爱上幼儿园，就是从爱上老师的声音开始的,这里的"声音",所指向的内容大多为语气。教学中,如果教师的总体语气是温和的,便能给幼儿带来放松的感觉,学习的效果自然会好很多。

第二,锤炼确定教学语言情感基调的能力。教师面对不同的教学内容,如果都采用同一种语言基调,难以使教学内容深入幼儿的内心,无法引起思想和情感的共鸣,更无法推进认知和思维的发展。因此,教师应根据教学内容确定教学语言的情感基调。以学习儿童散文《荷叶圆圆》为例,教师讲授时整体可运用快乐的语言基调,而模拟小水珠、小蜻蜓、小青蛙、小鱼儿的形象特点时,则可作不同的语言处理。比如小水珠说"荷叶是我的摇篮",可以用具有惬意感的语言基调;小蜻蜓说"荷叶是我的停机坪",可以用立体的有力量感的语言基调;小青蛙说"荷叶是我的歌台",可以用嘹亮的语言基调;小鱼儿说"荷叶是我的凉伞",可以用具有舒适感的语言基调。在教学儿童故事《小猴子下山》时,教师一开始可采用调皮跳跃的语言基调,最后可稍稍放慢语速,转为替小猴子感到惋惜的情感语言基调。在教学古诗《静夜思》时,教师可采用低婉的、节奏缓慢的语言基调,以体现作者的思乡之情。

第三,锤炼内在情感表达的能力。汉字是表意文字,我们的先民创造汉字时,就在其中赋予了自己的理解和情感。每一个字词都有故事,在历史发展的过程中,这些故事的情感又不断地得以叠加和丰富。作为一名教师,一定要用规范恰当的方式表达,激发幼儿热爱祖国语言文字的感情。如"春光明媚""万紫千红""柳絮飘飞""寒风凛冽""北风呼啸"等词在表达时,语气表情都是不一样的。在教学中,教师应充分挖掘文本的情感因素,让学生反复品味,体会表达的精妙以及语言的内在情感,激发幼儿的感知能力。

另外,幼儿教师要尽量避免说一些伤害幼儿情感的话语。比如有些教师在幼儿朗读后,会下意识地说"你读得很好,谁能比他读得更好。"当教师这么说的时候,虽然重点在突显前半句话"你读得很好",但幼儿可能听到的意思是"谁能读得比他更好",言下之意就是他读得还不够好。同时,在教学语言的艺术表达中,教师还应该配合表情、眼神、动作等态势语,去激发幼儿内心的情感。

三、教师应具备的教学语言素养

教育不仅是知识传授的过程,也是情感交流和人格感召的过程,知识授受、情感交流、人格感召是教育的一体三面,知识的掌握、能力的发展和品德的养成无不需要情绪情感的激励、催化和熏陶。在教育教学中,情感既是方法策略,也是价值和目标。热爱教育事业、热爱学生是教师专业发展的根本前提和基本要求。情感沟通需要教师真情投入,以情发声、以声传情、以情感人,成为幼儿的良师益友。

首先,教师要提升语言表达水平。语言是师生心灵沟通的主渠道,是情感表达的主要载体。如若教师语言饱含深情、热情洋溢,就会产生听觉冲击力、情绪感染力、心灵震撼力,激起幼儿情感波澜,引起情感共鸣,从而陶冶性情、完善人格。因此,教师要加强语言修养,提高语言艺术,做到情真意切、形象生动、声情并茂,达成语言的科学性、艺术性与趣味性的有机结合。

其次,教师应丰富非语言表情。这主要是指面部表情、体态神情,如眼神、手势、微笑等。表情是情感的外显形式,是情感的无声表达,它能传递出语言难以表达的复杂内心活动和微妙变化,更好地为教学服务。因此,教师的表情应该自然、真实,恰如其分。教师要善于运用面部表情,做到端庄、亲切,使幼儿坦然应对、心情舒畅。总之,教师应充分通过表情等传递心声、传达感情,调动幼儿学习积极性。

16-11
微课:技能训练

情感的培养如此重要,作为未来的教师,应该为锤炼具有情感培养力的教学语言而不懈努力。以下拟定了三种情境,请同学们尝试用本任务的方法进行练习。

1. 请面带微笑、用温和的语气说一说以下的话语:
(1)你的故事讲得真棒!
(2)你是个多么可爱的小朋友啊!
(3)你那么热情地帮助小朋友,心里一定特别高兴,对吗?

2. 选择幼儿园活动课程中的一项内容进行教学设计,并用具有情感培养力的语言进行表达。

3. 马上就要开始上课了,小朋友们依然没有安静下来,请运用富有情感的语言让幼儿较快地安静下来。

16-12
微课:锦囊妙计

在幼儿园课程活动中,会出现各种各样的情况,教师面对这些突发情况,一定要努力体会当时的情境,学会站在儿童的视角去体会儿童当时的感受,并基于情境的特殊性和儿童的年龄特点,真诚积极地进行具有情感培养力的教育语言设计和运用。在《幼儿园教育指导纲要(试行)》中,关于强化情感培养的语言有很多,请同学们阅读并结合幼儿教育教学工作进行更深入的思考。

1. 建立良好的师生、同伴关系,让幼儿在集体生活中感到温暖,心情愉快,形成安全感、信赖感。

2. 教师的态度和管理方式应有助于形成安全、温馨的心理环境;言行举止应成为幼儿学习的良好榜样。

3. 以关怀、接纳、尊重的态度与幼儿交往。耐心倾听,努力理解幼儿的想法与感受,支持、鼓励他们大胆探索与表达。

学以致用

我们按强化情感培养的要求设计了幼儿课程教学语言,还需要协同运用标准的语音、温和的语气、合适的态势等将其表达出来。请同学们就下面的语句进行模拟练习。

鸭妈妈带着一群小鸭在池塘里游水、嬉戏、玩耍,玩得真开心!

幼儿园里有很多小朋友,还有老师这个大朋友,幼儿园里真快乐!

请小朋友们一起欣赏儿歌《小雨点》。

下雨了,小朋友们一起站在窗前来观察下雨时的情景吧。

黑板上画着一副笑的表情,还有一副哭的表情,小朋友们能猜一猜他们为什么哭又为什么笑吗?

今天我们将要到艺术博物馆去参观,小朋友们会看到很多的艺术作品,大家好期待呢。

刚才我们学习了"上、下、左、右、里、外"的位置,哪位小朋友愿意到前面来演示给大家看一看?

小动物们要冬眠了,我们轻轻地走路,不要吵醒它们哦。

雪花在空中飞呀飞,它像什么呀?

草地上开出了一朵美丽的小花,这么小,这么可爱。小朋友们围在它的旁边,静静地观察,静静地欣赏。

16-13
微课:学以致用

任务三　教学语言需强化思维启迪

内容提要

幼儿阶段是想象力、创造力最活跃的时期,因此教师教学语言的启发性就显得尤为重要。具有思维启迪力的教学语言,不仅能够提升幼儿学习的积极性,还能发散幼儿思维,激发幼儿的创造欲和探索欲。

16-14
微课:内容提要

理论与方法

在教学语言的设计中,我们已经在前面讲述了从问答语转化为对话语,教学语言需强化情感培养两大话题。这样的话语转变和关注点将使我们的课堂教学发生重要的改变。但其实,在以对话语为话语方式的课堂中,还有一个要素与情感培养并驾齐驱,成为教学语言的双翼,那就是教学语言要强化思维的启迪力。

一、思维启迪:让幼儿成为善于思考的人

16-15 微课:思维启迪:让幼儿成为善于思考的人

语言是交流和思维的工具。根据《3—6岁儿童学习与发展指南》,幼儿期是语言发展特别是口语发展的重要时期。幼儿语言的发展贯穿于各个领域,也对各个领域的学习与发展有着重要的影响。幼儿在运用语言进行交流的同时,也在发展着人际交往能力、理解他人和判断交往情境的能力、思考问题的能力。通过语言获取信息,幼儿的学习就能逐步超越个体的直接感知。因此,激活幼儿的思维,调动幼儿思维的积极性和主动性,是激发幼儿学习动机和提高教学质量的关键。在课堂教学中,教师应尽最大可能地去启迪幼儿的思维,除了整体的教学设计外,应让自己的教学语言具有启迪思维的作用。

二、如何锤炼具有思维启迪力的教学语言

16-16 微课:如何锤炼具有思维启迪力的教学语言

事物总是相互联系的。通过已知知识唤起未知知识,促进幼儿的联想,获得对问题的分析和解答,这是语言启发性教学经常运用的一种方法。以儿童诗《小小的船》语言活动课程设计为例,这首诗是叶圣陶先生特意为幼儿创作的。诗歌是这样的:"弯弯的月儿小小的船,小小的船儿两头尖。我在小小的船里坐,只看见闪闪的星星蓝蓝的天。"这首诗中是有思维呈现的,诗歌很美,很有情趣,具有很鲜明的形象性。如第一句"弯弯的月儿小小的船",在"弯弯的月儿"和"小小的船"这两个意象之间,有着比喻的关系,即弯弯的月儿像小小的船。但如果教学时仅以差不多的语气语调读出这两个意象,诗中包含的情趣就不容易被小朋友感受到。而采用富有节奏变化、富有启发性的语言,就可以把作者想象的过程、比喻的过程呈现出来,这样的朗读语言,就能表现出诗歌思维的妙趣。

教学语言的启发性,要求教师表达时富有情趣,善于使用一些成语、典故、比喻和穿插一些风趣的语言,要有直观性、感染力和感情色彩,通过创设情境,启迪幼儿思维。

三、教师应具备的教学语言素养

16-17 微课:教师应具备的教学语言素养

能否使用具有思维启迪力的语言和教师对教学内容的理解程度有关。要使教学语言具有思维启迪的作用,就要求教师对教学内容有全面、深入的理解与思考。如在儿童诗《小小的船》的课程设计中,教师就是准确理解了"弯弯的月儿"和"小小的船"之间的比喻关系,明白了这一比喻是因为"弯弯的"和"船"之间具有相似性,而且包含一个从远看月亮到想象坐在月亮之上的过程,因此才能把作者想象的过程用朗读语言表现出来。

同时，具有思维启迪力的教学语言还应注意含蓄，含蓄指的是含而不露，耐人寻味。教师不讲本意，而用委婉的话来烘托和暗示，让幼儿思而得之。要能通过有限，展现无限，启发幼儿思考，让幼儿运用自己的知识、经验和想象力，去丰富和补充，以"不全"引出"全"的结果。反之就会失去启发的作用。

教学语言对幼儿思维的启迪不仅体现在"读"的过程中，还体现在教师的讲授语、引导语、过渡语等教学用语中。这些语言内容必须建立在幼儿原有认知的基础上、联系幼儿的认知困惑，才能形成启迪作用。

16-18
微课：技能训练

幼儿园语言教育的目标之一就是通过启迪思维来促进幼儿的智力发展。以下拟定了三种情境，请同学们试着练一练：

1. 在讲述《鸭妈妈找蛋》这个童话故事时，可否以"鸭妈妈为什么要找蛋""鸭妈妈怎样找蛋"等问题帮助幼儿梳理故事的线索？
2. 选择一个教学内容设计教学语言，并用具有思维启迪力的语言进行表达。
3. 请选择一首儿歌进行朗读，使幼儿一听就能明白其中的关键含义。

16-19
微课：锦囊妙计

教学语言要想具有启迪思维的作用，教师首先要对教学内容有清晰的、具有逻辑层次的把握；二要用具有轻重、快慢、高低不同处理的语言方式将这种逻辑体现出来。而在这个过程中，教师必须了解幼儿的认知基础并以之为教学的逻辑起点，才能使这种思维启迪作用发挥到最好的状态。《幼儿园教育指导纲要（试行）》中也有关于思维启迪力方面的阐述，请阅读并结合幼儿教育工作进行深入的思考：

1. 养成幼儿注意倾听的习惯，发展语言理解能力。
2. 鼓励幼儿大胆、清楚地表达自己的想法和感受，尝试说明、描述简单的事物或过程，发展语言表达能力和思维能力。
3. 教育活动内容的选择应遵照本《纲要》第二部分的有关条款进行，同时体现以下原则：

（1）既适合幼儿的现有水平，又有一定的挑战性；
（2）既符合幼儿的现实需要，又有利于其长远发展；
（3）既贴近幼儿的生活来选择幼儿感兴趣的事物和问题，又有助于拓展幼儿的经验和视野。

学以致用

16-20
微课：学以致用

我们按照基于思维启迪力培养的要求设计了幼儿教育语言，还需要协同运用标准的语音、温和的语气、合适的态势等将其表达出来。请就下面的语句进行模拟练习。

1. 今天玩了"小手拍拍"的游戏，小朋友们看看我们每个人的手有哪些不同呢？
2. 我们刚刚唱了歌曲《小鱼的梦》，小朋友们想一想，还有哪些小动物会做梦呢？
3. 这些山芋、芋头、南瓜都像什么小动物呢？能说说什么地方像吗？
4. 下雪啦！小雪花要开始旅行了，它都会到哪些地方旅行呢？
5. 在《三只小猪》这个故事中，三只小猪造的房子都有什么不同呢？
6. 刚才看了有关蝴蝶变化的动画片，蝴蝶的变化真的太神奇了。小朋友们能说说自己的发现吗？
7. 这里有这么多的积木、铅笔、尺子，我们可以用它们搭建什么物体呢？
8. 院子里有一只小狗、一只小鸡和一只小鸭，你能给它们编个故事吗？
9. 《小小的船》这首诗写得太美了，你能带着自己的想象读一读吗？
10. 大象也带着小象出门旅行了，它们有可能经过哪些地方呢？

项目十七 幼儿教师其他工作口语训练

项目目标

1. 了解幼儿园家长会的目的和意义,掌握家长会的语言表达策略。
2. 明确幼儿园班级活动的意义和价值。
3. 了解幼儿园演出主持语言的特点和要求,明确提高幼儿园演出主持语言的路径,能够结合相应的演出设计和撰写主持稿。
4. 感受教师职业语言的魅力,激发精进职业语言的意愿。

17-1
微课:项目目标

任务一 幼儿园家长会的主持与交流语言

内容提要

幼儿教师其他工作口语是幼儿教师在教育教学活动之外所运用的语言类型,包含"家长会的主持与交流语言""班级活动的主持语言""各类演出的主持语言"三方面内容。现在我们先走进"家长会的主持与交流语言"。

理论与方法

一、幼儿园家长会的目的和意义

幼儿园家长会是连接幼儿园与家庭的重要桥梁,可促进幼儿园与家庭的良好沟通。其目的和意义体现在以下几个方面。

17-2
微课:幼儿园家长会的目的和意义

（一）增进幼儿园与家庭的沟通

幼儿园家长会为幼儿园与家庭提供了一个交流的平台，可以让家长了解孩子在幼儿园的学习和生活情况，同时也可以让幼儿园了解家长的需求和意见。通过家长会，幼儿园可以向家长介绍教育教学工作和保育措施，解答家长的疑问，提升家长对幼儿园的信任度和认可度。

（二）促进家园共育

家长会是实现家园共育的重要途径之一。在家长会上，通过家长与教师的双向交流，教师可以了解孩子在家庭中的表现，家长可以了解孩子在幼儿园的发展状况，共同探讨如何更好地帮助孩子成长。同时，家长也可以向幼儿园提出建议和意见，参与幼儿园的教育教学工作，更好地促进家园合作。

（三）增强家长的教育意识和能力

家长会是家长学习教育知识和方法的重要途径。在家长会上，教师可以向家长介绍教育教学的理念和方法，解答家长在教育孩子方面的疑问，提供一些有效的教育方法和建议，帮助家长更好地教育孩子。

二、幼儿园家长会目的达成的方法

幼儿园家长会的目的如何达成呢？

一是充分展现每个孩子的优秀之处。表扬和批评带给人们的心理感受和前进力量是完全不同的。作为一名幼儿教师要清楚，3—6岁这一年龄段的孩子是有资格去尝试、去犯错的。他们的尝试和犯错绝大多数不会涉及思想和道德层面，只是出于好奇和创造的天性。因此，教师要调整自己对幼儿行为的认知，从发现和发展每一个孩子优秀之处着力去开展教育教学活动。家长会上，也要将这些发现充分展现于家长面前。比如有孩子不小心撕破了书，千万不要说"某某小朋友那天把书撕破了，以后要小心！"因为看似平常的一句话，家长和孩子就会把它当成是批评。教师不妨换一种说法："孩子读书很投入，看到激动之处不禁手舞足蹈起来，甚至不小心把书都撕破了，老师好喜欢他读书时这种投入的状态，我想家长可以更用心地培养孩子阅读的兴趣。"

二是充分倾听家长们的育儿体会和诉求。现代社会的家庭形态呈现出多样化的特点，家长的育儿观念和行为方式也各有不同，而家庭日常的活动形式都会给孩子带来潜移默化的影响。让每个家长充分地表达自己的家庭教育方式和心得体会，能够促进家长之间形成友好的交流，从其他家庭育儿经验中获得启发，并适当调整自己的观念和育儿方式。此外，每一个人都有表达自己想法的愿望，当教师给予家长表达的

17-3 微课：幼儿园家长会目的达成的方法

机会,他们便能获得一种成就感。教师在倾听家长发言的过程中,要以专注的目光、真诚的表情、基于同理的点头和肯定其话语的方式,鼓励其大胆表达。在面对家长的困扰或不够恰当的观念和行为时,可以"哪位家长也曾经遇到过这样的困扰"或"哪位家长对这个问题有不同的看法"等话语方式,让其他家长正确的观念和方法得以分享。

三是充分表达自己的班级建设理念和日常行为规范。家长将孩子送到幼儿园后,总是希望教师多关注自己的孩子,这种站在自己本位的思考角度对于家长来说是完全可以理解的,也是人之常情。但作为教师,关心的是班级几十个孩子的成长,就需要站在群体发展的角度去看待每一个孩子的成长,站在"全人发展"所必须有的素养的角度进行思考。所以教师要在家长会上告知家长,幼儿园希望将孩子们培养成怎样的人,说明这些品质对于个人心灵成长、对于社会和谐发展所具有的重要意义。与此同时,也要说明在培养这些品质的过程中,势必会出现这些品质要求和幼儿某些行为习惯之间的冲突,说明在面对这些冲突时作为教师、家长应具有的立场和姿态。比如最常见的"谦让"和"孩子争抢玩具"之间的冲突,教师可通过分析不同的处理方式所带来的不同教育效果,帮助家长与幼儿园、与教师达成观念的共识、行为的一致。通过这样的交流,使家长能立足长远、立足全体幼儿,去理解幼儿园班级建设的目标追求和实施方法。

三、幼儿教师应具备的素养

在家长会上,幼儿教师充分展现每个孩子的优秀之处、充分倾听家长们的育儿体会和诉求、充分表达自己的班级建设理念和日常行为方式,这些折射出的是一位幼儿教师所应具有的基本素养。具体包括以下几个方面:

第一,把关爱、呵护幼儿放在第一位,既能够考虑到幼儿当下的学习和生活,更能够考虑到支撑幼儿未来发展所需的品质,充分看到幼儿的优点并能将其放大,使幼儿和家长内心获得喜悦感、满足感、安全感、成就感。

17-4
微课:幼儿教师应具备的素养

第二,注重家园合作,把家长作为重要教育资源充分纳入幼儿园工作之中。家长会上让家长畅所欲言,不仅是交流教育理念和方法的过程,也能使家长以积极的姿态在科学施教过程中与幼儿一起获得成长的喜悦,使亲子关系更为和谐。

第三,对教育有系统思考和长远规划,具有以理念引领策略的教育智慧。充分关注幼儿的教育培养要适应多年后时代需求的规律,尤其要关注全人素养和持续发展在幼儿发展中的重要价值,使教育立足当下又面向未来。

 技 能 训 练

17-5
微课:技能训练

幼儿园家长会是幼儿园教育教学工作与家庭教育相互连接的重要渠道,家长会

能不能取得好的效果,取决于教师的方法策略。以下拟定了三种情境,请同学们试着练一练:

1. 一位小朋友比较内向,常独自玩耍,你如何在家长会上介绍这位小朋友?

2. 家长会上,一位家长说当自己的孩子不听话时,他会大声地呵斥,这样孩子就很听话了。作为幼儿教师,你听了这话,会怎样表达你的想法?

3. 家长会上,一位家长提出要让孩子们学习拼音以避免升小学时跟不上学习进度。对此,你会作怎样的回应?

17-6
微课:锦囊妙计

家长会是幼儿园教育和家庭教育进行沟通并实现力量整合的重要渠道。在形态多样、观念多元、发展迅速的现代社会,家庭教育及家庭教育与幼儿园教育相互协调、配合显示出越来越突出的作用。国家非常重视家庭教育和家园合作。2021年10月23日,《中华人民共和国家庭教育促进法》公布,并于2022年1月1日正式实施。

该法开篇即明确了家庭和学校的关系和相互作用:为了发扬中华民族重视家庭教育的优良传统,引导全社会注重家庭、家教和家风,增进家庭幸福与社会和谐,培养德智体美劳全面发展的社会主义建设者和接班人,制定本法。请阅读以下法条内容并结合幼儿教育工作进行深入的思考:

第五条 (四)家庭教育、学校教育、社会教育紧密结合、协调一致。

第六条 各级人民政府指导家庭教育工作,建立健全家庭学校社会协同育人机制。

第十一条 国家鼓励开展家庭教育研究,鼓励高等学校开设家庭教育专业课程,支持师范院校和有条件的高等学校加强家庭教育学科建设,培养家庭教育服务专业人才,开展家庭教育服务人员培训。

第二十六条 县级以上地方人民政府应当加强监督管理,减轻义务教育阶段学生作业负担和校外培训负担,畅通学校家庭沟通渠道,推进学校教育和家庭教育相互配合。

第二十八条 家庭教育指导机构对辖区内社区家长学校、学校家长学校及其他家庭教育指导服务站点进行指导,同时开展家庭教育研究、服务人员队伍建设和培训、公共服务产品研发。

第三十九条 中小学校、幼儿园应当将家庭教育指导服务纳入工作计划,作为教师业务培训的内容。

第四十条 中小学校、幼儿园可以采取建立家长学校等方式,针对不同年龄段未成年人的特点,定期组织公益性家庭教育指导服务和实践活动,并及时联系、督促未成年人的父母或者其他监护人参加。

第四十一条 中小学校、幼儿园应当根据家长的需求,邀请有关人员传授家庭教育理念、知识和方法,组织开展家庭教育指导服务和实践活动,促进家庭与学校共同教育。

第四十二条　具备条件的中小学校、幼儿园应当在教育行政部门的指导下,为家庭教育指导服务站点开展公益性家庭教育指导服务活动提供支持。

第四十三条　中小学校发现未成年学生严重违反校规校纪的,应当及时制止、管教,告知其父母或者其他监护人,并为其父母或者其他监护人提供有针对性的家庭教育指导服务;发现未成年学生有不良行为或者严重不良行为的,按照有关法律规定处理。

我们能够按照正确的方法策略主持召开家长会,还需协同运用标准的语音、温和的语气、合适的态势等将其表达出来。请就下面的语句进行模拟练习。

1. 欢欢小朋友上课时思维特别活跃,对老师提出的话题都有很浓厚的兴趣。
2. 小朋友们在玩游戏的时候,有时会发生争吵和闹矛盾,我觉得这是小朋友交往过程中一件很正常的事情,家长们无须太在意。
3. 阳阳总喜欢帮助其他小朋友解决一些困难,非常热心。
4. 当孩子在家里比较调皮时,您是怎么对待的呢?我们不妨来交流一下。
5. 孩子成长过程中,非常需要陪伴,您能否和大家交流一下对陪伴的理解?
6. 当孩子想买一样玩具而不得时,会哭会闹,您会怎么对待?
7. 您觉得幼儿园和家长们可以为孩子们的成长搭建哪些平台?
8. 当幼儿园老师的想法和教学行为与您想法不一样时,您会怎么做?
9. 您对《中华人民共和国家庭教育促进法》有哪些了解?
10. 您对孩子的成长有怎样的期待呢?

17-7
微课:学以致用

任务二　幼儿园班级活动的主持语言

每一个幼儿的成长、每一个班集体的组织与建设都不是在静止的状态中进行的。班级活动把幼儿的知识世界与生活世界联系了起来,班级活动的语言组织和引导起到了举足轻重的作用。开展丰富多样的、适合幼儿年龄特点的各种活动,引导幼儿在活动中体验生活、发展个性,在活动中学、在活动中成长,寓教于乐,具有十分重要的意义。

17-8
微课:内容提要

理论与方法

幼儿园班级活动很丰富，此处所指班级活动，主要指结合特定节日或班级特点等开展的主题突出、内容系列化的活动，如二十四节气、中华传统节日、"六一"儿童节、国庆节、劳动节活动，或者围绕班级特点开展的讲故事、童话剧表演等活动。通过这些活动，可以使幼儿了解相应节日或主题的内涵，更好地增进幼儿园小朋友之间的友情，获得愉快欣喜的情感体验。

一、幼儿园班级活动的意义和价值

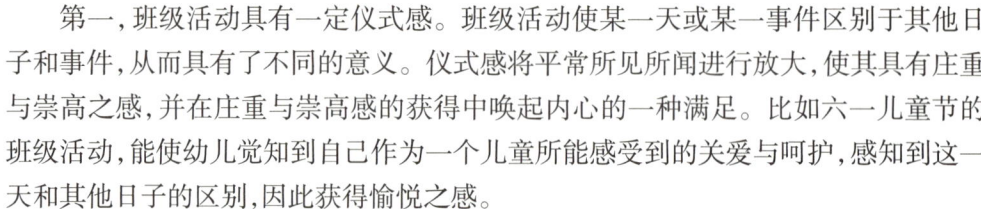

17-9 微课：幼儿园班级活动的意义和价值

开展幼儿园班级活动具有重要意义和价值。主要体现为以下几个方面。

第一，班级活动具有一定仪式感。班级活动使某一天或某一事件区别于其他日子和事件，从而具有了不同的意义。仪式感将平常所见所闻进行放大，使其具有庄重与崇高之感，并在庄重与崇高感的获得中唤起内心的一种满足。比如六一儿童节的班级活动，能使幼儿觉知到自己作为一个儿童所能感受到的关爱与呵护，感知到这一天和其他日子的区别，因此获得愉悦之感。

第二，班级活动使幼儿具有参与感和存在感。在幼儿园班级活动中，活动的主体是幼儿。幼儿参与的朗诵、讲故事、唱歌、跳舞、画画、陶艺等活动，都有其内心情感和外在行为的融入。幼儿在融入的过程中，能够感知到自己的本质力量，体会到"我能干""我快乐""我努力"等正向的心理体验。在参与的过程中，幼儿又进一步提高了自身朗诵、讲故事、唱歌等方面的能力。

第三，班级活动使幼儿的智力因素和非智力因素得到良好发展。智力因素是指记忆力、观察力、思维力、注意力、想象力等，即认知能力的总和。非智力因素是指意志力、道德修养、克服困难的勇气和能力，以及自信、自立、自强的良好心理素质等。两种因素都对促进幼儿发展具有非常重要的作用。班级活动中，幼儿在某一领域的有意识练习及幼儿之间的交往合作，都会促进两种因素的发展。

二、幼儿园班级活动的主题提炼

17-10 微课：幼儿园班级活动的主题提炼

幼儿园主题活动大多来源于成人世界，一些班级活动的主题和其中诸多仪式的意义，幼儿并不一定能完全理解，每个幼儿对班级活动的感受又存在差异。因此，幼儿园班级活动在进行主题提炼时，要用既能让儿童听明白又具有艺术性的语言加以表达。以中华传统节日之"春节"为例，教师在提炼节日活动主题时可以这样说：

小朋友们，春节是我们祖国最隆重最盛大的传统节日之一，历史非常悠久，活动非常丰富。小朋友们一定有参加买年货、大扫除、贴春联等活动的经历吧。除夕那天,我们还要吃年夜饭、守岁,还要互相拜年,有些地方还有舞龙舞狮、拜神祭祖活动。小朋友们在给长辈拜年的时候,还会收到压岁钱。一家人最重要的是团聚,所以春节时,不管大家离家有多远,都会赶回家里一起团圆。春节还是又一年万物生长的开始。你看,柳树发芽了,嫩嫩的;小草从土壤里钻出来,绿绿的;花朵也开始含苞待放了,特别好看。春节后,天气开始慢慢地变暖和了,小朋友们也开始换上春装,在大地上奔跑嬉戏了。今天,我们就用最美好的歌唱、最美丽的舞姿来赞美我们的春节吧。

在这段文字里,我们可以发现几个主题提炼的规律:一是要有一定的高度,从国家层面、历史层面、文化层面、礼俗层面、亲情层面进行了语言表述;二是选择了幼儿能够认知的事件,如拜年、收压岁钱、外地亲人回到家里等;三是语言儿童化,如嫩嫩的、绿绿的,且用了排比、对偶等修辞方式,容易让幼儿眼前出现画面感、动态感;四是让幼儿明确唱歌、跳舞等活动与这一班级活动之间的联系,该段文字通过"小朋友们也开始换上春装""赞美我们的春节"等语言进行了联系;五是要能够激发幼儿内心的愉悦之情,"奔跑、嬉戏、赞美"等语词都能够很好地激发幼儿的这种情感情绪。教师在拟定班级活动主题时,均可以按照这样的逻辑思路,使幼儿可知可感,又使活动具有一定的高度和历史感。

还需注意的是,每一次班级活动事实上都由很多节目组成,在节目和节目的连接串词中,也一定要注意上述五方面语言要求。

三、设计班级活动语言对幼儿教师提出的要求

从上面的内容可以看出,幼儿园举行班级活动,在活动本身之外,更要给幼儿带去文化意义和愉悦体验。这就对幼儿教师组织和开展班级活动提出了较高的要求,具体包括以下几点:

一是要对各种班级活动开展的主旨和立意拥有较高位的理解和把握,而不能仅仅停留在办活动这一层次的追求上。

二是要能够从各个不同的角度去诠释该活动的意义,使活动得到家长的认可和幼儿的欢迎。

三是活动应让幼儿充分发挥其主观能动性,使其身心在活动中得到充分的发展,使班级活动成为幼儿成长的良好平台。

四是教师组织班级活动的语言要具有一定的审美价值,要运用一些修辞手法使语言具有对称美、连缀美、情感美和逻辑美。

五是要让幼儿在活动中获得正向的能量,获得愉悦的体验和参与的热情。

技能训练

幼儿园班级活动,有的是由幼儿园统一安排的,有的则是教师根据班级的情况

17-11
微课:设计班级活动语言对幼儿教师提出的要求

17-12
微课:技能训练

自行组织的,考察的是幼儿教师理解、开发和整合各种资源开展活动的能力,其中最核心的能力在于教师能否捕捉适合开展活动的信息并提炼主题。以下拟定了三种情境,请同学们试着提炼这些班级活动的主题。

1. 我国有二十四节气和诸多传统节日,都体现了我国优秀的传统文化,请选择其中的一个组织一次班级活动。

2. "六一"儿童节、"五一"国际劳动节、国庆节等节假日,都能给幼儿成长带来很好的精神给养,请选择其中一个组织一次班级活动。

3. 选择读书活动、亲子活动、春游活动、合作游戏等其中一个主题,设置一次班级活动。

17-13
微课:锦囊
妙计

幼儿班级活动的设计中,教师最重要的是要有一颗捕捉活动主题的敏锐的心,而这又源于教师自己内在的文化修养。因此,教师了解各种文化信息、理解各种活动的价值意义显得尤其重要。下面列举了几组有关"二十四节气"文化意义的诠释,请阅读这些文字并结合幼儿教育工作进行深入的思考:

1. 立春,是二十四节气中的第一个节气,明清官方历书中被归入正月节气;到达时间点在每年2月3日或4日(农历正月初一前后)。立春是汉族民间重要的传统节日之一。"立"是"开始"的意思,中国习惯上以立春作为春季的开始。立春是从气候上来划分的,立春后气温回升。春是温暖,鸟语花香;春是生长,耕耘播种。从立春当日一直到立夏前这段时间,都被称为春天。所谓"一年之计在于春",自古以来立春就是一个重大节日,中国自官方到民间都极为重视,立春之日迎春已有三千多年历史。古代立春时,天子亲率三公九卿、诸侯大夫去东郊迎春,祈求丰收,回来之后要赏赐群臣,布德令以施惠兆民。这种活动影响到民间,使之成为后来世世代代的全民的迎春活动。

2. 谷雨,是二十四节气的第六个节气,春季的最后一个节气,到达时间点在每年4月20日或19日。谷雨是"雨生百谷"的意思,此时天气趋暖,降水明显增加,田中的秧苗初插、作物新种,最需要雨水的滋润,正所谓"春雨贵如油"。降雨充足而及时,谷类作物就能茁壮成长。

3. 小满:二十四节气中的第八个节气,也是夏季的第二个节气,到达时间点在每年5月21日或20日。小满之名,有两层含义。第一,与气候降水有关。小满节气期间南方的暴雨开始增多,降水频繁;民谚云"小满小满,江河渐满"。小满中的"满",指雨水之盈。第二,与农作物小麦有关。北方地区在小满时节小麦籽粒逐渐饱满,这个"满"是指小麦的饱满程度。"二十四节气"是古代农耕文明的产物,它不仅是指导农耕生产的时节体系,更是包含有丰富民俗事项的民俗系统。小满节气民俗主要有"小满祭车神""小满动三车(水车、油车和丝车)""小满抢水""小满祈蚕节""小满食野菜"等。

学以致用

17-14
微课：学以致用

当我们确定了某个主题开展活动,也拟定了体现主题的语言,同样需要协同运用标准的语音、温和的语气、合适的态势等将其表达出来。请你就下面的语句进行模拟练习。

1. 春节到了,小朋友们以前在春节时都参加了哪些活动啊?
2. 端午节包粽子、插茱萸、做香袋,你们知道是为了纪念谁吗?
3. "六一"儿童节到了,我们将开展游园活动,小朋友们都想到了哪些游戏?
4. 夏天的太阳好亮啊,我们来做一个画太阳的游戏,你可以按照自己的想法画太阳,再和其他小朋友分享你的构思。
5. 农历九月初九是重阳节,小朋友们一起到敬老院看望爷爷奶奶,你们想给爷爷奶奶们表演什么节目呢?
6. 元宵节,闹花灯。今天我们一起来做一个"元宵赏灯猜灯谜"活动。
7. 今天是中秋节,天上的月亮圆又圆,看到月亮,你会想到什么呢?我们一起来聊一聊吧。
8. 教师节到了,小朋友们有什么悄悄话想和老师说?我们一起来开展一个"老师,我想对您说"的活动,好吗?
9. 我们班的小朋友多才多艺,今天我们来开展一个才艺展示活动,我们要好好欣赏小朋友的表演哦。
10. 明天我们要进行春游活动,小朋友们可以一起在草地上奔跑,一起做游戏,一起观赏春天美丽的景色,多好啊!

任务三 幼儿园各类演出的主持语言

 内容提要

17-15
微课：内容提要

主持训练是语言综合能力的训练,是身台形表的综合体现。幼儿是幼儿园的主体、是幼儿园活动的主体,主持是幼儿园活动重要的组成部分。主持训练,不仅能增强幼儿的学习能力,也能明显提升幼儿的语言运用能力和理解能力,还有利于全面提升幼儿的智力因素和非智力因素,让幼儿勇于表现自己,培养幼儿的领导力,有效增强幼儿自信心,促进身心全面发展。

理论与方法

幼儿园经常会开展各种演出活动,因为幼儿年龄小,所以演出时的主持稿往往需要教师帮助拟写好。教师拟写的主持稿要能够适应幼儿的年龄特点和口吻,这就对幼儿园各类演出的主持语言提出了特定的要求。

一、幼儿园演出主持语言例举

17-16
微课:幼儿园演出主持语言例举

下面是一篇幼儿园"六一"文艺演出的主持稿,我们先对其进行认真的阅读。

开 场 语

尊敬的老师,同学们:

大家好!

主持人1:

弹去五月的风尘,迎来六月的时光。当鲜红的太阳跃上地平线时,我们又迎来了新的一天,今天我们要迎来一个快乐而有意义的节日,这是我们大家的节日。

主持人2:

带着六月的鲜花,披着六月的阳光。在这快乐的日子里,我们舞蹈,我们欢唱。今天是个特殊的日子,今天是"六一"国际儿童节。在这欢乐的日子里,让我们共同祝愿全世界的小伙伴们六一快乐!

主持人1:

为了欢庆今年的"六一"国际儿童节,我们小朋友们做了精心准备,在老师的辅导下,排练了很多精彩的节目。

主持人2:

现在,就让我们一起尽情地舞蹈,放声地歌唱,用活泼的旋律给自己送上最真心的祝福。

第一个节目开启主持稿

主持人1:

"六一"儿童节,我们心花怒放,我们活泼可爱。当音乐响起,我们快乐地跳起舞来,让健康与快乐永远停留在我们的心中。让我们一起舞动吧!请欣赏小一班小朋友带来的团体操《欢聚一堂》。

第一个节目总结主持稿

主持人2:

谢谢小朋友们的精彩表演,你看,他们的动作是那么的整齐划一,充满力量,表达着"六一"儿童节带给他们的无限欢乐,为我们接下来的节目开了个好头。让我们一起为他们点赞。

第二个节目开启主持稿

主持人2：接下来我们一起来欣赏小二班小朋友为我们带来的童话剧《小红帽》。小二班小朋友在排练过程中，和爸爸妈妈、和老师一起做道具练语言，将童话里的人物表现得活灵活现呢。我们一起来欣赏吧。

第二个节目总结主持稿

主持人1：真是一场精彩绝伦的表演！小朋友们可爱的表演让观众们笑声不断，一个个都是小演员，就连眼神里都是满满的戏呢。真棒！

第三个节目开启主持稿

主持人1：刚刚大家欣赏了小二班小朋友的精彩节目，我们大班小朋友可坐不住了，让我们看看他们会给我们带来什么样的惊喜呢？请欣赏大班小朋友演出的歌伴舞《虫儿飞》。

第三个节目总结主持稿

主持人2：

黑黑的天空低垂，亮亮的繁星相随……大班的小朋友就像美丽的繁星，双眼闪烁着稚嫩又明亮的光芒，让我们仿佛回到了那个蝉鸣、萤火虫飞舞的安详的夜晚。

……

演出结束主持稿

主持人1：不知不觉我们的节目已经到了尾声。

主持人2：是啊，欢乐的时光总是过得特别快。

主持人1：六月是儿童的摇篮，六月是童年的梦想。

主持人2：六月是养育我们的沃土，六月更是照耀我们的太阳。

主持人1：今天，我们拥抱美好的六月；明天，让我们再创六月的辉煌！

主持人2：今天的庆"六一"文艺汇演到此结束！感谢各位老师及各位爸爸妈妈的大力支持，也感谢各位小朋友精彩的表演，让我们明年"六一"儿童节再相会！

二、幼儿园演出主持语言的特点和要求

通过阅读以上主持稿，可以总结出幼儿园演出主持语言的特点和要求。

（一）主持稿要适合主题基调

"六一"儿童节的主持语言总体是欢快的，洋溢着轻松和愉快。若是国庆节演出，则可用充满无限骄傲和自豪的语言进行主持，语言的基调可以昂扬奋发一些。母亲节则可多些温馨和亲昵，语言的节奏可以放得缓慢一些，基调可以深情一些。

（二）主持稿应前后贯通、相互照应

主持稿开始要有一段关于该次演出主题以及演出所希望达成的目标之类的语

言，中间各个节目的贯穿要有开启语和结束语。开启语一般是对节目的简单介绍或者对其背景的交代，结束语则主要是对该节目演出效果的总结，一般用肯定和褒扬的话语。

（三）主持稿需注意修辞效果

主持稿首先要求文通字顺，让观众听得明白；其次要有一定文学色彩，可运用一些修辞手法，如比喻、拟人、对偶、排比、反复等，以增强表达效果；再次是音韵上要追求和谐之美，关注语音用韵。不同主题要用不同韵字，如豪迈欢乐的主题可用开口韵，宁静深情的主题可选用动程较长的韵字等。

（四）主持稿要有与观众互动的内容

主持人将观众纳入演出之中，与观众进行积极互动，是演出过程中的重要环节。主持稿中可积极运用"大家觉得他们的演出怎么样""我们是不是应该给予热烈的掌声"等话语形式，使观众始终能以积极热情的态度参与演出的全过程。

（五）主持稿在具有文学色彩的同时要体现口语效果

主持是口头语言艺术，声音转瞬即逝，若主持稿句子过长，则容易让观众听了后半句忘了前半句，因此，主持稿具有短句为主、节奏分明、根据观众的现场反应进行随机调整和临场发挥的特点。主持人可以根据现场情况临时调整用语。

（六）幼儿园节目演出的主持稿要具有儿童化特点

要积极运用儿童所喜欢的言语方式进行表达，将抽象的意思转化为具体的形象，多运用叠音词，在声音体现上也要多运用儿童化的表达方式，音色也可根据节目的具体内容和所要表现的形象特点进行不同的处理，使整个主持富有生动之美。

三、幼儿园演出主持语言得以提高的路径

17-17 微课：幼儿园演出主持语言得以提高的路径

幼儿教师若想提升设计和撰写演出主持语言的素质，需要在以下三方面作出努力。

（一）在实战中提升能力

和其他语言训练一样，主持语言的设计和撰写水平的提高，需要经过一次又一次的锻炼。通过锻炼，语言的文学性、各种修辞方法的运用，才能成为一种自觉。如果教师自己担任现场主持，还需在实际的演出中提高对书面语言转化为口头语言技巧的把握；如果是为幼儿主持撰写主持稿，则需考虑幼儿的认知能力和表达特点。因此这里所指的"能力"，其外延很丰富，包括主旨把握、语言组织、艺术表达等。

(二) 在系统中把握分寸

此处所指系统,是指要关注整个活动的序列安排。比如有时节目会分第一篇章、第二篇章、第三篇章之类的安排,即使没有这样的安排,前后节目之间也会存在一定的逻辑关系。同时,整台节目又有一定的时间限制,主持人的每一句话应在什么时候说,都是需要事先考虑的。在合适的时机说出恰当的主持语言,可以在整体上把控节目流程。系统把握还意味着通过主持语言对每一个节目进行融合,使各个节目既保持风格又和谐统一。

(三) 在换位中体悟情感

很多时候,说者想要表达的意思听者不一定能明白;还有的时候,说者未曾想表达的意思却被听者解读了出来,正所谓"言者无意,听者有心"。因此在设计和撰写主持语言阶段或在实际的主持活动中,主持人均需要自觉地进行换位体悟,即需自觉思考作为一个观众听到这句主持语时,其内心会有怎样的思考和触动,还可以通过现场捕捉观众的反应,适时调整主持语言。

17-18 微课:技能训练

幼儿园节目演出是幼儿成长过程中经常性的活动方式,幼儿教师设计和撰写主持语言是活动的重要组成部分。而幼儿园的演出活动又非常丰富,教师需要根据不同的演出需求进行有意识的练习方可获得主持语言能力的较大提高。下面设置了三种演出,请尝试练一练:

1. 元旦到了,新的一年开始了。幼儿园准备在元旦前一天举行"迎新年文艺演出活动",请你根据班里幼儿的特点安排十个左右的节目,并撰写一份主持稿。

2. 重阳节的时候,你将带领全班幼儿到敬老院为爷爷奶奶们演出节目,请你设想当时的场面,设计节目安排并撰写主持稿。

3. 春天到了,幼儿园将举办"春天的旋律"文艺演出,演出将综合小小班、小班、中班和大班的节目,请你根据各年龄段班级的特点拟定节目并撰写主持稿。

17-19 微课:锦囊妙计

本项任务中的节目演出主持语言,侧重于主持稿的设计和撰写,对现场的口语表达并没有刻意强调。之所以这样安排,一是因为在本书前面的内容中,已对朗读、朗诵、演讲、讲故事等的口语技巧有了详细的阐述,主持的口语表达与这些内容有相当大的共通性，因此不再重复；二是因为从幼教专业学生特点来看，设计和撰写主持稿是主持取得成功的关键，若主持稿不合适，那么再好的口语表达技巧也会大打折扣，所以对此进行了详细的阐述；三是设计和撰写主持稿能力，并不仅仅涉及演出和主持艺术，更涉及一个人对某种演出特定情境的理解。幼儿教师的内在素养得到提升，主持稿自然而然就能做到妙笔生花具有文采。下面是关于内在素养和语言表达之间关系的一些经典阐述，请阅读并结合幼儿教育工作进行深入的思考。

  思想和使用语言乃是同时发生的同一件事情。   ——朱光潜

  思想、语言、文字，三样其实是一样。思想不能空无依傍，思想依傍语言。思想是脑子里在说话——说那不出声的话。如果说出来，就是语言；如果写出来，就是文字。朦胧的思想是零零碎碎不成片段的语言，清明的思想是有条有理组织完密的语言。   ——叶圣陶

  言语主体之所以这样写而不那样写、之所以这样说而不那样说，起主导作用的还是思想感情，而不单纯是技能、习惯的问题。   ——王尚文

学以致用

17-20
微课：学以致用

  当我们确定了幼儿园节目演出的主题和具体节目，并据此设计和撰写出较为合适的主持稿，还需要协同运用标准的语音、温和的语气、合适的态势等将其表达出来。请同学们先就下面的语言进行主持分工，然后拟定情境进行模拟练习。

  1. 童年是快乐的儿歌，童年是鲜艳的花朵。童年是初升的太阳，童年是无畏的拼搏！在盼望中，我们的节日终于来了！在期待中，我们欢聚一起，共同度过这欢乐的节日！看看湛蓝的天空，雄鹰正在展翅高飞。看看周围的笑脸，欢歌笑语一片。今天我们一同欢庆"六一"，携手共度美好的童年。

  2. 我们都知道母爱是世界上最伟大最无私的爱，它具有任何东西都无法取代的地位。我有一位好妈妈，她给予了我深深的爱。那慈祥的目光和高尚的心灵就像春天的雨露浇灌着我茁壮成长，像寒冷的冬日里那一丝丝和煦的阳光温暖着我稚嫩的心灵。下面请欣赏小二班带来的舞蹈《我爱妈妈》。

  3. 我们尽情地唱啊、跳啊！看，就连大森林里那群活泼可爱的蓝精灵也来凑热闹。下面请欣赏大班的小朋友给我们带来的节目——《可爱的蓝精灵》。

  4. 刚送走了可爱的蓝精灵，又来了一只活泼的小猫。下面请欣赏中班的四位小朋友带来的歌曲表演《小猫叫》。

  5. 一年一个音符，一年一级台阶！多么快乐的童年生活，多么快乐的"六一"儿童节啊！让我们沉浸在这美好的节日里，尽情地展现小朋友们的才华吧。

  6. 春天正向我们走来，而最先感受到春天气息的是那广袤无垠的田野。来！让我们一起跟随歌声，张开手臂，拥抱又一个如歌的春天。请大班小朋友为我们演唱

《田野里的春天》。

7. 接下来,让我们一起演唱歌曲《老师窗前有一盆米兰》,把最美最真的祝福献给敬爱的老师们!

8. 我们手拉手,心连心,肩并肩,朝着明天奔去。请欣赏由小小班的小朋友给我们带来的体操表演《七彩阳光》。

9. 童年是一首诗,那是充满希望的田野;童年是一幅画,那是五彩缤纷的世界。请欣赏大班小朋友为我们带来的歌曲和舞蹈表演《童年》。

10. 洋溢着幸福的笑脸,洒下一路歌声,留下无限美好的回忆。展望未来的一切,明年我们再创六月的辉煌!"六一"文艺汇演到此结束!敬爱的老师,亲爱的爸爸妈妈和小朋友们,再见!

附录一　普通话水平测试用朗读作品

作品1号

朗读示例：
作品1号
《北京的
春节》

　　照北京的老规矩，春节差不多在腊月的初旬就开始了。"腊七腊八，冻死寒鸦"，这是一年里最冷的时候。在腊八这天，家家都熬腊八粥。粥是用各种米，各种豆，与各种干果熬成的。这不是粥，而是小型的农业展览会。

　　除此之外，这一天还要泡腊八蒜。把蒜瓣放进醋里，封起来，为过年吃饺子用。到年底，蒜泡得色如翡翠，醋也有了些辣味，色味双美，使人忍不住要多吃几个饺子。在北京，过年时，家家吃饺子。

　　孩子们准备过年，第一件大事就是买杂拌儿。这是用花生、胶枣、榛子、栗子等干果与蜜饯掺和成的。孩子们喜欢吃这些零七八碎儿。第二件大事是买爆竹，特别是男孩子们。恐怕第三件事才是买各种玩意儿——风筝、空竹、口琴等。

　　孩子们欢喜，大人们也忙乱。他们必须预备过年吃的、喝的、穿的、用的，好在新年时显出万象更新的气象。

　　腊月二十三过小年，差不多就是过春节的"彩排"。天一擦黑儿，鞭炮响起来，便有了过年的味道。这一天，是要吃糖的，街上早有好多卖麦芽糖与江米糖的，糖形或为长方块或为瓜形，又甜又黏，小孩子们最喜欢。

　　过了二十三，大家更忙。必须大扫除一次，还要把肉、鸡、鱼、青菜、年糕什么的都预备充足——店//铺多数正月初一到初五关门，到正月初六才开张。

节选自老舍《北京的春节》

作品2号

盼望着,盼望着,东风来了,春天的脚步近了。

一切都像刚睡醒的样子,欣欣然张开了眼。山朗润起来了,水涨起来了,太阳的脸红起来了。

小草偷偷地从土里钻出来,嫩嫩的,绿绿的。园子里,田野里,瞧去,一大片一大片满是的。坐着,躺着,打两个滚,踢几脚球,赛几趟跑,捉几回迷藏。风轻悄悄的,草软绵绵的。

……

"吹面不寒杨柳风",不错的,像母亲的手抚摸着你。风里带来些新翻的泥土的气息,混着青草味儿,还有各种花的香,都在微微湿润的空气里酝酿。鸟儿将巢安在繁花绿叶当中,高兴起来了,呼朋引伴地卖弄清脆的喉咙,唱出宛转的曲子,跟轻风流水应和着。牛背上牧童的短笛,这时候也成天嘹亮地响着。

雨是最寻常的,一下就是三两天。可别恼。看,像牛毛,像花针,像细丝,密密地斜织着,人家屋顶上全笼着一层薄烟。树叶儿却绿得发亮,小草儿也青得逼你的眼。傍晚时候,上灯了,一点点黄晕的光,烘托出一片安静而和平的夜。在乡下,小路上,石桥边,有撑起伞慢慢走着的人,地里还有工作的农民,披着蓑戴着笠。他们的房屋,稀稀疏疏的,在雨里静默着。

天上风筝渐渐多了,地上孩子也多了。城里乡下,家家户户,老老小小,//也赶趟儿似的,一个个都出来了。舒活舒活筋骨,抖擞抖擞精神,各做各的一份儿事去。"一年之计在于春",刚起头儿,有的是工夫,有的是希望。

春天像刚落地的娃娃,从头到脚都是新的,它生长着。

春天像小姑娘,花枝招展的,笑着,走着。

春天像健壮的青年,有铁一般的胳膊和腰脚,领着我们上前去。

节选自朱自清《春》

朗读示例:
作品2号
《春》

作品 3 号

朗读示例：
作品 3 号
《匆匆》

燕子去了，有再来的时候；杨柳枯了，有再青的时候；桃花谢了，有再开的时候。但是，聪明的，你告诉我，我们的日子为什么一去不复返呢？——是有人偷了他们罢：那是谁？又藏在何处呢？是他们自己逃走了罢：现在又到了哪里呢？

去的尽管去了，来的尽管来着；去来的中间，又怎样地匆匆呢？早上我起来的时候，小屋里射进两三方斜斜的太阳。太阳他有脚啊，轻轻悄悄地挪移了；我也茫茫然跟着旋转。于是——洗手的时候，日子从水盆里过去；吃饭的时候，日子从饭碗里过去；默默时，便从凝然的双眼前过去。我觉察他去的匆匆了，伸出手遮挽时，他又从遮挽着的手边过去；天黑时，我躺在床上，他便伶伶俐俐地从我身上跨过，从我脚边飞去了。等我睁开眼和太阳再见，这算又溜走了一日。我掩着面叹息，但是新来的日子的影儿又开始在叹息里闪过了。

在逃去如飞的日子里，在千门万户的世界里我能做些什么呢？只有徘徊罢了，只有匆匆罢了；在八千多日的匆匆里，除徘徊外，又剩些什么呢？过去的日子如轻烟，被微风吹散了，如薄雾，被初阳蒸融了；我留着些什么痕迹呢？我何曾留着像游丝样的痕迹呢？我赤裸裸//来到这世界，转眼间也将赤裸裸的回去罢？但不能平的，为什么偏白白走这一遭啊？

你聪明的，告诉我，我们的日子为什么一去不复返呢？

节选自朱自清《匆匆》

作品4号

有的人在工作、学习中缺乏耐性和韧性,他们一旦碰了钉子,走了弯路,就开始怀疑自己是否有研究才能。其实,我可以告诉大家,许多有名的科学家和作家,都是经过很多次失败,走过很多弯路才成功的。有人看见一个作家写出一本好小说,或者看见一个科学家发表几篇有分量的论文,便仰慕不已,很想自己能够信手拈来,妙手成章,一觉醒来,誉满天下。其实,成功的作品和论文只不过是作家、学者们整个创作和研究中的极小部分,甚至数量上还不及失败作品的十分之一。大家看到的只是他们成功的作品,而失败的作品是不会公开发表出来的。

要知道,一个科学家在攻克科学堡垒的长征中,失败的次数和经验,远比成功的经验要丰富、深刻得多。失败虽然不是什么令人快乐的事情,但也决不应该因此气馁。在进行研究时,研究方向不正确,走了些岔路,白费了许多精力,这也是常有的事。但不要紧,可以再调换方向进行研究。更重要的是要善于吸取失败的教训,总结已有的经验,再继续前进。

根据我自己的体会,所谓天才,就是坚持不断的努力。有些人也许觉得我在数学方面有什么天分,//其实从我身上是找不到这种天分的。我读小学时,因为成绩不好,没有拿到毕业证书,只拿到一张修业证书。初中一年级时,我的数学也是经过补考才及格的。但是说来奇怪,从初中二年级以后,我就发生了一个根本转变,因为我认识到既然我的资质差些,就应该多用点儿时间来学习。别人学一小时,我就学两小时,这样,我的数学成绩得以不断提高。

一直到现在我也贯彻这个原则:别人看一篇东西要三小时,我就花三个半小时。经过长期积累,就多少可以看出成绩来。并且在基本技巧烂熟之后,往往能够一个钟头就看懂一篇人家看十天半月也解不透的文章。所以,前一段时间的加倍努力,在后一段时间能收到预想不到的效果。

是的,聪明在于学习,天才在于积累。

节选自华罗庚《聪明在于学习,天才在于积累》

朗读示例:
作品4号
《聪明在于学习,天才在于积累》

作品 5 号

朗读示例：
作品 5 号
《大匠无名》

去过故宫大修现场的人，就会发现这里和外面工地的劳作景象有个明显的区别：这里没有起重机，建筑材料都是以手推车的形式送往工地，遇到人力无法运送的木料时，工人们会使用百年不变的工具——滑轮组。故宫修缮，尊重着"四原"原则，即原材料、原工艺、原结构、原型制。在不影响体现传统工艺技术手法特点的地方，工匠可以用电动工具，比如开荒料、截头。大多数时候工匠都用传统工具：木匠画线用的是墨斗、画签、毛笔、方尺、杖竿、五尺；加工制作木构件使用的工具有锛、凿、斧、锯、刨等等。

最能体现大修难度的便是瓦作中"苫背"的环节。"苫背"是指在房顶做灰背的过程，它相当于为木建筑添上防水层。有句口诀是三浆三压，也就是上三遍石灰浆，然后再压上三遍。但这是个虚数。今天是晴天，干得快，三浆三压硬度就能符合要求，要是赶上阴天，说不定就要六浆六压。任何一个环节的疏漏都可能导致漏雨，而这对建筑的损坏是致命的。

"工"字早在殷墟甲骨卜辞中就已经出现过。《周官》与《春秋左传》记载周王朝与诸侯都设有掌管营造的机构。无数的名工巧匠为我们留下了那么多宏伟的建筑，但却//很少被列入史籍，扬名于后世。

匠人之所以称之为"匠"，其实不仅仅是因为他们拥有了某种娴熟的技能，毕竟技能还可以通过时间的累积"熟能生巧"，但蕴藏在"手艺"之上的那种对建筑本身的敬畏和热爱却需要从历史的长河中去寻觅。

将壮丽的紫禁城完好地交给未来，最能仰仗的便是这些默默奉献的匠人。故宫的修护注定是一场没有终点的接力，而他们就是最好的接力者。

节选自单霁翔《大匠无名》

作品 6 号

立春过后,大地渐渐从沉睡中苏醒过来。冰雪融化,草木萌发,各种花次第开放。再过两个月,燕子翩然归来。不久,布谷鸟也来了。于是转入炎热的夏季,这是植物孕育果实的时期。到了秋天,果实成熟,植物的叶子渐渐变黄,在秋风中簌簌地落下来。北雁南飞,活跃在田间草际的昆虫也都销声匿迹。到处呈现一片衰草连天的景象,准备迎接风雪载途的寒冬。在地球上温带和亚热带区域里,年年如是,周而复始。

几千年来,劳动人民注意了草木荣枯、候鸟去来等自然现象同气候的关系,据以安排农事。杏花开了,就好像大自然在传语要赶快耕地;桃花开了,又好像在暗示要赶快种谷子。布谷鸟开始唱歌,劳动人民懂得它在唱什么:"阿公阿婆,割麦插禾。"这样看来,花香鸟语,草长莺飞,都是大自然的语言。

这些自然现象,我国古代劳动人民称它为物候。物候知识在我国起源很早。古代流传下来的许多农谚就包含了丰富的物候知识。到了近代,利用物候知识来研究农业生产,已经发展为一门科学,就是物候学。物候学记录植物的生长荣枯,动物的养育往来,如桃花开、燕子来等自然现象,从而了解随着时节//推移的气候变化和这种变化对动植物的影响。

节选自竺可桢《大自然的语言》

朗读示例:
作品 6 号
《大自然的语言》

作品7号

朗读示例：
作品7号
《当今"千里眼"》

当高速列车从眼前呼啸而过时，那种转瞬即逝的感觉让人们不得不发问：高速列车跑得那么快，司机能看清路吗？

高速列车的速度非常快，最低时速标准是二百公里。且不说能见度低的雾霾天，就是晴空万里的大白天，即使是视力好的司机，也不能保证正确识别地面的信号。当肉眼看到前面有障碍时，已经来不及反应。

专家告诉我，目前，我国时速三百公里以上的高铁线路不设置信号机，高速列车不用看信号行车，而是通过列控系统自动识别前进方向。其工作流程为，由铁路专用的全球数字移动通信系统来实现数据传输，控制中心实时接收无线电波信号，由计算机自动排列出每趟列车的最佳运行速度和最小行车间隔距离，实现实时追踪控制，确保高速列车间隔合理地安全运行。当然，时速二百至二百五十公里的高铁线路，仍然设置信号灯控制装置，由传统的轨道电路进行信号传输。

中国自古就有"千里眼"的传说，今日高铁让古人的传说成为现实。

所谓"千里眼"，即高铁沿线的摄像头，几毫米见方的石子儿也逃不过它的法眼。通过摄像头实时采集沿线高速列车运行的信息，一旦//出现故障或者异物侵限，高铁调度指挥中心监控终端的界面上就会出现一个红色的框将目标锁定，同时，监控系统马上报警显示。调度指挥中心会迅速把指令传递给高速列车司机。

节选自王雄《当今"千里眼"》

作品8号

从肇庆市驱车半小时左右,便到了东郊风景名胜鼎湖山。下了几天的小雨刚停,满山笼罩着轻纱似的薄雾。

过了寒翠桥,就听到淙淙的泉声。进山一看,草丛石缝,到处都涌流着清亮的泉水。草丰林茂,一路上泉水时隐时现,泉声不绝于耳。有时几股泉水交错流泻,遮断路面,我们得寻找着垫脚的石块跳跃着前进。愈往上走树愈密,绿阴愈浓。湿漉漉的绿叶,犹如大海的波浪,一层一层涌向山顶。泉水隐到了浓阴的深处,而泉声却更加清纯悦耳。忽然,云中传来钟声,顿时山鸣谷应,悠悠扬扬。安详厚重的钟声和欢快活泼的泉声,在雨后宁静的暮色中,汇成一片美妙的音响。

我们循着钟声,来到了半山腰的庆云寺。这是一座建于明代、规模宏大的岭南著名古刹。庭院里繁花似锦,古树参天。有一株与古刹同龄的茶花,还有两株从斯里兰卡引种的、有二百多年树龄的菩提树。我们决定就在这座寺院里借宿。

入夜,山中万籁俱寂,只有泉声一直传送到枕边。一路上听到的各种泉声,这时候躺在床上,可以用心细细地聆听、辨识、品味。那像小提琴一样轻柔的,是草丛中流淌的小溪的声音;那像琵琶一样清脆的,//是在石缝间跌落的涧水的声音;那像大提琴一样厚重回响的,是无数道细流汇聚于空谷的声音;那像铜管齐鸣一样雄浑磅礴的,是飞瀑急流跌入深潭的声音。还有一些泉声忽高忽低,忽急忽缓,忽清忽浊,忽扬忽抑,是泉水正在绕过树根,拍打卵石,穿越草丛,流连花间……

蒙眬中,那滋润着鼎湖山万木,孕育出蓬勃生机的清泉,仿佛汩汩地流进了我的心田。

节选自谢大光《鼎湖山听泉》

朗读示例:
作品8号
《鼎湖山听泉》

作品 9 号

朗读示例：
作品9号
《读书人是
幸福人》

　　我常想读书人是世间幸福人，因为他除了拥有现实的世界之外，还拥有另一个更为浩瀚也更为丰富的世界。现实的世界是人人都有的，而后一个世界却为读书人所独有。由此我想，那些失去或不能阅读的人是多么的不幸，他们的丧失是不可补偿的。世间有诸多的不平等，财富的不平等，权力的不平等，而阅读能力的拥有或丧失却体现为精神的不平等。

　　一个人的一生，只能经历自己拥有的那一份欣悦，那一份苦难，也许再加上他亲自闻知的那一些关于自身以外的经历和经验。然而，人们通过阅读，却能进入不同时空的诸多他人的世界。这样，具有阅读能力的人，无形间获得了超越有限生命的无限可能性。阅读不仅使他多识了草木虫鱼之名，而且可以上溯远古下及未来，饱览存在的与非存在的奇风异俗。

　　更为重要的是，读书加惠于人们的不仅是知识的增广，而且还在于精神的感化与陶冶。人们从读书学做人，从那些往哲先贤以及当代才俊的著述中学得他们的人格。人们从《论语》中学得智慧的思考，从《史记》中学得严肃的历史精神，从《正气歌》中学得人格的刚烈，从马克思学得人世//的激情，从鲁迅学得批判精神，从托尔斯泰学得道德的执着。歌德的诗句刻写着睿智的人生，拜伦的诗句呼唤着奋斗的热情。一个读书人，一个有机会拥有超乎个人生命体验的幸运人。

节选自谢冕《读书人是幸福人》

作品 10 号

我爱月夜,但我也爱星天。从前在家乡七八月的夜晚在庭院里纳凉的时候,我最爱看天上密密麻麻的繁星。望着星天,我就会忘记一切,仿佛回到了母亲的怀里似的。

三年前在南京我住的地方有一道后门,每晚我打开后门,便看见一个静寂的夜。下面是一片菜园,上面是星群密布的蓝天。星光在我们的肉眼里虽然微小,然而它使我们觉得光明无处不在。那时候我正在读一些天文学的书,也认得一些星星,好像它们就是我的朋友,它们常常在和我谈话一样。

如今在海上,每晚和繁星相对,我把它们认得很熟了。我躺在舱面上,仰望天空。深蓝色的天空里悬着无数半明半昧的星。船在动,星也在动,它们是这样低,真是摇摇欲坠呢! 渐渐地我的眼睛模糊了,我好像看见无数萤火虫在我的周围飞舞。海上的夜是柔和的,是静寂的,是梦幻的。我望着许多认识的星,我仿佛看见它们在对我眨眼,我仿佛听见它们在小声说话。这时我忘记了一切。在星的怀抱中我微笑着,我沉睡着。我觉得自己是一个小孩子,现在睡在母亲的怀里了。

有一夜,那个在哥伦波上船的英国人指给我看天上的巨人。他用手指着://那四颗明亮的星是头,下面的几颗是身子,这几颗是手,那几颗是腿和脚,还有三颗星算是腰带。经他这一番指点,我果然看清楚了那个天上的巨人。看,那个巨人还在跑呢!

节选自巴金《繁星》

朗读示例:
作品 10 号
《繁星》

作品 11 号

朗读示例：
作品 11 号
《观潮》

钱塘江大潮，自古以来被称为天下奇观。

农历八月十八是一年一度的观潮日。这一天早上，我们来到了海宁市的盐官镇，据说这里是观潮最好的地方。我们随着观潮的人群，登上了海塘大堤。宽阔的钱塘江横卧在眼前。江面很平静，越往东越宽，在雨后的阳光下，笼罩着一层蒙蒙的薄雾。镇海古塔、中山亭和观潮台屹立在江边。远处，几座小山在云雾中若隐若现。江潮还没有来，海塘大堤上早已人山人海。大家昂首东望，等着，盼着。

午后一点左右，从远处传来隆隆的响声，好像闷雷滚动。顿时人声鼎沸，有人告诉我们，潮来了！我们踮着脚往东望去，江面还是风平浪静，看不出有什么变化。过了一会儿，响声越来越大，只见东边水天相接的地方出现了一条白线，人群又沸腾起来。

那条白线很快地向我们移来，逐渐拉长，变粗，横贯江面。再近些，只见白浪翻滚，形成一堵两丈多高的水墙。浪潮越来越近，犹如千万匹白色战马齐头并进，浩浩荡荡地飞奔而来；那声音如同山崩地裂，好像大地都被震得颤动起来。

霎时，潮头奔腾西去，可是余波还在漫天卷地般涌来，江面上依旧风号浪吼。过了好久，钱塘江才恢复了//平静。看看堤下，江水已经涨了两丈来高了。

节选自赵宗成、朱明元《观潮》

作品12号

　　我和几个孩子站在一片园子里,感受秋天的风。园子里长着几棵高大的梧桐树,我们的脚底下,铺了一层厚厚的梧桐叶。叶枯黄,脚踩在上面,嘎吱嘎吱脆响。风还在一个劲儿地刮,吹打着树上可怜的几片叶子,那上面,就快成光秃秃的了。

　　我给孩子们上写作课,让孩子们描摹这秋天的风。以为他们一定会说寒冷、残酷和荒凉之类的,结果却出乎我的意料。

　　一个孩子说,秋天的风,像把大剪刀,它剪呀剪的,就把树上的叶子全剪光了。

　　我赞许了这个比喻。有二月春风似剪刀之说,秋天的风,何尝不是一把剪刀呢?只不过,它剪出来的不是花红叶绿,而是败柳残荷。

　　剪完了,它让阳光来住,这个孩子突然接着说一句。他仰向我的小脸,被风吹着,像只通红的小苹果。我怔住,抬头看树,那上面,果真的,爬满阳光啊,每根枝条上都是。失与得,从来都是如此均衡,树在失去叶子的同时,却承接了满树的阳光。

　　一个孩子说,秋天的风,像个魔术师,它会变出好多好吃的,菱角呀,花生呀,苹果呀,葡萄呀。还有桂花,可以做桂花糕。我昨天吃了桂花糕,妈妈说,是风变出来的。

　　我笑了。小可爱,经你这么一说,秋天的风,还真是香的。我和孩//子们一起嗅,似乎就闻见了风的味道,像块蒸得热气腾腾的桂花糕。

节选自丁立梅《孩子和秋风》

朗读示例:
作品12号
《孩子和秋风》

作品 13 号

朗读示例：
作品 13 号
《海滨仲夏夜》

夕阳落山不久，西方的天空，还燃烧着一片橘红色的晚霞。大海，也被这霞光染成了红色，而且比天空的景色更要壮观。因为它是活动的，每当一排排波浪涌起的时候，那映照在浪峰上的霞光，又红又亮，简直就像一片片霍霍燃烧着的火焰，闪烁着，消失了。而后面的一排，又闪烁着，滚动着，涌了过来。

天空的霞光渐渐地淡下去了，深红的颜色变成了绯红，绯红又变为浅红。最后，当这一切红光都消失了的时候，那突然显得高而远了的天空，则呈现出一片肃穆的神色。最早出现的启明星，在这蓝色的天幕上闪烁起来了。它是那么大，那么亮，整个广漠的天幕上只有它在那里放射着令人注目的光辉，活像一盏悬挂在高空的明灯。

夜色加浓，苍空中的"明灯"越来越多了。而城市各处的真的灯火也次第亮了起来，尤其是围绕在海港周围山坡上的那一片灯光，从半空倒映在乌蓝的海面上，随着波浪，晃动着，闪烁着，像一串流动着的珍珠，和那一片片密布在苍穹里的星斗互相辉映，煞是好看。

在这幽美的夜色中，我踏着软绵绵的沙滩，沿着海边，慢慢地向前走去。海水，轻轻地抚摸着细软的沙滩，发出温柔的//唰唰声。晚来的海风，清新而又凉爽。我的心里，有着说不出的兴奋和愉快。

夜风轻飘飘地吹拂着，空气中飘荡着一种大海和田禾相混合的香味儿，柔软的沙滩上还残留着白天太阳炙晒的余温。那些在各个工作岗位上劳动了一天的人们，三三两两地来到这软绵绵的沙滩上，他们浴着凉爽的海风，望着那缀满了星星的夜空，尽情地说笑，尽情地休憩。

节选自峻青《海滨仲夏夜》

作品 14 号

生命在海洋里诞生绝不是偶然的,海洋的物理和化学性质,使它成为孕育原始生命的摇篮。

我们知道,水是生物的重要组成部分,许多动物组织的含水量在百分之八十以上,而一些海洋生物的含水量高达百分之九十五。水是新陈代谢的重要媒介,没有它,体内的一系列生理和生物化学反应就无法进行,生命也就停止。因此,在短时期内动物缺水要比缺少食物更加危险。水对今天的生命是如此重要,它对脆弱的原始生命,更是举足轻重了。生命在海洋里诞生,就不会有缺水之忧。

水是一种良好的溶剂。海洋中含有许多生命所必需的无机盐,如氯化钠、氯化钾、碳酸盐、磷酸盐,还有溶解氧,原始生命可以毫不费力地从中吸取它所需要的元素。

水具有很高的热容量,加之海洋浩大,任凭夏季烈日暴晒,冬季寒风扫荡,它的温度变化却比较小。因此,巨大的海洋就像是天然的"温箱",是孕育原始生命的温床。

阳光虽然为生命所必需,但是阳光中的紫外线却有扼杀原始生命的危险。水能有效地吸收紫外线,因而又为原始生命提供了天然的"屏障"。

这一切都是原始生命得以产生和发展的必要条件。//

节选自童裳亮《海洋与生命》

朗读示例:
作品 14 号
《海洋与生命》

作品 15 号

朗读示例：
作品 15 号
《华夏文明的发展与融合》

　　在我国历史地理中，有三大都城密集区，它们是：关中盆地、洛阳盆地、北京小平原。其中每一个地区都曾诞生过四个以上大型王朝的都城。而关中盆地、洛阳盆地是前朝历史的两个都城密集区，正是它们构成了早期文明核心地带中最重要的内容。

　　为什么这个地带会成为华夏文明最先进的地区？这主要是由两个方面的条件促成的，一个是自然环境方面的，一个是人文环境方面的。

　　在自然环境方面，这里是我国温带季风气候带的南部，降雨、气温、土壤等条件都可以满足旱作农业的需求。中国北方的古代农作物，主要是一年生的粟和黍。黄河中下游的自然环境为粟黍作物的种植和高产提供了得天独厚的条件。农业生产的发达，会促进整个社会经济的发展，从而推动社会的进步。

　　在人文环境方面，这里是南北方、东西方大交流的轴心地区。在最早的六大新石器文化分布形势图中可以看到，中原处于这些文化分布的中央地带。无论是考古发现还是历史传说，都有南北文化长距离交流、东西文化相互碰撞的证据。中原地区在空间上恰恰位居中心，成为信息最发达、眼界最宽广、活动最//繁忙、竞争最激烈的地方。正是这些活动，推动了各项人文事务的发展，文明的方方面面就是在处理各类事务的过程中被开创出来的。

节选自唐晓峰《华夏文明的发展与融合》

作品 16 号

于很多中国人而言,火车就是故乡。在中国人的心中,故乡的地位尤为重要,老家的意义非同寻常,所以,即便是坐过无数次火车,但印象最深刻的,或许还是返乡那一趟车。那一列列返乡的火车所停靠的站台边,熙攘的人流中,匆忙的脚步里,张望的目光下,涌动着的都是思乡的情绪。每一次看见返乡那趟火车,总觉得是那样可爱与亲切,仿佛看见了千里之外的故乡。上火车后,车启动的一刹那,在车轮与铁轨碰撞的"况且"声中,思乡的情绪便陡然在车厢里弥漫开来。你知道,它将驶向的,是你最熟悉也最温暖的故乡。再过几个或者十几个小时,你就会回到故乡的怀抱。这般感受,相信在很多人的身上都曾发生过。尤其在春节、中秋等传统节日到来之际,亲人团聚的时刻,更为强烈。

火车是故乡,火车也是远方。速度的提升,铁路的延伸,让人们通过火车实现了向远方自由流动的梦想。今天的中国老百姓,坐着火车,可以去往九百六十多万平方公里土地上的天南地北,来到祖国东部的平原,到达祖国南方的海边,走进祖国西部的沙漠,踏上祖国北方的草原,去观三山五岳,去看大江大河……

火车与空//间有着密切的联系,与时间的关系也让人觉得颇有意思。那长长的车厢,仿佛一头连着中国的过去,一头连着中国的未来。

节选自舒翼《记忆像铁轨一样长》

附录一　普通话水平测试用朗读作品

作品17号

朗读示例：
作品17号
《将心比心》

　　奶奶给我讲过这样一件事：有一次她去商店，走在她前面的一位阿姨推开沉重的大门，一直等到她跟上来才松开手。当奶奶向她道谢的时候，那位阿姨轻轻地说："我的妈妈和您的年龄差不多，我希望她遇到这种时候，也有人为她开门。"听了这件事，我的心温暖了许久。

　　一天，我陪患病的母亲去医院输液，年轻的护士为母亲扎了两针也没有扎进血管里，眼见针眼处鼓起青包。我正要抱怨几句，一抬头看见了母亲平静的眼神——她正在注视着护士额头上密密的汗珠，我不禁收住了涌到嘴边的话。只见母亲轻轻地对护士说："不要紧，再来一次！"第三针果然成功了。那位护士终于长出了一口气，她连声说："阿姨，真对不起。我是来实习的，这是我第一次给病人扎针，太紧张了。要不是您的鼓励，我真不敢给您扎了。"母亲用另一只手拉着我，平静地对护士说："这是我的女儿，和你差不多大小，正在医科大学读书，她也将面对自己的第一个患者。我真希望她第一次扎针的时候，也能得到患者的宽容和鼓励。"听了母亲的话，我的心里充满了温暖与幸福。

　　是啊，如果我们在生活中能将心比心，就会对老人生出一份//尊重，对孩子增加一份关爱，就会使人与人之间多一些宽容和理解。

节选自姜桂华《将心比心》

作品18号

晋祠之美,在山,在树,在水。

这里的山,巍巍的,有如一道屏障;长长的,又如伸开的两臂,将晋祠拥在怀中。春日黄花满山,径幽香远;秋来草木萧疏,天高水清。无论什么时候拾级登山都会心旷神怡。

这里的树,以古老苍劲见长。有两棵老树:一棵是周柏,另一棵是唐槐。那周柏,树干劲直,树皮皱裂,顶上挑着几根青青的疏枝,偃卧于石阶旁。那唐槐,老干粗大,虬枝盘屈,一簇簇柔条,绿叶如盖。还有水边殿外的松柏槐柳,无不显出苍劲的风骨。以造型奇特见长的,有的偃如老妪负水,有的挺如壮士托天,不一而足。圣母殿前的左扭柏,拔地而起,直冲云霄,它的树皮上的纹理一齐向左边拧去,一圈一圈,丝纹不乱,像地下旋起了一股烟,又似天上垂下了一根绳。晋祠在古木的荫护下,显得分外幽静、典雅。

这里的水,多、清、静、柔。在园里信步,但见这里一泓深潭,那里一条小渠。桥下有河,亭中有井,路边有溪。石间细流脉脉,如线如缕;林中碧波闪闪,如锦如缎。这些水都来自"难老泉"。泉上有亭,亭上悬挂着清代著名学者傅山写的"难老泉"三个字。这么多的水长流不息,日日夜夜发出叮叮咚咚的响声。水的清澈真令人叫绝,无论//多深的水,只要光线好,游鱼碎石,历历可见。水的流势都不大,清清的微波,将长长的草蔓拉成一缕缕的丝,铺在河底,挂在岸边,合着那些金鱼、青苔以及石栏的倒影,织成一条条大飘带,穿亭绕榭,冉冉不绝。当年李白来到这里,曾赞叹说:"晋祠流水如碧玉。"当你沿着流水去观赏那亭台楼阁时,也许会这样问:这几百间建筑怕都是在水上漂着的吧!

节选自梁衡《晋祠》

朗读示例:
作品18号
《晋祠》

作品19号

朗读示例：
作品19号
《敬畏自然》

　　人们常常把人与自然对立起来，宣称要征服自然。殊不知在大自然面前，人类永远只是一个天真幼稚的孩童，只是大自然机体上普通的一部分，正像一株小草只是她的普通一部分一样。如果说自然的智慧是大海，那么，人类的智慧就只是大海中的一个小水滴，虽然这个水滴也能映照大海，但毕竟不是大海，可是，人们竟然不自量力地宣称要用这滴水来代替大海。

　　看着人类这种狂妄的表现，大自然一定会窃笑——就像母亲面对无知的孩子那样的笑。人类的作品飞上了太空，打开了一个个微观世界，于是人类沾沾自喜，以为揭开了大自然的秘密。可是，在自然看来，人类上下翻飞的这片巨大空间，不过是咫尺之间而已，就如同鲲鹏看待斥鷃一般，只是蓬蒿之间罢了。即使从人类自身智慧发展史的角度看，人类也没有理由过分自傲：人类的知识与其祖先相比诚然有了极大的进步，似乎有嘲笑古人的资本；可是，殊不知对于后人而言我们也是古人，一万年以后的人们也同样会嘲笑今天的我们，也许在他们看来，我们的科学观念还幼稚得很，我们的航天器在他们眼中不过是个非常简单的//儿童玩具。

节选自严春友《敬畏自然》

作品 20 号

舞台上的幕布拉开了,音乐奏起来了。演员们踩着音乐的拍子,以庄重而有节奏的步法走到灯光前面来了。灯光射在他们五颜六色的服装和头饰上,一片金碧辉煌的彩霞。

当女主角穆桂英以轻盈而矫健的步子出场的时候,这个平静的海面陡然动荡起来了,它上面卷起了一阵暴风雨:观众像触了电似的迅即对这位女英雄报以雷鸣般的掌声。她开始唱了。她圆润的歌喉在夜空中颤动,听起来辽远而又切近,柔和而又铿锵。戏词像珠子似的从她的一笑一颦中,从她优雅的"水袖"中,从她婀娜的身段中,一粒一粒地滚下来,滴在地上,溅到空中,落进每一个人的心里,引起一片深远的回音。这回音听不见,却淹没了刚才涌起的那一阵热烈的掌声。

观众像着了魔一样,忽然变得鸦雀无声。他们看得入了神。他们的感情和舞台上女主角的感情融在了一起。女主角的歌舞渐渐进入高潮。观众的情感也渐渐进入高潮。潮在涨。没有谁能控制住它。这个一度平静下来的人海忽然又动荡起来了。戏就在这时候要到达顶点。我们的女主角在这时候就像一朵盛开的鲜花,观众想把这朵鲜花捧在手里,不让//它消逝。他们不约而同地从座位上立起来,像潮水一样,涌到我们这位艺术家面前。舞台已经失去了界限,整个的剧场成了一个庞大的舞台。

我们这位艺术家是谁呢?他就是梅兰芳同志。半个世纪的舞台生涯过去了,六十六岁的高龄,仍然能创造出这样富有朝气的美丽形象,表现出这样充沛的青春活力,这不能不说是奇迹。这奇迹的产生是必然的,因为我们拥有这样热情的观众和这样热情的艺术家。

节选自叶君健《看戏》

朗读示例:
作品 20 号
《看戏》

作品21号

朗读示例：
作品21号
《莲花和樱花》

十年，在历史上不过是一瞬间。只要稍加注意，人们就会发现：在这一瞬间里，各种事物都悄悄经历了自己的千变万化。

这次重新访日，我处处感到亲切和熟悉，也在许多方面发觉了日本的变化。就拿奈良的一个角落来说吧，我重游了为之感受很深的唐招提寺，在寺内各处匆匆走了一遍，庭院依旧，但意想不到还看到了一些新的东西。其中之一，就是近几年从中国移植来的"友谊之莲"。

在存放鉴真遗像的那个院子里，几株中国莲昂然挺立，翠绿的宽大荷叶正迎风而舞，显得十分愉快。开花的季节已过，荷花朵朵已变为莲蓬累累。莲子的颜色正在由青转紫，看来已经成熟了。

我禁不住想："因"已转化为"果"。

中国的莲花开在日本，日本的樱花开在中国，这不是偶然。我希望这样一种盛况延续不衰。

在这些日子里，我看到了不少多年不见的老朋友，又结识了一些新朋友。大家喜欢涉及的话题之一，就是古长安和古奈良。那还用得着问吗，朋友们缅怀过去，正是瞩望未来。瞩目于未来的人们必将获得未来。

我不例外，也希望一个美好的未来。

为了中日人民之间的友谊，我将不会浪费今后生命的每一瞬间。//

节选自严文井《莲花和樱花》

作品 22 号

我打猎归来,沿着花园的林阴路走着。狗跑在我前边。

突然,狗放慢脚步,蹑足潜行,好像嗅到了前边有什么野物。

我顺着林阴路望去,看见了一只嘴边还带黄色、头上生着柔毛的小麻雀。风猛烈地吹打着林阴路上的白桦树,麻雀从巢里跌落下来,呆呆地伏在地上,孤立无援地张开两只羽毛还未丰满的小翅膀。

我的狗慢慢向它靠近。忽然,从附近一棵树上飞下一只黑胸脯的老麻雀,像一颗石子似的落到狗的跟前。老麻雀全身倒竖着羽毛,惊恐万状,发出绝望、凄惨的叫声,接着向露出牙齿、大张着的狗嘴扑去。

老麻雀是猛扑下来救护幼雀的。它用身体掩护着自己的幼儿……但它整个小小的身体因恐怖而战栗着,它小小的声音也变得粗暴嘶哑,它在牺牲自己!

在它看来,狗该是多么庞大的怪物啊!然而,它还是不能站在自己高高的、安全的树枝上……一种比它的理智更强烈的力量,使它从那儿扑下身来。

我的狗站住了,向后退了退……看来,它也感到了这种力量。

我赶紧唤住惊慌失措的狗,然后我怀着崇敬的心情,走开了。

是啊,请不要见笑。我崇敬那只小小的、英勇的鸟儿,我崇敬它那种爱的冲动和力量。

爱,我//想,比死和死的恐惧更强大。只有依靠它,依靠这种爱,生命才能维持下去,发展下去。

节选自【俄】屠格涅夫《麻雀》,巴金译

朗读示例:
作品 22 号
《麻雀》

作品 23 号

朗读示例：
作品 23 号
《莫高窟》

在浩瀚无垠的沙漠里，有一片美丽的绿洲，绿洲里藏着一颗闪光的珍珠。这颗珍珠就是敦煌莫高窟。它坐落在我国甘肃省敦煌市三危山和鸣沙山的怀抱中。

鸣沙山东麓是平均高度为十七米的崖壁。在一千六百多米长的崖壁上，凿有大小洞窟七百余个，形成了规模宏伟的石窟群。其中四百九十二个洞窟中，共有彩色塑像两千一百余尊，各种壁画共四万五千多平方米。莫高窟是我国古代无数艺术匠师留给人类的珍贵文化遗产。

莫高窟的彩塑，每一尊都是一件精美的艺术品。最大的有九层楼那么高，最小的还不如一个手掌大。这些彩塑个性鲜明，神态各异。有慈眉善目的菩萨，有威风凛凛的天王，还有强壮勇猛的力士……

莫高窟壁画的内容丰富多彩，有的是描绘古代劳动人民打猎、捕鱼、耕田、收割的情景，有的是描绘人们奏乐、舞蹈、演杂技的场面，还有的是描绘大自然的美丽风光。其中最引人注目的是飞天。壁画上的飞天，有的臂挎花篮，采摘鲜花；有的反弹琵琶，轻拨银弦；有的倒悬身子，自天而降；有的彩带飘拂，漫天遨游；有的舒展着双臂，翩翩起舞。看着这些精美动人的壁画，就像走进了//灿烂辉煌的艺术殿堂。

莫高窟里还有一个面积不大的洞窟——藏经洞。洞里曾藏有我国古代的各种经卷、文书、帛画、刺绣、铜像等共六万多件。由于清朝政府腐败无能，大量珍贵的文物被外国强盗掠走。仅存的部分经卷，现在陈列于北京故宫等处。

莫高窟是举世闻名的艺术宝库。这里的每一尊彩塑、每一幅壁画、每一件文物，都是中国古代人民智慧的结晶。

节选自《莫高窟》

作品 24 号

　　森林涵养水源,保持水土,防止水旱灾害的作用非常大。据专家测算,一片十万亩面积的森林,相当于一个两百万立方米的水库,这正如农谚所说的:"山上多栽树,等于修水库。雨多它能吞,雨少它能吐。"

　　说起森林的功劳,那还多得很。它除了为人类提供木材及许多种生产、生活的原料之外,在维护生态环境方面也是功劳卓著,它用另一种"能吞能吐"的特殊功能孕育了人类。因为地球在形成之初,大气中的二氧化碳含量很高,氧气很少,气温也高,生物是难以生存的。大约在四亿年之前,陆地才产生了森林。森林慢慢将大气中的二氧化碳吸收,同时吐出新鲜氧气,调节气温:这才具备了人类生存的条件,地球上才最终有了人类。

　　森林,是地球生态系统的主体,是大自然的总调度室,是地球的绿色之肺。森林维护地球生态环境的这种"能吞能吐"的特殊功能是其他任何物体都不能取代的。然而,由于地球上的燃烧物增多,二氧化碳的排放量急剧增加,使得地球生态环境急剧恶化,主要表现为全球气候变暖,水分蒸发加快,改变了气流的循环,使气候变化加剧,从而引发热浪、飓风、暴雨、洪涝及干旱。

　　为了//使地球的这个"能吞能吐"的绿色之肺恢复健壮,以改善生态环境,抑制全球变暖,减少水旱等自然灾害,我们应该大力造林、护林,使每一座荒山都绿起来。

节选自《"能吞能吐"的森林》

朗读示例:
作品 24 号
《"能吞能吐"的森林》

作品 25 号

朗读示例：
作品 25 号
《清塘荷韵》

中国没有人不爱荷花的。可我们楼前池塘中独独缺少荷花。每次看到或想到，总觉得是一块心病。有人从湖北来，带来了洪湖的几颗莲子，外壳呈黑色，极硬。据说，如果埋在淤泥中，能够千年不烂。我用铁锤在莲子上砸开了一条缝，让莲芽能够破壳而出，不至永远埋在泥中。把五六颗敲破的莲子投入池塘中，下面就是听天由命了。

这样一来，我每天就多了一件工作：到池塘边上去看上几次。心里总是希望，忽然有一天，"小荷才露尖尖角"，有翠绿的莲叶长出水面。可是，事与愿违，投下去的第一年，一直到秋凉落叶，水面上也没有出现什么东西。但是到了第三年，却忽然出了奇迹。有一天，我忽然发现，在我投莲子的地方长出了几个圆圆的绿叶，虽然颜色极惹人喜爱，但是却细弱单薄，可怜兮兮地平卧在水面上，像水浮莲的叶子一样。

真正的奇迹出现在第四年上。到了一般荷花长叶的时候，在去年飘浮着五六个叶片的地方，一夜之间，突然长出了一大片绿叶，叶片扩张的速度，范围的扩大，都是惊人地快。几天之内，池塘内不小一部分，已经全为绿叶所覆盖。而且原来平卧在水面上的像是水浮莲一样的//叶片，不知道是从哪里聚集来了力量，有一些竟然跃出了水面，长成了亭亭的荷叶。这样一来，我心中的疑云一扫而光：池塘中生长的真正是洪湖莲花的子孙了。我心中狂喜，这几年总算是没有白等。

节选自季羡林《清塘荷韵》

作品 26 号

在原始社会里,文字还没有创造出来,却先有了歌谣一类的东西。这也就是文艺。

文字创造出来以后,人就用它把所见所闻所想所感的一切记录下来。一首歌谣,不但口头唱,还要刻呀,漆呀,把它保留在什么东西上。这样,文艺和文字就并了家。

后来纸和笔普遍地使用了,而且发明了印刷术。凡是需要记录下来的东西,要多少份就可以有多少份。于是所谓文艺,从外表说,就是一篇稿子,一部书,就是许多文字的集合体。

文字是一道桥梁,通过了这一道桥梁,读者才和作者会面。不但会面,并且了解作者的心情,和作者的心情相契合。

就作者的方面说,文艺的创作决不是随便取许多文字来集合在一起。作者着手创作,必然对于人生先有所见,先有所感。他把这些所见所感写出来,不作抽象的分析,而作具体的描写,不作刻板的记载,而作想象的安排。他准备写的不是普通的论说文、记叙文;他准备写的是文艺。他动手写,不但选择那些最适当的文字,让它们集合起来,还要审查那些写下来的文字,看有没有应当修改或是增减的。总之,作者想做到的是:写下来的文字正好传达出他的所见所感。

就读者的//方面说,读者看到的是写在纸面或者印在纸面的文字,但是看到文字并不是他们的目的。他们要通过文字去接触作者的所见所感。

节选自叶圣陶《驱遣我们的想象》

朗读示例:
作品 26 号
《驱遣我们的想象》

作品 27 号

朗读示例：
作品27号
《人类的语言》

语言，也就是说话，好像是极其稀松平常的事儿。可是仔细想想，实在是一件了不起的大事。正是因为说话跟吃饭、走路一样的平常，人们才不去想它究竟是怎么回事儿。其实这三件事儿都是极不平常的，都是使人类不同于别的动物的特征。

记得在小学里读书的时候，班上有一位"能文"的大师兄，在一篇作文的开头写下这么两句："鹦鹉能言，不离于禽；猩猩能言，不离于兽。"我们看了都非常佩服。后来知道这两句是有来历的，只是字句有些出入。又过了若干年，才知道这两句话都有问题。鹦鹉能学人说话，可只是作为现成的公式来说，不会加以变化。只有人们说话是从具体情况出发，情况一变，话也跟着变。

西方学者拿黑猩猩做实验，它们能学会极其有限的一点儿符号语言，可是学不会把它变成有声语言。人类语言之所以能够"随机应变"，在于一方面能把语音分析成若干音素，又把这些音素组合成音节，再把音节连缀起来。另一方面，又能分析外界事物及其变化，形成无数的"意念"，一一配以语音，然后综合运用，表达各种复杂的意思。一句话，人类语言的特点就在于能用变化无穷的语音，表达变化无穷的//意义。这是任何其他动物办不到的。

节选自吕叔湘《人类的语言》

作品 28 号

父亲喜欢下象棋。那一年,我大学回家度假,父亲教我下棋。

我们俩摆好棋,父亲让我先走三步,可不到三分钟,三下五除二,我的兵将损失大半,棋盘上空荡荡的,只剩下老帅、士和一车两卒在孤军奋战。我还不肯罢休,可是已无力回天,眼睁睁看着父亲"将军",我输了。

我不服气,摆棋再下。几次交锋,基本上都是不到十分钟我就败下阵来。我不禁有些泄气。父亲对我说:"你初学下棋,输是正常的。但是你要知道输在什么地方;否则,你就是再下上十年,也还是输。"

"我知道,输在棋艺上。我技术上不如你,没经验。"

"这只是次要因素,不是最重要的。"

"那最重要的是什么?"我奇怪地问。

"最重要的是你的心态不对。你不珍惜你的棋子。"

"怎么不珍惜呀?我每走一步,都想半天。"我不服气地说。

"那是后来,开始你是这样吗?我给你计算过,你三分之二的棋子是在前三分之一的时间内丢失的。这期间你走棋不假思索,拿起来就走,失了也不觉得可惜。因为你觉得棋子很多,失一两个不算什么。"

我看看父亲,不好意思地低下头。"后三分之二的时间,你又犯了相反的错误:对棋子过于珍惜,每走一步,都思前想后,患得患失,一个棋也不想失,//结果一个一个都失去了。"

节选自《人生如下棋》

朗读示例:
作品 28 号
《人生如下棋》

作品29号

朗读示例：
作品29号
《十渡游趣》

　　仲夏，朋友相邀游十渡。在城里住久了，一旦进入山水之间，竟有一种生命复苏的快感。

　　下车后，我们舍弃了大路，挑选了一条半隐半现在庄稼地里的小径，弯弯绕绕地来到了十渡渡口。夕阳下的拒马河慷慨地撒出一片散金碎玉，对我们表示欢迎。

　　岸边山崖上刀斧痕犹存的崎岖小道，高低凸凹，虽没有"难于上青天"的险恶，却也有踏空了滚到拒马河洗澡的风险。狭窄处只能手扶岩石贴壁而行。当"东坡草堂"几个红漆大字赫然出现在前方岩壁时，一座镶嵌在岩崖间的石砌茅草屋同时跃进眼底。草屋被几级石梯托得高高的，屋下俯瞰着一湾河水，屋前顺山势辟出了一片空地，算是院落吧！右侧有一小小的蘑菇形的凉亭，内设石桌石凳，亭顶褐黄色的茅草像流苏般向下垂泻，把现实和童话串成了一体。草屋的构思者最精彩的一笔，是设在院落边沿的柴门和篱笆，走近这儿，便有了"花径不曾缘客扫，蓬门今始为君开"的意思。

　　当我们重登凉亭时，远处的蝙蝠山已在夜色下化为剪影，好像就要展翅扑来。拒马河趁人们看不清它的容貌时豁开了嗓门儿韵味十足地唱呢！偶有不安分的小鱼儿和青蛙蹦跳//成声，像是为了强化这夜曲的节奏。此时，只觉世间唯有水声和我，就连偶尔从远处赶来歇脚的晚风，也悄无声息。

　　当我渐渐被夜的凝重与深邃所融蚀，一缕新的思绪涌动时，对岸沙滩上燃起了篝火，那鲜亮的火光，使夜色有了躁动感。篝火四周，人影绰约，如歌似舞。朋友说，那是北京的大学生们，结伴来这儿度周末的。遥望那明灭无定的火光，想象着篝火映照的青春年华，也是一种意想不到的乐趣。

节选自刘延《十渡游趣》

作品 30 号

在闽西南和粤东北的崇山峻岭中,点缀着数以千计的圆形围屋或土楼,这就是被誉为"世界民居奇葩"的客家民居。

客家人是古代从中原繁盛的地区迁到南方的。他们的居住地大多在偏僻、边远的山区,为了防备盗匪的骚扰和当地人的排挤,便建造了营垒式住宅,在土中掺石灰,用糯米饭、鸡蛋清作黏合剂,以竹片、木条作筋骨,夯筑起墙厚一米,高十五米以上的土楼。它们大多为三至六层楼,一百至二百多间房屋如橘瓣状排列,布局均匀,宏伟壮观。大部分土楼有两三百年甚至五六百年的历史,经受无数次地震撼动、风雨侵蚀以及炮火攻击而安然无恙,显示了传统建筑文化的魅力。

客家先民崇尚圆形,认为圆是吉祥、幸福和安宁的象征。土楼围成圆形的房屋均按八卦布局排列,卦与卦之间设有防火墙,整齐划一。

客家人在治家、处事、待人、立身等方面,无不体现出明显的文化特征。比如,许多房屋大门上刻着这样的正楷对联:"承前祖德勤和俭,启后子孙读与耕",表现了先辈希望子孙和睦相处、勤俭持家的愿望。楼内房间大小一模一样,他们不分贫富、贵贱,每户人家平等地分到底层至高层各//一间房。各层房屋的用途惊人地统一,底层是厨房兼饭堂,二层当贮仓,三层以上作卧室,两三百人聚居一楼,秩序井然,毫不混乱。土楼内所保留的民俗文化,让人感受到中华传统文化的深厚久远。

节选自张宇生《世界民居奇葩》

朗读示例:
作品30号
《世界民居奇葩》

作品 31 号

朗读示例：
作品 31 号
《苏州园林》

　　我国的建筑，从古代的宫殿到近代的一般住房，绝大部分是对称的，左边怎么样，右边也怎么样。苏州园林可绝不讲究对称，好像故意避免似的。东边有了一个亭子或者一道回廊，西边决不会来一个同样的亭子或者一道同样的回廊。这是为什么？我想，用图画来比方，对称的建筑是图案画，不是美术画，而园林是美术画，美术画要求自然之趣，是不讲究对称的。

　　苏州园林里都有假山和池沼。

　　假山的堆叠，可以说是一项艺术而不仅是技术。或者是重峦叠嶂，或者是几座小山配合着竹子花木，全在乎设计者和匠师们生平多阅历，胸中有丘壑，才能使游览者攀登的时候忘却苏州城市，只觉得身在山间。

　　至于池沼，大多引用活水。有些园林池沼宽敞，就把池沼作为全园的中心，其他景物配合着布置。水面假如成河道模样，往往安排桥梁。假如安排两座以上的桥梁，那就一座一个样，决不雷同。

　　池沼或河道的边沿很少砌齐整的石岸，总是高低屈曲任其自然。还在那儿布置几块玲珑的石头，或者种些花草。这也是为了取得从各个角度看都成一幅画的效果。池沼里养着金鱼或各色鲤鱼，夏秋季节荷花或睡莲//开放，游览者看"鱼戏莲叶间"，又是入画的一景。

节选自叶圣陶《苏州园林》

作品 32 号

泰山极顶看日出,历来被描绘成十分壮观的奇景。有人说:登泰山而看不到日出,就像一出大戏没有戏眼,味儿终究有点寡淡。

我去爬山那天,正赶上个难得的好天,万里长空,云彩丝儿都不见。素常烟雾腾腾的山头,显得眉目分明。同伴们都欣喜地说:"明天早晨准可以看见日出了。"我也是抱着这种想头,爬上山去。

一路从山脚往上爬,细看山景,我觉得挂在眼前的不是五岳独尊的泰山,却像一幅规模惊人的青绿山水画,从下面倒展开来。在画卷中最先露出的是山根底那座明朝建筑岱宗坊,慢慢地便现出王母池、斗母宫、经石峪。山是一层比一层深,一叠比一叠奇,层层叠叠,不知还会有多深多奇。万山丛中,时而点染着极其工细的人物。王母池旁的吕祖殿里有不少尊明塑,塑着吕洞宾等一些人,姿态神情是那样有生气,你看了,不禁会脱口赞叹说:"活啦。"

画卷继续展开,绿阴森森的柏洞露面不太久,便来到对松山。两面奇峰对峙着,满山峰都是奇形怪状的老松,年纪怕都有上千岁了,颜色竟那么浓,浓得好像要流下来似的。来到这儿,你不妨权当一次画里的写意人物,坐在路旁的对松亭里,看看山色,听听流//水和松涛。

一时间,我又觉得自己不仅是在看画卷,却又像是在零零乱乱翻着一卷历史稿本。

节选自杨朔《泰山极顶》

朗读示例:
作品 32 号
《泰山极顶》

作品 33 号

朗读示例：
作品 33 号
《天地九重》

在太空的黑幕上，地球就像站在宇宙舞台中央那位最美的大明星，浑身散发出夺人心魄的、彩色的、明亮的光芒，她披着浅蓝色的纱裙和白色的飘带，如同天上的仙女缓缓飞行。

地理知识告诉我，地球上大部分地区覆盖着海洋，我果然看到了大片蔚蓝色的海水，浩瀚的海洋骄傲地披露着广阔壮观的全貌，我还看到了黄绿相间的陆地，连绵的山脉纵横其间；我看到我们平时所说的天空，大气层中飘浮着片片雪白的云彩，那么轻柔，那么曼妙，在阳光普照下，仿佛贴在地面上一样。海洋、陆地、白云，它们呈现在飞船下面，缓缓驶来，又缓缓离去。

我知道自己还是在轨道上飞行，并没有完全脱离地球的怀抱，冲向宇宙的深处，然而这也足以让我震撼了，我并不能看清宇宙中众多的星球，因为实际上它们离我们的距离非常遥远，很多都是以光年计算。正因为如此，我觉得宇宙的广袤真实地摆在我的眼前，即便作为中华民族第一个飞天的人我已经跑到离地球表面四百公里的空间，可以称为太空人了，但是实际上在浩瀚的宇宙面前，我仅像一粒尘埃。

虽然独自在太空飞行，但我想到了此刻千万//中国人翘首以待，我不是一个人在飞，我是代表所有中国人，甚至人类来到了太空。我看到的一切证明了中国航天技术的成功，我认为我的心情一定要表达一下，就拿出太空笔，在工作日志背面写了一句话："为了人类的和平与进步，中国人来到太空了。"以此来表达一个中国人的骄傲和自豪。

节选自杨利伟《天地九重》

作品34号

最使我难忘的,是我小学时候的女教师蔡芸芝先生。

现在回想起来,她那时有十八九岁。右嘴角边有榆钱大小一块黑痣。在我的记忆里,她是一个温柔和美丽的人。

她从来不打骂我们。仅仅有一次,她的教鞭好像要落下来,我用石板一迎,教鞭轻轻地敲在石板边上,大伙笑了,她也笑了。我用儿童的狡猾的眼光察觉,她爱我们,并没有存心要打的意思。孩子们是多么善于观察这一点啊。

在课外的时候,她教我们跳舞,我现在还记得她把我扮成女孩子表演跳舞的情景。

在假日里,她把我们带到她的家里和女朋友的家里。在她的女朋友的园子里,她还让我们观察蜜蜂:也是在那时候,我认识了蜂王,并且平生第一次吃了蜂蜜。

她爱诗,并且爱用歌唱的音调教我们读诗。直到现在我还记得她读诗的音调,还能背诵她教我们的诗:

圆天盖着大海,

黑水托着孤舟,

远看不见山,

那天边只有云头,

也看不见树,

那水上只有海鸥……

今天想来,她对我的接近文学和爱好文学,是有着多么有益的影响!

像这样的教师,我们怎么会不喜欢她,怎么会不愿意和她亲近呢?我们见了她不由得就围上去。即使她写字的时候,我//们也默默地看着她,连她握铅笔的姿势都急于模仿。

节选自魏巍《我的老师》

朗读示例:
作品34号
《我的老师》

作品35号

朗读示例：
作品35号
《我喜欢出发》

我喜欢出发。

凡是到达了的地方，都属于昨天。哪怕那山再青，那水再秀，那风再温柔。太深的流连便成了一种羁绊，绊住的不仅有双脚，还有未来。

怎么能不喜欢出发呢？没见过大山的巍峨，真是遗憾；见了大山的巍峨没见过大海的浩瀚，仍然遗憾；见了大海的浩瀚没见过大漠的广袤，依旧遗憾；见了大漠的广袤没见过森林的神秘，还是遗憾。世界上有不绝的风景，我有不老的心情。

我自然知道，大山有坎坷，大海有浪涛，大漠有风沙，森林有猛兽。即便这样，我依然喜欢。

打破生活的平静便是另一番景致，一种属于年轻的景致。真庆幸，我还没有老。即便真老了又怎么样，不是有句话叫老当益壮吗？

于是，我还想从大山那里学习深刻，我还想从大海那里学习勇敢，我还想从大漠那里学习沉着，我还想从森林那里学习机敏。我想学着品味一种缤纷的人生。

人能走多远？这话不是要问两脚而是要问志向。人能攀多高？这事不是要问双手而是要问意志。于是，我想用青春的热血给自己树起一个高远的目标。不仅是为了争取一种光荣，更是为了追求一种境界。目标实现了，便是光荣；目标实现不了，人生也会因//这一路风雨跋涉变得丰富而充实；在我看来，这就是不虚此生。

是的，我喜欢出发，愿你也喜欢。

节选自汪国真《我喜欢出发》

作品 36 号

　　乡下人家总爱在屋前搭一瓜架,或种南瓜,或种丝瓜,让那些瓜藤攀上棚架,爬上屋檐。当花儿落了的时候,藤上便结出了青的、红的瓜,它们一个个挂在房前,衬着那长长的藤,绿绿的叶。青、红的瓜,碧绿的藤和叶,构成了一道别有风趣的装饰,比那高楼门前蹲着一对石狮子或是竖着两根大旗杆,可爱多了。

　　有些人家,还在门前的场地上种几株花,芍药、凤仙、鸡冠花、大丽菊,它们依着时令,顺序开放,朴素中带着几分华丽,显出一派独特的农家风光。还有些人家,在屋后种几十枝竹,绿的叶,青的竿,投下一片浓浓的绿荫。几场春雨过后,到那里走走,你常常会看见许多鲜嫩的笋,成群地从土里探出头来。

　　鸡,乡下人家照例总要养几只的。从他们的房前屋后走过,你肯定会瞧见一只母鸡,率领一群小鸡,在竹林中觅食;或是瞧见耸着尾巴的雄鸡,在场地上大踏步地走来走去。

　　他们的屋后倘若有一条小河,那么在石桥旁边,在绿树荫下,你会见到一群鸭子游戏水中,不时地把头扎到水下去觅食。即使附近的石头上有妇女在捣衣,它们也从不吃惊。

　　若是在夏天的傍晚出去散步,你常常会瞧见乡下人家吃晚饭//的情景。他们把桌椅饭菜搬到门前,天高地阔地吃起来。天边的红霞,向晚的微风,头上飞过的归巢的鸟儿,都是他们的好友。它们和乡下人家一起,绘成了一幅自然、和谐的田园风景画。

节选自陈醉云《乡下人家》

朗读示例:
作品 36 号
《乡下人家》

作品 37 号

我们的船渐渐地逼近榕树了。我有机会看清它的真面目:是一棵大树,有数不清的丫枝,枝上又生根,有许多根一直垂到地上,伸进泥土里。一部分树枝垂到水面,从远处看,就像一棵大树斜躺在水面上一样。

现在正是枝繁叶茂的时节。这棵榕树好像在把它的全部生命力展示给我们看。那么多的绿叶,一簇堆在另一簇的上面,不留一点儿缝隙。翠绿的颜色明亮地在我们的眼前闪耀,似乎每一片树叶上都有一个新的生命在颤动,这美丽的南国的树!

船在树下泊了片刻,岸上很湿,我们没有上去。朋友说这里是"鸟的天堂",有许多鸟在这棵树上做窝,农民不许人去捉它们。我仿佛听见几只鸟扑翅的声音,但是等到我的眼睛注意地看那里时,我却看不见一只鸟的影子。只有无数的树根立在地上,像许多根木桩。地是湿的,大概涨潮时河水常常冲上岸去。"鸟的天堂"里没有一只鸟,我这样想到。船开了,一个朋友拨着船,缓缓地流到河中间去。

第二天,我们划着船到一个朋友的家乡去,就是那个有山有塔的地方。从学校出发,我们又经过那"鸟的天堂"。

这一次是在早晨,阳光照在水面上,也照在树梢上。一切都//显得非常光明。我们的船也在树下泊了片刻。

起初四周围非常清静。后来忽然起了一声鸟叫。我们把手一拍,便看见一只大鸟飞了起来,接着又看见第二只,第三只。我们继续拍掌,很快地这个树林就变得很热闹了。到处都是鸟声,到处都是鸟影。大的,小的,花的,黑的,有的站在枝上叫,有的飞起来,在扑翅膀。

节选自巴金《鸟的天堂》

朗读示例:
作品37号
《鸟的天堂》

作品38号

两百多年前,科学家做了一次实验。他们在一间屋子里横七竖八地拉了许多绳子,绳子上系着许多铃铛,然后把蝙蝠的眼睛蒙上,让它在屋子里飞。蝙蝠飞了几个钟头,铃铛一个也没响,那么多的绳子,它一根也没碰着。

科学家又做了两次实验:一次把蝙蝠的耳朵塞上,一次把蝙蝠的嘴封住,让它在屋子里飞。蝙蝠就像没头苍蝇似的到处乱撞,挂在绳子上的铃铛响个不停。

三次实验的结果证明,蝙蝠夜里飞行,靠的不是眼睛,而是靠嘴和耳朵配合起来探路的。

后来,科学家经过反复研究,终于揭开了蝙蝠能在夜里飞行的秘密。它一边飞,一边从嘴里发出超声波。而这种声音,人的耳朵是听不见的,蝙蝠的耳朵却能听见。超声波向前传播时,遇到障碍物就反射回来,传到蝙蝠的耳朵里,它就立刻改变飞行的方向。

知道蝙蝠在夜里如何飞行,你猜到飞机夜间飞行的秘密了吗?现代飞机上安装了雷达,雷达的工作原理与蝙蝠探路类似。雷达通过天线发出无线电波,无线电波遇到障碍物就反射回来,被雷达接收到,显示在荧光屏上。从雷达的荧光屏上,驾驶员能够清楚地看到前方有没有障碍物,所//以飞机飞行就更安全了。

节选自《夜间飞行的秘密》

朗读示例:
作品38号
《夜间飞行的秘密》

作品39号

朗读示例：
作品39号
《一幅名扬
中外的画》

北宋时候，有位画家叫张择端。他画了一幅名扬中外的画《清明上河图》。这幅画长五百二十八厘米，高二十四点八厘米，画的是北宋都城汴梁热闹的场面。这幅画已经有八百多年的历史了，现在还完整地保存在北京的故宫博物院里。

张择端画这幅画的时候，下了很大的功夫。光是画上的人物，就有五百多个：有从乡下来的农民，有撑船的船工，有做各种买卖的生意人，有留着长胡子的道士，有走江湖的医生，有摆小摊的摊贩，有官吏和读书人，三百六十行，哪一行的人都画在上面了。

画上的街市可热闹了。街上有挂着各种招牌的店铺、作坊、酒楼、茶馆，走在街上的，是来来往往、形态各异的人：有的骑着马，有的挑着担，有的赶着毛驴，有的推着独轮车，有的悠闲地在街上溜达。画面上的这些人，有的不到一寸，有的甚至只有黄豆那么大。别看画上的人小，每个人在干什么，都能看得清清楚楚。

最有意思的是桥北头的情景：一个人骑着马，正往桥下走。因为人太多，眼看就要碰上对面来的一乘轿子。就在这个紧急时刻，那个牧马人一下子拽住了马笼头，这才没碰上那乘轿子。不过，这么一来，倒把马右边的//两头小毛驴吓得又踢又跳。站在桥栏杆边欣赏风景的人，被小毛驴惊扰了，连忙回过头来赶小毛驴。你看，张择端画的画，是多么传神啊！

《清明上河图》使我们看到了八百年以前的古都风貌，看到了当时普通老百姓的生活场景。

节选自滕明道《一幅名扬中外的画》

作品40号

二〇〇〇年,中国第一个以科学家名字命名的股票"隆平高科"上市。八年后,名誉董事长袁隆平所持有的股份以市值计算已经过亿。从此,袁隆平又多了个"首富科学家"的名号。而他身边的学生和工作人员,却很难把这位老人和"富翁"联系起来。

"他哪里有富人的样子。"袁隆平的学生们笑着议论。在学生们的印象里,袁老师永远黑黑瘦瘦,穿一件软塌塌的衬衣。在一次会议上,袁隆平坦言:"不错,我身价二〇〇八年就一千零八亿了,可我真的有那么多钱吗?没有。我现在就是靠每个月六千多元的工资生活,已经很满足了。我今天穿的衣服就五十块钱,但我喜欢的还是昨天穿的那件十五块钱的衬衫,穿着很精神。"袁隆平认为,"一个人的时间和精力是有限的,如果老想着享受,哪有心思搞科研?搞科学研究就是要淡泊名利,踏实做人"。

在工作人员眼中,袁隆平其实就是一位身板硬朗的"人民农学家","老人下田从不要人搀扶,拿起套鞋,脚一蹬就走"。袁隆平说:"我有八十岁的年龄,五十多岁的身体,三十多岁的心态,二十多岁的肌肉弹性。"袁隆平的业余生活非常丰富,钓鱼、打排球、听音乐……他说,就是喜欢这些//不花钱的平民项目。

二〇一〇年九月,袁隆平度过了他的八十岁生日。当时,他许了个愿:到九十岁时,要实现亩产一千公斤!如果全球百分之五十的稻田种植杂交水稻,每年可增产一点五亿吨粮食,可多养活四亿到五亿人口。

节选自刘畅《一粒种子造福世界》

朗读示例:
作品40号
《一粒种子造福世界》

作品41号

朗读示例：
作品41号
《颐和园》

北京的颐和园是个美丽的大公园。

进了颐和园的大门，绕过大殿，就来到有名的长廊。绿漆的柱子，红漆的栏杆，一眼望不到头。这条长廊有七百多米长，分成二百七十三间。每一间的横槛上都有五彩的画，画着人物、花草、风景，几千幅画没有哪两幅是相同的。长廊两旁栽满了花木，这一种花还没谢，那一种花又开了。微风从左边的昆明湖上吹来，使人神清气爽。

走完长廊，就来到了万寿山脚下。抬头一看，一座八角宝塔形的三层建筑耸立在半山腰上，黄色的琉璃瓦闪闪发光。那就是佛香阁。下面的一排排金碧辉煌的宫殿，就是排云殿。

登上万寿山，站在佛香阁的前面向下望，颐和园的景色大半收在眼底。葱郁的树丛，掩映着黄的绿的琉璃瓦屋顶和朱红的宫墙。正前面，昆明湖静得像一面镜子，绿得像一块碧玉。游船、画舫在湖面慢慢地滑过，几乎不留一点儿痕迹。向东远眺，隐隐约约可以望见几座古老的城楼和城里的白塔。

从万寿山下来，就是昆明湖。昆明湖围着长长的堤岸，堤上有好几座式样不同的石桥，两岸栽着数不清的垂柳。湖中心有个小岛，远远望去，岛上一片葱绿，树丛中露出宫殿的一角。//游人走过长长的石桥，就可以去小岛上玩。这座石桥有十七个桥洞，叫十七孔桥。桥栏杆上有上百根石柱，柱子上都雕刻着小狮子。这么多的狮子，姿态不一，没有哪两只是相同的。

颐和园到处有美丽的景色，说也说不尽，希望你有机会去细细游赏。

节选自袁鹰《颐和园》

作品42号

一谈到读书,我的话就多了!

我自从会认字后不到几年,就开始读书。倒不是四岁时读母亲给我的商务印书馆出版的国文教科书第一册的"天、地、日、月、山、水、土、木"以后的那几册,而是七岁时开始自己读的"话说天下大势,分久必合,合久必分……"的《三国演义》。

那时,我的舅父杨子敬先生每天晚饭后必给我们几个表兄妹讲一段《三国演义》,我听得津津有味,什么"宴桃园豪杰三结义,斩黄巾英雄首立功",真是好听极了。但是他讲了半个钟头,就停下去干他的公事了。我只好带着对于故事下文的无限悬念,在母亲的催促下,含泪上床。

此后,我决定咬了牙,拿起一本《三国演义》来,自己一知半解地读了下去,居然越看越懂,虽然字音都读得不对,比如把"凯"念作"岂",把"诸"念作"者"之类,因为我只学过那个字一半部分。

谈到《三国演义》,我第一次读到关羽死了,哭了一场,把书丢下了。第二次再读到诸葛亮死了,又哭了一场,又把书丢下了,最后忘了是什么时候才把全书读到"分久必合"的结局。

这时我同时还看了母亲针线笸箩里常放着的那几本《聊斋志异》,聊斋故事是短篇的,可以随时拿起放下,又是文言的,这对于我的//作文课很有帮助,因为老师曾在我的作文本上批着"柳州风骨,长吉清才"的句子,其实我那时还没有读过柳宗元和李贺的文章,只因那时的作文,都是用文言写的。

书看多了,从中也得到一个体会,物怕比,人怕比,书也怕比,"不比不知道,一比吓一跳"。

因此,某年的六一国际儿童节,有个儿童刊物要我给儿童写几句指导读书的话,我只写了九个字,就是:

读书好,多读书,读好书。

节选自冰心《忆读书》

朗读示例:
作品42号
《忆读书》

作品 43 号

朗读示例：
作品43号
《阅读大地
的徐霞客》

徐霞客是明朝末年的一位奇人。他用双脚，一步一步地走遍了半个中国大陆，游览过许多名山大川，经历过许多奇人异事。他把游历的观察和研究记录下来，写成了《徐霞客游记》这本千古奇书。

当时的读书人，都忙着追求科举功名，抱着"十年寒窗无人问，一举成名天下知"的观念，埋头于经书之中。徐霞客却卓尔不群，醉心于古今史籍及地志、山海图经的收集和研读。他发现此类书籍很少，记述简略且多有相互矛盾之处，于是他立下雄心壮志，要走遍天下，亲自考察。

此后三十多年，他与长风为伍，云雾为伴，行程九万里，历尽千辛万苦，获得了大量第一手考察资料。徐霞客日间攀险峰，涉危涧，晚上就是再疲劳，也一定录下当日见闻。即使荒野露宿，栖身洞穴，也要"燃松拾穗，走笔为记"。

徐霞客的时代，没有火车，没有汽车，没有飞机，他所去的许多地方连道路都没有，加上明朝末年治安不好，盗匪横行，长途旅行是非常艰苦又非常危险的事。

有一次，他和三个同伴到西南地区，沿路考察石灰岩地形和长江源流。走了二十天，一个同伴难耐旅途劳顿，不辞而别。到了衡阳附近又遭遇土匪抢劫，财物尽失，还险//些被杀害。好不容易到了南宁，另一个同伴不幸病死，徐霞客忍痛继续西行。到了大理，最后一个同伴也因为吃不了苦，偷偷地走了，还带走了他仅存的行囊。但是，他还是坚持目标，继续他的研究工作，最后找到了答案，推翻历史上的错误，证明长江的源流不是岷江而是金沙江。

节选自《阅读大地的徐霞客》

作品44号

造纸术的发明,是中国对世界文明的伟大贡献之一。

早在几千年前,我们的祖先就创造了文字。可那时候还没有纸,要记录一件事情,就用刀把文字刻在龟甲和兽骨上,或者把文字铸刻在青铜器上。后来,人们又把文字写在竹片和木片上。这些竹片、木片用绳子穿起来,就成了一册书。但是,这种书很笨重,阅读、携带、保存都很不方便。古时候用"学富五车"形容一个人学问高,是因为书多的时候需要用车来拉。再后来,有了蚕丝织成的帛,就可以在帛上写字了。帛比竹片、木片轻便,但是价钱太贵,只有少数人能用,不能普及。

人们用蚕茧制作丝绵时发现,盛放蚕茧的篾席上,会留下一层薄片,可用于书写。考古学家发现,在两千多年前的西汉时代,人们已经懂得了用麻来造纸。但麻纸比较粗糙,不便书写。

大约在一千九百年前的东汉时代,有个叫蔡伦的人,吸收了人们长期积累的经验,改进了造纸术。他把树皮、麻头、稻草、破布等原料剪碎或切断,浸在水里捣烂成浆;再把浆捞出来晒干,就成了一种既轻便又好用的纸。用这种方法造的纸,原料容易得到,可以大量制造,价格又便宜,能满足多数人的需要,所//以这种造纸方法就传承下来了。

我国的造纸术首先传到邻近的朝鲜半岛和日本,后来又传到阿拉伯世界和欧洲,极大地促进了人类社会的进步和文化的发展,影响了全世界。

节选自《纸的发明》

朗读示例:
作品44号
《纸的发明》

作品45号

朗读示例：
作品45号
《中国的宝岛——台湾》

中国的第一大岛、台湾省的主岛台湾，位于中国大陆架的东南方，地处东海和南海之间，隔着台湾海峡和大陆相望。天气晴朗的时候，站在福建沿海较高的地方，就可以隐隐约约地望见岛上的高山和云朵。

台湾岛形状狭长，从东到西，最宽处只有一百四十多公里；由南至北，最长的地方约有三百九十多公里。地形像一个纺织用的梭子。

台湾岛上的山脉纵贯南北，中间的中央山脉犹如全岛的脊梁。西部为海拔近四千米的玉山山脉，是中国东部的最高峰。全岛约有三分之一的地方是平地，其余为山地。岛内有缎带般的瀑布，蓝宝石似的湖泊，四季常青的森林和果园，自然景色十分优美。西南部的阿里山和日月潭，台北市郊的大屯山风景区，都是闻名世界的游览胜地。

台湾岛地处热带和温带之间，四面环海，雨水充足，气温受到海洋的调剂，冬暖夏凉，四季如春，这给水稻和果木生长提供了优越的条件。水稻、甘蔗、樟脑是台湾的"三宝"。岛上还盛产鲜果和鱼虾。

台湾岛还是一个闻名世界的"蝴蝶王国"。岛上的蝴蝶共有四百多个品种，其中有不少是世界稀有的珍贵品种。岛上还有不少鸟语花香的蝴//蝶谷，岛上居民利用蝴蝶制作的标本和艺术品，远销许多国家。

节选自《中国的宝岛——台湾》

作品46号

对于中国的牛,我有着一种特别尊敬的感情。

留给我印象最深的,要算在田垄上的一次"相遇"。

一群朋友郊游,我领头在狭窄的阡陌上走,怎料迎面来了几头耕牛,狭道容不下人和牛,终有一方要让路。它们还没有走近,我们已经预计斗不过畜牲,恐怕难免踩到田地泥水里,弄得鞋袜又泥又湿了。正踟蹰的时候,带头的一头牛,在离我们不远的地方停下来,抬起头看看,稍迟疑一下,就自动走下田去。一队耕牛,全跟着它离开阡陌,从我们身边经过。

我们都呆了,回过头来,看着深褐色的牛队,在路的尽头消失,忽然觉得自己受了很大的恩惠。

中国的牛,永远沉默地为人做着沉重的工作。在大地上,在晨光或烈日下,它拖着沉重的犁,低头一步又一步,拖出了身后一列又一列松土,好让人们下种。等到满地金黄或农闲时候,它可能还得担当搬运负重的工作;或终日绕着石磨,朝同一方向,走不计程的路。

在它沉默的劳动中,人便得到应得的收成。

那时候,也许,它可以松一肩重担,站在树下,吃几口嫩草。偶尔摇摇尾巴,摆摆耳朵,赶走飞附身上的苍蝇,已经算是它最闲适的生活了。

中国的牛,没有成群奔跑的习//惯,永远沉沉实实的,默默地工作,平心静气。这就是中国的牛!

节选自小思《中国的牛》

朗读示例:
作品46号
《中国的牛》

作品47号

朗读示例：
作品47号
《中国石拱桥》

　　石拱桥的桥洞成弧形，就像虹。古代神话里说，雨后彩虹是"人间天上的桥"，通过彩虹就能上天。我国的诗人爱把拱桥比作虹，说拱桥是"卧虹""飞虹"，把水上拱桥形容为"长虹卧波"。

　　我国的石拱桥有悠久的历史。《水经注》里提到的"旅人桥"，大约建成于公元二八二年，可能是有记载的最早的石拱桥了。我国的石拱桥几乎到处都有。这些桥大小不一，形式多样，有许多是惊人的杰作。其中最著名的当推河北省赵县的赵州桥。

　　赵州桥非常雄伟，全长五十点八二米。桥的设计完全合乎科学原理，施工技术更是巧妙绝伦。全桥只有一个大拱，长达三十七点四米，在当时可算是世界上最长的石拱。桥洞不是普通半圆形，而是像一张弓，因而大拱上面的道路没有陡坡，便于车马上下。大拱的两肩上，各有两个小拱。这个创造性的设计，不但节约了石料，减轻了桥身的重量，而且在河水暴涨的时候，还可以增加桥洞的过水量，减轻洪水对桥身的冲击。同时，拱上加拱，桥身也更美观。大拱由二十八道拱圈拼成，就像这么多同样形状的弓合拢在一起，做成一个弧形的桥洞。每道拱圈都能独立支撑上面的重量，一道坏了，其//他各道不致受到影响。全桥结构匀称，和四周景色配合得十分和谐；桥上的石栏石板也雕刻得古朴美观。赵州桥高度的技术水平和不朽的艺术价值，充分显示了我国劳动人民的智慧和力量。

节选自茅以升《中国石拱桥》

作品48号

不管我的梦想能否成为事实,说出来总是好玩儿的:

春天,我将要住在杭州。二十年前,旧历的二月初,在西湖我看见了嫩柳与菜花,碧浪与翠竹。由我看到的那点儿春光,已经可以断定,杭州的春天必定会教人整天生活在诗与图画之中。所以,春天我的家应当是在杭州。

夏天,我想青城山应当算作最理想的地方。在那里,我虽然只住过十天,可是它的幽静已拴住了我的心灵。在我所看见过的山水中,只有这里没有使我失望。到处都是绿,目之所及,那片淡而光润的绿色都在轻轻地颤动,仿佛要流入空中与心中似的。这个绿色会像音乐,涤清了心中的万虑。

秋天一定要住北平。天堂是什么样子,我不知道,但是从我的生活经验去判断,北平之秋便是天堂。论天气,不冷不热。论吃的,苹果、梨、柿子、枣儿、葡萄,每样都有若干种。论花草,菊花种类之多,花式之奇,可以甲天下。西山有红叶可见,北海可以划船——虽然荷花已残,荷叶可还有一片清香。衣食住行,在北平的秋天,是没有一项不使人满意的。

冬天,我还没有打好主意,成都或者相当地合适,虽然并不怎样和暖,可是为了水仙,素心腊梅,各色的茶花,仿佛就受一点儿寒//冷,也颇值得去了。昆明的花也多,而且天气比成都好,可是旧书铺与精美而便宜的小吃远不及成都那么多。好吧,就暂这么规定:冬天不住成都便住昆明吧。

节选自老舍《"住"的梦》

朗读示例:
作品48号
《"住"的梦》

作品49号

朗读示例：
作品49号
《走下领奖台，一切从零开始》

在北京市东城区著名的天坛公园东侧，有一片占地面积近二十万平方米的建筑区域，大大小小的十余栋训练馆坐落其间。这里就是国家体育总局训练局。许多我们耳熟能详的中国体育明星都曾在这里挥汗如雨，刻苦练习。

中国女排的一天就是在这里开始的。

清晨八点钟，女排队员们早已集合完毕，准备开始一天的训练。主教练郎平坐在场外长椅上，目不转睛地注视着跟随助理教练们做热身运动的队员们，她身边的座位上则横七竖八地堆放着女排姑娘们的各式用品：水、护具、背包，以及各种外行人叫不出名字的东西。不远的墙上悬挂着一面鲜艳的国旗，国旗两侧是"顽强拼搏"和"为国争光"两条红底黄字的横幅，格外醒目。

"走下领奖台，一切从零开始"十一个大字，和国旗遥遥相望，姑娘们训练之余偶尔一瞥就能看到。只要进入这个训练馆，过去的鲜花、掌声与荣耀皆成为历史，所有人都只是最普通的女排队员。曾经的辉煌、骄傲、胜利，在踏入这间场馆的瞬间全部归零。

踢球跑、垫球跑、夹球跑……这些对普通人而言和杂技差不多的项目是女排队员们必须熟练掌握的基本技能。接下来//的任务是小比赛。郎平将队员们分为几组，每一组由一名教练监督，最快完成任务的小组会得到一面小红旗。

看着这些年轻的姑娘们在自己的眼前来来去去，郎平的思绪常飘回到三十多年前。那时风华正茂的她是中国女排的主攻手，她和队友们也曾在这间训练馆里夜以继日地并肩备战。三十多年来，这间训练馆从内到外都发生了很大的变化：原本粗糙的地面变成了光滑的地板，训练用的仪器越来越先进，中国女排的团队中甚至还出现了几张陌生的外国面孔……但时光荏苒，不变的是这支队伍对排球的热爱和"顽强拼搏，为国争光"的初心。

节选自宋元明《走下领奖台，一切从零开始》

作品50号

在一次名人访问中,被问及上个世纪最重要的发明是什么时,有人说是电脑,有人说是汽车,等等。但新加坡的一位知名人士却说是冷气机。他解释,如果没有冷气,热带地区如东南亚国家,就不可能有很高的生产力,就不可能达到今天的生活水准。他的回答实事求是,有理有据。

看了上述报道,我突发奇想:为什么没有记者问:"二十世纪最糟糕的发明是什么?"其实二〇〇二年十月中旬,英国的一家报纸就评出了"人类最糟糕的发明"。获此"殊荣"的,就是人们每天大量使用的塑料袋。

诞生于上个世纪三十年代的塑料袋,其家族包括用塑料制成的快餐饭盒、包装纸、餐用杯盘、饮料瓶、酸奶杯、雪糕杯等。这些废弃物形成的垃圾,数量多、体积大、重量轻、不降解,给治理工作带来很多技术难题和社会问题。

比如,散落在田间、路边及草丛中的塑料餐盒,一旦被牲畜吞食,就会危及健康甚至导致死亡。填埋废弃塑料袋、塑料餐盒的土地,不能生长庄稼和树木,造成土地板结,而焚烧处理这些塑料垃圾,则会释放出多种化学有毒气体,其中一种称为二噁英的化合物,毒性极大。

此外,在生产塑料袋、塑料餐盒的过//程中使用的氟利昂,对人体免疫系统和生态环境造成的破坏也极为严重。

节选自林光如《最糟糕的发明》

附录二　普通话水平测试用话题

1. 我的一天
2. 老师
3. 珍贵的礼物
4. 假日生活
5. 我喜爱的植物
6. 我的理想（或愿望）
7. 过去的一年
8. 朋友
9. 童年生活
10. 我的兴趣爱好
11. 家乡（或熟悉的地方）
12. 我喜欢的季节（或天气）
13. 印象深刻的书籍（或报刊）
14. 难忘的旅行
15. 我喜欢的美食
16. 我所在的学校（或公司、团队、其他机构）
17. 我尊敬的人
18. 我喜爱的动物
19. 我了解的地域文化（或风俗）
20. 体育运动的乐趣
21. 让我快乐的事情
22. 我喜欢的节日
23. 我欣赏的历史人物
24. 劳动的体会
25. 我喜欢的职业（或专业）
26. 向往的地方
27. 让我感动的事情
28. 我喜爱的艺术形式
29. 我了解的十二生肖
30. 学习普通话（或其他语言）的体会
31. 家庭对个人成长的影响
32. 生活中的诚信
33. 谈服饰
34. 自律与我
35. 对终身学习的看法
36. 谈谈卫生与健康
37. 对环境保护的认识
38. 谈社会公德（或职业道德）
39. 对团队精神的理解
40. 谈中国传统文化
41. 科技发展与社会生活
42. 谈个人修养
43. 对幸福的理解
44. 如何保持良好的心态
45. 对垃圾分类的认识
46. 网络时代的生活
47. 对美的看法
48. 谈传统美德
49. 对亲情（或友情、爱情）的理解
50. 小家、大家与国家

主要参考文献

[1] 国家语委普通话与文字应用培训测试中心.普通话水平测试实施纲要(2021年版)[M].北京:语文出版社,2022.

[2] 教育部基础教育司.《幼儿园教育指导纲要(试行)》解读[M].南京:江苏教育出版社,2002.

[3] 浙江省《幼儿园课程指导》编写委员会.幼儿园课程指导:教师资料手册:语言[M].北京:新时代出版社,2003.

[4] 张颂.朗读学[M].北京:中国传媒大学出版社,2009.

[5] 张颂.朗读美学[M].北京:中国传媒大学出版社,2009.

[6] 刘伯奎,王燕,段汴霞.教师口语训练教程[M].北京:中国人民大学出版社,2000.

[7] 魏丽杰,魏丽华.教师言语艺术[M].济南:济南出版社,2003.

[8] 苑望.幼儿教师口语[M].北京:高等教育出版社,2007.

[9] 钱维亚.幼儿教师口语[M].北京:高等教育出版社,2008.

[10] 王璐,吴洁茹.语音发声[M].北京:中国传媒大学出版社,2009.

[11] 程培元.教师口语教程[M].2版.北京:高等教育出版社,2010.

[12] 高廉平.口语训练教程[M].北京:高等教育出版社,2011.

[13] 邢福义.普通话培训测试指要[M].修订版.武汉:华中师范大学出版社,2011.

[14] 马宏.幼儿教师口语[M].北京:北京师范大学出版社,2011.

[15] 郑红梅.口语艺术表达[M].杭州:浙江大学出版社,2012.

[16] 吕小君.小学语文朗读实践与研究.北京:科学出版社,2017.

[17] 伍艺.口语表达训练教程[M].南京:河海大学出版社,2017.

[18] 吴雪青.幼儿教师口语[M].上海:华东师范大学出版社,2018.

[19] 张海清,王雪环.幼儿教师口语训练教程[M].湖南:湖南师范大学出版社,2018.

[20] 赵晨霞,熊学敏,苏俭.幼儿教师口语[M].湖南:湖南师范大学出版社,2019.

[21] 马芝兰,段曹林,何丽.新编教师口语[M].北京:中国传媒大学出版社,2019.

[22] 谢增伦,彭春艳,陈大鉴.幼儿教师口语[M].重庆:重庆大学出版社,2019.

［23］贺汪波,杜宇虹.小学教师口语［M］.南京:南京大学出版集团,2020.

［24］刘奕,刘丽,周霞.普通话训练教程［M］.成都:电子科技大学出版社,2020.

［25］吴姿,熊学敏,李丹.小学教师口语［M］.湖南:湖南师范大学出版社,2020.

［26］陈雪芸,徐晓晖,刘晓红.幼儿教师口语训练教程［M］.北京:北京师范大学,2021.

［27］隋雯.幼儿教师口语［M］北京:高等教育出版社,2022.

［28］高格堤,舒平.幼儿文学实用教程［M］.北京:高等教育出版社,2006.

［29］李莹,肖育林.学前儿童文学［M］.2版.上海:上海复旦大学出版社,2009.

［30］方美波.幼儿文学作品导引［M］.杭州:浙江大学出版社,2012.

［31］松居直.如何给孩子读绘本［M］.林静,译.北京:北京联合出版有限公司,2017.

［32］葛琦霞.当绘本遇见戏剧［M］.北京:外语教学与研究出版社,2017.

［33］秋田喜代美,增田时枝.绘本之用［M］.北京:北京联合出版有限公司,2020.

［34］彭懿.图画书这样读［M］.广西:接力出版社,2022.

［35］陈帼眉,姜勇.幼儿教育心理学［M］.北京:北京师范大学出版社,2007.

［36］黄伯荣,廖旭东.现代汉语［M］.北京:高等教育出版社,2011.

［37］彭莉佳.科学练嗓与嗓音保护［M］.上海:上海音乐学院出版社,2005.

郑重声明

高等教育出版社依法对本书享有专有出版权。任何未经许可的复制、销售行为均违反《中华人民共和国著作权法》，其行为人将承担相应的民事责任和行政责任；构成犯罪的，将被依法追究刑事责任。为了维护市场秩序，保护读者的合法权益，避免读者误用盗版书造成不良后果，我社将配合行政执法部门和司法机关对违法犯罪的单位和个人进行严厉打击。社会各界人士如发现上述侵权行为，希望及时举报，我社将奖励举报有功人员。

反盗版举报电话　（010）58581999　58582371
反盗版举报邮箱　dd@hep.com.cn
通信地址　北京市西城区德外大街 4 号　高等教育出版社法律事务部
邮政编码　100120

教学资源服务指南

感谢您使用本书。为方便教学，我社为教师提供资源下载、样书申请等服务，如贵校已选用本书，您只要关注微信公众号"高职素质教育教学研究"，或加入下列教师交流QQ群即可免费获得相关服务。

"高职素质教育教学研究"公众号

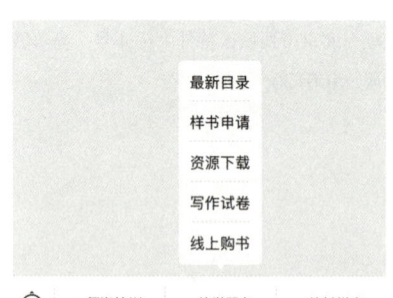

资源下载：点击"**教学服务**"—"**资源下载**"，或直接在浏览器中输入网址（http://101.35.126.6/），注册登录后可搜索下载相关资源。（建议用电脑浏览器操作）

样书申请：点击"**教学服务**"—"**样书申请**"，填写相关信息即可申请样书。

样章下载：点击"**教材样章**"，可下载在供教材的前言、目录和样章。

师资培训：点击"**师资培训**"，获取最新直播信息、直播回放和往期师资培训视频。

联系方式

高职人文素质教师交流QQ群：167361230

联系电话：（021）56961310　　电子邮箱：3076198581@qq.com